高等法律职业教育系列教材
审定委员会

高等法律职业教育系列教材

行政法与行政诉讼法教程

XINGZHENGFA YU XINGZHENGSUSONGFA JIAOCHENG

主　编 ○ 龚国艳　盛永彬

副主编 ○ 潘雅宁

撰稿人 ○（按姓氏拼音排序）

　　　　龚国艳　梁瀚匀　刘法建　陆俊松

　　　　罗平娥　马　辉　麦杏嫦　潘雅宁

　　　　盛舒弘　盛永彬

中国政法大学出版社

2015 · 北京

图书在版编目（ＣＩＰ）数据

行政法与行政诉讼法教程 / 龚国艳，盛永彬主编.—北京：中国政法大学出版社，2015.8
（2022.1重印）

ISBN 978-7-5620-6209-7

Ⅰ．①行… Ⅱ．①龚… ②盛… Ⅲ．①行政法—中国—教材②行政诉讼法—中国—教材
Ⅳ．①D922.1②D925.3

中国版本图书馆CIP数据核字(2015)第173453号

出 版 者	中国政法大学出版社
地　　址	北京市海淀区西土城路 25 号
邮　　箱	fadapress@163.com
网　　址	http://www.cuplpress.com (网络实名：中国政法大学出版社)
电　　话	010-58908435(第一编辑部) 58908334(邮购部)
承　　印	固安华明印业有限公司
开　　本	787mm×1092mm　1/16
印　　张	18.25
字　　数	378 千字
版　　次	2015 年 8 月第 1 版
印　　次	2022 年 1 月第 5 次印刷
印　　数	13001~18000 册
定　　价	39.00 元

总 序
Preface

　　高等法律职业化教育已成为社会的广泛共识。2008 年，由中央政法委等 15 部委联合启动的全国政法干警招录体制改革试点工作，更成为中国法律职业化教育发展的里程碑。这也必将带来高等法律职业教育人才培养机制的深层次变革。顺应时代法治发展需要，培养高素质、技能型的法律职业人才，是高等法律职业教育亟待破解的重大实践课题。

　　目前，受高等职业教育大趋势的牵引、拉动，我国高等法律职业教育开始了教育观念和人才培养模式的重塑。改革传统的理论灌输型学科教学模式，吸收、内化"校企合作、工学结合"的高等职业教育办学理念，从办学"基因"——专业建设、课程设置上"颠覆"教学模式："校警合作"办专业，以"工作过程导向"为基点，设计开发课程，探索出了富有成效的法律职业化教学之路。为积累教学经验、深化教学改革、凝塑教育成果，我们着手推出"基于工作过程导向系统化"的法律职业系列教材。

　　《国家（2010～2020 年）中长期教育改革和发展规划纲要》明确指出，高等教育要注重知行统一，坚持教育教学与生产劳动、社会实践相结合。该系列教材的一个重要出发点就是尝试为高等法律职业教育在"知"与"行"之间搭建平台，努力对法律教育如何职业化这一教育课题进行研究、破解。在编排形式上，打破了传统篇、章、节的体例，以司法行政工作的法律应用过程为学习单元设计体例，以职业岗位的真实任务为基础，突出职业核心技能的培养；在内容设计上，改变传统历史、原则、概念的理论型解读，采取"教、学、练、训"一体化的编写模式。以案例等导出问题，根据内容设计相应的情境训练，将相关原理与实操训练有机地结合，围绕关键知识点引入相关实例，归纳总结理论，分析判断解决问题的途径，充分展现法律职业活动的演进过程和应用法律的流程。

法律的生命不在于逻辑，而在于实践。法律职业化教育之舟只有驶入法律实践的海洋当中，才能激发出勃勃生机。在以高等职业教育实践性教学改革为平台进行法律职业化教育改革的路径探索过程中，有一个不容忽视的现实问题：高等职业教育人才培养模式主要适用于机械工程制造等以"物"作为工作对象的职业领域，而法律职业教育主要针对的是司法机关、行政机关等以"人"作为工作对象的职业领域，这就要求在法律职业教育中对高等职业教育人才培养模式进行"辩证"地吸纳与深化，而不是简单、盲目地照搬照抄。我们所培养的人才不应是"无生命"的执法机器，而是有法律智慧、正义良知、训练有素的有生命的法律职业人员。但愿这套系列教材能为我国高等法律职业化教育改革作出有益的探索，为法律职业人才的培养提供宝贵的经验、借鉴。

2010 年 11 月 15 日

前 言
Foreword

　　行政法与行政诉讼法是法律职业教育的一门主干课程，其重要性不言而喻。随着高职教育的快速发展，为了适应高职高专类法律院校的教学需要，我们组织了部分具有坚实的行政法与行政诉讼法理论基础与较强实践经验的骨干教师以及司法实践一线的法律工作者，开始了本书——《行政法与行政诉讼法教程》的编写工作。

　　本教材编写的出发点是：让行政法与行政诉讼法这门学科从纸上的条框中"活起来"，走进现实生活。法律的生命不在于逻辑，而在于实践。我们放弃"为什么"，专注"发生了什么"、"这是什么"、"怎么样"。"发生了什么"部分是通过"导入案例"的方式启发学生运用行政法与行政诉讼法的知识、理念去思考、分析、解决现实问题，拉近学生与行政法及行政诉讼法的距离，让学生不是单纯学习法，而是"亲历"法。"这是什么"部分主要以"基本原理认知"的方式重点解决学生应知、应会的行政法与行政诉讼原理，让这些原理简明、清晰地展现在学生面前。"怎么样"部分是通过"拓展阅读"的方式介绍一些相关的行政法与行政诉讼法知识，力争在增加可读性的前提下拓展学生的法律视野。

　　本书重点针对高职院校的教学特点编写，突出以培养实用技能为主导的"工作导向性"。本教材的编写力求体现以下特点：

　　第一，"法律原理够用性"。针对高职高专院校的学生注重应用而非理论研究的特点，本教材坚持法律原理能用、够用，而非高、深、全。围绕行政法与行政诉讼法及相关法律和司法解释展开理论阐述，侧重对学生实际技能的培养。在教材中法律原理只要"够用"即可，不强调理论的深度。同时精选典型案例加以分析、讨论，增加实操性。本教材将行政法与行政诉讼法的内容分成四个单元，按照行政与行政诉讼的过程进行整合与规划，每一项目的任务明确，凸显实务的技能性。

第二，突出"知行合一"特点。法律职业教育主要针对司法机关、行政机关等以"人"作为工作对象的职业领域，在教材结构上，结合高等职业教育人才培养以行政与行政诉讼工作的法律应用过程为学习内容进行设计；在内容设计上，改变传统的理论讲授，采取"教、学、练、训"一体化的编写模式，即以案例导出问题，根据原理设计相应的情境训练，将相关原理与实训有机地结合，围绕关键知识点引入相关实务，分析判断如何解决问题，充分展现行政与行政诉讼法律活动的应用流程。这体现了"知行合一"的高职教育特点。

本教材的编写分工如下（按姓氏拼音排序）：

龚国艳：项目六、项目九、项目十一；

梁瀚匀：项目十二；

刘法建：项目四；

陆俊松：项目一任务一；

罗平娥：项目十；

马辉：项目五；

麦杏嫦：项目十三；

潘雅宁：项目七、项目八；

盛舒弘：项目二；

盛永彬：项目一任务二、项目三。

本教材由主编、副主编统一校对。在编写过程中，吸收和借鉴了相关教材的优秀成果，参阅了大量科研机构的科研成果与文献资料，得到了有关部门和专家的大力支持。在此，编者一并表示诚挚的谢忱！

由于编者水平有限，加之教材编写过程中适逢行政诉讼法、立法法的修改，时间紧促，本教材难免有不足和缺陷，真诚希望读者批评指正，以便进一步提高教材质量和水平，更好地为广大读者服务。

编　者

2015 年 6 月

单元一
行政法的基本理论认知

项目一　什么是行政法

 知识目标

1. 掌握行政法的概念及调整对象；
2. 掌握我国行政法的渊源、特点。

 能力目标

1. 能对实践中何为行政法的调整对象作出判断；
2. 能对我国的行政争议适用哪些层级的行政法作出初步判断。

任务一　行政法的内涵及调整对象

导入案例

2006 年 12 月，山东某国际传媒有限公司与济南市城市管理局签订《济南市户外广告设施阵地使用权出让合同》，约定该公司取得绕城高速东线 8 处广告阵地 8 年的使用权，同时约定济南市城市管理局应按规划对该路段广告位进行严格控制。

2012 年 10 月，山东某国际传媒有限公司起诉称，相关路段广告位未按约定得到严格控制，导致媒体市场价格处于无序竞争状态，要求判决自 2010 年 12 月 30 日后，解除与济南市城市管理局签订的《济南市户外广告设施阵地使用权出让合同》。

2013 年 3 月，济南市市中区人民法院作出（2013）市行初字第 36 号行政判决，判决济南市城市管理局于判决生效之日起 30 日内，履行解除合同的行政职责，并对合同解除后的权利义务予以处理。宣判后，双方当事人均未上诉，判决已发生法律效力。

法院生效判决认为，就本案而言，行政机关的目的是规范城市户外广告设置管理，相对人的目的是合法参与市场经营，但由于涉案路段户外广告位严重超出规划数量，相对方的经营权益已无法得到合同保障，行政机关管理目的也无法实现，依法应予解除。但行政诉讼以监督或督促行政机关作为及不作为为主要任务，不宜以判决方式直接调整原、被告之间的具体权利义务关系，故本案通过督促被告履行职责来解决相关争议。[1]

问题：该合同纠纷是否属于行政法调整范围？

▦ 基本原理认知

法律是调整社会关系的行为准则，任何法律都有其所调整的社会关系。部门法就是主要以法律所调整的社会关系的内容作为依据来划分一部法律属于何一法律部门的，因为这种调整社会关系内容决定着法律规范的性质。在行政工作实践中，行政法与民法、行政法与刑法等的界限较易混淆，因此必须首先从理论上区分各部门法律，把握各部门法的调整对象的区别。

导入案例中的合同是属于行政法上的行政合同。行政合同是现代行政法上较为新型且重要的行政管理手段。行政合同引进了公民参与国家行政的新途径，通过行政合同，普通公民可以以积极的权利方式而不仅仅是负担义务直接参与实施行政职能特别是经济职能；行政合同以协商的方式提出要求和义务，便于公民理解，容易接受和赞同，从而减少因双方利益和目的的差异而带来的对立性，有利于化解矛盾，创造和谐社会。但也要注意合同一方当事人是行政主体的，要区分清楚是行政合同还是民事合同，二者区分的关键在于是否为了实现行政管理职责。导入案例也表明了只有正确理解行政法的内涵及调整对象，才能做到正确运用法律解决法律纠纷。

一、何为行政

行政"是理解行政法的起点。如果没有行政活动自然也就不会有行政法的产生。虽然人类的行政活动有着久远的历史，但对何为行政的理解却依然难以达成绝对的共识，以至于德国学者福斯多夫的感叹"行政只能加以描述，而无法予以定义"依然成为行政法学者们的挑战。

《现代汉语词典》（第6版），对"行政"的定义是：①行使国家权力；②指机关、企业、团体等内部的管理工作。这个定义显然不是为行政法而下的，它与当代行政的实际状况相去甚远。根据当代行政的实际状况及相关的理论研究，我们认为行政法上的行政是指行政主体在法治的框架内运用行政权对国家和社会公共事务所进行的以服务为目的的治理活动。

这个定义包含以下几层意思：

---

〔1〕 "济南中院公布10起行政诉讼案件"，载山东省高级人民法院网，http：//sdfy. chinacourt. org/article/detail/2014/04/id/1266532. shtml.

第一，行政法上的行政包括一切行政主体的活动。行政法上的行政不仅指国家行政机关的活动，还包括其他行政主体的活动，如公共社团、公共企事业单位等的活动。

第二，行政法上的行政指行政主体运用行政权的活动。行政法上的行政虽是专指行政主体的活动，但这不等于说行政主体的一切活动都是行政，行政主体的活动中只有行使行政权的活动才是行政法上所讲的行政活动。

第三，行政法上的行政是指行政主体为了国家和社会公共事务而进行的活动。实现国家目的是行政主体行政活动的当然追求，但在当代，除了实现国家目的外，社会公共事务也早已成为行政活动的内容。今天，行政活动必须在国家事务和社会公共事务之间来回穿梭。

第四，行政法上的行政必须以服务为目的。20世纪以前的行政活动着重于管理和控制，以干涉行政为主。但自1938年德国福斯多福教授在其《当作服务主体之行政》一文中提出现代行政权应该是"一个为照顾公民生活所需，而提供积极服务、给付行为的主体"之后，"服务"的理念便成为行政活动的灵魂。今天，"服务"的质量已成为评价行政活动的最高标准。所以，行政主体的行政必须以为公民、法人或者其他组织提供优质服务为生存之本。

第五，行政法上的行政是一种治理活动。既然当代行政活动是以服务为目的，那么传统行政所惯常使用的统治、管理等手段就无法达到其目的，在这种形式下，"治理"便应运而生。联合国"全球治理委员会"于1995年发表了一份题为"我们的全球伙伴关系"的研究报告，在报告中对"治理"作了如下界定："治理是各种公共的或私人的机构管理其共同事务的诸多方式的总和，它是使相互冲突的或不同的利益得以调和并且采取联合行动的持续的过程，它既包括有权迫使人们服从的正式制度和规则，也包括人们同意或以为符合其利益的非正式的制度安排。"自那以后，治理便成了政府行动所追求的目标，也成了评价行政活动优劣的标准。

第六，行政主体的行政活动必须在法治的框架内进行。立法机关制定的法律是行政主体一切行政活动都不得违背的，守法是行政活动不可逾越的樊篱。但是，机械地固守法律已不可能实现当代行政的使命。一方面，立法机关不可能为一切行政活动都事先制定好法律，因为行政活动所面对的复杂性是立法机关无法尽测的；另一方面，法律的抽象性、滞后性使得一切已制定的法律都难以与行政活动所面临的具体情况完全"吻合"。因此，行政主体要想使自己的行政活动完成使命，就不能只是简单地执法，必须以法治的精神来主宰一切行政活动，竭力追求形式法治与实质法治的统一。

行政具有以下特点：

1. 执行性。行政主体的行政活动必须执行立法机关制定的法律，合法与否是一切行政活动都无法逃脱的追问，这是行政活动的首要特征。

2. 裁量性。一方面，立法机关无法为一切行政活动制定出行为规则供行政活动遵守；另一方面，已制定的行政法中包含许多抽象概念和供行政主体选择的行为方式、幅度等，这使得行政主体在进行行政活动时不得不进行裁量。裁量已经成为当代行政的显著特点。

3. 服务性。当代行政活动已从统治、管理转变为追求服务，一切行政活动都是为了给公民、法人或者其他组织提供优质服务，服务是行政活动存在的唯一正当理由。

4. 程序性。行政活动必须遵从法定的行政程序，合程序性已成为行政活动合法性必不可少的要件。行政程序作为规范行政活动，体现法治形式合理性的行为过程，是实现行政法治的重要前提，所以，程序性是行政活动无法摆脱的羁绊。

二、行政法的内涵

我们在这里所讲的行政法，除了指有关行政管理的法律规范以外，更重要的是其包含了对行政权进行规范和控制的精神实质。特别是在现代社会，行政权日益膨胀，其权力触角延伸到社会生活的各个方面、各个角落，如果不适当行使，就会对人民的权利造成损害，所以必须对行政权力予以规范和控制。行政法就充当着这样重要的不可或缺的角色，这是现代民主和法治精神的必然要求。

所谓行政法，是指调整行政关系以及在此基础上产生的监督行政关系的法律规范的总称，或者说是调整因行政主体行使行政职权而发生的各种社会关系的法律规范的总称。

行政法的基本内容由三部分组成：

（一）行政主体法

行政主体法主要规定行政主体的组织、性质、地位和职权。这是关于行政主体的设置、编制、职权、职责，有关国家行政主体与公务员在录用、考核、调动及职务上的权利义务为内容的法律规范。

（二）行政行为法

行政行为法是关于行政主体与公民、法人或其他组织之间权利义务关系的法律规范（规范行政法律关系主体应该做什么，不应该做什么，可以做什么，不可以做什么）。行政行为法主要规定行政主体行使职权的方式、程序。

（三）行政监督与救济法

行政法的这一部分主要规定对行政主体行使职权行为如何实施法制监督；对受到违法行政行为侵犯的公民、法人或者其他组织如何进行法律救济；行政主体及其工作人员对其违法失职行为应承担的法律责任。

三、行政法的调整对象

（一）行政关系与行政法律关系

任何一个部门法都有其自身的调整对象，行政法也不例外。行政法的调整对象是行政关系。这里的行政关系，既包括外部行政关系，也包括内部行政关系；既包括行政管理关系，也包括监督行政关系。但从现行的法律法规考察，行政法实际调整的行政关系则是特定的、一定范围的行政关系，而不可能是全部行政关系，即只有在国家行政主体履行行政职能过程中所发生的行政关系才是行政法调整的对象。某些行政关系，特别是内部行政关系，往往由行政主体内部的制度、纪律、职业道德或政策去调整。

行政关系一经行政法律规范调整即形成行政法律关系。因此，行政法律关系是指为行政法所规定和调整的，具有行政法上权利和义务内容的各种社会关系。简言之，行政法律关系是指行政法所调整的行政关系。所谓"调整"，是指法律赋予行政关系当事人以实体和程序上的权利，规定双方当事人实体和程序上的义务，使相互关系的进行能适于立法者想要确立的某种秩序状态。

在这里，我们应该注意行政法律关系与行政关系的区别：行政法律关系以行政关系为基础，但不等于行政关系。只有当行政关系为法律所调整，具有行政法上的权利和义务时，才能转化为行政法律关系。未经行政法调整，不具有行政法上的权利和义务内容的行政关系，只是一种事实关系。

在理论上，行政关系与行政法律关系有明显区别，但在实践中二者往往是一致的，因为行政关系不同于其他社会关系，它是行政主体因行使行政职权或接受法律监督而与其他主体发生的关系，行政职权或接受法律监督都是法律预先加以规定的。因此，绝大多数行政关系从一开始就是受法律调整的，因而就是行政法律关系。

但行政领域也有一些关系并非法律关系或并非一开始就是法律关系。例如，行政主体实施的许多内部行为（会议通知）、事实行为，目前尚没有法律法规对之加以调整，因此由这些行为而发生的关系只能是行政关系而非行政法律关系。然而行政主体的相应内部行为、事实行为如果侵犯了某种内部或外部人员、组织的有关权益，引起内部或外部行政争议，原事实关系就可能转化为法律关系。行政复核、行政复议、行政诉讼的关系都是法律关系。

行政法律关系有以下特征：

1. 在行政法律关系双方当事人中，必有一方是行政主体。如果双方当事人都是不行使行政职权的公民、法人或社会组织，也就不可能发生行政法律关系，而只能是民事法律关系。即使在监督行政法律关系中，也必须存在受监督的行政主体。因此，行政主体的存在是发生行政法律关系的先决条件。

2. 行政法律关系当事人的权利和义务，由行政法律规范预先规定。在行政法律关系中，当事人的权利义务不能由双方相互协商约定，而是由法律规范事先规定。当事人不得自由选择权利、义务，也不得随意放弃权利、转让义务，而只能依据行政法律规范的规定享有权利或承担义务。

3. 行政法律关系具有不对等性。这种不对等性主要表现在两个方面：其一，行政法律关系双方主体的地位不平等。行政主体以国家强制力保证其职权的行使，当相对方拒绝履行义务时，行政主体可以行使行政强制权，强制对方履行。当行政主体不履行或不当履行职责时，相对方只能通过申诉或诉讼程序来解决。对行政主体的违法或不当行为，在法定部门确认该行为违法或不当之前，既不能否认其效力而加以抵制，也不能停止执行。其二，行政法律关系的产生、变更不以双方主体的意思表示一致为必要条件，行政主体可以单方面地设立或变更行政法律关系，而无需征得相对方的同意。

4. 行政法律关系中行政主体的权利与义务具有统一性。行政主体在行政法律关系中的权利义务总是交叉重叠的，权利与义务很难分开。行政主体的职权往往就是其职责，其权利往往又是其义务。在行政法律关系中行政主体的职权与职责、权利与义务相互渗透，具有统一性。例如，税务机关征收税款，既是税务机关的权利，也是税务机关的义务。

5. 行政法律关系引起的争议，在解决方式及程序上有其特殊性。在行政法律关系中产生的争议，既可通过诉讼程序解决，也可由行政主体先行裁决。行政主体的先行裁决是行政法律关系区别于民事、刑事法律关系的重要特征。

（二）行政法律关系要素

行政法律关系由行政法律关系主体、客体和内容三大要素构成：

1. 行政法律关系主体。行政法律关系主体也称行政法主体或行政法律主体，是指参加行政法律关系享有权利、承担义务的当事人。行政法律关系主体由行政主体与公民、法人或者其他组织或由监督主体与行政主体及其工作人员构成（前者发生在行政管理活动中，后者发生在监督行政活动中）。

所谓行政主体，是指能以自己的名义行使国家行政职权，作出影响公民、法人或者其他组织权利义务的行政行为，并独立承担由此产生的行政法律责任的行政机关或被授权组织。

行政相对人，也称行政管理相对方或行政相对方，简称相对人（方），是指在行政法律关系中与行政主体相对应的，其权益受行政主体的行政行为影响的公民、法人或其他组织。

监督主体，也称监督行政的主体或行政监督主体，是指依法对行政主体及其公务人员行使行政职权的行为和遵纪守法的行为进行监督的国家机关、公民、企事业单位以及其他社会组织。

作为行政法律关系的主体，必须具有行政法上的权利能力和行为能力。行政法上的权利能力是指能够享有行政法上权利及承担行政法上义务的资格。行政法上的行为能力是指以自己的行为行使权利并承担义务的能力。简单说，确认我国行政法律关系主体资格的标准，就在于看他是否享有我国行政法所规定的权利和是否能够承担相应的义务。换句话说，就是看我国行政法对他是否具有拘束力。不具有行为能力的自然人，可以由其法定代理人代理参加行政法律关系。

2. 行政法律关系的客体。行政法律关系的客体是指行政法律关系当事人的权利和义务所指向的对象（包括物、行为、精神财富和人身权）。行政法律关系客体必须是主体的某种物质利益或精神需要，即必须对主体具有有用性；必须是能够为人类所控制或支配的；必须是受到法律调整的事物，法律没有规定的不能成为行政法律关系的客体。

（1）物。物是行政法律关系中比较常见的客体。作为行政法律关系客体的物可以是物质形式，也可以是货币形式；可以是消费资料，也可以是生产资料。例如，行政赔偿关系的客体可能是金钱，行政没收关系的客体可能是物品，行政救济关系的客体可能是生活资料，行政合同关系的客体可能是生产资料。

（2）行为。行为作为行政法律关系的客体，包括作为（如行政主体进行罚款的行为）和不作为（如行政主体不依法发放抚恤金的行为）。它可以是行政主体的行为，也可以是行政相对人的行为。例如，行政主体颁发许可证或执照的行为是行政许可法律关系的客体，行政相对人（公民）妨害公共秩序的行为是治安管理行政法律关系的客体。当然，并不是所有的行为都可以成为行政法律关系的客体，只有与行政职能有关且具有法律意义的行为或经法律规范的行为，才能成为行政法律关系的客体。

（3）精神财富。是指行政法律关系主体从事智力活动所取得的成果，如学术著作、发明、专利等。公民或法人向行政主体申请发明专利权与行政主体所发生的行政法律关系，其客体就是一定形式的智力成果。

（4）人身权。人身权是指权利主体依法享有的与其人身不可分离而无直接财产内容的权利，包括人格权和身份权。许多行政法律关系是以相对人的人身权为客体的，如行政拘留、强制治疗及通过行政奖励授予模范称号等行政法律关系中，相对人的人身权就是重要的客体。

3. 行政法律关系的内容。行政法律关系的内容是指行政法律关系主体间的权利与义务。在行政法律关系中，不同的当事人所享有的权利和承担的义务是不同的。根据行政法律关系主体的不同，行政法律关系的内容主要包括行政主体的权利与义务，行政管理相对方的权利与义务，行政监督主体的权利与义务和被监督的行政主体及其工作人员的权利与义务。

行政主体在行政法律关系中的权利和义务是通过它的行政职权和行政责任表现出来的。其职权主要有：行政规范权、行政命令权、行政处罚权、行政强制权、行政执行权、行政司法权等。行政主体的职责主要有：遵守行政法律、法规、规章，履行行政职务，遵守法定程序，行政合理适当等。

行政相对方在行政法律关系中的权利主要有：参与和了解国家行政管理权、行政监督权、行政救济权等。行政管理相对方在享有权利的同时，也必须承担相应的义务，主要有：遵守法律、法规、规章，服从行政命令，协助行政管理等。

行政监督主体的权利是对行政主体及其工作人员是否正当行使行政职权，是否遵守法纪进行全面的监督。其义务主要是听取被监督主体的申辩，依法实行监督。

（三）行政法律事实

行政法律关系不是固有的，也不是一经产生就一成不变的，是随着社会生活的发展变化而产生、变更和消灭，是经常处于生灭变更之中。行政法律关系的发生、变更与消灭是由行政法律事实引起的。

行政法律事实，是指由行政法律规范所规定的，能够引起行政法律关系产生、变更或消灭的客观现象或事实。这一概念包括以下几层含义：

1. 行政法律事实是客观存在的现象或事实。

2. 这种客观存在的现象或事实能够引起行政法律关系产生、变更或消灭的法律后果。

3. 行政法律事实必须是行政法律规范所规定的。例如，公安机关根据《治安管理处罚法》的规定，对违反治安管理的行为人，作出行政拘留 15 天的具体行政行为就是一种法律事实，它使被处罚人和公安机关之间产生了行政法律关系。

行政法律事实分为行政法律事件和行政法律行为两类：

1. 行政法律事件。行政法律事件是指不以当事人的主观意志为转移而又能导致行政法律后果的客观事件。如人的出生、死亡会导致户口登记、注销等行政法律关系；自然灾害（地震、台风等）和意外事件（火灾等）将导致税收减免、社会救济等；时间的流逝可能导致行政法律关系的消灭等。

2. 行政法律行为。行政法律行为是当事人有意识的，能够产生行政法效果的活动。它可以是作为，也可以是不作为；可以是合法行为，也可以是违法行为。导致行政法律关系发生的法律行为主要是行政主体的行为。如行政征收、没收财物的行为，吊销执照或许可证的行为，行政确认或给付行为，等等。

行政法律事实又引起行政法律关系的产生、变更、消灭：

1. 行政法律关系的产生。是指行政法律关系主体之间因一定的法律事实而形成行政法上的权利义务关系。行政法律关系的产生必须具备一定的条件。行政法律关系产生的条件主要包括：

（1）具有明确的法律关系主体。

（2）具有明确的法律规范根据。因为行政法律关系是基于行政法律规范的确认和调整而在当事人之间发生的，没有行政法律规范的确认和调整，双方当事人就不可能具有行政法上的权利义务关系；如公务员与行政机关之间的职务关系，就是基于公务员法的确认和调整而产生的。

（3）具有导致行政法律关系产生的法律事实。行政法律关系不能因关系主体和法律规范的存在而自发地产生，必须由一定的法律事实所引起。没有婚姻当事人申请登记的事实，就不可能产生婚姻登记关系，没有个人月收入超过法定数额的事实，该人就不能与税务机关发生税收行政法律关系。

2. 行政法律关系的变更。是指行政法律关系各构成要素的变更，包括主体的变更、客体的变更和内容的变更：

（1）行政法律关系主体的变更。如作为一方当事人的公民死亡或丧失行为能力，其近亲属接替或代理其参加相应行政法律关系；作为行政主体的行政机关或被授权组织被撤销，继续行使其权利的行政机关或组织接替其参加相应行政法律关系。

（2）行政法律关系客体的变更。在行政法律关系进行过程中，作为行政法律关系客体的物、行为或智力成果等发生变化，自然会引起相应行政法律关系的变更。

（3）行政法律关系内容因其他因素的变化而引起变更。行政法律关系内容即双方当事人的权利义务，可以因法律规范的变更而变更，也可以因双方当事人协商或者第三者调解而变更，有时还会因某种法律事实的变化而变更。如调整税率而增加或减少税款等。

3. 行政法律关系的消灭。是指行政法律关系权利和义务的消灭。主要有以下几种情况：

（1）一方或双方当事人消灭，且无权利义务承受者接替其参加相应的行政法律关系，从而使原来的行政法律关系消灭。如某国家工作人员死亡，从而使该工作人员与国家之间的行政职务关系消灭。

（2）双方当事人之间发生行政法律关系的目标得以实现，相应法律关系结束。如纳税人已缴纳应纳税款，原存在的税收行政法律关系结束。

（3）作为行政法律关系的客体消灭，该行政法律关系无继续存在的意义。如行政征收法律关系中行政相对人因遭受不可抗力而财产灭失无力缴纳税费时，行政征收法律关系消灭。

（4）根据新的法律、法规、规章或其他规范性法律文件的规定，原存在的相应的行政法律关系应予终止。

任务二　行政法的渊源、特点及功能

导入案例

秦某于 1998 年 4 月办理个体工商户营业执照。该营业执照记载的主要内容包括：经营范围为主营植物油加工、兼营粮食等政策允许范围内的农副产品；经营方式为加工、收购、销售；经营期限至 2002 年 4 月 3 日。1999 年 6 月 2 日，秦某向丰都县双路林业管理站交纳了收购 50 吨桐油的育林基金 1500 元。同年 6 月 24 日秦某在向丰都工商局交纳了桐油运输管理费 210 元后，将自己加工的 2 吨桐油由丰都县双路镇运往重庆出售，途经涪陵乌江大桥时，被涪陵区林业局执法人员拦截检查。该局执法人员检查发现秦某所运桐油未办理运输证，遂当即扣留该批桐油。次日，根据《重庆市林业行政处罚条例》（以下简称《条例》）第22条第1款第1项的规定，作出没收该批桐油的行政处罚决定。秦某不服，依法向法院提起行政诉讼。

《条例》第22条第1款第1项规定："无木材或规定林产品运输证的，予以没收；属树种、材种、品名、数量、规格与运输证填写内容不符的，没收不符部分或超运部分。对没收实物有困难的，可收缴实物变价款，并出具专门收据。违反规定运输的林产品，按有关规定处理。"《行政处罚法》第8条第3项规定："没收违法所得、没收非法财物。"对于无运输证的木材或规定林产品是否属于违法所得或非法财物，即《条例》第22条第1款第1项与《行政处罚法》第8条第3项的规定是否一致，重庆市高级人民法院审判委员会经讨论形成两种意见，并向最高人民法院请示。最高人民法院对此作出批复［见《关于秦某不服重庆市涪陵区林业局行政处罚争议再审一案如何适用法律的请示》的答复（［2001］行他字第7号）］。[1]

问题：秦某诉重庆市涪陵区林业局行政处罚一案涉及哪些行政法？

基本原理认知

行政法是国家法律体系中一个独立的法律部门，是在宪法统率下与刑法、民法一样的基本的部门法之一。行政法是国家实施行政管理最重要的工具之一，是行政主体及其工作人员实施行政管理的法律依据，是一切国家机关、社会团体、企事业单位和公民个人都必须遵守的行为准则。它与国家政治、经济、文化等各方面的管理与建设，与人民的生活和幸福密切相关。离开行政法，国家的行政管理就无法实施，国家对经济和社会生活的管理也就无法进行。换句话说，行政法是国家法律体系中最主要的组成部门。

导入案例中，涉及的行政法主要有《中华人民共和国行政处罚法》、《中华人民共和国森林法》、《中华人民共和国森林法实施条例》、《重庆市林业行政处罚条例》、《林业行政处罚程序规定》、最高人民法院对《关于秦某不服重庆市涪陵区林业局行政处罚争议再审一案如何适用法律的请示》的答复（［2001］行他字第7号）。而在行政主体管理执行行政事务时，法律、行政法规、地方性法规和规章都是其执法依据，它们之间存在制定主体、效力等级及制定程序的差异。

一、行政法的渊源

行政法的渊源，也称行政法的法源，是指行政法的表现形式。根据制定主体、效

---

〔1〕 "关于秦某不服重庆市涪陵区林业局行政处罚争议再审一案"，载《西部法制报》，http://www.xbfzb.com/index.php/cms/item-view-id-67310.shtml.

力等级及制定程序的差异可将行政法的渊源划分为以下几种形式：

（一）宪法

宪法是国家的根本大法，具有最高的法律效力，是一切立法的依据。宪法中有关行政管理的部分，通常都是一般性的、原则性的规范，对行政法的各种具体规范起统率作用。行政法的具体规范与这些一般性规范相抵触，将导致无效的后果。我国宪法所包含的行政法规范主要有：关于行政管理基本原则的规范，关于国家行政机关组织、基本工作制度和职权的规范，关于国家行政区域划分和设立特别行政区的规范，关于公民基本权利义务的规范，关于保护外国人合法权益和关于外国人义务的规范，关于国有经济组织、集体经济组织、外资或合资经济组织以及个体劳动者在行政法律关系中的权利义务的规范，关于国家发展教育、科学、医疗卫生、体育、文学艺术、新闻广播事业等方面的规范。

（二）法律

法律作为行政法的基本渊源包括由全国人民代表大会制定的基本法律，如《国务院组织法》、《地方各级人民代表大会和地方各级人民政府组织法》、《行政处罚法》等；也包括由全国人民代表大会常务委员会制定的非基本法，如《行政许可法》、《行政强制法》、《森林法》等。

作为行政法渊源的法律有些仅包含行政法律规范，如《国务院组织法》、《行政处罚法》；有些不仅包含行政法律规范，同时还或多或少地包含某些其他法律部门的法律规范，如许多行政法律中就包含有关的刑法规范。此外，主要作为其他法律部门渊源的法律也会或多或少地同时包含某些行政法规范，如《商标法》中关于登记、管理、争议裁决的规范就属于行政法规范。

在行政法渊源体系中，法律的地位和效力是仅次于宪法的规范性法律文件。

（三）行政法规

行政法规是国务院依宪法和法律制定的规范性法律文件的总称。国务院制定的行政法规的内容非常广泛，涵盖了国家行政管理的各个方面，譬如导入案例涉及的《中华人民共和国森林法实施条例》。行政法规是我国行政法的主要渊源，其法律地位和效力低于宪法和法律，是国务院各部门和地方人大及地方政府制定法律规范性文件的依据之一。

（四）地方性法规、自治条例和单行条例

根据宪法的规定，省、自治区、直辖市的人民代表大会和他们的常务委员会，在不同宪法、法律、行政法规相抵触的前提下，可以制定地方性法规，报全国人民代表大会常务委员会备案，譬如导入案例中的《重庆市林业行政处罚条例》。根据现行法律的规定，省、自治区的人民政府所在地的市和经国务院批准的较大的市、设区的市、自治州的人民代表大会和他们的常务委员会，在不同宪法、法律、行政法规和本省、自治区地方性法规相抵触的前提下，可以制定地方性法规，报省、自治区人大常委会批准后实行，并报全国人大常委会备案。此外，经全国人大和全国人大常委会的特别授权，经济特区的人民代表大会及其常务委员会可根据经济特区的具体情况和实际需要，遵循宪法的规定以及法律和行政法规的基本原则，制定地方性法规，报全国人大常委会、国务院和省人大常委会备案。地方性法规调整着广泛的行政关系，是我国行政法的重要渊源之一。

根据宪法规定，民族自治地方的人民代表大会有权依照当地民族的政治、经济和文化特点，制定自治条例和单行条例。自治区的自治条例和单行条例，报全国人民代表大会常务委员会批准后生效。自治州、自治县的自治条例和单行条例，报省或者自治区的人民代表大会常务委员会批准后生效，并报全国人民代表大会常务委员会备案。自治条例和单行条例既可以规定民族自治机关的组织和工作，也可规定自治地方的行政管理事务。是行政法的重要渊源。

（五）规章

我国的规章分为部门规章和地方规章两种。部门规章是指国务院各部、委和某些其他工作部门发布的规范性法律文件的总称，譬如导入案例涉及的《林业行政处罚程序规定》。地方规章是指省、自治区、直辖市人民政府、省及自治区人民政府所在地的市的人民政府和经国务院批准的较大的市以及经济特区市、设区的市、自治州的人民政府，根据法律和行政法规制定的规范性法律文件的总称。部门规章在全国范围内有效，地方规章只施行于制定机关所辖行政区域。

（六）法律解释

此处的法律解释包括国家最高权力机关的解释、国家最高行政机关的解释、国家最高司法机关的解释、有关地方国家权力机关和行政机关的解释。在法律解释实践中最高国家权力机关很少作出立法解释，很多法律都是由最高人民法院进行司法解释，譬如导入案例涉及的最高人民法院对《关于秦某不服重庆市涪陵区林业局行政处罚争议再审一案如何适用法律的请示》的答复（〔2001〕行他字第7号）。行政解释和地方解释虽然也具有重要意义，但这些解释是否符合法律原意，人民法院在审理案件时往往要附带对之进行适当的司法审查。人民法院认为相应解释不符合法律原意，虽然不能撤销或宣布其无效，但可不予适用，或者以司法解释取而代之。

（七）国际条约和协定

国际条约和国家间协定有的涉及国内行政管理，成为调整国家机关与公民、法人、其他组织或外国人之间行政管理关系的行为准则。因此，它们也是行政法的渊源。

（八）国家行政机关与执政党、社会组织联合发布的规范性文件

国家行政机关与执政党、社会组织联合发布的作为行政法渊源的规范性文件是我

国行政法的一大特色。这种渊源虽然不多，且以后随着政治体制改革深入会逐渐减少，但现在它仍是行政法的一个渊源。例如，中共中央和国务院联合发文，有些即涉及行政问题，调整某些行政关系，因此它们是行政法渊源之一。

二、行政法的特点

行政法与其他部门法相比，具体如下特点：

（一）行政法在整体上没有统一、完整的法典

行政法所调整的对象中行政关系及其监督关系的内容广泛复杂，而且变化较快，要制定一部包罗万象、统一完整的行政法典是十分困难或不可能的。现已经制定的《行政诉讼法》、《公务员法》、《行政复议法》等都只是行政法的部分内容，行政法的内容十分庞杂、广泛，依据不同的标准将其划分为不同的类别：

1. 一般行政法与特别行政法。这是以行政法调整对象的范围不同来划分的。一般行政法是对一般行政关系加以调整的法律规范的总称。如《公务员法》、《行政复议法》、《行政处罚法》等。一般行政法具有概括性和普遍性，是行政法的基础。特别行政法是对某一方面或某一领域的行政关系加以调整的行政法律规范的总称。如《海关法》、《教育法》等。

2. 实体行政法与程序行政法。这是以行政法规范的性质为标准划分的。实体行政法是以规范行政法律关系主体权利义务为内容的行政法律规范的总称。如《土地管理法》、《税收管理法》等。程序行政法是以规范行政主体在实施行政行为时所应遵循的方法、步骤、时限和顺序的行政法律规范的总称。如《行政复议法》、《行政诉讼法》等。

3. 行政主体法、行政行为法及行政监督与救济法。这是以行政法的作用为标准进行的划分。行政主体法是关于行政主体的设置、编制、职权、职责，有关国家行政机关与公务员在录用、考核、调动及职务上的权利义务为内容的法律规范。行政行为法是关于行政主体与公民、法人或其他组织之间权利义务关系的法律规范（规范行政法律关系主体应该做什么，不应该做什么，可以做什么，不可以做什么）。行政监督与救济法是对行政行为进行监督的规范，即监督主体对行政主体及其工作人员进行监督的规范。此外，还可以把行政法分为内部行政法与外部行政法、中央行政法与地方行政法等。

由此可见，我们不可能对全部行政法的问题进行统一规定。因此，行政法是由分散于宪法、法律、法规和规章等数量众多的法律规范性文件中的有关规范组成的。行政法就是调整行政关系的分散的、大量的行政法律规范的总和。

（二）行政法律规范的表现形式多、数量大

因行政领域的情况极为复杂，且为了保障国家行政职能的正常履行，现代国家把

制定调整行政关系及监督关系的法律规范的权力不仅赋予立法机关，而且授予了行政机关。不仅中央的立法机关和行政机关，而且地方的相应的机关也拥有不同的立法权。制定机关不同、层次不同、效力不同，自然其表现形式不同，数量浩如烟海。

（三）行政法律规范的专业性和技术性强、适时性强

譬如，食品、卫生、保健、原子能控制等方面的管理，不仅技术性、专业性强，而且变化快。所以，调整这类关系的行政法律规范与民法、刑法相比具有易变的特点，否则将无法适应国家行政管理的需要。

（四）行政法中的实体规范与程序规范划分不严格

此处的程序法仅指规定行政权力如何行使的法律规范文件，而非有关行政诉讼方面的法和行政复议方面的法。基于行政关系是行政主体作为当事人的特殊性，各行政主体的职能权限不尽相同，很难在实体和程序方面作出统一规定。考虑到既可以保障民主，提高行政效率，又可以防止行政权的滥用，有利于提高行政法的适应性，大量的行政管理程序只能与行政实体法交织在一起，二者结合仍有其必要性。

三、行政法的功能

行政法的功能主要表现在两个方面：

（一）效率保障功能

行政主体代表国家依法行使行政职权，对政治、经济、文化等各方面实施行政管理。行政法规范行政权的存在、运行和保障，确立行政主体独立行使行政权，赋予行政主体优先权、处罚权、裁决权、强制权、执行权等，保障了行政职权的有效行使。

行政法规定了行政主体行使行政权的基本制度、原则、程序、方法、违反行政法的法律责任，要求行政主体严格依照法律规定行使行政职权，对促进依法行政，具有重要作用。

行政效率是指在行政管理过程中，国家所投入的人力、财力、物力资本与取得的效果之比。行政法确认行政管理方面的原则和制度，设立科学的、民主的行政程序，规定合理的时效制度，对提高国家行政效率是有力的促进和保障。

（二）控制功能

控制功能就是建立行政法监督机制，控制行政权力，防止行政主体滥用职权，维护国家与社会的公共利益，保护公民、法人或其他组织的合法权益。行政法一方面为公民、法人或其他组织实现宪法赋予的各项权益提供法律保障；另一方面通过建立一系列的制度（如听证制度、复议制度、诉讼制度和赔偿制度等）控制和监督行政主体的行政行为，防止公民、法人或者其他组织的合法权益受到违法或不当行政行为的侵

害，充分发挥对公民、法人或其他组织合法权益的保护作用。

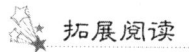 拓展阅读

改革开放后我国行政法的历史沿革

1979 年，全国人大常委会作出决议，确定从中华人民共和国成立以来国家制定的法律、法令，凡不与现行宪法、法律、法令相抵触者均继续有效。这样就恢复了一大批法律、法令，包括调整行政社会关系的法律、法令，部分地解决了行政领域无法可依的问题，为重建行政法制做了第一步较容易做但却有较大效益和作用的工作。

1978 年~1989 年期间，行政法制发展中具有重大意义的事件是 1982 年宪法的颁布。1982 年宪法确认作为行政法制基础的人民主权原则；确认以"法律至上"为核心的行政法治原则，任何国家机关和公职人员都不得有超越宪法和法律的特权；确认职权划分与制约原则，政府成员不得担任人大常委会委员和兼任审判机关与检察机关的职务，行政机关不得干涉人民法院独立行使审判权和人民检察院独立行使检察权，人大常委会监督政府的工作，有权撤销政府制定的同宪法和法律相抵触的行政法规、规章、决定和命令，人民检察院有权对行政机关及其工作人员是否遵守宪法和法律实行监督；规定了一切国家机关实行工作责任制，精简机构；确定了国务院和地方各级人民政府的性质、地位，规定了中央和地方各级人民政府的基本职权。

1982 年宪法颁布后，我国积极探索确立行政立法制度，健全行政法制。1982 年全国人大常委会通过的《中华人民共和国商标法》规定，国务院工商行政管理部门设立商标评审委员会负责处理商标争议事宜；1984 年全国人大常委会通过的《中华人民共和国专利法》规定，国家专利局设立专利复审委员会，负责处理专利争议事宜；1987 年国务院发布的《国营企业劳动争议处理暂行规定》中规定，劳动行政管理机关设立劳动争议仲裁委员会，并在其职权范围内处理因履行劳动合同而发生的争议案件和因开除、除名、辞退违纪职工而发生的争议案件。

1989 年至今，是我国行政法大步发展的阶段。我国行政法的这种发展主要体现在以下几个方面：一是行政领域确立依法行政原则。在我国，真正确立依法办事、依法行政原则是在《行政诉讼法》通过和实施以后。1993 年第八届全国人大第一次会议通过的政府工作报告，正式以政府文件的形式确定了依法行政的原则。明确指出："各级政府都要依法行政，严格依法办事。一切公职人员都要带头学法懂法，做执法守法的模范。"二是制定行政诉讼法，建立行政诉讼制度。三是制定《国家赔偿法》，建立行政赔偿制度。四是制定《行政复议法》，行政复议是行政机关自我纠正错误的一种重要监督制度。五是制定《公务员法》，建立公务员制度。六是制定《行政监察法》，完善行政法制监督。七是健全行政程序法制，如《行政处罚法》。八是制定《行政许可法》，《行政许可法》是继《国家赔偿法》、《行政处罚法》、《行政复议法》后又一部规

范政府行为的重要法律。九是制定了《中华人民共和国各级人民代表大会常务委员会监督法》。十是制定了《行政强制法》。此外，对《行政诉讼法》、《立法法》等进行修改。由此可见，我国目前的行政法制建设正处于系统构建阶段。

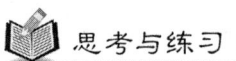 **思考与练习**

一、思考题

结合行政法学原理，分析评述医院、学校等在业务活动中的社会现象哪些属于行政法范畴。

二、判断题

1. 行政法的重心是控制和规范行政权，保护行政相对人的合法权益。（　　）
2. 有关犯罪和刑罚的事项也可以由法律授权行政机关作出规定。（　　）
3. 我国已制定出统一完整的实体行政法典。（　　）
4. 作为行政法律关系调节器的行政法律规范具有很强的稳定性。（　　）
5. 行政法规和地方性法规具有同等效力。（　　）
6. 部门规章只能由国务院各组成部门制定。（　　）

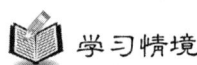 **学习情境**

我国行政法调整对象、渊源的识别

【范例】

2013 年 5 月 12 日，某县人民政府昌城街道办事处将其闲置的临街房屋一间租给陈某开办服装店，租金 1 年为 12 000 元。1 年后街道办事处以临街房屋已增值为由，要求陈某增缴租金 6000 元。陈某不同意，双方因租金问题发生纠纷。2014 年 7 月 12 日街道办事处主任指示所属该办事处的城管三名执法工作人员，佩带执法标志将陈某的服装店查封，同时对陈某处 300 元罚款。陈某不服，2014 年 7 月 20 日以街道办事处对自己违法采取行政强制措施和行政处分为由，向县人民法院提起行政诉讼。经法院审理认定，昌城街道办事处既无法律依据，也无法定职权对陈某实施查封和罚款，最后依据《中华人民共和国行政处罚法》、《中华人民共和国行政诉讼法》的有关规定以及《最高人民法院关于执行〈中华人民共和国行政诉讼法〉若干问题的解释》，判决撤销了街道办事处的行政行为。

【训练目的及要求】

结合范例和相关知识，通过训练，能正确初步判断该案产生了哪些法律关系以及其中的各行政法律现象适用何种行政法律规范。

【训练方法】

分三组进行，第一组学生运用行政法知识判断法律关系；第二组学生运用行政法渊源理论对社会上的行政法律现象作出处理；第三组学生评价行政法律规范的适用是否正确。

【训练步骤】

步骤 1：分组；

步骤 2：熟悉范例；

步骤 3：学生运用行政法的渊源理论对该范例涉及的行政法的渊源进行分析；

步骤 4：各小组形成本组的观点后，各派 1～3 名代表发表意见；

步骤 5：老师评判。

参考书目

1. 熊文钊：《现代行政法原理》，法律出版社 2000 年版。

2. 盛永彬、曹秀谦：《行政法与行政诉讼法教程》，暨南大学出版社 2007 年版。

3. 罗豪才主编：《行政法论丛》（第 6 卷），法律出版社 2003 年版。

项目二　行政法的基本原则

知识目标

1. 掌握行政法基本原则的含义；

2. 理解基本原则的具体内容。

能力目标

1. 能够对行政行为是否符合行政法基本原则作出判断；

2. 能够在具体案件中灵活运用行政法基本原则。

任务一　合法性原则

导入案例

谢某（生于 1949 年 12 月 31 日）原系工人，后取得小学一级教师的专业技术职务任职资格、教师聘任职务资格和教师资格。1996 年 9 月 1 日，她与河南省内乡县教委签订了为期 8 年的劳动合同。1999 年 12 月 20 日，内乡县人事劳动和社会保障局（下称人劳局）以其内人劳险（1999）17 号文件（关于谢某退休的通知）决定谢某退休，自 2000 年 1 月按退休对待。2000 年 2 月，谢某以自己是教师，应于年满 55 周岁时退休为由向内乡县劳动争议仲裁委员会申诉，要求县教委恢复其工作，继续履行劳动合同。仲裁委认为，县教委停止谢某工作是执行退休批准机构（人劳局）的决定，谢某的申诉不符合劳动争议案件受理条件，于 2002 年 3 月 20 日作出仲裁裁决，不支持谢某的请求。为此，谢某于 2002 年 4 月 13 日向内乡县人民法院提起行政诉讼，请求撤销人劳局批准其退休的决定。

内乡县人民法院审查认为，人劳局所作内人劳险（1999）17 号文件虽然产生了对谢某实体权利、义务的影响，但该人事处的行为仅为"通知"，具有人事劳动政策指导性质，不属人民法院应当依法受理的案件，故裁定驳回谢某对被告内乡县人劳局的起诉。行政裁定生效后，谢某以裁定错误为由向法院申诉，内乡法院于 2004 年 7 月 10 日裁定对本案进行再审。

内乡县人民法院再审认为，被申请人人劳局审批申请人谢某退休是一种具体行政行为，原审认定事实不清，应予撤销。被申请人审批谢某退休的程序不当，应予撤销。判决：①撤销（2002）内法行裁字第 24 号行政裁定；②撤销被申请人批准谢某退休的决定。

人劳局不服上述判决，向南阳市中级人民法院提起上诉。

南阳市中院认为：①被聘任教师职务（教师实行职务聘任制）就是以教师身份从事教师职业，而非工人身份从事教师职业的以工代教。上诉人作为行政机关、在一审和二审中并未提供由工人身份转变为教师身份，需有市（地）级以上政府人事部门批准为聘任制干部的相关法律、法规、规章和政策等相关文件依据。相反，小学一级教师职称也是市（地）级以上政府人事部门审批的。故上诉人称谢某未经市（地）级以上政府人事部门批准聘任制干部，是以工代教，仍然是工人的理由不能成立。②上诉人上诉称其审批程序正当的理由亦不能成立。上诉人在一审答辩及二审上诉中均称：没有法定的审批退休的程序，内乡县审批退休的正常程序为先由用人单位申报到主管局委、主管局委签署同意后报县劳动局，劳动局审查属实后以文件形式通知主管局委办理退休手续。然而，上诉人并未举出其审批谢某退休前谢某所在单位的申报及主管局委签署同意意见。故上诉人的具体行政行为事实不清，证据不足，适用法律法规不当，一审判决撤销被诉具体行政行为是适当的。南阳中院依据《中华人民共和国行政诉讼法》第 61 条第 1 项的规定作出如下判决：维持一审再审判决，驳回上诉。[1]

问题：案中的行政行为违反了什么原则？

基本原理认知

行政法基本原则是作用于所有行政权作用之领域的原则。它的功能主要体现在两

---

[1] "谢爱荣诉内乡县人事劳动和社会保障局决定其提前退休案"，载找法网，http://china. findlaw. cn/laodongfa/ldgszy/ldzy/ldjf/ldhtjf/64771. html.

个方面：一是统领行政法的具体规范。二是补充法律、法规、规章的欠缺，或改善严格执行实体法所产生的不合理状况。对于行政法基本原则的内容，学界有着不完全一致的看法。但是，以民主宪政思想来指导行政法基本原则的内容，已成为世界各国的共识。在我国，公认的观点是，行政法基本原则的主要内容应包括：行政法的合法性原则、行政法的合理性原则、行政法的应急性原则。其中，合法性原则是首要原则。

一、合法性原则的含义

行政法的合法性原则是指行政权力的产生、存在和行使以及效力都必须依据法律和符合法律规定，不得与法律相抵触，也不允许超越法定权限范围或存在任何法外特权的原则。这是行政法最根本性的一项原则，又被称为依法行政原则，在行政法中具有不可替代的地位。

十八届四中全会提出，法律的生命力在于实施，法律的权威也在于实施。各级政府必须坚持在党的领导下、在法制轨道上开展工作，加快建设职能科学、权责法定、执法严明、公开公正、廉洁高效、守法诚信的法治政府。依法全面履行政府职能，推进机构、职能、权限、程序、责任法定化。

我们所强调的"依法行政"原则，以对行政主体及其行为方面内容所作的规定，约束或限制行政主体的行政职权，不使其权力过宽过滥而失去监控。与此同时，对行政相对方的行为和权限也进行了规制，从而体现出了法律的平衡机制。在理论上也避免了由于基本原则过于宽泛的表述而丧失行政法作为一部门实体法特有的规定性。

二、合法性原则的内容

行政法的合法性原则的具体内容尽管因各国法律制度不同而有所不同，但通常包括：

（一）行政主体合法

行政主体，是指依法享有国家行政权，能以自己的名义行使行政权，并能独立地承担因此而产生的相应法律责任的组织。它包括依法成立的享有行政管理权的行政机关和经法律、法规、规章授权的其他组织，一切行政行为都是由行政主体作出的，因此行政主体必须具有合法性。

（二）行政职权法定

行政主体的职权，来自于法律的授予。行政主体仅享有法律明文规定的职权，同时法律对于何种主体享有何种行政职权作出了明确划分。即法律设定行政职权，明确行政主体的职权范围。行政主体的法定职权一般以两种形式设定：一是由行政组织法直接划定各行政主体的职责范围；二是由单行的实体法规定某一具体事项由哪一行政主体管辖。行政主体必须在法律规定的职权范围内活动，否则就是超越职权。

在内部，超越职权就是行政主体横向超越了另一行政主体的职权，或纵向超越了上下级行政主体之间的职权；在外部，超越职权就会侵犯公民的合法权益。

导入案例中，在法律、法规及政策对工人身份女教师应于何时退休未作出明确规定的情况下，内乡县人劳局就决定谢某在年满50周岁时退休，违反了行政法关于"有授权则有行政，无授权则无行政"的基本原理，即超出其法定的权限，违背了法律、法规的目的和原则。

（三）行政行为合法

行政主体行使职权的动态过程必须符合法律的规定。

1. 行政行为实体合法。行政主体行使职权必须以事实为依据，以法律为准绳。行政行为必须依照法律规定的范围、手段、方式进行，特别是具体行政行为必须以法律规定的事实要件为基础，而每一个事实要件必须经得起审查和行政相对人的反驳与质证。导入案例中，人劳局认为谢某退休未经市（地）级以上政府人事部门批准为聘任制干部，是工人。但谢某拥有教师应当具备的全部资格和证件，被聘任教师职务，是名副其实的教师，不属于以工代教。谢某虽然没有经过市（地）级以上政府人事部门批准为聘任制干部，但使其成为教师身份的资格和证件均来自于市（地）级以上政府人事部门。显然，人劳局审批谢某退休时对其身份性质认定错误，行政行为所依据的事实错误导致行政行为被撤销。

2. 行政行为程序合法。行政主体必须依照法定程序实施行政行为。导入案例中，人劳局在一审答辩和二审上诉中均称：审批退休没有法定的程序。但事实是内乡县审批退休的程序为先由用人单位申报到主管局委、主管局委签署同意后报人劳局，人劳局审查属实后以文件形式通知主管局委办理退休手续。而人劳局审批谢某退休时并未接到谢某所属单位申报和主管局委签署同意的相关材料，属于没有进行法律、法规及规章规定的必须进行的步骤的情形。在作出谢某退休的决定后，没有将决定内容告知谢某，亦未向她送达书面材料并告知其应享有的权利，因而属于违反法定程序。

3. 行政行为形式合法。行政行为的表现形式必须符合法律规范的要求。行政行为形式合法主要是指表现为语言文字的行为形式和表现为动作的行为形式要合乎法律规范的规定。行政行为形式合法是作为的行政行为在形式上应当合法，而不作为的行政行为，由于没有直观的外在表现形式，一般不纳入行政行为形式合法的范畴。

（四）违法行使行政职权应当承担法律责任

行政主体必须合法行使行政职权，作出行政行为，这是行政合法性原则的最基本内涵。应当指出的是，行政合法性原则是贯穿于整个行政过程，对具体行政行为和抽象行政行为都有约束力的原则。它所指的法，既包括实体法，也包括程序法；既包括宪法，也包括法律、法规和规章。

（五）不允许超越法律或法外特权的现象存在

既然行政相对人的自由权必须加以限制，那么作为行政行为的实施者的行政主体，同样也必须接受法律的限制，否则，行政法律的贯彻与落实就会成为一句空话。在我国这样一个有着悠久的封建传统的国家，凌驾于法律之上，并左右法律实施的"人治"现象，在今后较长时间内仍将存在着。尤其是在行政法律的实施和行政秩序的维护上，这类现象广泛而深刻地产生着影响。因而，我们必须警惕各种超越法律、左右法律或法外特权的现象。因为这些现象不仅与民主宪政的要求背道而驰，并且还会对已经建立起来的现代宪政秩序造成致命的危害。

任务二　合理性原则

📝 导入案例

原告某公司建设的某商业广场工程系于 2011 年 7 月 1 日开工建设，地质勘察报告记载"本场区基本地震烈度为七度远震区"。该工程按照地震烈度七度远震设防设计并施工。2012 年 1 月 3 日主体工程完工。2012 年 7 月 8 日该公司在市政府行政服务中心地震窗口领取"建设工程抗震设防要求审核申请表"时被告市地震局知道了原告建设该工程的情况。被告认为原告的建设工程属重大建设工程，必须进行地震安全性评价，遂要求原告做地震安全性评价工作，原告不同意，被告于 2013 年 2 月 12 日作出地震行政处罚决定书，以"该工程未按有关规定进行地震安全性评价工作，违反了 2009 年实施的《中华人民共和国防震减灾法》第 87 条（未依法进行地震安全性评价，或者未按照地震安全性评价报告所确定的抗震设防要求进行抗震设防的，由国务院地震工作主管部门或者县级以上地方人民政府负责管理地震工作的部门或者机构责令限期改正；逾期不改正的，处 3 万元以上 30 万元以下的罚款）"为由，给予原告罚款 30 万元整的行政处罚。原告认为该行政处罚过重，遂向法院提起行政诉讼。

问题：试从行政合理性的角度分析本案例。

基本原理认知

一、合理性原则的含义

现代行政法面临的核心问题是如何在法律不得不给执法者留有相当自由空间的前提下，将国家权力的行使保持在适度、必要的限度内。在行政权力极度膨胀和被滥用的专政社会被推翻后，民众极力主张制约政府的行政权，强调依法行政。于是，通过立法采取大量羁束性规则对行政行为进行约束成了必然的选择。但事实表明对行政权的法律约束不是越严格越好。当严苛的法律规范使行政自由裁量权被缩减到无可奈何的最小程度，行政失去了起码的效率和功能。行政自由裁量权存在的必要性已经毋庸置疑。由于自由裁量权本质上就是一种权力，它与所有的权力一样具有极强的扩张性，因此，对自由裁量权必须予以限制。合理性原则事实上就是对行政自由裁量权的适当控制和约束。

行政合理性原则指的是行政法律关系当事人的行为，特别是行政主体的行为，不仅要合法而且要合理，也就是行政主体的自由裁量行为要做到合情、合理、恰当和适度。行政法的合理性原则是指行政主体的行政行为不仅要合法，而且要公平、公正、客观、适度，要符合社会大众所接受的常理，从而保障依法行政原则得以准确地落实，保障公民、法人或者其他组织参与行政的原则得以全面地贯彻。这项原则派生于合法性原则，是行政法治原则的重要体现之一。

二、合理性原则的内容

（一）行政行为应符合立法目的

当行政主体适用法律授予的某一项自由裁量权时，应考虑保护人权、依法行政、侵权负责、违法必究等立法终极目的。

（二）行政行为应遵循公平、公正原则

公平、公正是难以给出准确定义的概念，但对于执法者与社会公众而言仍然是可衡量的，行政行为的结果应当符合人之常情，符合社会发展的趋势，应当经得起社会舆论的议论和评价。公平、公正是社会公众对于行政行为的一种基本的合理预期。

（三）对公民、法人或者其他组织在适用法律规范上一律平等

这一原则是"公民在法律面前一律平等"的宪法原则在行政法领域的具体要求和体现。它强调的是平等对待一切公民、法人或者其他组织。不得因公民的身份、民族、性别、宗教信仰、文化程度、经济状况、社会地位等存在差异而给予不平等的待遇，更不允许有任何歧视。要求做到"相同案件相同处理，不同案件不同处理"。

（四）行政行为的作出应考虑相关因素

行政行为应建立在正当合理的基础上，执法者在作出行政裁量决定时应考虑相关因素，不得以不相关因素来施加影响。在社会生活和社会管理活动中，行政行为所受到的影响是最为广泛的。其中来自于行政主体周边因素的影响最为明显。但是，没有考虑到相关因素或考虑了不相关因素的行政行为也并非必然导致行政决定的无效和被撤销，只有该因素的考虑对行政决定的作出具有实质影响时，上述结果才会出现。

（五）行政行为应当合乎比例

行政手段与行政目的应当是相称的，这样才能将国家权力的行使保持在适度、必要的限度之内，不会为目的而不择手段，不会采取总成本高于总利益的行为。如果出

现背离比例原则、显失公平的行政行为，则构成了不当行政行为，它不仅会给公民个人带来损害，而且还会给国家和集体利益带来损失。行政行为合乎比例原则有三项具体要求：

1. 行政手段应具有妥当性。在行政法领域，行政目的是由法律设定的，行政手段却并非全部由法律规定。当法律只规定了行政目的而没有规定行政手段时，行政主体就具有了选择手段的权力。行政主体选择的手段必须适合于增进或实现所追求的目标。

2. 行政手段应具有必要性。必要性是指行政主体在有多种方式达到同一目的时，在不减弱目的实现程度的情况下，应尽可能地选择损害最小的方式。行政行为的妥当性不足以阻止其对公民的不必要侵害，因此，合理的行政行为还应当采取在诸多可供选择的趋进行政目的实现的手段中最温和、侵害最小的一种。

3. 行政手段应具有法益相称性。法益相称性也称作严格意义或狭义的比例原则。它要求对行政过程中造成的私权利侵害与行政行为带来的实际社会利益进行利益权衡。只有当公权力获益远远大于私权利侵害，使私权利侵害控制在公民可以忍受的程度内时，行政行为才是有效的，否则，公权力的行使就有违法、违宪之虞。

国务院 2004 年 3 月 22 日发布的《全面推进依法行政实施纲要》明确要求"所采取的措施和手段应当必要、适当；行政机关实施行政管理可以采用多种方式实现行政目的的，应当避免采用损害当事人权益的方式"。

任务三 应急性原则

导入案例

经过艰苦努力，举国抗击 SARS 的斗争取得了伟大胜利。但这场斗争具有长期性和复杂性，至今还有许多变量和未知数，需要人们给予更多的关注并付出更大的努力。已经过去的 SARS 危机暴露出我国应急法制存在许多薄弱环节，远不适应危机管理的客观要求。例如，在 SARS 危机下紧急行政权力的行使界限和程序，限制人身自由的被隔离人员的权利保护，财产征用的损失补偿，公民的出行自由、言论自由、知情权、集会权、劳动权、经营自主权等宪法权利和法定权利应如何加以限制或暂停行使以及如何补救，这些方面都存在应急法律规范缺口多、执行不到位、救济不力等问题，因此某些权益纠纷至今仍难以得到有效解决。这是 SARS 危机带给我们的深刻教训和启示。[1]

问题：1. 何谓应急性原则？

2. 应急性原则在什么情况下可以适用？

---

[1] "行政应急性原则的定义与特征"，载中顾法律网，http://news.9ask.cn/xzcf/xzcfjds/201204/1669689.shtml.

基本原理认知

一、应急性原则的含义

行政法的应急性原则是指如果出现特殊的紧急状况，出于维护国家安全、社会秩序或公共利益的需要，行政主体可以采取没有法律正式授权的，或者在通常情况下与法律规定相抵触的措施。该措施能够调整紧急情况下的国家权力之间、国家权力与公民权利之间、公民权利之间的各种社会关系，以有效控制和消除危机，恢复正常的社会生活秩序和法律秩序，维护和平衡社会公共利益与公民合法权益。它具有危机管理与利益平衡的基本功能。它是合法性原则的例外，而本质上又是合法性原则的合理补充：因为在行政主体行使权力的时候，由于所发生的某些情况超越了法律所能预想或所能控制的范围，现有的法律、法规对可能出现的各种情况的估计和应对措施，就显得力不从心。而该行为又属于必须要尽快或尽可能合理地予以解决的情况，因而做出这种变通恰为弥补现有法律、法规之不足。

但必须注意的是，由于应急性原则在不得已的情况下超出了合法性原则的限制，极有可能对私权利造成损害，因此，应急性原则只能在非常有限的情况下适用。不受任何限制的行政应急权力是行政法治原则所不容许的，其适用须符合一定的条件。

二、应急性原则的适用条件

这类行政权力的行使应符合以下几个条件：

（一）存在明确无误的紧急危险

这是适用应急性行政手段的前提条件。由于在社会生活和行政事务管理活动中，有时必然会出现一些超出预想的紧急情况或危险，在此类事务的处理中，行政主体的反应一般是最为快捷、迅速和有效的。但由于法律授权不及时，就会产生法律与行政行为的冲突。而这种行政行为又往往会对私权利产生某种程度的侵害，因此应当受到严格的控制，非确实发生紧急危险之情况不得为之。

（二）非法定机关行使了紧急权力后应由有权机关予以确认

在实践中，为了将各种突发事件的危害性减到最小程度，不得不允许非法定机关在法律限定的范围内，行使行政紧急权力对事件进行处理。为了防止该项权力被滥用，虽然在实施当时因事件紧迫性而无需授权，但事后则必须由有权机关予以确认，方为有效行政行为。

（三）行政主体作出应急行为应受有权机关的监督

不受制约的权力易滋生腐败。从现代社会管理效能的要求来说，对于管理范围最为宽广、权限最为集中的国家行政主体，其权力更应受到监督和制约。行政主体作出应急行为，这是法律赋予的权力，这一点不容置疑。但这种权力不允许拓展得无所限制，在具体的社会事务中，一方面我们要保障行政主体在处理紧急事务时不能受到不应有的束缚，使其能够以最快捷、最有效的方式，争取最有利的结果；另一方面，对于这种应急权力的动用也必须要以有效监督部门的工作来进行制约。只有这样，才能既体现出行政效率，又体现出法律的权威和尊严。

（四）应急权力的行使应该适当

由于应急性行为对私权利所发生的负面作用是未经法律授权的，而尽量少地损害私权利也是行政合理性原则的基本要求，因此，作出应急性行为时将负面损害控制在最小程度是现代行政法的必然要求。在特殊情况下，这项要求可以适当放宽。这是因为，行政应急权力在行使时，由于当时环境和主客观条件的限制，要求行政主体对这项权力的行使程度，保持完全理智的分析和把握，是难度极高的。而一旦造成不应有的损害时，又会对行政主体的权威和威信形成极大的影响；同时也会对今后行政主体的行政效能，产生不应有的影响。所以在行使该项权力时，应当对行使力度实行严格的控制，如果显然超越了限度标准而造成了较严重的后果，必要时行政主体应承担法律责任。

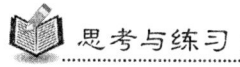 拓展阅读

法律保留原则，是指行政主体只有在立法机关对该事项作出了规范的情况下，才能按照法律的规范作出相应的行政行为，也就是法无明文规定即禁止。该项原则产生于18世纪末的自由主义宪政运动（liberal constitutional movement），意在通过分权来限制公权力，以保障个人权利。这一限制通过代议机关监控行政权的行使来实现，没有代议机关（民意）的同意，行政权就不得行使。它既体现了立法权对行政权的制约，也体现了行政权的民意基础。

思考与练习

一、选择题

1. 下列表述哪些是行政合法性原则的内在含义？（　　　）

A. 行政活动只能在法定的范围内，依照法律规定进行

B. 行政行为的内容必须符合法律

C. 行政行为的程序必须符合法律

D. 行政行为必须符合公正原则

2. "对符合法定条件的申请人不予行政许可或者不在法定期限内作出准予行政许

可决定的，由其上级行政机关或者监察机关责令改正，对直接负责的主管人员和其他直接责任人员依法给予行政处分；构成犯罪的，依法追究刑事责任。"该条规定体现了（　　）原则。

A. 行政合法性原则　　　　　　　　B. 行政合理性原则

C. 行政应急性原则　　　　　　　　D. 行政相当性原则

3. 行政合理性原则产生的主要原因在于（　　）。

A. 行政违法行为的存在　　　　　　B. 行政自由裁量权的存在

C. 公务员的素质不同　　　　　　　D. 应急性原则

4. 合理性原则的具体要求是（　　）。

A. 行政权的产生基于法律授予

B. 行政行为应建立在正当考虑基础上

C. 行政行为的内容应合乎情理

D. 行政行为应符合行政目的

5. 非典时期对可能携带病毒的人进行隔离，体现了（　　）。

A. 行政合法性原则　　　　　　　　B. 行政合理性原则

C. 行政应急性原则　　　　　　　　D. 行政相当性原则

6. 行政应急权力的行使应符合四个条件，下面选项中表述错误的是（　　）。

A. 存在明确无误的紧急危险

B. 任何行政机关都可以行使行政应急权力

C. 行政机关作出应急行为应接受有权机关的监督

D. 应急性权力的行使应该适当

二、判断题

1. 行政合法性原则中的"法"仅指宪法和法律。（　　）

2. "特别法优于一般法原则"是行政法基本原则之一。（　　）

3. 行政行为应符合立法目的是行政合法性原则的基本内容。（　　）

4. 行政法的核心原则是行政合理性原则。（　　）

5. 行政合法性原则也要求行政相对人合法。（　　）

三、简答题

1. 行政合法性原则包含哪些内容？

2. 行政合理性原则包含哪些内容？

3. 应急性原则的适用应满足哪些条件？

 学习情境

行政法基本原则的运用

【范例】

2004 年底，引人注目的广州某市民不服交通违章被拍照受罚而状告公安机关一案，经该市中级人民法院终审判决，终于尘埃落定。该案原告赖先生于 2004 年 3 月 5 日收到一份交管部门的《公安交通管理行政处罚决定书》，被告知因 2003 年底的一次违章而被罚款 100 元，处罚证据乃是另一市民孔某根据该市公安局 2003 年 7 月发布的《关于奖励市民拍摄交通违章的通告》所拍到的赖某违章的照片。赖先生认为这等于由市民行使了公安机关的调查权，交警不得以此为证据进行处罚，遂申请行政复议而后又两度上法庭状告公安局。法院终审虽然维持原判而驳回了赖先生的诉讼请求，同时又以调查取证是行政处罚权的组成部分而不能委托公民行使为由，认定市民"拍违"的照片不能直接作为处罚证据。[1]

【训练目的及要求】

结合范例和相关知识，通过训练，能够掌握行政法基本原则的内涵，判断行政行为是否违反了基本原则，并且了解如何更正不符合行政法基本原则的行政行为。

【训练方法】

参训学生分为两组，第一组学生从合法性角度分析案例；第二组学生从合理性角度分析案例；两组学生交换意见。

【训练步骤】

步骤 1：给出范例；

步骤 2：分组；

步骤 3：运用行政法基本原则的知识判定行政行为的合法性与合理性；

步骤 4：让两组学生互相进行评判；

步骤 5：对两组的训练分别作出评判。

参考书目

1. 罗豪才主编：《行政法学》，北京大学出版社 1996 年版。

2. 王利明、江伟、黄松有：《中国民事证据的立法研究与应用》，人民法院出版社 2000 年版。

3. 应松年主编：《行政法与行政诉讼法学》，法律出版社 2005 年版。

4. 莫于川："全民法治实践的参与权利与责任——依法治理主体问题研究"，载

---

〔1〕 余亚莲："广州法院：市民拍违章照片不能做处罚依据"，载《信息时报》2004 年 12 月 3 日，A23 版。

《河南省政法管理干部学院学报》2003 年第 5 期。

　　5. 姜明安："新世纪行政法发展的走向"，载《中国法学》2002 年第 1 期。

　　6. 罗豪才："现代行政法制的发展趋势"，载《国家行政学院学报》2001 年第 5 期。

单元二

行 政 主 体 的 认 定

项目三　行政主体

 知识目标

1. 掌握行政主体的内涵；

2. 理解行政机关和被授权组织的区别；

3. 理解被授权组织与被委托组织的区别。

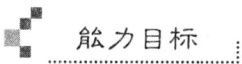 能力目标

能够对行政主体（行政机关、被授权组织）作出判断。

任务一　行政主体一般原理

导入案例

2014年4月20日清晨7时左右，家住某县某街的李老伯还在睡梦中，突然被"砰"的一声巨响惊醒，随之感觉到房子颤抖了几下。李老伯以为发生了地震，慌忙从楼上冲了下来。出了楼门他才发现隔壁的这座5层楼的房顶竟然歪倒在了自己家的6层楼房上。据房主陈女士说，此房建于2006年，此后一直开始向西倾斜，到了2013年，该房屋由某县房屋安全鉴定所做出鉴定，结果是该屋向西倾斜了449毫米，房屋危险性等级是最高级"D级"，整栋楼房属于危房，必须要排除危险后才能住人。房屋鉴定所要求房主立即采取纠偏措施或拆平了重建，陈女士考虑再三，决定采取纠偏的方式把房子纠正过来。她找到了该县建设工程公司，并与该公司签下合同，交了10.5万元的施工费用。公司则保证，如在施工过程中引起安全和质量事故将由他们承担全部责任。2014年4月初，工程队来到了现场，在楼里人员没有撤出的情况下就开始了

纠偏。但是，刚开工没几天就发生了开头惊险的一幕。这间倾斜了 8 年之久的危房，房屋的主人迟迟不予修缮固然负有一定责任，但是每年对危房进行普查并督促修缮的房管部门，在这几年里竟也漏过了这间摇摇欲坠的危房，直到房子倾倒，人们才发现一些更为触目惊心的问题。这间危房竟长期出租给两家制衣厂，而这两家制衣厂生产住宿都在一起，极易发生火灾，这样的生产条件根本不可能办到工商营业执照，他们却长期躲过了县某街道办出租屋管理服务中心、安全生产监督局、公安局消防科（对外称公安消防大队）、工商局以及街道等各管理部门的检查。

问题：该案中哪些部门属于行政主体？该案中它们是否负有行政职责？

▦ 基本原理认知

导入案例中有很多相关部门，相关部门中哪些属于行政主体呢？案中的县房管局、建设局、安全生产监督局、公安局消防科（对外称公安消防大队）、工商局以及街道办事处等属于行政主体，而县房屋安全鉴定所、县建设工程公司、县某街道办出租屋管理服务中心不属于行政主体。对该案行政主体的理解，可以具体从权、名、责三方面分析。

一、行政主体的含义

行政主体是指享有法律赋予的行政权力，能以自己名义行使行政权，并能独立地承担因此而产生的相应法律责任的组织。从现代宪政体系角度讲，它主要是指国家行政机关，此外还包括被授权组织。它是一个国家行使对内对外职能的主要机关，是国家机构的重要组成部分，是行政法最重要的主体形式。

行政主体不全以行政机关为限，还包括依法律、法规、规章授权而获得行政权的组织。行政主体的法律特征应包括权、名、责三方面：

（一）享有国家行政权

行政主体是国家行政职能的主要承担者，行政主体行使行政职权是法律赋予的，因此其行政行为及行政职能的实施是合乎法律规定的。

行政主体的行政职权，主要由《宪法》和有关组织法以概括性和原则性规定的方式来确定。例如，《宪法》所确定的国务院及其各部、委的行政职权；《地方各级人民代表大会和地方各级人民政府组织法》确定的县以上地方各级政府的行政职权，乡、民族乡、镇人民政府的行政职权等。在实践中，由于行政机关的行政职能辐射面有限，因此，部分行政职能由被授权组织行使。

导入案例中县房管局、建设管理部门、安全生产监督局、公安局消防科、工商局以及街道办事处依法都有行政权。而某县街道办出租屋管理服务中心、县房屋安全鉴定所、县建设工程公司没有法律赋予的行政权，其中某县街道办出租屋管理服务中心是基于受委托而行使行政权。

（二）能以自己的名义行使行政权

法律、法规、规章在确定行政主体享有行政职权的前提下，还明确规定他们必须以自己的名义具体实施行政行为。

法律、法规、规章确定行政主体必须以自己的名义实施行政行为，意味着行政主体以自己名义实施哪一种类和形式的行政行为，均由法律、法规、规章确定。例如，根据《宪法》和有关法律的规定，国务院、国务院所属各部、委和省、自治区、直辖市人民政府、省及自治区人民政府所在地的市人民政府、国务院批准的较大的市人民政府、设区的市人民政府、自治州人民政府，可以实施行政立法行为，国务院制定行政法规而上述所列其他行政主体制定行政规章。依职权的行政立法行为只能以上述政府的名义作出。又如《治安管理处罚法》规定，治安管理处罚行为只能以县级以上公安机关（特殊情况下由其派出机构）自己的名义作出，而不能以县级以上公安机关内部机构（如处、科、室）的名义作出。被授权组织虽然不属于行政机关，但由于法律、法规、规章授权而具有行政职能，因而这种行政行为也应当以该组织自己的名义实施。

导入案例中县房管局、建设管理部门、安全生产监督局、公安局消防科（对外称公安消防大队）、工商局以及街道办事处都能以自己名义行使行政权，而某县街道办出租屋管理服务中心是以委托行政机关的名义行使行政权。

（三）能独立承担行政法律责任

行政主体是国家行政职能的承担者和实施者，拥有相当大的权力。但是，国家的一切权力属于人民，因而保障公民、法人或者其他组织的合法权益又是行政主体必须履行的职责。不承担行政责任的行政组织，不能成为行政主体。由于行政授权组织是以自己的名义实施行政行为的，所以该组织在获得行政主体资格的同时，也必须为其实施的行政行为承担法律确认的责任。

承担行政责任的方式，由法律、法规明确规定。例如，根据《行政复议法》、《行政诉讼法》的规定，行政主体承担行政责任的方式有：原具体行政行为被撤销或变更、限期履行职责或责令行政赔偿等。

导入案例中县房管局、建设管理部门、安全生产监督局、公安局消防科（对外称公安消防大队）、工商局以及街道办事处都能独立承担因此而产生的行政法律责任，某县街道办出租屋管理服务中心是以委托行政机关的名义行使行政权，自己不能独立承担行政法律责任，责任由委托它的行政机关承担。

二、行政主体的职权、职责

同时具备权、名、责三项法律要件，才具有行政主体资格。但仅仅具有行政主体资格还不够，对于行政职能机构来说，还必须由法律对其予以职能授权，才具有行使行政职权的能力。例如，公安机关不能代行工商行政管理机关的职权和法律并未确定由其行使的职权。从理论上说，无行政主体资格而行使了行政职权，属于主体不合法；有行政主体资格而行使了其权限以外的行政职权，属于行政越权——除非是公务委托。

（一）行政主体的行政职权

行政职权是行政主体实施国家行政管理活动的权能或资格。行政职权的依法取得和运用，以履行行政职责和实现政府功能为宗旨，是为履行职责提供的法律手段和保证。主要包括如下内容：

1. 行政立法权。是指国家行政主体根据宪法和法律规定，拥有制定和发布行政法规范的权力。立法权本来是国家立法机关的权力，行政机关只拥有执行权而无立法权。但在现代社会中，行政机关因具有广泛的职责，单靠立法机关的工作不仅不能满足行政机关履行其职责对法律的需要，而且某些行政管理部门的行业规则专业性和技术性要求都比较高，对于此类规范性文件由行政机关行使立法权更为合理。于是，法律便赋予行政机关以立法权，即允许行政机关根据法律规定，制定相应的实施规范、解释性规范或创制性与补充性规范，用以调整各种行政关系，规范公民、法人或者其他组织的行为。譬如国务院作为最高国家权力机关的执行机关，并不是纯粹地执行，也享有一定的立法权。宪法规定国务院可以制定行政法规。同时，全国人大及其常委会还授权国务院制定有关条例或者规定，如 1985 年 4 月第六届全国人大第三次会议决定，授权国务院在必要的时候，对于有关经济体制改革和对外开放方面的问题，在同有关的法律和全国人大及其常委会的有关决定的基本原则不相抵触的前提下，可以制定暂行的规定或者条例。同时，行政机关的行政立法权必须根据宪法和法律制定，而其内容不能与宪法和法律相抵触。

2. 行政决定、命令权。即国家行政主体依法对行政管理中的具体事件作出决定、命令的权力。这是行政主体最基本的一项行政职权。对于行政主体来说，为了更好地履行法律赋予的行政职能，必须在相应职权范围内，对具体的相关事务及时、明确地作出处理决定、发布命令。

3. 行政执法权。这是指行政主体依法实施行政管理，对涉及特定行政相对人权利、义务事项作出处理，或者对所发布的命令和所作出的决定予以执行的权力。其处理或执行的范围相当大，包括行政奖励、行政许可、行政处罚、行政强制、行政征收、行政给付等。所以这项权力是履行行政职责中最经常、最广泛使用的一种行政权力。

4. 行政司法权。是指行政主体裁决争议、处理纠纷的权力。行政主体依照法律授权，对当事人之间发生的、与行政管理活动密切相关的民事纠纷进行裁决，主要是权属纠纷、侵权纠纷、损害赔偿纠纷的解决。我国的土地管理法、森林法、草原法、食品卫生法、专利法、药品法等都有相关规定。这反映了现代行政的一种发展趋势，即行政主体的职能已不限于传统意义上的执行，已涉及司法领域。

行政主体之所以拥有本属于人民法院管辖的权力，是因为面对越来越专业化、也越来越复杂的各种社会问题，普通法院在处理这方面争议和纠纷时越来越困难和越来越感到不适应；而行政职能机关或组织由于长期管理这方面的事务，恰恰具有处理这类争议、纠纷的专门知识、专项技能。于是，法律赋予行政主体以准司法权，即允许行政主体在行政管理过程中裁决和处理与相应管理有关的民事、行政争议和纠纷。如有关商标、专利、医疗事故、交通事故、运输、劳动就业以及资源权等方面的事务。行政主体在行政管理中，直接裁决和处理与此有关的争议、纠纷，显然有利于相应行政管理目标的实现。当然，为了保障公正和法治，行政主体的行政裁决行为通常还要受到司法审查的监督。

5. 行政监督权。是指行政主体为保证行政管理目标的实现，而对行政相对人遵守法律、法规、履行义务情况进行检查监督的权力。如消防管理机关对消防设施安全的监督，质量技术监督部门对产品质量的监督，以及审计监督、人事监督等。其主要形式包括检查、审查、统计、审计、检验、查验、鉴定、勘验等。行政监督权既是一种独立的权力，同时又是行政立法权、行政执法权、行政决定命令权、行政司法权实现的保障。

（二）行政主体的行政职责

行政主体的行政职责是指行政主体运用法律赋予的行政权管理国家行政事务的过程中所必须履行的法定义务。可见，政府的行政职责以行政职权的主动性运作为核心，以政府的行政责任为保障。只有权力而无责任，则权力必将被滥用；只有责任而不赋予完成工作所必需的行政权力，则责任必将落空。政府要实现其保障公民权利和管理国家行政事务的目的，或实现其行政功能，就必须将政府职能具体落实到各类行政主体，并赋予其行政职权和明确其行政责任。

导入案例中，当房主已经对房屋进行了鉴定，评定为最危险的 D 级的时候还是没有相关部门和工作人员站出来对这个房子强制实施修缮，相关的执法部门在案件当中没有切实履行其相应义务。房管局和建设管理部门在建筑房屋的时候，就有责任监督房屋在建筑过程当中的安全性；县安监局、街道办事处、工商局、公安局消防科等也负有相应的行政责任。

为了实现政府的行政功能，使行政主体充分履行行政职责，行政主体除了应正确行使前述的行政职权外，还应认真、勤勉地履行下列主要的行政职责：

1. 依法执行职务，遵守权限规定。我国行政主体是为人民服务的，行政主体负有执行法律的义务。而这种义务从原则上讲，就是法律对行政主体自身所规定的职务要求。其内容也是具体的和具有针对性的。因而，一切行政主体在行政事务活动中都应严格地依法办事，不得推卸责任或不履行义务。

行政主体在行政管理活动中，由于法律所赋予的权力较大，而法律在规定其权限范围时，一般又比较含糊。实践中行政主体在实施行政管理行为时，权力往往得不到准确地控制。这就要求行政主体在保护公民和组织的合法权益，积极高效地为人民服务的前提下，严谨地恪守职责和法律权限规定，勇于承担法律责任，依法接受监督，及时、有效地纠正不当、违法行为和依法应诉，并依法承担行政责任。

2. 符合法定目的。行政主体实施行政管理行为，其目的就在于维护国家安全与社会秩序稳定，保障、促进经济发展与文化进步，健全和发展社会保障与社会福利，保护和改善国民生活待遇与人类生态环境。这既是根本性的出发点，也是行政行为的终极目标。行政主体必须坚持在法定的职责范围和实施程序中，实现这一目的。

3. 遵循法定程序。行政管理行为应遵循程序法定、公正、效率等原则。因为行政程序也属于行政行为的形式，由行政行为的方式和步骤构成，也有严格的法律规定。法定程序是实现实体权益和正确使用职权的有效屏障。行政主体为了实现公正、有效地依法行政，必须遵循法定程序。

行政法律关系中的权利义务不仅涉及社会公共利益，而且其权利义务之间具有渗透性。对于行政主体来说，权力也意味着责任。行政主体及其公务员依法行使行政管理职能，既是其权利，又是其义务。这就要求对行政职责的履行，必须是在法律的监控之下进行。行政职责的核心是"依法行政"。

任务二　国家行政机关

导入案例

2013 年的春天，某基层公务员小李特别留意新闻中的国务院机构改革消息。2013 年 2 月 28 日，国务院机构改革方案终于出台，中国共产党第十八届中央委员会第二次全体会议审议通过了在广泛征求意见的基础上提出的《国务院机构改革和职能转变方案》，全会建议国务院将这个方案提交十二届全国人大一次会议审议；2013 年 3 月 10 日，国务院机构改革方案公布，贯彻党的十八大关于建立中国特色社会主义行政体制目标的要求，以职能转变为核心，继续简政放权、推进机构改革、完善制度机制、提高行政效能，稳步推进大部门制改革，对减少和下放投资审批事项、减少和下放生产经营活动审批事项、减少资质资格许可和认定、减少专项转移支付和收费、减少部门职责交叉和分散、改革工商登记制度、改革社会组织管理制度、改善和加强宏观管理、加强基础性制度建设、加强依法行政等作出重大部署。除国务院办公厅外，国务院设置组成部门 25 个。

这次国务院机构改革，重点围绕转变职能和理顺职责关系，稳步推进大部门制改革，实行铁路政企分开，整合加强卫生和计划生育、食品药品、新闻出版和广播电影电视、海洋、能源管理机构。这次国务院机构改革，一方面，充分利用当前各种有利条件，对一些事关社会主义市场经济体制完善，事关社会体制机制建设，而且有广泛共识、条件比较成熟的，坚定地推进改革。像铁路政企分开、调整食品药品安全监管体制等方面，就要取得实质性进展。另一方面，充分考虑经济社会发展面临的复杂形势和各种风险挑战，特别是当前经济下行压力仍然较大，维护社会稳定任务依然繁重的实际情况，保持国务院机构的总体相对稳定。对有些长期存在、社会高度关注的问题，通过职能调整解决，或适时通过必要的机构调整解决。

问题：国务院的性质是什么？国务院机构改革对地方政府、地方公务员的影响有哪些？

基本原理认知

在导入案例中的国务院是我国的中央人民政府，是最高国家权力机关的执行机关，是在全国范围内总揽国家政务和国家行政管理责任的最高国家行政机关。

国务院是我国的中央人民政府，它同地方各级人民政府一起，组成我国整个国家行政系统。在我国从中央到地方的行政组织体系中，国务院居于最高地位，统一领导地方各级行政机关。这种统一领导体现在：一是国务院制定颁布的决定和命令，地方各级行政机关都要执行，不得违背；二是国务院对于地方各级行政机关都享有监督权，有权撤销或者改变地方各级国家行政机关的不适当的决定和命令。如果说中央政府改革是上篇，地方政府改革就是下篇，地方公务员作为政府的工作人员，则是改革的具体执行者。

一、国家行政机关的含义

国家行政机关，是指依法设立的行使国家行政权的国家机关。它是由国家权力机关产生的，是国家权力机关的执行机关，对权力机关负责，接受权力机关的监督。国家行政机关是最主要的行政主体。其具体含义如下：

（一）行政机关是国家机关

行政机关是由国家设立、代表国家行使行政职能的机关。是具有国家强制性质的社会组织。它以国家暴力为后盾，是为实现统治阶级的意志和完成统治阶级的国家任务而组织起来的。与其他组织相比，国家行政机关具有高度的权威性。在其管辖范围内的任何组织和公民都必须服从其管理。这一点使它与社会组织、团体相区别。社会组织、团体虽然经法律、法规、规章授权也可以行使一定的国家行政权，但它们不是由国家设置的专门代表国家行使行政职能的，所以也不属于国家机关。

（二）行政机关是行使国家行政权的国家机关

国家权力通常划分为三个部分：一是立法权，即制定国家的各项法律和制度，决定国家的重大问题等；二是行政权，即执行法律和立法机关通过的决议和决定；

三是司法权，即对民事、行政等纠纷进行裁决，判断正确与错误，维护社会公正，主张社会正义。国家机关也相应分为立法机关、行政机关和司法机关。这三种权力及其行使机关相互关系，构成了一国政权体制的核心内容。西方一些主要国家多数以三权分立来设计这三种权力，并确定三个国家机关的相互关系，即所谓的三权分立、相互制衡。我国不是三权分立体制，国家权力统一归于全国人大及其常委会，国家行政机关、司法机关由全国人大产生，对它负责并报告工作。全国人大及其常委会监督行政机关和司法机关，但行政机关和司法机关不能反过来监督国家权力机关。这种体制形象地说，就是人民将权力统一集中到全国人大及其常委会，全国人大及常委会组织行政机关和司法机关，并由它们行使相应的权力，同时自己保留立法权和监督权。我国行政机关和司法机关是独立的，并不是人大及其常委会的组成部分。全国人大及其常委会负责行使立法权，组织产生行政机关、司法机关，并监督它们的工作；国务院的工作职责就是通过行政管理活动，执行最高国家权力机关制定的法律、通过的各项决议和决定；司法机关负责行使审判权。各个国家机关的权力都是独立的、相对固定的。

行政机关行使行政职能通常是主动的、不间断的。行政机关由于行使的是国家社会、经济、文化的组织管理职能，包括保障国家安全、维护社会秩序、发展社会经济和福利等，故其职能必须连续而不间断的主动地行使。虽然行政机关有些行政职能的行使（如颁发执照或许可证）是应相对人的请求进行的，但这只是动因，而非行政职能的启动；审查、核准、许可才是行政职能。这与司法机关和立法机关的职能行为是有明显区别的。

（三）行政机关是依宪法和组织法而设置的行使国家行政权的国家机关

这一点也使它与被授权组织区别开来。被授权组织不是依宪法和行政组织法设置的，它们行使一定的职权是基于法律、法规、规章授权。因此，行政机关是固定的、基本的行政主体，而被授权组织只有在行使其所被授予的职权时才具有行政主体的地位。

此外，行政机关与行政组织是既有联系又有区别的两个概念。有机关必有其组织结构，从这个意义上说，行政机关也是行政组织。但行政法上的行政组织是指各个行政机关本身的构成。行政机关在组织体系上实行隶属制。即上级行政机关领导下级行政机关，下级行政机关从属于上级行政机关，下级行政机关向上级行政机关负责并报告工作。在行政决策上实行首长负责制，也就是行政首长全面领导本行政机关的工作，对本行政机关的事务有最后决定权，对本行政机关的工作负全部责任。

行政机关与行政机构也是既有联系又有区别的两个概念。从法理上讲，构成各行政机关的内部各单位称为行政机构；而综合各内部行政单位的整体才称为行政机关。行政法上讲的行政机关必须是具有法人资格，能独立行使行政职权，独立承担其行为所带来的法律后果的行政实体。

二、我国现行人民政府的架构

（一）中央人民政府

中华人民共和国国务院，即中央人民政府。新中国成立初期，中央政府是指整个中央国家政权机关，包括中央人民政府委员会及其领导下的政务院、人民革命军事委员会、最高人民法院、最高人民检察署。1954 年《宪法》通过后，中央人民政府的概念发生了变化，仅指中央国家行政机关，即国务院。国务院作为中央人民政府，对外代表国家开展活动，对内统一领导地方国家行政机关。

1. 国务院的组织体制。

（1）国务院组成人员。国务院由总理、副总理、国务委员、各部部长、各委员会主任、审计长、秘书长及中国人民银行行长组成。

总理是国务院的行政首长，全面领导和主持国务院的工作，对国务院的工作承担责任；副总理是总理的副手，协助总理开展工作；国务委员是 1982 年《宪法》增设的，其目的是减少副总理人数，并使国务院常务会议成为国务院的领导核心，方便讨论决定问题。国务委员相当于副总理级，受总理委托，负责某些方面的工作或者专项任务，并且可以代表国务院进行外事活动；部长是各部的行政首长，独立主持国务院某一方面的行政工作；委员会主任是各委员会的行政首长，主持该委员会的工作；对于综合性的事务，通常设立委员会进行管理；审计长是审计署的行政首长，领导和主持审计署的工作；国务院秘书长在总理领导下，负责处理国务院的日常工作。国务院除设秘书长 1 人外，还设副秘书长若干人协助秘书长工作。国务院设立办公厅，由秘书长负责。中国人民银行在国务院中的地位，宪法没有规定。实际上，它一直是被列入国务院的组成序列，中国人民银行行长属于国务院的组成人员。关于副总理和国务委员的职数，宪法均规定为若干人，没有作具体数量的限制。1982 年《宪法》颁布以来，副总理职数一般为 4 人；国务委员职数一般为 5 人。

（2）国务院组成人员的任期。国务院组成人员的任期同全国人民代表大会，每届任期为 5 年；总理、副总理、国务委员连续任职不得超过两届。这里的两届是指任同一职务满两届，对于同一职务任满两届的，不影响任其他职务，如由国务委员升任副总理，副总理升任总理。

国务院的任期与全国人大相同，但任期的具体起止时间有所不同。全国人大的任期从每次换届大会宣布会议开幕时起到下次换届大会宣布会议开幕时止。国务院的任期则是从国务院组成人员选举、决定以后，并由国家主席公布时起，到下次代表大会选举决定新的国务院组成人员，并由国家主席公布时为止。

（3）国务院领导体制。国务院实行总理负责制，总理领导国务院的工作，副总理、国务委员协助总理工作。国务院总理对国务院工作的各项工作负全责。国务院所属各机构均要对总理负责并报告工作、服从总理领导、听从总理的指挥；在国务院各项工作的决策上，总理享有最后的决定权；在与最高国家权力机关的关系上，总理向全国人大负责并报告工作。各部、各委员会实行部长、委员会主任负责制，即各部部长、各委员会主任对本部门的工作负全责；召集和主持部务会议或者委务会议，签署上报重要请示、报告和下达命令、指示；该部门所属机构，均对部长、主任负责，服从部长或主任的指挥。

（4）会议制度。国务院实行全体会议、常务会议制度。国务院全体会议由国务院全体组成人员组成，国务院常务会议由总理、副总理、国务委员和秘书长组成。总理召集和主持国务院全体会议和国务院常务会议。即总理有权决定开会日期、议事内容和议事程序等事项。

国务院工作中的重大问题，必须经国务院常务会议或国务院全体会议讨论决定。这一点同总理负责制并不矛盾，总理的最后决定权，应当建立在广泛听取意见，充分讨论的基础上，这是防止决策失误的重要措施。即总理在讨论决策重大问题时，应认真听取各种不同意见。

将国务院的会议分为两类，主要是为了提高工作效率，方便讨论决定问题。国务院全体会议包括了全体组成人员，人数达几十人之多，不便于经常开会，集体讨论工作，而由总理、副总理和国务委员组成的国务院常务会议，人数只有十几人，便于召集，便于开会，集体讨论工作。国务院常务会议是国务院的核心组织。对于哪些问题应由国务院常务会议讨论决定，哪些问题应由国务院全体会议讨论决定，法律并无明确规定。从实际工作来看，向全国人大常委会提出的议案、制定行政法规、研究决定重要的行政措施等一般都由常务会议讨论决定；对于全年的工作部署安排、向全国人大提交工作报告、经济和社会发展计划等，由全体会议讨论决定。

在实际运行中，还有一种会议形式，即总理办公会议，讨论决定专题性工作，通常由总理主持，分管会议议题相关工作的副总理、国务委员和秘书长以及有关主管部门负责人参加。这种会议举行的频率较高，是国务院决策的重要形式。

2. 国务院的组织架构。

（1）国务院的组成部门。国务院由各部、各委员会、审计署、中国人民银行和国务院办公厅等部门组成。2013年3月10日，《国务院机构改革和职能转变方案》公布。这次改革，国务院正部级机构减少4个，其中组成部门减少2个，副部级机构增减相抵数量不变。改革后，除国务院办公厅外，国务院设置组成部门由2008年的27个变为25个。

国务院的行政职能主要由国务院的组成部门承担，该类部门依法对某一方面的行政事务具有全国范围的管辖权。在法定的职权范围内，就自己所管辖的事项，有权以自己的名义实施行政行为，并承担由此产生的责任。各部设部长1人、副部长2~4人，各委员会设主任1人、副主任2~4人。国务院各组成部门由部长、委员会主任、审计长、秘书长及中央银行行长负责本部门工作。国务院组成部门的设立、撤销或合并须经国务院常务会议讨论通过后，由国务院总理提交全国人民代表大会或其常务委员会决定。国务院各组成部门均具有独立的行政主体资格。

国务院各组成部门在行政法上的职权主要有：制定部门规章权、本部门所辖事务的管理权。国务院各部、委员会实行部长、委员会主任负责制，部长、主任领导本部门的工作。部门首长负责制意味部门首长对部门的工作负全责，对国务院负责并报告工作，向国务院提出决策建议等。当然，首长负责制并不排斥民主、充分讨论，发挥集体的优势。为了将个人负责和集体讨论结合起来，各部门设立相应的会议制度，讨论决策问题。部务会议、委务会议是各部、各委的集体决策机构。部务会议由部长、副部长和其他成员组成；委务会议由委员会主任、副主任和其他成员组成。在实际工作中，还有另外一种决策形式，即党组，它由中共中央任命组成，负责贯彻党的路线、方针和政策，讨论决定重大问题，进行干部管理等，是一种重要的决策机构。部务会议和委务会议的组成人员与本部门党组的组成人员基本相同。

（2）国务院的直属机构。国务院各直属机构直接隶属于国务院，主管国务院某项专门事务，具有独立行政管理职能。它们负责和管理专业性强、又不便于由各部（委）管理的行政事务。其依组织法成立时就取得了独立的行政机关地位。国务院直属机构目前包括中华人民共和国海关总署、国家税务总局、国家工商行政管理总局、国家食品药品监督管理总局、国家体育总局、国家新闻出版广电总局、国家统计局、国家林业局等。国务院直属机构的行政首长不是国务院组成人员。

（3）国务院办事机构。国务院办事机构是根据国务院工作需要设立的协助总理具体处理某一项事务的工作机构。国务院办事机构无独立的行政管理职能，一般不独立发布文件，主要起助手作用，不具有行政主体资格。国务院办公厅则是协助国务院领导处理日常工作的机构，因具有国务院组成部门和办事机构的双重身份，国务院办公厅具有独立行政主体资格。

国务院办事机构目前包括国务院港澳事务办公室、国务院侨务办公室、国务院法制办公室、国务院研究室。

（4）国务院直属特设机构。国务院直属特设机构是国务院国有资产监督管理委员会。国务院授权国有资产监督管理委员会代表国家履行出资人职责。根据党中央决定，国有资产监督管理委员会成立党委，履行党中央规定的职责。国有资产监督管理委员会的监管范围是中央所属企业的国有资产。国资委列出的央企目前有百余家，如中国铁路总公司、中国银行、中国人寿保险集团等。

（5）国务院部委管理的国家局。该类机构是国务院依照组织法所规定的权限和根据行政事务的需要设立的行政主管职能部门。因其行政事务与一定的部、委的职能有联系，便由相应的部或委对其行使行政领导权和职能主管权，属于职能主管机关，主管特定事务。它不是国务院部门的内设司、局，具有相对的独立性。如国家信访局由国务院办公厅管理；国家烟草专卖局，由工业和信息化部管理；国家外国专家局，由人力资源和社会保障部管理；国家公务员局，由人力资源和社会保障部管理；国家铁路局，由交通运输部管理；中国民用航空局，由交通运输部管理；等等。该类机构具有独立的法律地位和行政主体资格，与国务院部门的内设机构（部门的司、局，如司法部监狱管理局、文化部艺术司等）要相区别。

（6）国务院议事协调机构。该类机构属于非常设机构，承担跨国务院行政机构的重要业务工作的组织协调任务。这一机构一般由国务院领导或国务院有关部门领导组成，不单独设办事机构。如国家防汛抗旱指挥部、国务院学位委员会、全国爱国卫生运动委员会、国务院西部地区开发领导小组、国家禁毒委员会、国务院食品安全委员会等。这类机构一般没有独立的行政执法权（除法律法规特别授权外）。

（二）地方各级人民政府

依照宪法和地方组织法的有关规定，地方各级人民政府是各级地方相应权力机关的执行机关，是地方各级国家行政机关。我国的行政区域划分为：全国分为省、自治区、直辖市；省、自治区分为市、自治州、县、自治县；县、自治县分为乡、民族乡、镇。其中直辖市和较大的市分为区、县，自治州分为县、自治县、市。

1. 我国地方各级人民政府具有双重性质。各级地方人民政府既是本级权力机关的执行机关，又是地方各级国家行政机关；既要对本级国家权力机关负责并报告工作、接受其监督，又要对上一级国家行政机关负责并报告工作、受其监督，服从国务院的统一领导。但上述双重性并不影响其行政主体资格。地方各级人民政府负责组织和管理本行政区域内的一切行政事务。它负责和组织本行政区域内的行政工作，是整个国家行政组织体系的有机组成部分。它接受上级国家行政机关的领导，执行上级国家行政机关的决定和命令，并服从国务院的统一领导。

2. 地方各级人民政府的设置。按照宪法的规定，我国是三级地方政权组织，即省、县、乡，只有部分地方才有设区的市和自治州这个层级，但随着改革开放的深入，城市化进程的加快，大多数地方进行了地改市或者地市合并，即将原来省级人民政府的派出机构地区行政公署改为一级政权机构，或者与邻近的市进行合并，组建成一级政权机构。这样在多数地方，地方政权机构就增加了一级，变为四级。除乡（民族乡、镇）的人民政府原则上不设工作部门外，其他地方各级人民政府均设置若干工作部门。

3. 地方各级人民政府的任期。各级人民政府随本级人大换届而换届。每届人民政府行使职权至新的人民政府产生为止。在人民政府每届任期内补选和新任的政府组成人员，其任期以本届政府剩余的任期为限。地方各级人民政府正职和副职可以连选连任，连任多少届，法律没有限制性的规定，只是在中共中央办公厅发布的《党政领导干部职务任期暂行规定》中才有相关规定，连任不得超过两届。

4. 地方各级人民政府的组成及领导体制。地方各级人民政府根据工作需要和精干的原则，设立必要的工作部门。省、自治区、直辖市的人民政府的厅、局、委员会等工作部门的设立、增加、减少或者合并，由本级人民政府报请国务院批准，并报本级人大常委会备案。市、自治州、县、自治县、市辖区的人民政府的局、科等工作部门的设立、增加、减少或者合并，由本级人民政府报请上一级人民政府批准，并报本级人大常委会备案。"工作需要"是指本级政府管辖的区域内某一类行政事务较为集中，有设立相应的机构统一归口管理的必要。根据工作需要的原则设置工作部门，就不一定要搞上下对口，更不能为安排和照顾干部而"因神设庙"。"精干"的原则就是要人员少，结构合理，效率高。它要求在保证工作需要的前提下做到：一级政府内部的横向工作部门的数目尽量少，一个部门能完成的任务，决不设两个工作部门；一个工作部门内部的纵向层次要减少到最低限度，一个层次能解决的问题决不设两个层次；各工作部门的层次设置不一定完全一致，如果厅局下设处就能适应工作需要，那么就不要在处以下设科；要从实际出发，考虑层次的设置。

我国地方各级人民政府由正、副职行政首长和政府工作部门负责人组成，省、州级地方人民政府组成人员包括秘书长。乡（民族乡、镇）人民政府则只设乡（镇）长、副乡（镇）长，而不设专门工作部门。地方人民政府均实行首长负责制，即实行省长、自治区主席、市长、州长、县长、区长、乡长、镇长负责制。

地方各级人民政府在向本级国家权力机关负责并报告工作的同时，还向上一级行政机关负责并报告工作。因此，县级以上地方各级人民政府在领导所属工作部门的同时，还领导下级人民政府的工作。

（三）特别行政区

特别行政区是指在我国版图内，依据宪法和法律的规定而设立的具有特殊法律地位，实行特别的社会政治和经济制度的行政区域。它既不同于普通行政区单位和民族自治地方，也不同于实行特殊政策的经济特区。

我国《宪法》第 31 条规定："国家在必要时得设立特别行政区。在特别行政区内实行的制度按照具体情况由全国人民代表大会以法律规定。"根据《宪法》的上述规定，我国已于 1997 年 7 月 1 日设立香港特别行政区、于 1999 年 12 月 20 日设立澳门特别行政区。全国人民代表大会先后为此专门制定了《香港特别行政区基本法》和《澳门特别行政区基本法》。

特别行政区是中华人民共和国的一级地方政权，直接隶属于中央人民政府。享有高度的自治权，包括行政管理权、立法权、独立的司法权和终审权以及自行处理有关对外事务的权力。特别行政区具有独立的行政主体资格。

特别行政区实行行政首长负责制。行政长官领导特别行政区政府工作。

（四）双重管理部门、垂直管理部门及派出机关

1. 双重管理部门。双重管理部门是指既受同级政府领导，又受上级业务单位指导

或领导的政府工作部门。县级以上地方各级人民政府所属工作部门受本级人民政府的领导，执行本级人民政府的决定、命令，其负责人应对本级人民政府负责并报告工作。其原因在于县级以上地方各级人民政府的工作部门，是为完成本级人民政府的职能而设置的业务管理机构，它的负责人由人民政府首长提请本级人大常委会任免。县级以上地方各级人民政府发布的决定、命令和指示，对于其所属工作部门具有约束力，其所属工作部门必须遵守，不得违反。县级以上地方各级人民政府对所属工作部门的不适当的决定，可以予以撤销或者改变。这是保证政令畅通和统一的一项重要措施。

同时现行地方组织法规定，县级以上地方各级人民政府各工作部门在受本级人民政府统一领导时，还依法受上级人民政府主管部门的业务指导或者领导。也就是一部分工作部门只受上级主管部门的业务指导，这部分是多数；还有少数部门，要受上级业务部门的领导。

2. 垂直管理部门。它是设在地方由上级业务主管部门领导的政府机构，其工作业务、人事任免、经费拨付，均由上级业务主管部门决定。垂直部门的职能具有专属性、执法性、监督性等特征。实行省政府业务主管部门垂直管理的机构有地方税务、工商管理、技术监督等系统。该类机构具有行政主体资格。

20 世纪 90 年代以来，地方各级人民政府的管理事权作了如下调整：一是为实行分税制的需要，在地方分别设立国税局和地税局，国税局直接受国家税务总局领导，地税局统一受省级地税局的领导，即属于省级以下垂直管理部门；二是金融监管实行全国垂直领导，中央银行在全国设立若干大区行，负责监督所属区域的金融机构。十届全国人大一次会议对此又作了进一步改革，设立银行业监督委员会，行使原来中央银行的监督管理职权。此外，实行中央垂直管理的部门还有海关、民航、铁路等。这意味着地方对这些事务没有管理权。

3. 派出机关。派出机关是县级以上地方人民政府在一定区域内设置的代表机关。包括省、自治区人民政府派出的地区行政公署，县、自治县人民政府派出的区公所，市辖区、不设区的市的人民政府派出的街道办事处。这些派出机关不是一级人民政府，只代表派出它的人民政府管理、监督、指导所辖区域内的行政事务，并以自己的名义作出行政行为和对行政后果承担法律责任。派出机关具有行政主体资格。

派出机关不同于派出机构。派出机构是中央和地方政府工作部门根据工作需要派出的代理机构。如中华人民共和国审计署在各地的办事处、公安派出所、税务所、工商所等。派出机构能否以自己的名义执法，取决于有无法律法规的授权。有授权的则取得了行政主体资格，如公安派出所对违反治安处罚法的公民处以 500 元以下的罚款时，具有行政主体资格。无法律、法规、规章授权的派出机构则不具有行政主体资格。

三、我国行政机关的职能

（一）政府职能

政府职能是指政府在管理社会中的基本职责和功能。人民赋予行政主体什么样的行政职权也就必然要求行政主体必须忠实地履行其相应的行政职责。人民之所以赋予行政主体一定的行政职权，也就是为了使其能够有条件履行相应的行政职责，以保障和实现人民权利和人民利益。政府行政权力的运行过程，就是政府行政职能的实现过程。

从政府应"认真履行职责"、"努力实现行政职能"及"正确行使行政职权"这一组概念中也不难理解，"履行"、"实现"和"行使"的语义都在于强调行政主体及其工作人员应充分发挥政府职能的积极主动性和自觉性，即行政主体只有积极作为，从政府职能的人民性出发，才能保障人民的权利，才能满足人民的利益需求，才能实现为人民服务的宗旨。这正是政府职能本位的根本要求和法律责任。

政府职能从不同角度可以作不同分类，依政府管理的事务性质进行横向划分：

1. 政治职能。政治职能也称统治职能，是政府为维护国家统治阶级的利益，对外保护国家安全，对内维护社会秩序的职能。

（1）军事保护职能。即维护国家独立和主权完整、保卫国防安全、防御外来侵略的职能。如国防部、国防科学技术工业委员会就是直接、具体承担这方面职能的国家行政机构。

（2）外交职能。即通过政府的外交活动，促进本国与世界其他各国正常的政治、经济往来，建立睦邻友好双边关系，促进国与国之间互惠互利，反对强权政治，维护世界和平等方面的职能。如外交部的主要职能。

（3）治安职能。即维护国家内部社会秩序、镇压叛国和危害社会安全的活动、保障人民的政治权利和生命财产安全、维护宪法和法律尊严的职能。治安职能是对内的，其目标是为社会生活的正常进行提供内部环境。如公安机关、安全机关及行政司法部门就是直接、具体承担这方面职能的机构。

（4）民主政治职能。即通过政府活动，推进国家政权完善和民主政治发展的职能。如民政部门负责我国城乡基层政权和基层群众自治组织建设方面的事务。

2. 经济职能。该项职能是政府为了国家经济稳定和发展，对社会经济活动进行管理的职能。

（1）宏观调控职能。即通过制定和运用财政税收政策、货币政策，对整个国民经济运行进行间接的、宏观的调控，保证社会经济稳步协调发展。

（2）市场监管职能。为了保证市场运行畅通、保证公平竞争、维护市场主体的合法权益而对市场进行的管理和监督。

3. 文化职能。是指政府为满足人们日益增长的文化生活需要，依法对教育、科技、文体、卫生等事业所实施的管理职能。文化职能包括：发展科学技术的职能、发展教育的职能、发展文化事业的职能、发展卫生体育的职能等。

4. 社会职能。该项职能是指除政治、经济、文化职能以外的政府必须承担的其他职能。这类职能一般具有社会公共性，不宜由经济组织承担，也无法完全由市场解决，应当由政府加以引导、调节和管理。

（1）调节社会分配和组织社会保障的职能。即政府为保障社会公平，缩小地区发展差别和个人收入差别，运用各种手段来调节社会分配、组织社会保障，以提高社会整体福利水平，最终实现共同富裕。

（2）保护生态环境和自然资源的职能。

（3）促进社会化服务体系建立的职能。即政府通过制定法律、法规和政策扶持等措施，促进社会自我管理能力的不断提高的职能。如发展社区服务、实行社会救济、优抚安置、儿童收养等。

（4）提高人口质量，实行计划生育的职能。

此外，按照政府所辖行政区域可将政府职能划分为：

1. 中央政府专有的行政职能。主要是管理国家事务和全国性公共事务，如国防、外交、货币发行等由中央政府管理。

2. 地方政府专有的行政职能。主要是对地方性公共事务，即本地区经济和社会发展实施区域调节与管理，举办地方公益事业，征收地方税赋等。

3. 中央政府与地方政府共享的职能。主要是指有些公共事务涉及国家整体利益，但由地方政府具体实施比较有效，则应由中央政府和地方政府共同承担。一般由中央政府制定全国统一的法规及政策，由地方政府负责实施。如社会治安、国土管理、民族事务、司法监察等。

另外，按照管理运行程序可以将政府职能划分为：

1. 计划职能。即政府为完成某一时期内的任务或某一项任务，制定战略目标、确定实施方案及具体实施步骤的职能。

2. 组织职能。即将通过计划所确定的各项内容付诸实施的活动过程。如将计划方案中的整体目标分解、具体化，落实到有关部门和个人，配备必要的财力和物力，明确责任等。

3. 领导职能。是指政府机构中的领导者，为有效地完成组织目标，所采取的各种影响和激励措施的职能。如指导、激励和协调下属工作，加强沟通，为顺利完成组织目标创造良好的环境。

4. 控制职能。是指政府为使组织目标按计划完成，对执行过程进行检查、督促和纠偏的管理活动。如明确控制标准、恰当控制幅度、及时反馈与调节、持之以恒的检查和督促等。

（二）政府职能的转变

政府职能的转变不仅包括政府职能内容的转变，而且包括政府行使职能方式的转变、政府职能的重新配置以及相应政府机构的调整和改革。目前政府改革的核心是职能转变，职能不转变，机构改革也达不到目的。如果说中央政府改革是上篇，地方政府改革就是下篇，地方政府职能转变要重点抓好"接、放、管"：

1. 接好中央下放的审批事项，实现行政系统内权力的纵向转移。中央明令取消的审批事项，要不折不扣地放给市场、放给社会，地方不能变相保留。为了使地方政府更有力有效、就近就便进行经济社会管理，中央要把相应的权力下放给地方。放给省一级的，省里要接好管好；放给市县的，省一级要及时下放，不截留，不梗阻，市县一级也要接好管好。如国家投资项目——国家深海中心基地建设，按原来的管理审批程序，要盖几十个公章，至少要两年。现在中央把有关权力下放给地方政府，两个月就落地了。可见下放权力就是解放生产力，就是提高效率。

2. 要最大限度地取消地方行政审批事项，实现政府的自我限权。按照社会主义市场经济的要求，政府应将不属于自己的职能交还给企事业单位以及社会中介组织，防止政府职能的"越位"。通过政府职能的转移，明确政府"应该做什么、不该做什么"，"应该管什么、不该管什么"，这是政府职能转变的根本出发点。2014 年 11 月，政府对面向公民、法人或者其他组织的非行政许可审批事项，均采取了彻底改革的政策态度，直接取消。这其中有很多项目与普通居民的切身利益息息相关，会给他们的生活和工作带来较大实惠和便利。譬如取消个人携带黄金及其制品进出境审批；再譬如取消 67 项职业资格许可和认定，涉及证券、保险、土地估价、交通、农业、金融理财等多个领域，这将进一步降低就业创业门槛，同时，通过促进职业资格的规范管理，减轻用人单位和各类人才的负担。

市县一级政府本来就不能设定行政审批，但存在不少以"红头文件"设定的管理事项，包括登记、备案、审定、年检、认证、监制、检查、鉴定等。这些虽然不叫行政审批，但对企业来说都是"门槛"，与审批没什么区别，而且多数是收费的。有人办一个企业，上一个项目，要盖上百个公章，为此画了一张行政审批的"万里长征图"，中央有关部门接到投诉，经查核属实。因此，要实行最严格的行政审批"准入制"，对于不符合法律规定、利用"红头文件"设定的管理、收费、罚款项目，要一律取消。

3. 要加强地方政府管理服务职能。地方政府要为各类市场主体创造统一开放、公平竞争的发展环境，这也是加强管理服务职能的一个重要方面。今后地方政府原则上不要再直接投资办企业，地方政府直接办企业或直接干预企业生产经营，容易在当地形成投资、产业的垄断和市场封锁。地方政府抓经济，不是当"运动员"，而是要当好"裁判"。当好"裁判"，就是加强监管，改革创新监管方式，建立一套科学监管的规则和方法。对假冒伪劣、欺行霸市、坑蒙拐骗、侵犯知识产权，特别是对食品安全等领域损害人民生命健康的违法违规行为，要严惩不贷，这样才不会出现"劣币驱逐良币"的现象。

地方政府要搞好保障民生的基本公共服务。国务院明确提出要强化社会救助制度建设，用这个制度来托底。只有把底托住，不让冲破社会道德和心理底线的事情屡屡发生，才能更有力地推进市场化改革，这也是社会主义市场经济的应有之义。

地方政府要更加重视基层政府建设。县（市）和乡镇政府，还有城市市区政府及派出机构，直接和人民群众打交道，直接为人民群众服务。中央对地方的转移支付，要优先考虑广大基层干部的工资发放。

任务三　被授权组织

导入案例

在 2011 年 6 月，陈某从甲市到乙市办事。次日陈某到乙市的姐姐家，其姐姐家与李某的住所分属前后相邻的两栋楼。黑夜里陈某误将李某所住 3 栋楼当作其姐姐所住的 4 栋楼。陈某上楼来到李某家门口，用其姐姐给的钥匙开李某的房门，开了约两分钟，门打不开。正在睡觉的李某夫妇被开门声吵醒，以为是小偷，便拿了一把菜刀去开门查看。陈某听到房内有动静后没出声，李某开门后发现陈某站在门口，手里拿着长条状物（实是香烟），便用刀向陈某砍去，致陈某左肩受伤，被送医院住院治疗，用去医药费 1050 元。后经乙市公安局鉴定为轻微伤。乙市易发街派出所经调查、取证、询问当事人后，于同年 10 月 15 日作出治安管理处罚决定书，对李某殴伤陈某的行为给予 500 元罚款的处罚，李某对该行政处罚决定不服。

问题：1. 该公安派出所实施的治安处罚行为合法吗？

2. 案中的该公安派出所是否具有行政主体资格？

基本原理认知

导入案例中的公安派出所是否具有行政主体资格呢？根据《治安管理处罚法》规定，治安管理处罚由县级以上人民政府公安机关决定；其中警告、500 元以下的罚款可以由公安派出所决定。该条规定实质上授予了公安派出所给予违反治安管理行为人 500 元以下罚款和警告治安处罚的职权，公安派出所对于此类治安处罚，有权以自己的名义作出，并承担因此而产生的法律后果，即公安派出所在行使此类治安处罚权时，具有行政主体资格，故案例中的易发街派出所具有行政主体资格。但根据 2006 年的《公安机关组织管理条例》规定，市、县、自治县公安局根据工作需要设置公安派出所。公安分局和公安派出所的设立、撤销，按照规定的权限和程序审批。可见公安派出所不是行政机关，只是公安机关的派出机构。在导入案例中它显然属于除行政机关以外的行政主体。

国家行政机关是行政主体的主要组成部分，但是由于我国社会行政管理是一项极为复杂，艰巨的社会工作，大到国家，小到一个家庭、个人，各行业，各领域都离不开行政管理活动。因此，仅依靠国家行政机关的工作是难以满足整体管理需要的，尤其是在一些专业性、技术性、行业性较强的领域内，国家行政机关的工作量、工作难度较大，行政效率常常表现得比较低。因此，为了行政管理的需要和国家行政职权与职责的充分行使，提高行政行为的效率，就需要由一些除国家行政机关以外的其他组织，参与到行政管理活动中，协助行政机关做好行政管理工作，行使好行政职权，履行好行政职责。我们通常将这些组织称为被授权组织或被委托组织，导入案例中的易发街派出所就属于被授权组织。

一、被授权组织的含义

被授权组织是指除国家行政机关以外，依据法律、法规、规章的特别授权而取得行政主体资格的组织。被授权组织的特征为：

1. 被授权组织是行政主体的一种。我国行政法上所称的行政主体大体分为两类：一类是在成立时即由宪法和组织法授权而拥有行政主体资格的国家行政机关；另一类是在成立之后由于单项法规的授权而获得行政主体资格成为行政主体的组织，即非国家行政机关。这些获得授权的组织可以拥有被授予的行政职权和职责，以自己的名义作出具体行政行为。

2. 被授权组织因授权而取得的行政职权和职责具有特定性。被授权组织所取得的行政职权和职责通常都是由具体的单项法律法规规定的某一项或某一种职权职能，其内容往往较为具体，范围也较为狭窄。而国家行政机关经宪法、组织法等法律授予的职权职责往往都比较概括，范围比较广泛，不会限于某一种或某一项行为。

3. 被授权组织的行政权力具有相对不稳定性。被授权组织取得授权的依据通常为具体的单项行政法律法规且授权均有期限，一般情况下当被授权的具体行政行为完成之后，所授权力自然消失，因而被授权组织取得的权力具有相对的不稳定性。相反地，行政机关取得行政职权职责的依据是宪法及组织法所授职权，随行政机关的存在而存在，因而具有较强的稳定性。

根据法律的相关规定以及司法实践，被授权组织主要包括以下几类：

（一）社会团体

这是最主要的一种被授权组织。目前我国的社会团体有很多，如各种行业协会等等。譬如我国《体育法》第 29 条规定：全国性的单项体育协会对本项目的运动员实行注册管理。经注册的运动员，可以根据国务院体育行政部门的规定，参加有关的体育竞赛和运动队之间的人员流动。第 31 条规定：国家对体育竞赛实行分级分类管理。全国综合性运动会由国务院体育行政部门管理或者由国务院体育行政部门会同有关组织管理。全国单项体育竞赛由该项运动的全国性协会负责管理。第48条规定：在竞技体育中从事弄虚作假等违反纪律和体育规则的行为，由体育社会团体按照章程规定给予处罚；对国家工作人员中的直接责任人员，依法给予行政处分。第49条规定：在体育运动中使用禁用的药物和方法的，由体育社会团体按照章程规定给予处罚；对国家工作人员中的直接责任人员，依法给予行政处分。譬如，中国篮协等各类协会作为行业性社会团体，正是在行使法律、法规规定的与行业管理有关的职能时，具有行政主体资格，并应承担相应法律责任。

（二）事业单位

法律、法规、规章授权事业性单位行使部分职权职责的情况也是较为常见的。如地震局、气象局在机构改革中被改为事业单位，但实际还承担行政管理职能；包括后来成立的中国证监会、中国保监会、中国银监会，尽管都有行政处罚权，也都被列入事业单位；国家工商行政管理总局直属的事业单位商标局、商标评审委员会，根据《商标法》，分别承担商标注册与管理等行政职能和承担处理商标争议事宜等行政职能，具有行政主体资格。再比如《教育法》规定公立学校以及其他公立的教育机构可以依法招收学生或其他受教育者，在行使学籍管理、作出开除学籍处分、授予学业证书等权利时，具有行使国家公共权力的性质。

（三）企业组织

与事业单位相比，法律法规较少地授权企业组织行使行政职权。原因在于企业大多以营利为主要目的，因此容易出现其生产经营活动与所授权的行政行为存在利害关系，从而导致企业之间的不公平竞争。然而，在司法实践中对企业组织的授权行为并非绝对不存在。譬如《广州市城市轨道交通管理条例》第6条规定：城市轨道交通经营单位由市人民政府依法确定。城市轨道交通经营单位依照本条例的有关授权，对城市轨道交通设施的保护、城市轨道交通范围内公共场所的运营秩序和容貌、环境卫生的维护以及安全应急等公共事务实施行政管理和行政处罚。据此，广州地铁公司作为广州城轨经营单位，被地方性法规授权，获得行政主体资格。此外，我国行政体制改革之后，出现了一些新情况，原来的一些行政部门、行政机关转制组建了一些专业性、行业性较强的全国性大公司或行业性集团，为保证原来行政行为的连续性、有效性，避免在该行业内出现行政管理的"真空"状态，法律往往会授权这些大型公司、集团行使原行政机关的一些行政权力。例如《烟草专卖法》第14条授权全国烟草总公司根据国务院计划部门下达年度总产量计划，向省级烟草公司下达分等级、分种类的卷烟产量指标及授权省级烟草公司向烟草制品生产企业下达分等级、分种类的卷烟产量指标；与烟草行业的情况相类似的还有自来水公司、煤气公司、电力公司等。

（四）行政机构

行政机构是行政机关根据工作需要在机关内设立的按照分工处理该机关各项事务的工作机构。因此行政机构在性质上只是行政机关的一个工作部门，是行政机关的一个组成部分。本身并不能脱离该机关独立存在，亦不能以自己的名义作出各种行政行为。但是，由于纷繁复杂的行政管理工作的需要，为了提高行政机关的工作效率，更好地维护社会公共利益，行政机构可以在需要时经法律、法规的明确授权，成为拥有一系列行政职权，并以自己名义进行行政管理活动并承担相应的法律后果的行政主体。

目前较为常见的取得行政主体资格的行政机构主要包括以下几种：

1. 行政机关的内部机构。即各级人民政府所属的内部机构及临时设置机构，包括政府职能部门的内部机构，其中后者占绝大多数。如《道路交通安全违法行为处理程序规定》规定：对违法行为人处以警告、罚款或者暂扣机动车驾驶证处罚的，由县级以上公安机关交通管理部门作出处罚决定。对违法行为人处以吊销机动车驾驶证处罚的，由设区的市公安机关交通管理部门作出处罚决定。"县级以上公安机关交通管理部门"，是指县级以上人民政府公安机关交通管理部门或者相当于同级的公安机关交通管理部门。"设区的市公安机关交通管理部门"，是指设区的市人民政府公安机关交通管理部门或者相当于同级的公安机关交通管理部门。

2. 政府工作部门的派出机构。派出机构是行政机关根据行政管理工作的需要在一定区域内设置的代表该部门管理某些行政事务的工作机构。如中华人民共和国审计署派驻全国各地的办事处，公安派出所、税务所，工商所等，这些派出机构原本只是职能部门的一个派出机构，与其他内部机构地位相当，不具有行政主体的资格，但是只要有法律法规的明确授权，这些机构就可以获得行政主体的资格。例如，《治安管理处罚法》规定：警告、500元以下罚款可以由公安派出所决定。

此外，还应当注意一点，并非所有的行政机构都可以成为行政主体，只有经过法律法规明确授权的行政机构才能成为行政主体，而且行政机构在经过授权取得行政权利能力与行政行为能力后，并不代表它可以同时取得其他法律上的行为能力与权利能力。如行政机构取得行政主体资格后，不一定就取得民法上的法人资格，若要取得民法上的法人资格必须具备法人成立的条件。

（五）基层群众自治组织

基层群众自治组织是指在城市和农村按居民居住的地区设立的居委会或村委会。基层群众自治组织与国家的基层政权有着密切的联系。基层群众组织受基层人民政府或其派出机构的指导；同时根据相应组织法的授权行使有关行政职能。村民委员会协助乡、民族乡、镇的人民政府开展工作。不设区的市、市辖区的人民政府或者它的派出机关对居民委员会的工作给予指导、支持和帮助。居民委员会协助不设区的市、市辖区的人民政府或者它的派出机关开展工作。例如《宪法》第111条规定："……居民委员会、村民委员会同基层政权的相互关系由法律规定。居民委员会、村民委员会设人民调解、治安保卫、公共卫生等委员会，办理本居住地区的公共事务和公益事业，调解民间纠纷，协助维护社会治安，并且向人民政府反映群众的意见、要求和提出建议。"据此，村委会和居委会均可以在本村或本居住地区调解民间纠纷，协助维护社会治安，协助政府有关部门搞好公共卫生、计划生育、优抚救济、青少年教育、孤儿老人的抚养赡养等工作。

（六）技术检验鉴定机构

行政机关在进行行政管理活动时，有时需要解决一些专业性、技术性较强的问题，为了更好地解决好这些问题，法律法规有时会授权一定的鉴定部门或检验部门来处理，那么，此时这些技术性机构就具备了行政主体资格。如国务院《特种设备安全监察条例》授权经国务院特种设备安全监督管理部门核准的特种设备检验检测机构从事对特种设备的监督检验工作。一方面要求具有事业法人地位且不以营利为目的的公益性检验检测机构，方能从事特种设备监检工作，另一方面，对特种设备强制监检，监检不合格的，禁止出厂和交付使用。

被授权组织的主体资格归根结底还是由法律法规赋予的。在行政主体资格的取得时间上，取得主体资格与该组织的成立可能是同时的，法律规定设立该组织的同时赋予其行政主体的资格，也可以是组织的成立与资格的取得分离，即成立之后再取得行政主体资格。被授权组织取得行政主体资格后，可以以自己的名义独立作出行政行为并对其行为负法律责任。被授权组织只有在行使行政职权的场合才是行政主体，具有行政主体资格，在其他场合下不具有行政主体资格，因为被授权组织的基本性质除行政机构以外都是企业、事业或团体法人。

二、被授权组织与被委托组织（个人）的区别

被委托组织（个人）是指因受行政机关的委托，按照委托的权限范围，以委托者的名义行使委托的行政职权的组织（个人）。被委托的组织（个人）具有以下一些特点：

（一）被委托组织（个人）的范围较广泛

行政机关委托的组织是基于行政委托而产生的，被委托的组织（个人）可以是一个行政机关，也可以是一个其他社会组织，甚至在某些特定情况下也可以是某些个人。

（二）被委托组织（个人）取得行政职权的原因在于行政机关的委托行为

因此被委托组织（个人）在进行行政管理活动时只能以委托机关的名义进行，不能以自己的名义进行，其行为所产生的法律后果也是由委托机关来承担，不是由其本身来承担的。

（三）被委托组织（个人）因委托行为而行使的行政职能具有特定性

即行政职权的内容以委托机关委托的范围为限，对委托机关未明确委托的职权，受委托的组织无权行使。对于行政机关来说，也并不是任何行政职权都能委托给其他组织，行政职权的委托是有严格限制的，因为行政机关的有些职权是属于行政机关专有的。如行政立法权、行政拘留权、颁发营业执照或其他重要许可证等。

被授权组织与被委托组织（个人）是两个不同的行政管理活动的参加者，特别是在职权来源、方式，授权或委托对象及其法律后果等方面有着根本区别：

（一）职权来源方面

被授权组织的职权来源是法律法规规章的明确规定，被授权者及授予的职权内容范围等均被法律法规明确规定，而被委托组织（个人）的职权来源是行政机关的委托行为，该行为是由行政机关具体实施的。因而，行政委托的发生取决于行政机关的委托决定，当然行政机关进行委托也应当有法律或规章依据。

（二）在法律后果方面

行政授权导致职权、职责及主体资格的全面转移，使被授权组织取得了以自己名义履行行政职权并独立承担法律后果的能力，取得了行政主体资格。而行政委托不发生职责、职权的主体资格的转移。受委托者只能在委托的权限范围内，以委托机关的名义实施行政活动，其后果也是要由委托机关来承担，被委托的组织或个人并不会因为行政委托行为而取得行政主体资格。

综上所述，被授权组织产生的原因是法律规范规定的结果，是基于立法行为而产生的，而行政委托是行政机关实施具体委托行为而产生的，是基于具体行政行为的结果。被授权组织因获法律、法规、规章授权而取得行政主体资格成为一个新的行政主体，而被委托的组织因其行政行为是基于委托产生，所以其本身的性质并不会变化，也不会成为新的行政主体；被授权的只能是机构或组织，而被委托的则可能是组织、也可以是机关、个人。

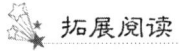 拓展阅读

中央政府部门名称分析

改革开放以来，我国已进行了 6 次国务院政府机构改革，力图降低行政成本，提高行政效率，国务院组成部门已由 1982 年的 100 个削减为 2008 年的 27 个。2013 年 3 月 10 日，国务院机构改革方案公布，除国务院办公厅外，国务院设置组成部门 25 个。

一、机构名称的组成

在中国，机构名称一般都由三个部分组成：区域名 + 工作内容名 + 级别规格名。

目前国务院部门，有组成部门、直属机构、办事机构、议事协调机构、事业单位等几类。一般来说，同类机构的区域名、级别规格名一致，能从名称大体判断的它的机构属性。

（一）区域名

比如开头几个字是不同的。有的开头是"中华人民共和国"，如中华人民共和国发展和改革委员会，有的开头却是"中国"，如中国气象局，有的开头又是"国家"，如国家工商行政管理总局。

国务院组成部门一般来说区域名为"中华人民共和国"，如中华人民共和国教育部、文化部、人社部等。国务院组成部门中，只有中国人民银行例外，区域名是"中国"。

国务院直属机构的区域名大多都是"国家"，如国家林业局、国家统计局。国务院直属机构中，目前唯有海关总署的区域名是"中华人民共和国"。这也是唯一一个区域名是"中华人民共和国"，但不是国务院组成部门的机构。

国务院办事机构的区域名都是"国务院"，如国务院法制办、国务院研究室。

此外，所有部委管理的国家局中，除了中国民航局，其他局的区域名都是"国家"，如国家信访局、国家文物局。

区域名为"中国"的国务院机构中，除了央行是国务院组成部门，其他都是国务院事业单位，如中国气象局、中国地震局、中国科学院、中国证监会等。事业单位中，还有少数区域名不是"中国"的，如国家政策研究中心等。

（二）级别规格名

除了央行和审计署之外，国务院组成部门的级别规格名都是"部"、"委"。国务院直属机构的级别规格名一般叫"局"、"总局"、"总署"。规格不同，级别不同，"部"、"总局"、"总署"一般都是正部级（审计署也是正部级），叫"局"只能是副部级。国务院组成部门的规格，高于直属机构。组成部门的负责人都是国务院组成人员，参加国务院全体会议，直属机构负责人只能在涉及本部门事项的会议时才能列席。直属机构的规格又高于部委管理的国家局，国家局是不能直接向国务院呈文的。

在国务院部门中，"司"和"局"虽然行政级别一样，但职能有所区别。每个中央机关，都有诸多内设机构，每个部门都有一个办公厅（室）。除此之外，党委部门如中组部、中宣部、统战部的其他内设机构一般都叫"局"。国务院下属行政机构的内设机构一般叫"司"，但也还有少量的"局"，如国家新闻出版广电总局下设十多个"司"，还有电影局、离退休干部局。目前国务院部门中，唯有公安部所有内设机构都叫"局"，如公安部刑侦局、治安局、宣传局等。其他国务院部门的内设机构，大多叫"司"。

这些"局"，管理的业务一般都是部委里相对重要的业务。有些"局"与"司"

一样，只设纯业务处室，但有的局还设有行政部门。如水利部的移民局，就有人事处、计财处、政策法规处，民政部的民间组织局下有9个处，包括政策法规处等。需要指出的是，国务院部门一般都有离退休干部局、纪检监察局。虽然叫"局"，但并不是业务部门。此外有些局虽然叫"局"，但却是事业单位，如交通部的打捞局等。

二、名称的变迁

我国自改革开放以来，机构改革不断推行，一些部门名称也随着地位的不断变化而变化。

（一）环保部

20世纪80年代，环保工作开始受到重视，一开始在国家建委下设环境保护司，后来成立城乡建设环境保护部，再后来单独成立环境保护局。1998年机构改革时，环保局升格为环保总局，机构升格为正部级。21世纪初环境问题不断升级，2005年发生了松花江污染事件，2008年机构改革时，环保总局升格环保部，全称也从"国家环境保护总局"升格为"中华人民共和国环境保护部"。

（二）有部门在升格，也有不少部门因为降格而改变名称

比如1998年的机构改革中，中华人民共和国广电部变成了国家广电总局，成了直属机构。区域名由"中华人民共和国"改成"国家"，格级名由"部"变成"总局"。2013年机构改革中，与新闻出版总署合并为国家新闻出版广电总局。升格的部门，还有工商管理局。2001年，为"适应加入世贸组织要求，加大市场执法力度"，它被升格为总局，提为正部级。

1998年中华人民共和国林业部被降格为国家林业局，不仅地位降格，级别也降为副部级。此外，国家地震局和国家气象局被改为事业单位，区域名由"国家"改为带有事业单位标记的"中国"，分别改为中国气象局和中国地震局，但实际还承担行政管理职能。

2013年，新一轮国务院机构改革启动，实行铁路政企分开。将铁道部拟定铁路发展规划和政策的行政职责划入交通运输部；组建国家铁路局，由交通运输部管理，承担铁道部的其他行政职责；组建中国铁路总公司（正部级企业），承担铁道部的企业职责；不再保留铁道部。

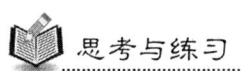思考与练习

一、思考题

柴静"穹顶之下"引发行政主体的环保立法、执法权的思考。

二、选择题

1. 下列有关行政主体的说法，正确的是（　　　）。

A. 只有行政机关才能够成为行政主体

B. 行政主体还包括执行公务的国家公务员

C. 行政主体必须是能够以自己的名义实施行政管理的组织

D. 只要是行政机关任何时候都具有行政主体资格

2. 下列各项中，不具有行政机关资格的是（　　）。

A. 民航局　　　　　　B. 国务院　　　　　　C. 公安部　　　　　　D. 村委会

3. 下列不属于行政机关的是（　　）。

A. 广州市越秀区公安分局　　　　　　B. 苏州市人民政府

C. 青岛市市南区某街道办事处　　　　D. 沈阳市某区某工商所

4. 下列说法正确的是（　　）。

A. 行政机关并不是唯一的行政主体　　B. 行政机关是唯一的行政主体

C. 行政机关在任何场合都是行政主体　D. 行政主体与行政机关相同

5. 下列组织中属于国家行政机关的是（　　）。

A. 全国人大及其常委会　　　　　　　B. 各级人民政府

C. 法院、检察院　　　　　　　　　　D. 社会团体

6. 以下主体不属于行政机关的是（　　）。

A. 国务院　　　　　　　　　　　　　B. 北京市人民政府办公厅

C. 河北省石家庄市人民政府　　　　　D. 国家地震局

7. 下列组织中属于国家行政机关的有（　　）。

A. 全国人大　　　　　B. 人民政府　　　　C. 法院　　　　　　D. 检察院

8. 按照行政机关所管辖的区域范围不同，可以将行政机关分为（　　）。

A. 行政机关和其内设机构　　　　　　B. 中央行政机关和地方行政机关

C. 权力机关和行政机关　　　　　　　D. 部级行政机关和地方行政机关

9. 下列说法不正确的是（　　）。

A. 在我国，乡镇人民政府是最基层的人民政府，领导和管理所辖行政区域内的行政事务

B. 派出机关是指由县级以上地方人民政府经过有权机关批准，在一定区域内设立的，不是一级人民政府

C. 乡镇人民政府内部只设立办事机构，不设职能部门

D. 在我国，居委会是最基层的人民政府

三、案例题

2014 年 8 月，陈某当选为村民委员会主任，1 个月后，其被所在镇党委、镇政府免去职务，镇政府另行任命参加竞选的另一候选人李某为该村的村民委员会主任。陈某不服，诉讼到法院。

问题：1. 本案中，引发争议的行政行为的行政主体是谁？

2. 本案中，某村村民委员会是不是行政主体？

 学习情境

行政主体资格的认定

【范例】

张家村地处山区，该村部分村民生产、加工掺有变质植物油、霉变花生米和核桃仁的伪劣辣椒面，并使用工业染料"苏丹红"对产品染色。该村生产的伪劣辣椒面的包装全部假冒"辣某怕"牌商标。工商机关会同公安部门多次进行检查、打击、取缔。但是往往是执法部门前脚一走，制假生产又死灰复燃，屡禁不绝。经检测，含有"苏丹红"的辣椒面对人体有致癌畸变作用，不能食用。该种伪劣辣椒面由于售价比较低，经不同的渠道大批量地流入市区，给广大老百姓的生命健康造成了极大的威胁，也给"辣某怕"食品有限公司造成了巨大的经济损失。"辣某怕"食品有限公司为了避免进一步的损失，就派驻4名职工常驻张家村执行打假任务，一经发现制假企业和作坊生产假冒辣椒面就立即报告工商等执法部门。但由于地处偏远、交通不便，执法部门仍然不能有效及时地对违法生产进行打击。为了更加方便、经常地打击不法生产，县工商行政管理局遂与"辣某怕"食品有限公司签署了行政委托协议，委托该公司行使打假的行政职能。2014年5月，"辣某怕"食品有限公司的打假人员发现张家村村民顾某在山上隐蔽处生产假冒的"辣某怕"牌辣椒面，当场查获已经加工好，未来得及外运的假冒成品1吨多。打假人员遂依据《中华人民共和国产品质量法》第49条、第50条和第60条的规定，以县工商局的名义对当事人顾某给予责令终止违法活动，没收产品、原料和生产工具，没收违法所得并罚款2000元的行政处罚。顾某对此行政处罚不服，向县人民法院提出了行政诉讼。

【训练目的及要求】

结合范例和相关知识，通过训练，能正确运用行政主体资格认定理论，区分被授权组织与被委托组织。

【训练方法】

分两组进行，一组学生运用行政主体资格原理对范例作出判断；另一组学生评价判断是否正确。

【训练步骤】

步骤1：分组；

步骤2：熟悉范例；

步骤3：学生分析范例；

步骤4：老师评判。

参考书目

1. 彭澎：《政府角色论》，中国社会科学出版社 2002 年版。
2. 方世荣主编：《行政法与行政诉讼法学》，中国政法大学出版社 2007 年版。

项目四　国家行政机关公务员

　知识目标

1. 掌握国家行政机关公务员的含义；
2. 系统掌握国家行政机关公务员制度的基本内容。

　能力目标

能运用我国行政机关公务员制度理论分析公务员的相关法律问题。

任务一　我国行政机关公务员的含义及职责

导入案例

《中华人民共和国公务员法》于 2006 年 1 月 1 日起施行，全国各省市据此进行公务员登记工作。某县财政局在行政机关公务员登记过程中面临几种情况：第一种是本单位在职在编的除工勤人员以外的工作人员，具备《公务员法》第 11 条规定的条件以及省级以上公务员主管部门规定的拟任职务所要求具备的资格条件；第二种是在轮岗过程中，从基层财政所（事业单位性质）充实到县财政局里各科（室）的工作人员；第三种是大中专生毕业时直接分配的工作人员，毕业时分配到财政所（事业单位性质），后被财政局直接调配到局科（室）上班；第四种是原是会计核算中心（事业单位性质）工作人员，后又调配到局各业务科（室）的；第五种是农税局（挂牌机构）的工作人员，县财政局于 2000 年 4 月成立了农税局，当时将基层各所的人事、工资等都收到农税局里统一管理，原在农税局时都参加公务员过渡，但现在都不予登记。

问题：在公务员登记过程中，该案例中包含的五种情况应如何认定？

基本原理认知

2005 年 4 月 27 日，第十届全国人大常委会第十五次会议审议通过了《中华人民共和国公务员法》，对规范公务员的管理，保障公务员的合法权益，加强对公务员的监督，建设高素质的公务员队伍，提高行政机关工作效能，具有重要意义。导入案例中所涉及的，正是应 2006 年我国公务员法的实施而在全国行政机关所进行的公务员资格认定和登记工作。如何认定公务员资格，需严格依据我国公务员法的规定。

一、我国行政机关公务员的含义

我国《公务员法》第 2 条规定："本法所称公务员，是指依法履行公职、纳入国家行政编制、由国家财政负担工资福利的工作人员。"我们很自然地得出一个符合法律逻辑的结论：国家行政机关公务员，是国家公务员的组成部分，是指在国家行政机关中依法履行公职、纳入国家行政编制、由国家财政负担工资福利的工作人员。

按照上述规定，是否属于行政机关公务员，必须符合三个条件：①在国家行政机关中依法履行公职。即他是在行政机关中依法从事公务活动的人员，不是在其他国家机关如司法机关、人大等工作；同时他不是为自己工作，也不是为某个企业或者组织工作或者服务。这里所依的"法"，是广义的"法"，包括宪法、法律、行政法规、地方性法规等。②纳入国家行政编制。仅以履行公职为标准，还不能作出明确的界定。有一些在国家主办的事业单位中工作的人员，他们从事的也是公务活动，但并未纳入国家的行政编制序列，因而不能认定为行政机关公务员。③由国家财政负担工资福利。也就是由国家为他们提供工资、退休和福利等保障。行政机关公务员属于国家财政供养的人员，但并不是财政供养的人员都是行政机关公务员。财政供养人员的很大一部分，如公立学校的老师、科研院所的科研人员等，虽然由国家负担其工资福利，但不属于公务员，因为他们不具备另外两个条件。

按照上述界定标准，行政机关公务员的范围包括各级人民政府的组成人员，各级人民政府工作部门及派出机构的工作人员。导入案例中的第一种情况符合《公务员法》的行政机关公务员的定义，故可登记为行政机关公务员。那其余四种情况呢？基层财政所、会计核算中心为事业单位，使用事业编制，调整到财政局机关的人员为借调混岗人员，根据公务员登记政策规定，借调人员在原单位登记；农税局是挂牌机构，其组成人员为抽调的事业编制人员，均不符合公务员登记三要素，故不在登记范围内。对于行使公共管理职能的事业单位中的工作人员，公务员法明确作了规定，参照法律执行。这类事业单位中的工作人员，可按参照公务员管理申报，批准后才能予以参公登记。其参公登记必须具备三个条件：①经法律、法规授权；②具有管理公共事务的职能；③经有权机关批准。

行政机关中的工勤人员也不属于行政机关公务员范围，主要原因在于：一是工勤人员的工作纯属后勤服务性质；他们使用的是事业编制或合同编制，而不是行政编制；他们的工资福利，不是完全由财政承担，有一部分来源于为机关提供服务获得的费用。二是从历史延续性来看，工勤人员过去也不属于机关干部范畴，对他们是按劳动法规进行管理的；行政机关公务员的管理办法对他们不适用，他们的录用不需要经过行政机关公务员录用考试，他们的考核、奖惩、职务升降等都与行政机关公务员不同。三是通过改革，机关后勤工作将逐步社会化，从这方面看，工勤人员也不宜列入行政机关公务员范围。

二、我国行政机关公务员的义务与权利

需要注意的是，我国公务员法是先规定行政机关公务员的义务、后规定行政机关公务员的权利。一般来说，法律中有关权利的规定在顺序上往往是放在义务规定的前面。而我国公务员法将行政机关公务员的义务放在行政机关公务员权利的前面，这种做法是与其他法律的做法有区别的，但这种顺序上的安排有其深刻的涵义，即考虑到行政机关公务员是履行了公职的工作人员，需要对其加以严格约束和管理。因此，公务员法先规定行政机关公务员义务突出强调了行政机关公务员负有义务、承担着责任，也体现了我国公务员法的基本原则。

我国公务员法规定的基本原则为：①公务员制度坚持以马克思列宁主义、毛泽东思想、邓小平理论和"三个代表"重要思想为指导，贯彻社会主义初级阶段的基本路线，贯彻中国共产党的干部路线和方针，坚持党管干部原则。②公务员的管理，坚持公开、平等、竞争、择优的原则；依照法定的权限、条件、标准和程序进行。③公务员的管理，坚持监督约束与激励保障并重的原则。④公务员的任用，坚持任人唯贤、德才兼备的原则，注重工作实绩。⑤国家对公务员实行分类管理，提高管理效能和科学化水平。⑥公务员依法履行职务的行为，受法律保护。根据以上基本原则，明确了我国行政机关公务员的义务、权利。

（一）我国行政机关公务员的义务

行政机关公务员的义务是指国家法律对行政机关公务员必须作出一定行为或不得作出一定行为的约束和强制。公务员义务的含义：①公务员的义务以公务员的身份为前提。②公务员必须作出一定的行为或不得作出一定的行为，即具有作为和不作为的义务。③这种义务是对公务员的约束，义务具有强制性，公务员不得放弃或不履行自己的义务，否则，要承担相应的法律责任。按照我国公务员法的规定，我国行政机关公务员应当遵守下列义务：

1. 模范遵守宪法和法律。遵守宪法与法律是各个国家机关、各种社会组织和每个公民的义务。作为行使公权力的公务员，应当树立宪法至上的思想，维护宪法与法律的权威，自觉在宪法和法律的范围内活动，成为守法的模范和楷模。行政机关公务员要以最好的能力与智力，以自身的言论与行为来维护宪法的权威并促进宪法的落实。凡是有利于宪法实施的事情要尽最大的力量去做，凡是有害于和不利于宪法的事情应当予以反对和回避。

2. 按照规定的权限和程序认真履行职责，努力提高工作效率：①应当按照权限履行职责。公务员行使权力、履行公职应遵循依法原则，这是建设法治国家的基本要求。

行政机关公务员只能在法律明文规定的范围内行使权力，不得超出法律的规定行动，否则就是滥用职权。②应按照规定的程序履行职责。目前，对行政程序规定比较集中的法律有行政处罚法、行政许可法等。行政机关公务员须按照法律规定的程序行使其权限。③应认真履行职责。行政机关公务员非有正当理由，并依照规定程序，不应将自己的职责委托他人来履行；按时办公，不得迟到早退，请假需有正当理由并经过上级领导批准；不能擅离职守，一般情况下应坚守岗位，遇到突发的特别紧急的事件，应经过上级领导同意后才能离开，出差、休假也应及时回到自己的岗位。④应努力提高工作效率。规定行政机关公务员提高工作效率的义务有利于公务员高效地为公众提供优质服务。同时，行政机关公务员应努力提高工作效率也是我国宪法提出的要求，我国《宪法》第 27 条第 1 款规定："一切国家机关实行精简的原则，实行工作责任制，实行工作人员的培训和考核制度，不断提高工作质量和工作效率，反对官僚主义。"

3. 全心全意为人民服务，接受人民监督。我国《宪法》第 27 条第 2 款规定："一切国家机关和国家工作人员必须依靠人民的支持，经常保持同人民的密切联系，倾听人民的意见和建议，接受人民的监督，努力为人民服务。"人民群众是社会主义国家的主人，社会主义现代化建设事业必须依靠人民。行政机关公务员的任务就是反映人民的愿望和要求，全心全意为人民服务。

4. 维护国家的安全、荣誉和利益。行政机关公务员应当积极维护国家的安全、荣誉和利益，这首先是基于公民义务而产生的，我国《宪法》第 54 条规定："中华人民共和国公民有维护祖国的安全、荣誉和利益的义务，不得有危害祖国的安全、荣誉和利益的行为。"可见，维护国家的安全、荣誉和利益是我国每个公民的义务，行政机关公务员对此应负有更大的责任和义务。

5. 忠于职守，勤勉尽责，服从和执行上级依法作出的决定和命令。我国《宪法》规定，一切国家机关"实行工作责任制"。行政机关公务员的所有职位都是在国家机关定职能、定机构、定编制的基础上，根据工作的需要设置的，每个职位都有明确的任务和职责。因此在每个职位上的行政机关公务员都应忠于职守，勤勉尽责，用自己的全部精力，兢兢业业、专心致志地工作，严格履行工作职责，承担起本职位的责任。只有这样才能够提高工作效率，保证国家机关的正常运行。

"服从和执行上级依法作出的决定和命令"是关于行政机关公务员服从义务的规定。所谓"上级"，是指同一系统或组织中地位、等级较高的机构或人员。"决定和命令"是指上级作出的下级公务员必须作出一定行为或者不得作出某种行为的指令。"依法"一方面是指该决定与命令的内容应是合法的，该决定与命令不属于法律所禁止的事项，该决定与命令不属于下级公务员独立执行职务的事项，一些特殊的部门如有关的监察部门、审计部门、统计部门等，一旦法律赋予这些部门的公务员独立执行职务的权力，上级的决定与命令即不能涉及其独立执行职务的范围；另一方面，决定与命令必须是程序合法。程序合法是内容合法的重要保障，其具有独立的价值。行政机关公务员执行公务时，认为上级的决定或者命令有错误的，可以向上级提出改正或者撤销该决定或者命令的意见；上级不改变该决定或者命令，或者要求立即执行的，行政机关公务员应当执行该决定或者命令，执行的后果由上级负责，行政机关公务员不承担责任；但是，行政机关公务员执行明显违法的决定或者命令的，应当依法承担相应的责任。

6. 保守国家秘密和工作秘密。我国《宪法》规定，中华人民共和国公民必须"保守国家秘密"。行政机关公务员作为国家工作人员，必须严格遵守国家法律规定，增强保密观念，严格保密纪律。行政机关公务员在工作任职期间负有保密的义务；在涉及国家秘密等特殊职位任职或者离开上述职位不满国家规定的脱密期限的，不得辞去公职。

7. 遵守纪律，恪守职业道德，模范遵守社会公德。我国《公务员法》第53条对行政机关公务员的纪律作了全面的规定，包括行政机关公务员不得弄虚作假，误导、欺骗领导和公众；不得贪污、行贿、受贿，利用职务之便为自己或者他人谋取私利；不得滥用职权，侵害公民、法人或者其他组织的合法权益；不得参与或者支持色情、吸毒、赌博、迷信等活动；不得违反职业道德、社会公德等。社会公德是要求一般人共同遵守的公共道德准则，包括遵守纪律、讲究礼貌、讲究卫生等。行政机关公务员应当率先垂范，带头遵守。

8. 清正廉洁，公道正派。所谓清正廉洁、公道正派，是指要求行政机关公务员办事公正无私，廉洁自律，以个人利益服从国家利益，努力为人民服务。行政机关公务员代表国家执行公务，其权力是人民授予的，属于其所在的职位，不是属于个人的。行政机关公务员必须建立正确的权力观，正确运用手中的权力，为公共利益而工作，而不能利用职权搞不正之风，谋取私利。

9. 法律规定的其他义务。规定行政机关公务员必须履行"法律规定的其他义务"，其目的和意义在于：能够弥补因职业不同，我国公务员法无法详细列举的行政机关公务员的其他义务，使得行政机关公务员义务的内容更加全面、完整、具体，也更能够反映时代特征与时代精神。

（二）行政机关公务员的权利

行政机关公务员的权利是指法律对行政机关公务员在履行职责、行使职权、执行公务的过程中，可以作出某种行为，要求他人为或者不为某种行为的能力和资格。我国公务员法规定，行政机关公务员享有下列权利：

1. 获得履行职责应当具有的工作条件。行政机关公务员作为国家法律、政策的执行者，国家有权要求其尽职尽责，同时国家也要为行政机关公务员履行职责提供应有的工作条件保障。行政机关公务员享有获得履行职责应当具有的工作条件，其包含两层含义：一是行政机关公务员有权获得工作条件的保障；二是这种工作条件的保障是与行政机关公务员的职责相适应的。

　　行政机关公务员的工作条件主要包括办公地点、办公用品、办公设备、通信联络工具、交通工具以及医疗卫生条件等。行政机关公务员有权要求国家提供必要的工作条件。另外，行政机关公务员所需的工作条件也是随着社会经济与科学的进步而不断更新的，例如，随着电脑的广泛应用，电脑成为办公必备的工具，提供电脑就是行政机关公务员工作条件的保障之一。

　　行政机关公务员有权获得的工作条件是行政机关公务员履行职责所应当具备的，其所应当获得的工作条件以满足履行职责为限。行政机关公务员只能够在履行职责的期间内使用这些配备的工具、器材等，例如，行政机关公务员的交通工具只能在行政机关公务员履行职责期间使用，行政机关公务员下班后，不得将其用于私人活动。

　　2. 行政机关公务员身份保障权。该权利是指行政机关公务员一经任用，非因法定事由、非经法定程序，不被免职、降职、辞退或者处分。规定行政机关公务员的身份保障权的原因是：其一，这是保持行政机关公务员队伍稳定和行政管理的连续性的需要。其二，这是保证行政机关公务员公正履行职责的需要。行政机关公务员在依法执行公务、履行职责的过程中，有可能触犯某些个人或集团的利益。这些个人或集团就有可能凭借权势对行政机关公务员施加不正当的影响或压力，甚至加以迫害。为了保障行政机关公务员正常有效地执行公务，法律就必须为行政机关公务员提供一定的保障，使行政机关公务员免受非法的惩处，能够顺利地履行自己的职责，维护国家和人民的利益。其三，这是现代社会发展日益复杂化、专业化的需要。行政机关公务员在固定的职位上工作时间长，经验与知识的积累随着时间的推移越来越丰富，这是国家管理所需要的。保持行政机关公务员队伍的稳定，有利于各种复杂问题的顺利处理，有利于各种复杂、专业工作的完成。

　　3. 获得工资报酬和享受福利、保险待遇权。"全心全意为人民服务"是党的根本宗旨，但并不意味着行政机关公务员提供劳动就不应讲报酬，不能要报酬。获得工资报酬和享受福利保险待遇权是行政机关公务员的基本权利，是行政机关公务员工作和生活的经济保障。

　　行政机关公务员的劳动报酬，在我国一般表现为工资。行政机关公务员的工资包括基本工资、津贴、补贴和奖金。行政机关公务员的津贴包括，按照国家规定享受的地区附加津贴、艰苦边远地区津贴、岗位津贴等。行政机关公务员按照国家规定享受住房、医疗等补贴、补助。行政机关公务员在定期考核中被确定为优秀、称职的，按照国家规定享受年终奖金。在工资报酬标准上，行政机关公务员没有协商请求权和决策权，也即行政机关公务员不能与国家约定自己的工资标准，国家单方面确定行政机关公务员的工资报酬标准。行政机关公务员的工资应按时足额发放，任何机关不得扣减或者拖欠行政机关公务员的工资。

　　行政机关公务员享受福利、保险待遇的内容是：行政机关公务员按照国家规定享受休假，在法定工作日以外加班的，应当予以补休；行政机关公务员在退休、患病、工伤、生育、失业等情况下获得帮助和补偿；行政机关公务员因公致残的，享受国家规定的伤残待遇；行政机关公务员因公牺牲、因公死亡或者病故的，其亲属享受国家规定的抚恤和优待。行政机关公务员的福利、保险待遇所需经费由国家财政予以保障。国家根据经济社会发展水平提高行政机关公务员的福利、保险待遇，任何机关不得违反国家规定，擅自提高或者降低行政机关公务员的福利、保险待遇。

4. 参加培训权。行政机关公务员只有接受终身教育，不断充实、不断提高，才能适应现代社会的要求。行政机关公务员培训情况、学习成绩是行政机关公务员考核的内容和任职、晋升的依据之一，参加培训也是行政机关公务员职务晋升的需要。

机关根据行政机关公务员工作职责的要求和提高行政机关公务员素质的需要，对行政机关公务员进行分级分类培训。行政机关对新录用人员应当在试用期内进行初任培训；对晋升领导职务的行政机关公务员应当在任职前或者任职后 1 年内进行任职培训；对从事专项工作的行政机关公务员应当进行专门业务培训；对全体行政机关公务员应当进行更新知识、提高工作能力的在职培训，其中对担任专业技术职务的行政机关公务员，应当按照专业技术人员继续教育的要求，进行专业技术培训。

5. 提出批评和建议权。我国《宪法》规定，中华人民共和国公民对于任何国家机关和国家工作人员，有提出批评和建议的权利。作为行政机关公务员来说，他们有权利向本机关或上级机关及其领导人员的工作提出批评和建议。行政机关公务员对于本机关和上级机关及其领导人的情况最了解，对于国家管理活动各个环节上的缺陷比较清楚。强调行政机关公务员的这一权利，具有更为重要的意义。它有利于各级机关克服官僚主义，提高工作效率，改善工作质量。任何机关的领导人都不能压制行政机关公务员的批评和建议。

6. 提出申诉、控告权。行政机关公务员的申诉权利，是指行政机关公务员如对涉及本人的人事处理决定（包括处分决定和被降职、被辞退的决定等）不服时，可以向原处理机关申请复核，同时有权向同级公务员主管部门或者作出该人事处理的机关的上一级机关提出申诉；对处分决定不服的，也可以向监察机关提出申诉。行政机关公务员的控告权利，是指行政机关公务员对于行政机关及其领导人员侵犯其合法权利的行为或者违法、违纪、失职及渎职的行为，有权向上级机关或者监察机关提出控告。

行政机关公务员提出申诉的程序是：行政机关公务员对本人申诉范围内的人事处理不服的，可以自知道该人事处理之日起 30 日内向原处理机关申请复核；对复核结果不服的，可以自接到复核决定之日起 15 日内，按照规定向同级公务员主管部门或者作出该人事处理的机关的上一级机关提出申诉；也可以不经复核，自知道该人事处理之日起 30 日内直接提出申诉。

7. 申请辞职权。行政机关公务员可以申请辞职，赋予了行政机关公务员一定的选择职业的权利，可以调动、发挥公务员的积极性，促进人才合理流动，以增强人事管理的生机与活力。行政机关公务员的辞职必须严格按照国家的法律规定进行。

8. 法律规定的其他权利。行政机关公务员除享有公务员法规定的权利外，还享有法律规定的其他权利。主要包括两部分内容：一部分是法律规定的一般公民的权利，一部分是法律所特别规定的行政机关工作人员应享有的权利。规定行政机关公务员可以享有法律规定的其他权利，使得行政机关公务员的权利成为一个开放的体系，体现了行政机关公务员权利的广泛性和全面性。

任务二 我国行政机关公务员制度的基本内容

导入案例

【案例一】

小杨 2012 年 9 月大学毕业后考取了县公安局的国家公务员，在该县某派出所上班，表现比较突出，在当年的年度考核中即被确定为优秀等级。经过了半年的试用期的考察，小杨被任命为科员。后小杨被调到该县公安局刑警大队，在一桩重大案件侦破过程中，小杨利用他的专业知识发挥了重要作用，县公安局决定给予他记二等功的奖励。2013 年年底，局里决定提拔小杨为副科长，并为他安排了为期 15 天的初任培训。在拟任职公示期间，小杨被举报录用时未达录用职位所要求的资格条件，经查明情况属实，且小杨的父亲为该县公安局局长。

问题：请分析在本案例中有哪些情况不符合国家公务员制度的相关规定，为什么？

【案例二】

2013 年，某省环保厅一李姓女处长出国逾期不归，但未发现涉及贪腐问题。其单位根据相关公务员管理法规作出处理，李某被辞退。11 月 1 日李某回国，来到其所在单位被告知环保厅已经将其辞退，李某认为机关对其作出的辞退不合理，决定向有关部门提出申诉。

据了解，李某现年 43 岁，被辞前为某省环保厅公务员。2013 年 2 月底，经领导同意，李某休假、请假赴美国探亲、结婚。8 月 1 日，李某假期已满，于境外提出辞职，但未按要求回国办理辞职手续，其公证声明也未明确表达辞职意愿，因此某省环保厅没有同意其辞职申请。至 8 月 21 日，李某逾期不归已连续超过 15 个工作日。10 月初，某省环保厅在网站挂出 8 月 30 日印发的公告，称根据国家人社部关于公务员管理规定的条款，对李某作出辞退处理。

问题：辞职与辞退有何区别？环保厅对李某的辞退是否符合有关的程序规定？为什么？

基本原理认知

在新形势下，推进民主法治建设，做好经济调节、市场监管、公共管理和社会服务等工作，需要一批高素质的人才，需要有一套公务员从事公务活动的科学、民主的行为规范。这就需要在制度上吸引优秀人才加入到公务员队伍，在他们加入到公务员队伍后，通过交流、考核、奖惩、回避、退出等各种方式提高公务员队伍的素质，进一步完善公务员的行为规范，强化公务员的服务意识和效率意识，以最少的投入争取最大的管理效益。导入案例一中的公务员小杨身上就分别涉及行政机关公务员的录用、退出及考核、奖惩、回避、交流等制度。我国行政机关公务员制度是分类管理的一种制度，是行政机关工作人员管理的一整套规范。它除了总法规，还有若干配套的单项法规及其实施细则、实施方案，从而形成一个健全的法规体系。

一、我国行政机关公务员录用制度

行政机关公务员录用制度是指行政机关通过法定程序，采用公开考试、严格考察的办法和按照德才兼备的标准，选拔优秀人才担任主任科员以下及其他相当职务层次的非领导职务公务员的人事制度。非公务员获得公务员身份主要有四种方式：选任、调任、聘任和录用，以录用为主，选任、调任和聘用为辅。提高公务员队伍素质，改善公务员队伍结构是一项系统工程。除了通过培训、辞退等制度帮助、鼓励和鞭策公务员提高自身素质外，更重要的是在公务员队伍的"进口"处设好门槛、把好关，将高素质人才吸纳到公务员队伍中来。

（一）行政机关公务员的录用范围

录用范围仅限于担任主任科员以下及其他相当职务层次的非领导职务公务员。主任科员以下的非领导职务具体包括：主任科员、副主任科员、科员和办事员。除内部晋升外，对于主任科员以上的领导职务和非领导职务，主要是通过调任和选任的方式进行补充。对于主任科员以下的领导职务，则主要通过调任方式进行补充。

（二）行政机关公务员录用的办法和原则

1. 公开考试。公开是公正与公平的基础。公开考试，是指公务员考试录用面向社会，公开招考，主要体现在五个方面：①招考政策公开；②报名时间、招考条件、招考对象公开；③用人部门、招考职位、任职资格条件公开；④考试时间、方法和程序公开；⑤考试成绩、拟录用人员名单公示、录用结果公开。公开的方式有多种，包括网络、报纸、电视等，特别是网络，可以极大地保证公务员考试录用的公开性。

2. 严格考察。主要指在公开考试的基础上，对报考人员进行考察。考察的内容主要是报考人员的政治思想和道德品质等，也考察其工作能力。严格考察是"择优"的前提，其目的在于保证被录用的公务员符合德才兼备的标准。这样才能保证被录用人员既具备真才实学，又具有坚定政治思想、道德品行良好，从"入口"处保证公务员的高素质。

3. 平等竞争。平等即公民在担任公职方面享有平等的机会和权利。平等竞争首先体现在机会平等，即任何人不论民族、种族、性别、出身、宗教信仰、婚姻状况等有何不同，都有报考公务员的资格。招录机关在确定报考资格条件时，必须遵循必要和合理原则，不能随意增加不合理的限制性报考条件，比如要求报考者未婚、男性，或规定其他歧视性的身体要求等。

4. 择优录取。主要是指一个职位由多个报考者报考，实行差额考试，将成绩最优秀的报考者录用为公务员。择优录取是平等竞争的结果。在整个录用工作过程中，报考者要经历报考申请审查、笔试、面试、报考资格复审、考察和体检等环节，每个环节都要经过激烈竞争，只有优胜者才有资格进入下一个环节的竞争。竞争为择优提供了可能，择优是竞争的应有之义。

值得注意的是，对少数民族报考者要予以适当照顾。其所依照的法律和有关规定主要是《民族区域自治法》第 18 条的规定："民族自治地方的自治机关所属工作部门的干部中，应当合理配备实行区域自治的民族和其他少数民族的人员。"第 22 条第 2 款的规定："民族自治地方的自治机关录用工作人员的时候，对实行区域自治的民族和其他少数民族的人员应当给予适当的照顾。"在民族自治地方对少数民族的报考者予以适当照顾，并不违反平等竞争的原则。因为许多少数民族由于历史原因，处于经济、文化较落后的状况，如果对他们的要求过于严格，将导致我国公务员队伍中少数民族比例过低，这样对他们将是不平等的。适当照顾的方式主要有三种：①在制定招考录用计划时，规定少数民族公务员录用的比例；②在同等条件下，优先录用少数民族报考者；③适当降低少数民族报考者的录取分数线。

（三）符合报考行政机关公务员的资格条件

导入案例一的小杨被举报录用时未达录用职位所要求的资格条件，可见我国公务员法对行政机关公务员的录用是有设置门槛的。法律规定对通过录用方式进入国家行政机关公务员队伍的公务员，需具备下列基本条件：①具有中华人民共和国国籍；②年满 18 周岁；③拥护《中华人民共和国宪法》；④具有良好的品行；⑤具有正常履行职责的身体条件；⑥具有符合职位要求的文化程度和工作能力；⑦法律规定的其他条件。此处的"法律规定的其他条件"是指全国人民代表大会及其常务委员会通过的法律所规定的与公务员职位要求相关的资格条件。这里规定的公务员应当具备的条件，是一个公民担任公务员的最低要求，换句话说，并不是具有这些条件必然成为公务员。录用公务员时，还需要考虑每个职位任职的资格和条件；譬如录用监狱警察，出于监管工作的需要，资格条件可设定性别要求。

《公务员法》第 24 条规定："下列人员不得录用为公务员：①曾因犯罪受过刑事处罚的；②曾被开除公职的；③有法律规定不得录用为公务员的其他情形的。"

（四）行政机关公务员录用程序

1. 发布招考公告。发布招考公告就是通过广播、电视、报刊、网络等大众传媒将有关招考的事项公之于众，以便符合条件者报名参加考试，有利于在更大范围内选拔优秀人才进入机关。招考公告应当提前一定的时间公布。招考公告中必须载明招考的职位、名额、报考资格条件、报考需要提交的申请材料以及其他事项，如考试时间、地点、方式等。

需要注意的是，招考公告中载明的内容具有法定的效力，不得随意更改。特别是报考资格条件，如果有身体等方面的要求，必须明确、具体载明；没有载明的，视为没有相应要求。招考单位不得以没有载明的要求，取消报考者的考试资格和录用资格。

2. 报考资格审查。根据招考公告，符合报考条件的公民携带必需的资格证明材料，自愿到规定地点报考。资格证明主要包括身份证、工作证、毕业证、学位证及其他相关资格或能力的证书或证件等。在实践中，对资格审查一般分为两个步骤：第一步，通过网络进行网上的初步资格审查。由报考者填写一定规格的电子文本，通过网络提交录用组织机关进行初步审查。第二步，实地的资格审查。在通过网上初步资格审查后，报考者在规定的时间，到规定的报考地点进行报名确认。同时，录用组织机关对申请报考者提交的各种证明材料的可靠性进行审查。

3. 公开考试。笔试，是指预先拟好试题，让考生在规定的时间内运用文字解答试卷，然后通过试卷评判学生掌握基本知识和专业知识的程度、写作能力、阅读理解能力、对于知识的综合运用能力以及逻辑思维能力的测试方法。面试，是指主考人通过与考生对话，来考查考生的知识和能力。面试方式可以直观地了解考生掌握和运用知识的能力、应变能力、语言表达能力等。笔试和面试是有着前后承继关系的两种考试方式，只有笔试通过的考生，才有面试的机会。面试主要是结构性面试，即分为若干评测要素，考查考生适应职位要求的基本素质和实际工作能力，包括口头表达能力、反应能力、仪表等，主要方式有口试、模拟操作、智能测试等。

4. 考查。考生通过笔试、面试合格后，还要进行考查。确定考查名额，只能以报考者的考试成绩为标准，该成绩以面试成绩为主，参考笔试成绩。笔试、面试中招考机关获得的材料和信息，都是由考生自己提供的。考查是招考机关实地进行调查，内容主要有：报考资格复审、考查和体检。

5. 公示。招录机关根据考试成绩、考查情况和体检结果，提出拟录用人员名单，并予以公示。

公示的内容主要是拟录用人员的姓名、性别、籍贯、毕业院校、拟录用的职位等个人信息。公示是有期限的。公示可以通过包括网络在内的各种媒体进行。

拟录用人员名单经过公示后，无异议或者虽有异议但经调查不属实的，招录机关可以决定录用人员名单或者提请公务员主管部门审批拟录用的人员名单。

有些职位涉及国家安全、保密或者专业技术性很强，不宜进行公开考试，只能通过一些特殊的方法进行录用。这些特殊的职位主要有：①因职位特殊不宜公开招考的，如安全、公安部门中的某些职位。②因职位特殊，需要专门测量报考者水平的。③因职位所需要的专业知识特殊，难以形成较大范围内的竞争的，比如外交机构或机关内设研究机构中的小语种职位。

新录用的公务员试用期为 1 年。试用期满合格的，予以任职；不合格的，取消录用。导入案例一中小杨试用期不足 1 年就予以任职，违反了公务员法的相关规定。

二、我国行政机关公务员考核制度

行政机关公务员考核是指行政机关公务员管理部门依照管理权限，依据公务员考核的内容、标准、程序和方法，对行政机关公务员进行考察和评价，以此作为对行政机关公务员进行奖惩、培训、辞退以及调整职务、级别和工资依据的制度。

（一）考核的对象和内容

1. 考核的对象。主要是非领导成员行政机关公务员。领导成员是指机关的领导人员，不包括机关内设机构担任领导职务的人员。非领导成员包括非领导职务公务员和不属于领导成员公务员的领导职务公务员。我国对行政机关公务员实行分类管理。《公务员法》第 16 条第 1 款规定："公务员职务分为领导职务和非领导职务。"我国对领导成员和非领导成员的考核是两套方法，非领导成员的考核适用公务员法中规定的程序，领导成员的考核适用其他相关规定。

2. 考核的内容。主要包括：德、能、勤、绩、廉五个方面，其中以工作实绩为重点。行政机关公务员考核的五大内容是一个有机的整体。对行政机关公务员的考核必须考核全面，又要突出重点。以"工作实绩"为考核重点，一方面是鼓励公务员干实事、求实效，为国家和社会多做贡献，另一方面是绩可以量化，标准比较明确统一，可以防止根据个人好恶或主观印象进行评价。注重实绩，就是防止在公务员考核中搞"大锅饭"，实行"平均主义"。但是公务员考核不能只看"绩"，而忽视对"德、能、勤、廉"的考核。

（1）对新录用的、转任的、挂职锻炼的等特殊情形下的行政机关公务员的考核，有一些特殊的做法：新录用的公务员在试用期间，应对其进行考核，但在年度考核时只写评语，不定等次，考核情况只作为任职、定级的依据。导入案例一中对尚在试用期的小杨进行年度考核，评定为优秀等次明显违反法律规定。

（2）转任的公务员，由其转任的现工作单位进行考核，并在年度考核中确定等次，其转任前的有关情况，由原单位提供。

（3）挂职锻炼的公务员，在挂职期间由挂职单位进行考核，并确定等次。在挂职单位工作不足半年的由原单位进行考核，挂职锻炼结束的当年由挂职的单位提供有关情况，原单位进行考核。

（4）单位派出学习、培训的公务员，由原工作单位进行考核，主要根据学习、培训表现确定等次。其学习、培训的有关情况，由所在学习、培训单位提供。非单位派出，但经单位同意外出学习的公务员，超过考核年度半年的，不进行考核。

（5）因病、事假累计超过半年的公务员，不进行考核。

（6）接受立案审查尚未结案的公务员，只进行年度考核，暂不写评语、不定等次，待问题查清后再行确定。

（7）受警告处分的公务员，对其进行考核，但在受处分的当年，不得定为优秀等次。受记过、记大过、降级、撤职处分的公务员，对其进行考核，但在受处分期间只写评语，不定等次。在解除其处分的当年及以后，按正常情况对待。

（二）考核的类型

我国公务员法中有关考核的类型，以举行考核的时间为标准，分为平时考核和定期考核两类。平时考核，通常是指对行政机关公务员在日常工作中的表现及功过进行记录，主要考核行政机关公务员的出勤情况和公务员遵守办公规则情况，表现为考勤和工作检查。如美国公务员的上级领导对其下属都建有考核手册，凡公务员工作表现与这一领导所制定的工作标准有联系的部分，均要摘录在册。定期考核，通常是指有关领导人员以及专门的考核机构在一个工作年度结束后，按照规定的内容、标准、程序和时限，在平时考核的基础上对所属公务员一年来各方面的实际表现进行集中统一的考察和评价活动。定期考核是在平时考核的基础上进行的每年一次的阶段性概括和总结，是对公务员比较全面的考核方式。对行政机关公务员的考核应将定期考核与平时考核结合起来。

定期考核的结果应当以书面形式通知公务员本人。考核等次是行政机关公务员年度考核的最终结果，是一种法定的评价方式，每个考核等次都有相应的标准对应。公务员法规定了优秀、称职、基本称职和不称职四个等次。考核的结果对于行政机关公务员具有比较大的影响。根据公务员法和有关规定，不同考核等次有相应的奖惩、晋升、辞退等处理。

三、我国行政机关公务员奖惩制度

行政机关公务员的奖惩制度是指行政机关依法给予在工作中表现突出，有显著业绩和其他突出事迹的公务员或公务员集体一定荣誉或物质利益；给予玩忽职守、违反纪律的公务员惩处的一系列规定之总称。

（一）行政机关公务员的奖励制度

行政机关公务员的奖励制度是指行政机关依法给予在工作中表现突出，有显著业绩和其他突出事迹的行政机关公务员或公务员集体一定荣誉或物质利益，以示鼓励的制度。对国家行政机关公务员的奖励，坚持精神鼓励与物质鼓励相结合，以精神鼓励为主的原则。

对行政机关公务员的奖励，分为嘉奖、记三等功、记二等功、记一等功、授予荣誉称号。根据公务员法的规定，有以下情形之一的可对国家行政机关公务员进行奖励：

①忠于职守、积极工作，成绩显著的；②遵守纪律，廉洁奉公，作风正派，办事公道，模范作用突出的；③在工作中有发明创造或提出合理化建议，取得显著经济效益和社会效益的；④为增进民族团结、维护社会稳定做出突出贡献的；⑤爱护公共财产，节约国家资财有突出成绩的；⑥防止或消除事故有功，使国家和人民群众利益免受或减少损失的；⑦在抢险、救灾等特定环境中奋不顾身，做出贡献的；⑧同违法违纪行为作斗争有功绩的；⑨在对外交往中为国家争得荣誉和利益的；⑩有其他突出功绩的。

对在工作中表现突出，取得优良成绩的，应当给予嘉奖；对在工作中做出较大贡献，取得显著成绩的，应当给予记三等功；对在工作中作出重大贡献，取得优异成绩的，应当给予记二等功或一等功；对功绩卓著，有特殊贡献的，应当授予荣誉称号。

根据行政机关公务员受奖种类，越是高层次的奖励种类，要求审批机关的层级越高：嘉奖、记三等功的，由县级以上人民政府或者市（地）级以上人民政府工作部门批准；记二等功的，由市（地）级以上人民政府或者省级以上人民政府工作部门批准；记一等功的，由省、自治区、直辖市以上人民政府或者国务院工作部门批准；国务院授予荣誉称号的，经国务院主管部门审核后，由国务院批准；省、自治区、直辖市人民政府授予荣誉称号的，经本级政府主管部门审核后，由省、自治区、直辖市人民政府批准；国务院工作部门授予荣誉称号的，经国务院主管部门审核同意后，由国务院工作部门批准。导入案例一中决定对小杨记二等功的机关是县公安局，不符合记二等功需由市（地）级以上人民政府或者省级以上人民政府工作部门批准的规定。

行政机关公务员或者行政机关公务员集体有下列情形之一的，撤销奖励：①弄虚作假，骗取奖励的；②申报奖励时隐瞒严重错误或者严重违反规定程序的；③有法律法规规定应当撤销奖励的其他情形的。

（二）行政机关公务员的行政处分制度

行政机关公务员的行政处分制度是指行政机关依法给予在工作中玩忽职守、违反纪律的行政机关公务员惩处的制度。

对国家行政机关公务员给予行政处分需具备两个条件：一是要有违纪行为，如玩忽职守、贻误工作等；二是违纪行为尚未构成犯罪或者虽然构成犯罪但依法不追究刑事责任的。根据《公务员法》规定，行政机关公务员必须遵守纪律，不得有下列行为：①散布有损国家声誉的言论，组织或参加旨在反对国家的集会、游行、示威等活动；②组织或参加非法组织，组织或者参加罢工；③玩忽职守，贻误工作；④拒绝执行上级依法作出的决定和命令；⑤压制批评，打击报复；⑥弄虚作假，误导、欺骗领导和公众；⑦贪污、行贿、受贿，利用职务之便为自己或者他人谋取私利；⑧违反财经纪律，浪费国家资财；⑨滥用职权，侵害公民、法人或者其他组织的合法权益；⑩泄露国家秘密或者工作秘密；⑪在对外交往中损害国家荣誉和利益；⑫参与或者支持色情、吸毒、迷信、赌博等活动；⑬违反职业道德、社会公德；⑭从事或者参与营利性活动，在企业或者其他营利性组织中兼任职务；⑮旷工或者因公外出、请假期满无正当理由逾期不归；⑯违反纪律的其他行为。

处分国家行政机关公务员，必须依照法定程序，在规定的时限内作出处理决定。对国家行政机关公务员的行政处分，应当事实清楚、证据确凿、定性准确、处理恰当、手续完备。并以书面形式将处分决定通知行政机关公务员本人。

行政处分分为：警告、记过、记大过、降级、撤职、开除。公务员在受处分期间不得晋升职务和级别，其中受记过、记大过、降级、撤职处分的，不得晋升工资档次。受撤职处分的，同时降低级别和职务层次，职务工资也要降低。警告的处分期间为6个月，记过的处分期间为12个月，记大过的处分期间为18个月，降级、撤职的处分期间为24个月。

受到开除处分的行政机关公务员，自处分决定生效之日起，解除其与单位的人事关系，任何机关不得再重新录用其为公务员。行政机关公务员受到开除以外处分的，在受处分期间有悔改表现，并且再没有发生违纪行为的，处分期满后，由处分决定机关解除处分并以书面形式通知本人。解除处分后，晋升工资档次、级别和职务不再受原处分的影响。但是解除降级、撤职处分的，不视为恢复级别、原职务。

四、我国行政机关公务员交流制度

行政机关公务员的交流，是指行政机关根据工作需要或公务员个人愿望，通过调任、转任和挂职锻炼等形式变换公务员的工作岗位，从而产生变更或消灭行政职务关系的活动和制度。公务员的交流，是一种横向的平级调动，不涉及公务员的职务或级别的升降问题。公务员可以在公务员队伍内部交流，也可以与国有企业事业单位、人民团体和群众团体中从事公务的人员交流。交流的方式包括调任、转任和挂职锻炼。

（一）调任

调任，是指机关以外的工作人员调入机关担任领导职务或者副调研员以上的非领导职务，以及公务员调出机关任职。调任是机关与其外部系统之间人员交流的主要形式，它反映了公务员系统的外部开放程度。

1. 调入。调入机关的人员必须符合拟任职务所要求的政治思想水平、工作能力以及相应的资格条件。接收调入者的机关必须有相应的职位空缺，并在国家规定的编制员额内进行，不能违背职位分类的要求，不能超编接收。调入机关的人员只限于担任领导职务或副调研员以上的非领导职务。由于主任科员以下的非领导职务公务员，采取公开考试，择优录用的办法，因此，不能从机关外部调入人员担任主任科员以下的非领导职务，以免冲击正常的考试录用和晋升制度。本着优化公务员队伍，保证公务员素质的精神，调入机关对拟调入人选必须按照规定进行严格考察，并按照管理权限审批。调任机关认为需要时，可以进行考试。

调入人员一旦调入行政机关担任某一职务，即取得行政机关公务员的身份和资格，适用公务员法进行管理，享受行政机关公务员的权利并履行行政机关公务员的义务。

2. 调出。调出是指行政机关公务员离开公务员队伍到机关以外的单位任职。对调出机关的公务员没有限制性要求，但是公务员的调出必须经原任免机关批准，并要办理调动手续，完成公务交接，必要时接受财务审计。

行政机关公务员调出机关后，不再保留公务员的身份，其工作和工资待遇由接收单位按国家有关规定来安排和办理。

（二）转任

转任是指行政机关公务员因工作需要或其他正当理由在机关系统内部的平级调动，它可以跨地区、跨部门，也可以在同一部门内的不同职位之间进行。转任是公务员在机关系统内部的交流方式，是实现公务员合理流动的有效途径。转任的原因为：

1. 因工作需要的转任。包括由于机关实际工作的需要，必须充实或加强某一地区、某一部门或某一方面的工作，或者为了防止腐败现象产生以及培养公务员的综合能力和素质的需要，机关有计划、有组织、有目的地对人员结构进行的必要调整，如领导成员的转任。

2. 因回避需要的转任。回避制度要求公务员必须按照法定范围实行任职回避和地域回避，可通过转任这种方式使公务员的任职符合回避的要求。

3. 因机构调整、撤销、合并而导致编制总额和职数的变更。随着机关管理内容的发展变化，机关的职能也会有所增减，相应地必然会引起机构的变动和职数的增减，这样就会导致有些单位出现职位空缺而需要补充人员，有些单位则可能出现编余人员的现象。因此，需要通过转任这种方式来调剂公务员队伍内部的人才余缺。

4. 因个人原因的转任。有的公务员因所任职位要求与其所学专业不对口，用非所长，为合理配置人才，充分发挥公务员的专业特长，需要通过转任来促进人才的合理流动而达到目的。有些公务员则是由于在生活中存在一些实际困难，如夫妻两地分居，居家上班交通不便等，转任可为其提供一个解决实际困难的办法，能促使公务员安心工作，提高工作效率。

（三）挂职锻炼

挂职锻炼是培养公务员、促进公务员成长的有效途径，也是一种比较特殊的交流形式。随着社会经济、政治、文化的不断发展，机关的管理工作也日趋复杂、多变，公务员不仅要具备较高的政治思想水平和专业知识结构，而且还要有丰富的实践经验和灵活的应变能力。如果公务员的工作经历比较简单，或者从大中专学校毕业而直接进入机关从事管理工作，或者长期在高层次机关任职，其往往会由于缺乏各种工作经验以及处理复杂工作的应变能力，难以较好地完成本职工作。因此，应有计划地选派在职公务员到基层单位或者上级机关去锻炼一段时期，以丰富经验，增长才干，为培养中、青年公务员打好基础。

行政机关公务员的挂职锻炼是一种内外混合型的交流方式，既可在上下级机关之间进行，也可以在不同地区的机关之间交流，还可以在机关与国有企事业单位之间进行。挂职锻炼的对象是从在职公务员中选派的，并不是每一名公务员都要轮流去挂职锻炼，一般来说，选派挂职锻炼的对象主要是缺乏基层工作经历的公务员以及有培养前途的中、青年公务员。

挂职锻炼与调任和转任不同，它不是通过交流而形成长期固定的职务关系，而只是临时更换工作岗位，一般期限为 1~2 年，期满后，仍回原机关工作。

挂职锻炼作为一种特殊的交流方式，并不引起公务员法律身份的产生或消灭，也不引起职务关系的变化。因为，在挂职锻炼这种交流形式中，锻炼人员并未改变他与原机关的人事关系，因此，无需办理调动手续，其档案和编制仍在原机关，只是在业务工作上受接收单位的领导。

五、我国行政机关公务员回避制度

国家行政机关公务员回避制度，是指为使国家行政机关公务员不因亲属关系等对职务活动产生不良影响，对其任职、执行公务、任职地区等方面作的限制性规定的制度。目前我国有三种类型的回避：

（一）任职回避

任职回避，又称职务回避，是指对有法定亲情关系的公务员，在担任某些关系比较密切的职务方面作出限制。公务员之间最理想的状态是没有任何亲属关系，这样能最大限度地保证公务员在人事选拔、执行公务等方面排除亲情干扰，秉公执法，不偏不倚。但是，实际生活中，婚姻法意义上的亲属范围非常广泛，一味强调排除任何亲属关系有时很难做到，也没有必要。因此，在任职回避中，对亲属关系作了一定的范围界定，对于足以产生实际影响的亲属关系的，必须执行任职回避。

任职回避中的亲属包括四类：夫妻关系、直系血亲关系、三代以内旁系血亲关系以及近姻亲关系。任职回避与公务回避中都涉及亲属的概念，我国的法律对需回避亲属的范围，规定基本一致。如《公务员法》第 70 条第 2 项规定，公务员执行公务时，涉及与本人有本条第 1 款所列亲属关系人员的利害关系的，应当回避。

导入案例一中小杨是县公安局所属派出所的干警，后调到县公安局刑警大队，其父亲为该县公安局局长，需要任职回避吗？公务员法并不反对具有上述亲属关系的人都参加到公务员队伍中去，实践中"警察世家"、"子承父业"等现象并不少见。关键是具有亲属关系的双方所担任的职务之间不能是法律所禁止的特定直接关系。根据本条规定，任职回避中应回避职务的范围包括三种：①在同一机关担任双方直接隶属于同一领导人员的职务；②在同一机关有直接上下级领导关系的职务；③在其中一方担任领导职务的机关从事组织、人事、纪检、监察、审计和财务工作。第三种情形主要是考虑由领导的亲属担任纪检、监察、审计的，难以发挥应有的监督作用；而由亲属担任组织、人事、财务工作，则容易在用人和财务管理上产生腐败等问题。由此可见，导入案例的小杨及其父亲并不需要任职回避。

考虑到实践中因地域或工作性质的特殊性，需要对任职回避作一定变通，法律规定可以采取一些灵活的方法，在任职回避制度方面适当开个口子，以利于工作的开展。如外交部的一些派出机构，出于工作需要或者外交惯例，可以允许公务员与其夫人在同一个机构工作。由于现实中地域或者工作性质特殊到可以变通执行任职回避制度的情况较少，考虑到法律规定的严肃性，省级以上公务员主管部门才可以对任职回避作变通规定。

（二）地域回避

所谓地域回避，是指担任一定领导职务的公务员不得在自己的原籍及其他不宜任职的地区，担任一定级别的公职。规定地域回避制度，主要目的在于避免亲属、宗族关系、友情对工作的干扰。对行政机关公务员地域回避制度的理解要注意以下几个方面：

1. 适用地域回避的行政机关为乡级机关、县级机关及其有关部门。

2. 适用地域回避的人员是担任上述机关和部门的主要领导职务的人员。

3. 适用地域回避的情形包括在原籍或主要成长地任职或在一地担任领导职务较长时间。地域回避主要规范对象为原籍、成长地任职。

《公务员法》规定当其他法律的规定与法律有关地域回避规定不一致的，优先适用其他法律的规定，这主要是考虑到我国现实情况，县、乡两级实行地域回避有一定难度。一方面由于我国一些基层的经济社会的发展比较落后，有些偏远地区还比较闭塞，实行地域回避面临着很多实际困难。另一方面，存在着法律层面的问题，我国《民族区域自治法》第17条规定："自治区主席、自治州州长、自治县县长由实行区域自治的民族的公民担任。……"我国各少数民族的情况不太一样，统一要求实行地域回避制度，还不太现实。在一些自治区、自治州中，少数民族的人口比较多，地方比较大，在县一级实行地域回避难度较小。但有些少数民族人口比较少、地方比较小，只有自治县，这种情况下的自治县县长，客观上就很难实行地域回避。

（三）公务回避

所谓公务回避，是指行政机关公务员在行使职权过程中，因其与所处理的事务有利害关系，为保证实体处理结果和程序的公正性，依法终止职务行为而由其他公务员来行使相应的职权。公务回避表明工作人员在执行公务时，凡处理涉及本人或本人亲属利益的问题时，应该回避。实行公务回避的目的在于消除可能会对公务执行者造成影响的各种因素，保证公务员秉公执法。法律以是否影响公务员公正执行公务为标准，规定了三类公务回避的情形。

1. 涉及本人利害关系。有法谚为"自己不能做自己的法官"，在执行公务过程中，行政机关公务员不能执行涉及本人利害关系的公务。

2. 涉及法定亲属关系人员的利害关系。为保证公正执行公务，如果公务员执行的公务涉及法定亲属，也应该回避。这里的亲属是特指的，包括夫妻关系、直系血亲关系、三代以内旁系血亲以及近姻亲关系的亲属。这里讲的利害关系，包括公务的执行对象就是亲属本人和与其亲属有着经济、名誉等利害关系。

3. 其他可能影响公正执行公务。此规定是一个兜底条款，除了上述两种情形外，如果其他情形会影响到公务员公正执行公务的，也应该执行公务回避制度。这些可能影响公正执行的情形包括：师生关系、同学关系、战友关系、同乡关系、曾经为同事、上下级关系、朋友关系、敌意关系、竞争关系等。

行政机关公务员回避的方式有自行回避、申请回避、决定回避三种。其中决定回避是不太常见的一类回避方式，主要适用于任职回避和地域回避。决定回避制度体现了上下级公务员之间的领导关系，符合法理，有时也是非常必要的。

六、我国行政机关公务员职位的丧失

（一）行政机关公务员辞职

行政机关公务员辞职既包括通常理解的辞去公职，又包括担任领导职务的公务员辞去公职和自愿辞职以及领导成员的引咎辞职和责令辞职。

辞去公职与免职的区别是：①辞去公职是由公务员自愿、主动提出的；免职是任免机关单方面作出的，无需征得公务员本人的同意，而且公务员必须服从。②辞去公职通常是公务员因为个人的原因而提出；免职则需要有法定的事由，如退休退职、因健康原因不能坚持正常工作、离职学习超过1年等。③公务员辞去公职后，与国家机关的人事行政关系解除，不再保留公务员身份；公务员被免职后，只是职务关系发生变化，公务员身份仍保留。

导入案例二中某省环保厅处长李某的辞职符合程序吗？法律规定，公务员辞去公职必须遵守提出申请和获得批准两个程序，李某的公证并未明确提及辞职申请，故并未启动辞职程序。公务员辞去公职，通常是因为个人的原因，不愿意在机关工作，一般情况下，有关机关应当准予辞职。但是，申请辞去公职作为公务员的一项权利，在行使时必须符合法律的规定，履行法定的程序。公务员辞去公职的限制性条件是：

1. 未满国家规定的最低服务年限的。

2. 在涉及国家秘密等特殊职位任职或者离开上述职位不满国家规定的脱密期限的。

3. 重要公务尚未处理完毕，且须由本人继续处理的。

4. 正在接受审计、纪律审查或者涉嫌犯罪，司法程序尚未终结的。

5. 法律、行政法规规定的其他不得辞职的情形。

前四项列举了目前公务员不得辞去公职的情形。但这种列举可能不全面，为了防止遗漏，给弥补本规定留下立法空间，本条给法律、行政法规开了一个口子，就是说其他法律、行政法规还可以规定不得辞去公职的情形。

同时，担任领导职务的公务员与普通公务员不同。担任领导职务，相应地承担了较大的责任，据此，法律规定了担任领导职务的公务员辞去领导职务的制度。需要说明的是，辞去领导职务与辞去公职不同，公务员辞去领导职务后，还可保留公务员身份，还可能安排别的工作，还是公务员队伍中的一员。担任领导职务的公务员辞去领导职务，可以分为以下四种：①因公辞职。②自愿辞职。③引咎辞职。④责令辞职。

（二）行政机关公务员辞退

行政机关公务员辞退，是指行政机关依照法律规定的条件和程序，解除与公务员的任用关系。辞退公务员是国家机关的一项权力，是国家机关单方面的行为，只要符合法定的事由，国家机关就可以按照法定程序，解除与公务员的人事行政关系，无需征得公务员本人的同意。

辞退不同于开除，开除是一种行政处分，是公务员处分中最严重的一种，适用于那些严重违法违纪，严重侵犯人民群众利益、损害国家机关声誉、屡教不改的公务员。辞退虽然也是要让公务员离开公务员队伍，被辞退的公务员不再具有公务员身份，但辞退不是行政处分，辞退不具有惩戒性。此外，辞退与开除在后果上也不一样，被辞退的公务员可以领取辞退费或者享受失业保险，被开除的公务员不能享受这些待遇。

辞退也不同于辞去公职，它们的区别是：①辞去公职是由公务员自愿提出的，是公务员的权利；辞退是由公务员所在机关解除与公务员的任用关系，是机关单方面的行为，是机关的权力。②原因不一样。辞去公职一般是因为公务员个人原因提出的；辞退的原因是公务员有在年度考核中连续两年被确定为不称职等法定事由。③后果不同。辞去公职享受其他法定待遇，但没有辞职费；被辞退的公务员可以领取辞退费或者根据规定享受失业保险。导入案例二中李某被辞退也可领辞退费。

法律规定辞退行政机关公务员的条件是：

1. 在年度考核中，连续两年被确定为不称职的。

2. 不胜任现职工作，又不接受其他安排的。

3. 因所在机关调整、撤销、合并或者缩减编制名额需要调整工作，本人拒绝合理安排的。

4. 不履行公务员义务，不遵守公务员纪律，经教育仍无转变，不适合继续在机关工作，又不宜给予开除处分的。

5. 旷工或者因公外出、请假期满无正当理由逾期不归连续超过 15 天，或者 1 年内累计超过 30 天的。

导入案例二中李某属于请假期满无正当理由逾期不归连续超过 15 天，符合辞退条件。同时，为了保护公务员的合法权益，保持公务员队伍的稳定性，法律规定了行政机关不得辞退公务员的四种情形：

1. 因公致残，被确认丧失或者部分丧失工作能力的。

2. 患病或者负伤，在规定的医疗期内的。

3. 女性公务员在孕期、产假、哺乳期内的。

4. 法律、行政法规规定的其他不得辞退的情形。这是一个兜底性的条款，以防止出现新的情况或者本法的列举不全面，为以后的立法留下空间。需要注意，根据本规定，只有法律、行政法规可以增加不得辞退的情形，地方性法规和规章不得规定。

辞退行政机关公务员，按照管理权限决定。辞退决定应当以书面形式通知被辞退的公务员。行政机关公务员如对涉及本人的辞退的决定不服时，可以向原处理机关申请复核，同时有权向同级公务员主管部门或者作出该人事处理的机关的上一级机关提出申诉。行政机关公务员被辞退后，享受的待遇是可以领取辞退费，或者根据国家有关规定享受失业保险。行政机关公务员辞职或者被辞退，离职前应当进行公务交接，必要时接受审计。导入案例二中李某离职并未回国做好善后工作。

（三）行政机关公务员退休

行政机关公务员退休是指行政机关公务员因达到退休年龄等原因而退出工作岗位，公务员退休制度是社会保障制度的重要组成部分。建立行政机关公务员退休制度，对于维护公务员的合法权益、保证公务员队伍的新陈代谢都具有重要的意义。

行政机关公务员达到国家规定的退休年龄或者完全丧失工作能力的，应当退休。此外，按照目前我国公务员法的规定，行政机关公务员符合条件的可以提前退休，其条件是：工作年限满30周年的；或者距国家规定的退休年龄不足5年且工作年限满20年的；或者符合国家规定可以提前退休的其他情形。这种情况一般是指特殊岗位的公务员，由于其岗位特殊的工作条件，为保护其健康，国家允许其提前退休。例如，从事核试验、野外作业以及工作过程中会涉及有毒有害物质的公务员，可以按照规定提前退休。这有利于保护这类公务员的身体健康。

公务员退休后，享受国家规定的退休金和其他待遇，国家为其生活和健康提供必要的服务和帮助，鼓励发挥个人专长，参与社会发展。

公务员退休后的生活应当遵守法律特别是公务员法的规定。我国《公务员法》第102条第1款规定："公务员辞去公职或者退休的，原系领导成员的公务员在离职3年内，其他公务员在离职两年内，不得到与原工作业务直接相关的企业或者其他营利性组织任职，不得从事与原工作业务直接相关的营利性活动。"这表明，原系领导成员的公务员在退休后3年内，其他公务员在退休后两年内，不得到与原工作业务直接相关的企业或者其他营利性组织任职，不得从事与原工作业务直接相关的营利性活动。这种规定，有利于预防腐败的发生。如果不对公务员退休后的活动领域与方式进行规范，公务员就可能在退后，利用其原有的身份与人际关系影响国家的正常、公正的决策。同时，《公务员法》第102 条第 2 款规定："公务员辞去公职或者退休后有违反前款规定行为的，由其原所在机关的同级公务员主管部门责令限期改正；逾期不改正的，由县级以上工商行政管理部门没收该人员从业期间的违法所得，责令接收单位将该人员予以清退，并根据情节轻重，对接收单位处以被处罚人员违法所得 1 倍以上 5 倍以下的罚款。"

 拓展阅读

行政机关公务员聘任制

行政机关公务员聘任制是指国家行政机关根据工作需要，经省级以上公务员主管部门批准，对不涉及国家秘密的专业性较强的职位和辅助性职位，按照平等自愿、协商一致的原则以合同的方式聘用的制度。我国行政机关公务员的任用方式主要有选任制和委任制两种方式。此外，我国公务员法规定部分职位可以实行聘任，这是对选任制和委任制两种方式的补充。我国公务员法专门规定了行政机关公务员聘任的适用范围、聘任方式、管理方式以及纠纷解决机制，在法律上确认了行政机关公务员职位聘任制度。

2007 年国家人事部确定在深圳和上海浦东开展试点；近几年来，全国其他省市也正试点推行行政机关公务员聘任制。在行政机关内，部分职位实行聘任制，具有非常重要的理论意义和实践意义。一是实行聘任制可以满足行政机关的用人需求。随着国际国内环境的变化发展，我国公共管理事务日益复杂，专业性不断增强，一些职位需要特殊技能、经验或资历，而具有特殊技能、经验或资历的人才，行政机关短时间内难以培养出来，有的也不可能通过行政机关自身培养，只能采取措施从行政机关以外引进；如果从行政机关外引进这些人才时仍采取通常做法，一方面难以吸引他们，另一方面即使引进来，也难以留住。对这些职位实行聘任制，可以满足公共管理对高技术、新技术人才的需要。二是实行聘任制可以降低行政机关用人成本。对于一些社会通用性较强的事务性、辅助性工作，行政机关可以随时从社会上直接招聘适当人员来做，没必要经过严格的考试录用和长期培养，从而进一步降低了行政机关用人成本。三是实行聘任制可以健全用人机制，增强公务员队伍的生机和活力。委任制的一个弊端就是管理缺乏弹性，国外推行聘任制的主要目的也在于解决委任制活力不足的问题。当前，我国公务员任用方式单一，机制不活，行政机关中"大材小用"、"小材大用"现象同时存在。把聘任制作为公务员任用的补充形式，可以拓宽选人、用人的渠道，吸引多样化的优秀人才，改善公务员队伍结构，保持行政机关与全社会各类人才的合理交流，体现公开、平等、竞争、择优原则，有利于提高公务员队伍的整体素质。

目前，我国聘任制的范围主要包括下列两方面职位：①专业性较强的职位。这些职位包括领导职位，也包括非领导职位。这些职位有两个特点，一是对专业技术知识的要求很高，二是行政机关急需紧缺的人才。主要集中在金融、财会、法律、信息技术等方面，这部分专业技术工作社会通用性、专业性都比较强。从事这些技术工作的人员，人才市场上比较紧缺，行政机关需要并且必须增强吸引这些人才的竞争力。②辅助性职位。这部分事务性强的辅助性职位，在行政机关工作中处于辅助、从属地位，如普通文秘、书记员、资料管理、文件分发、数据录入等方面的职位。但是，涉及国家秘密的专业性较强的职位和辅助性职位不实行聘任制。

聘任制公务员主要依据合同管理，聘任合同的内容包括聘任期限、职位及其职责、工资福利保险待遇、违约责任以及合同变更、解除、终止的条件等。聘任制公务员的管理与委任制公务员的管理都坚持党的基本路线、坚持干部"四化"方针，坚持德才兼备、任人唯贤的用人标准，坚持党管干部的原则，坚持公开、平等、竞争、择优。聘任制公务员与委任制公务员都执行相同的职务和级别，都要在国家核定的行政编制和职数限额内录用、任职或者聘任，都执行相同的奖励与纪律规定，都有权对侵犯其合法权益的行为提出控告等。但一些管理环节上也有不同。如行政机关聘任公务员具有较大的灵活性，只要满足行政机关工作需要，就可聘任。聘任公务员的程序一般灵活、简便，既可以采取公开招聘的方式，也可以直接选聘。只要双方达成一致意见，就可签订聘任合同。聘任制公务员不适用"降级"、"撤职"、"开除"等行政处分，如严重违反工作纪律或用人机关规章制度的；或者严重失职，营私舞弊，对用人单位利益和名誉造成重大损害的；或者被依法追究刑事责任的，都予解除合同。聘任制公务员在聘任期间，没有职务晋升的问题，但可以按照聘任合同的约定，定期增长工资和其他福利待遇。聘任制公务员按合同辞聘、解聘等。

聘任争议的处理是职位聘任中的一个重要问题。聘任争议是一种合同争议，通过人事争议仲裁方式予以解决是比较妥当的。同时，在行政机关用人制度中引入仲裁制度，一方面可以促进行政机关的依法管理工作；另一方面，个人对裁决不服的可以向人民法院起诉，也有利于充分保障聘任制公务员的合法权益。

需要特别指出的是，实行聘任制需要在编制部门核定的编制和规定的职数范围内进行，并要求划出单独的编制，因此需要现行编制管理制度作相应调整。譬如，从2010年起，深圳决定扩大聘任制公务员招聘规模，在有行政编制空缺的前提下，争取每年补充1000名左右聘任制公务员。2010年2月3日，深圳市人力资源和社会保障局详细公布了深圳市公务员分类管理制度改革内容，改革将把公务员原来"大一统"管理模式划分成综合管理类、行政执法类、专业技术类，69%的公务员将被划入行政执法类和专业技术类中，通过职位分类和聘任制的实施，部分公务员"官帽"将被摘掉，"铁饭碗"变成"瓷饭碗"，独立的晋升渠道让长期困扰公务员的"天花板"问题得到破解。[1] 在行政机关公务员聘任制不断完善的过程中，深圳于2014年11月对公务员

---

〔1〕 "公务员聘任制：公平就在细节里"，载人民网，http://cpc.people.com.cn/GB/64093/64099/10938651.html.

聘任制出台新规：拒绝参加初任培训和专业业务培训，或者在初任培训和专业业务培训中成绩不合格的新进公务员，将面临取消聘任。

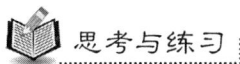 **思考与练习**

一、案例题

2013 年 10 月 25 日，《南方日报》以"广州公务员 2012 年人均工资加补助为 17.51 万"为题，报道了广州市市直部门公务员工资补贴福利为普通市民人均收入的 2.76 倍。

当即，广州市财政局辟谣说，决算报表中的"对个人和家庭补助"支出中包括了向其他群体发放的补贴，比如生活救济、奖助学金和向农民发放的农机、良种以及粮食直补等。认为《南方日报》错误地将其计入了公务员收入。

同年 10 月 28 日，《南方日报》发布致歉文章，说该报道引发了社会对广州公务员收入状况的误解，教训非常深刻！"为此，我们特向广大读者特别是公务员表示深深的歉意！""我们将以此为鉴，举一反三，坚持采编团队的政治意识、大局意识……把握正确导向……唱响主旋律，传递正能量，为广州的科学发展和和谐建设作出我们应有的贡献。"

进入 2014 年，随着中央八项规定实施常态化和监管"动真格儿"，公务员群体中就不乏"日子不好过"、"公务员不好当"等吐槽之声，有的甚至将辞职、跳槽的意愿也"动真格儿"。尤其是经过春节与中秋节的无宴请、无福利、无奖金的"考验"，更凸显政府部门的"清水衙门"属性。尽管体制内不时有公务员以"晒工资"的方式展示自己的清苦与"弱势"，但在民众的反应中却并非充满着理解与同情。

问题：试根据案例分析公务员福利制度存在的问题和改革趋势。

二、选择题

1. 国家为提高管理效能和科学化水平，对公务员实行（ ）管理。

A. 级别　　　　　B. 行政　　　　　C. 特殊　　　　　D. 分类

2. 下列哪些人员属于公务员法所称人员？（ ）

A. 在国家机关中工作的人员

B. 依法履行公职、纳入国家行政编制、由国家财政负担工资福利的工作人员

C. 履行公职的人员

D. 行政工作人员

3. 下列人员符合公务员条件的是哪个？（ ）

A. 张三，28 周岁，研究生学历，患精神分裂症

B. 李四，17 周岁，身体健康，具有良好品行

C. 王五为美籍华人，拥护中华人民共和国宪法

D. 赵六，22周岁，身体健康，大专毕业

4. 公务员在年度考核中，连续两年被确定为不称职的应该（　　）。

A. 予以辞退　　　B. 降级使用　　　C. 降两级工资　　　D. 撤职

5. 公务员在定期考核中被确定为不称职的，按照规定程序如何处理？（　　）

A. 撤职　　　　　　　　　　　B. 降低一个职务层次任职

C. 免职　　　　　　　　　　　D. 不予录用

6. 公务员旷工或者外出、请假期满无正当理由逾期不归连续超过_____天，或者一年内累计超过_____天的，予以辞退。（　　）

A. 20 30　　　　　　B. 15 45　　　　　　C. 15 30　　　　　　D. 20 45

7. 公务员执行公务时，认为上级的决定或者命令有错误的，可以（　　）。

A. 向上级提出改正或者撤销该决定或者命令的意见

B. 向上级提出复议

C. 要求上级立即改正

D. 不能提出改正意见

8. 公务员职务和身份保障权是指（　　）。

A. 获得工资报酬，享受福利、保险待遇

B. 提出申诉和控告

C. 非因法定事由，非经法定程序，不被免职、降职、辞退或者处分

D. 对机关工作和领导人员提出批评和建议

9. 公务员工资、福利、保险、退休金以及录用、培训、奖励、辞退等所需经费，应当（　　），予以保障。

A. 机关经费自行解决　　　　　　B. 列入财政预算

C. 尽量节省　　　　　　　　　　D. 机关营利保障

10. 公务员辞去公职，应当向任免机关提出（　　）申请。

A. 备案　　　　B. 公开　　　　C. 书面　　　　D. 口头

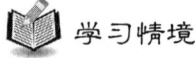 学习情境

行政机关公务员制度的运用

【范例】

1999年8月1日，张某被录用为某县教育局公务员。2004年1月张某结婚并于2006年育有一婚生女，按照当时的计划生育政策，张某可生育一个子女。一直希望有个儿子的张某夫妻商议后，将出生才一天的女儿送给他人收养，并办理了收养及户籍手续。

2009年3月12日，张某夫妻如愿以偿生育一子。2013年3月12日，张某拟任某县教育局副局长，在任职公示期间被群众举报违反计划生育。该县教育局接群众举报查处后，依法认定张某超生，于2013年6月30日作出《关于开除张某公职的决定》。2013年7月18日，不服县教育局开除决定的张某申请人事仲裁和行政诉讼，均被仲裁和法院部门以不属于受案范围为由不予受理。

【训练目的及要求】

结合范例和相关知识，通过训练，能正确运用行政机关公务员制度判断法律纠纷。

【训练方法】

参训学生分两组：一组学生以如何帮助张某获得法律救济为出发点，运用所学的行政机关公务员制度对案件进行分析；另一组学生评价判断县教育局的做法是否正确。

【训练步骤】

步骤1：分组；

步骤2：熟悉范例；

步骤3：学生分析范例；

步骤4：总结。

参考书目

1. 陈振明主编：《公务员制度》，福建人民出版社2007年版。

2. 许法根编著：《国家公务员制度》，浙江大学出版社2004年版。

单元三

行政行为的实施

项目五 行政行为概述

 知识目标

1. 掌握行政行为的概念、特征；

2. 掌握行政行为的成立要件与构成要件；

3. 掌握行政行为的分类、抽象行政行为与具体行政行为的区别、其他具有普遍约束力的决定与命令与行政立法的不同。

能力目标

1. 能够正确判断行为是否属于行政行为、行政行为是否成立和合法；

2. 能够区分不同种类的行政行为，尤其是区分抽象行政行为和具体行政行为；

3. 能够准确描述我国的行政立法体制，准确理解和运用"行政法规"、"部门规章"、"其他具有普遍约束力的决定与命令"等专业术语。

任务一 行政行为的内涵

导入案例

某县工商局 2014 年 1 月与舒美家具公司签订了一份关于购买办公家具的合同。随后，舒美公司按照合同规定将该批家具送货上门。付款时，工商局要求家具公司降低价格。舒美家具公司不同意降价，要求工商局按合同约定付款。县工商局拒绝支付货款，并以舒美家具公司从事非法经营为由，吊销了该公司的营业执照。舒美家具公司不服，向县人民法院提起行政诉讼：①请求判令县工商局按合同付款，并支付违约金；②请求撤销县工商局吊销其营业执照的行政处罚决定。县人民法院经审查受理了第二项请求，驳回了第一项请求。

问题：1. 县人民法院为什么驳回了第一项请求？

2. 县工商局吊销舒美家具公司营业执照的行为是否属于行政行为？行为是否合法？

基本原理认知

导入案例中人民法院驳回第一项请求，是因为工商局与家具公司的合同关系属于民事上的债权债务关系，县工商局在此关系中，是以普通民事主体的身份参与民事活动，其拒绝支付货款的行为是民事行为，不是行政行为，不能对此提起行政诉讼。县工商局吊销营业执照的行为属于行政行为，符合行政行为的特征和成立要件，对此提出行政诉讼，应予受理。该行政行为欠缺行政行为的合法要件，是违法行为。分析解决导入案例，需要我们具备关于行政行为及其成立、合法要件的知识。

一、行政行为的含义

行政行为，是指行政主体基于行政职权所作出的，能够产生行政法律效果的行为。行政行为与民事行为及其他法律行为相比，具有以下特性：

（一）从属法律性

行政主体是国家的执法机关，行政行为是执行法律的行为，任何行政行为均必须有法律根据，没有法律的明确规定或授权，行政主体不得作出任何行政行为。行政行为的从属法律性表现为：①行政行为的实施必须有法律依据；②行政行为必须在法律规定的时间和空间范围内实施；③行政行为是受法律规范和约束的行为，任何违法、越权的行为都是无效或可撤销的行为，如公安机关吊销营业执照的行为。另外，行政机关虽然也可以创制行政性规范（行政立法），但行政立法必须有立法机关的授权，行政性法规不得与宪法与法律冲突，下位法不得与上位法冲突。因此，行政立法只是从属性的准立法行为。行政性规范只是从属性规范，是为执行法律规范而制定的规范。

（二）效力先定性

所谓效力先定，是指行政行为一经作出，就被推定为是合法有效的，在没有被国家有权机关宣布为违法无效前，对行政主体本身和行政相对人以及其他机关都有约束力，任何个人和团体都必须遵守和服从。对其效力的否定，要经过国家有权机关依职权和法定程序审查认定。赋予行政行为效力先定性是基于行政行为代表社会公共利益，如果被拖延履行就可能损害公共利益，使行政行为的及时性受到影响，造成不必要的损失。

（三）单方意志性

行政主体实施行政行为时，只要在其法定职权范围内，不必与行政相对方协商或征得其同意，即可自行决定和直接实施。这一特征不仅表现在依职权的行政行为中，如行政监督检查、行政处罚、行政强制等；也表现在依申请的行政行为中，如颁发许可证照、发放抚恤金等。即使是在行政合同行为中，在行政合同的缔结、履行、变更与解除等诸方面，行政主体均具有与民事主体不同的单方意志性。

（四）强制性

行政行为是行政主体以国家名义进行的，以国家强制力保障实施的。行政相对方必须遵守、服从并配合行政行为，否则，就可能导致法律制裁强制执行。行政行为的强制性，是为了保障国家意志得到有效的贯彻，保证行政行为的执行力。

（五）裁量性

依法行政的原则要求行政主体要依据法律规定采取行政行为。但由于立法技术本身的局限性及行政管理的广泛性、复杂性和多变性，任何法律条文本身都不可能将每一个行政行为的运作规定得非常详细具体，很多情况下，只是规定一定的原则或幅度范围。这实质上就赋予了行政主体享有一定的自由裁定权。行政主体执行法律并不是机械、被动地适用法律，而应充分发挥其主观能动性，积极、灵活地执行。当然自由裁量也不是无限制的，它必须在法律规定的范围内进行，并要符合立法目的和宗旨。

（六）非营利性

行政主体所追求的是国家和社会公共利益，其行使行政管理职能、提供公共服务，对其自身而言既是一种权力，也是一种义务或称职责。其履行行政管理职责所需的经费来自国家公共财政，行政行为所带来的"罚款"、"没收"等，也要收归国库。行政行为不能带有营利的目的，行政行为不能成为行政主体自身创收的手段。等价有偿的民事行为原则不能适应于行政行为。比如，交警对违章车辆进行罚款，所缴纳的款额应收归国库，不能成为交警部门和交警本人创收的手段。

二、行政行为的构成要件与合法要件

行政行为的成立与合法都必须具备一定的条件，即行政行为的构成要件与行政行为的合法要件。

（一）行政行为的构成要件

行政行为的构成要件，是指一个行政行为成立所必须具备的基本条件。行政行为的成立须同时具备如下构成要件：

1. 主体要件。权能指的是权利能力或资格。行政权能是实施法律，作出行政行为的一种资格，是决定一个组织是否是行政主体的实质性资格。行政行为首先必须是行政主体的行为。如果不具备行政主体资格，则其行为不是行政行为。只有拥有行政管理权的行政机关和被授权组织以自己的名义所实施的行为才可能是行政行为。除此之外的其他任何主体所作出的行为都不成立行政行为。实践中，一些不具有行政主体资格的组织，如社团、协会、企业等，也会实施一些涉及公共利益的行为，这些行为不属于行政行为。

2. 权力行使要件。行政行为必须是行使或者说是运用行政权所作的行为。只有享有行政权能并实际运用行政权所作的行为才有可能成立行政行为，而没有运用行政权能所作的行为，实施者即使是行政主体也不是行政行为。

行政行为必须发生在行政管理过程中，与行政职权的行使紧密相连。作为行政主体的行政机关和被授权组织并非在任何时候都是以行政主体的身份出现，当其非行使国家行政权力时，所实施的行为不是行政行为。如行政主体购买办公用品或租用办公场所的行为，就不属于行政行为，而是一般民事行为。比如导入案例中工商局购买办公用品的行为。

3. 内容要件。行政行为必须是一种法律行为，即只有当行政主体实施的行为具备了为行政管理相对人设定、变更或消灭某种权利义务关系的内容时，才具有法律意义，构成法律行为。如果不具有法律效果，即使该行为是行政主体运用行政权所为，也不是行政行为，而是事实行为。

所谓产生行政法律效果，是指对行政相对人的权利义务或者法律地位予以处分。这种处分主要有三种表现形式：①赋予或限制、剥夺权利；②科处或免除义务；③确立或证明法律地位。行政行为的影响可能是有利于相对人的，如颁发许可证照、发放抚恤金等；也可能是对相对人不利的，如进行行政处罚或行政强制等。有些行为，虽然也是行政主体依行政职权作出的，但由于未对相对人的权利义务或者法律地位予以实际上的处分，不具有行政法律效果，因而不是行政行为。比如，气象局发布气象预报、统计局发布统计信息，均不属于行政行为。

4. 形式要件。行政行为必须有一定的外在物质载体。行政行为是行政主体的一种意志，必须通过一定的外化表现形式使相对人受领，如果行政主体的意志没有表现出来，没有告知行政管理相对人，无法被外界所识别，就应视为行政行为不存在或不成立。

行政行为的外在表现形式一般有以下几种：①口头形式。如口头发布命令、电话发布通知等。其优点是简便、直接、迅速，缺点是缺乏文字依据，一旦发生争议不易处理。复杂、重要的行政行为，及不需当场作出的行政行为，不宜采用口头形式。②书面形式。如各种书面文件。书面形式是最普遍、最常见的形式。很多行政行为，依照法律必须采用书面形式，否则，该行政行为将不成立或无效。③动作形式。最典型的是交警指挥交通的各种动作、手势。④其他形式。包括光电信息、电子网络信息等。随着网络技术的日益深入发展，网上政务处理等方兴未艾。其所带来的效力认证、电子签名的真实性等相关法律问题也亟待理论研究和立法调整。

以上四种，都属于"明示"。行政行为一般不允许"默示"。行政主体没有用任何"明示"来表达其意图，也没有采用事实上的行为对相对事务进行处分，客观上会使行政事务处于不确定状态，这对当事人乃至对公共利益、公共秩序来说，都是不利的。

在一定的法定情况下，当行政主体应当表示而没有表示的时候，应当作出对当事人有利的解释。比如，《行政许可法》第32条规定，行政主体对申请人提出的申请材料不齐全或者不符合法定形式的，应当当场或者在5日内一次告知申请人需要补正的全部内容，逾期不告知的，自收到申请材料之日起即为受理。

（二）行政行为的合法要件

行政行为成立，并不意味着行政行为就一定是合法的。违法的行政行为在相对人受领后也能生效，即对外产生法律效力，这是基于行政行为的效力先定性而作出的一种推定。公民、法人或者其他组织只能通过行政复议、行政诉讼等途径请求有关国家机关确认该违法行为无效或撤销该违法行为。那么，有关国家机关以什么为标准来确认行政行为的合法与否呢？这个标准，即"行政行为的合法要件"——合法的行政行为所必须具备的法定条件。合法的行政行为必须同时具备以下要件：

1. 主体合法。

（1）行政行为的主体必须是行政主体，必须具备行政主体资格。行政行为必须由行政主体作出，其他无法律、法规、规章授权或委托的组织和个人都无权作出行政行为。有时行政主体与其他国家机关，或社会组织联合作出某一行为，如联合发布某一规范性文件，或实施某一具体行为等。这些行为如果有法律根据，且符合行政主体的职权范围，应视为行政行为。

（2）行政行为不超越行政主体权限范围。行为合法除了要求行为主体必须是行政主体以外，还要求行政主体的行为必须是在权限范围以内。也就是说，行政主体超出自己的事务管辖权、地域管辖权和级别管辖权的范围所作出行政行为，都是违法的。因为"行政主体资格"都有其法定范围，如果超出了自己的权限范围，实质上也就失去了其所具有的行政主体资格。比如，司法行政机关对社区矫正人员进行治安管理处罚，就超出了司法行政机关的权限范围，是违法的。因为依照法律规定，治安管理处罚权专属于公安机关。司法行政机关是社区矫正的执行机关，有权依法对社区矫正人员进行监督管理，但对社区矫正人员进行治安管理处罚则显然超出了它的权限范围。

2. 内容合法。行政行为的内容，即为对行政管理相对人设定、变更或消灭某种权利义务关系的内容，必须符合法律、法规的规定。首先，行政行为的作出具有事实根据，证据确凿。比如，公安交警部门对违章停车进行罚款，必须建立在确有违章停车的事实和证据的基础之上。其次，抽象行政行为具有法律依据，具体行政行为适用法律法规正确。比如，对某违章停车者罚款200元，必须有法律依据，且应当在法律规定的幅度范围之内。最后，行政行为的目的符合立法本意和宗旨，符合社会公共利益，体现公平、公正的社会价值。例如，某行政机关通过选择性颁发许可证而获取某些许可证申请人的好处（购买优惠商品、免费进入游乐场所、小孩入托上学享受优惠待遇等），该行为应认定为违法。

3. 程序合法。程序合法，是实体公正、合法、合理的重要保障。行政主体必须依照法定程序作出行政行为。作出行政行为的程序应当与法定程序相吻合，即符合法律规定的原则、制度、步骤、顺序、方式、时限等。如行政主体强制拆迁行政相对人的违章建筑，要经过向相对人下发拆迁通知，听取相对人异议，作出强制拆迁决定，采取强制拆迁措施等步骤。没有严格程序规定的行政行为，要遵循行政程序的基本原则（先取证、查明事实，后裁决、处理）和行政程序方面的各项制度（听证制度、说明理由制度等）。

4. 形式合法。只有形式合法的行政行为才是合法的行政行为。即行政行为的方式符合法律、法规规定的方式。对法律要求有特定方式的要式行为，行政主体必须依照法律要求的形式作出。如行政处罚、行政许可等均应采用书面决定的形式。

任务二　行政行为的分类

导入案例

1999 年 11 月 8 日，国家计委以计价格（1999）1862 号文件向国务院请示关于对部分旅客列车运价实行政府指导计价的有关问题。在该请示中请示了"允许部分铁路客运票价适当浮动"，包括"允许客流较大线路、经济发达地区线路和春运、暑运、节假日客运繁忙线路的铁路旅客票价适当上浮"等问题。并请示拟将缘由国务院行使的制定和调整铁路客运票价的审批权部分授予国家计委的有关问题，包括"跨局行使的旅客列车，由铁道部负责确定浮动的区域、线路和时间，报国家计委批准后实施"等请求授予权限的问题。1999 年 11 月，铁道部拟定对部分旅客列车实行政府指导价，其中包括在春运期间实行票价上浮的有关实施方案，如涨价起止时间、涉及的铁路局、涨价条件及幅度等。2000 年 11 月 8 日，国家计委依据国务院的授权，以计价格（2000）1960 号"关于部分旅客列车票价实行政府指导价有关问题的批复"批准了铁道部的上述实施方案。2000 年 12 月 21 日，铁道部根据国家计委计价格（2000）1960 号批复作出"通知"。该通知确定 2001 年春节前 10 天（即 1 月 13 日~1 月 22 日）及春节后 23 天（即 1 月 26 日~2 月 17 日）北京、上海铁路局、广州铁路（集团）公司等始发的部分直通列车实行票价上浮 20%~30%。为此，乔某于 2001 年 1 月 17 日、22 日分别购买的 2069 次列车到磁县、邯郸的车票共计多支付 9 元。乔某认为，铁道部的通知的作出违反法定程序，依据《铁路法》、《价格法》有关规定，制定火车票价应报经国务院批准，而铁道部未经该程序审批，同时，依据《价格法》有关规定，票价上浮应召开价格听证会，而铁道部未召开听证会，故请求法院判决撤销"通知"。[1]

---

〔1〕 "中国人民大学本科精品课程——案例教学"，载 http：//xingzhengfa. calaw. cn/article/default. asp？id＝301.

问题：铁道部的"通知"的性质属于抽象行政行为还是具体行政行为？

基本原理认知

行政行为表现形式多种多样，形态非常复杂。按照不同的标准，可以把行政行为分为不同的种类。导入案例中铁道部的"通知"的性质属于具体行政行为还是抽象行政行为，这一问题就属于行政行为分类范畴。对行政行为进行种类的划分，把握各类行政行为的特点、条件和程序等，不仅有助于加深对行政行为的认识，分析行政行为是否合法有效，而且在行政实务乃至行政诉讼方面都有重要的意义。

一、具体行政行为与抽象行政行为

这是基于行政行为的对象的不同所进行的划分。

具体行政行为，是指行政主体针对特定事件或特定人，作出特定处理的行政行为。如对某一公民作出一个处罚决定、吊销某企业的营业执照等。其特点是对象特定化、具体化，效力指向特定的行政相对人，对特定相对人的权利、义务产生直接影响等。

抽象行政行为，是指行政主体针对不特定的对象，作出的具有普遍约束力的行政行为。一般表现为制定、发布行政规范性文件的行为。如国务院制定行政法规、省人民政府制定行政规章等。其特点是对象不特定，效力具有未来性，可以反复多次地适用等。

二、内部行政行为与外部行政行为

这是基于行政行为的效力范围的不同所进行的划分。

内部行政行为是行政主体对其内部事务实施管理而作出的，仅对行政组织内部产生法律效力的行政行为。内部行政行为一般是对行政主体内部的组织、人员、财务等事务进行的管理，如行政主体对其工作人员的考评、奖惩行为，行政主体对其内设机构发布命令等。

外部行政行为亦称公共行政行为，是行政主体对行政相对人作出的对社会公共事务实施管理的行为。如行政许可、行政处罚、行政征收等。

内部行政行为体现了国家的自我管理，外部行政行为则体现了国家对社会的管理。内部行政行为发生于行政主体之间，外部行政行为则发生在行政主体与行政相对人之间。内部行政行为具有不可诉性；外部行政行为，相对人不服的，在法定条件下则可以适用行政复议和行政诉讼程序。

三、羁束行政行为与自由裁量行政行为

这是基于行政行为受到法律规范拘束的程度不同所进行的划分。

羁束行政行为，是指法律、法规、规章对行政行为的实施条件、内容、方式、程序等都作了明确、详细、具体的规定，行政主体基本上没有什么自由裁量权，只能严

格依照规定实施的行政行为。比如，税务机关征税，必须严格按照税法所规定的税种、税目和税率计算税额，而不能自行变动、多征或少征。

自由裁量行政行为，是指法律、法规、规章对行政行为的实施只作了原则性或留有余地和幅度的规定，行政主体可以在规定的幅度或范围内，在符合立法目的和原则的前提下，根据自己的权衡和裁量所作出的行政行为。如《治安管理处罚法》规定，有下列扰乱公共秩序行为之一，尚不够刑事处罚的，处15日以下拘留、200元以下罚款或警告。该条规定，确定了处罚的幅度，也赋予了公安机关自由裁量权。公安机关依照该规定所作出的具体行政处罚行为，就属于自由裁量行政行为。

区分两者的最大法律意义在于：一般来说，羁束行政行为只有合法与违法的问题；而自由裁量行政行为除了合法与违法的问题之外，还会有合理与不当的问题，即是否适当、公正的问题。

任务三　抽象行政行为的判断

📝 导入案例

某市原有甲、乙、丙、丁四家定点屠宰场，营业执照、卫生许可证、屠宰许可证等证照齐全。1997年国务院发布《生猪屠宰管理条例》，该市政府根据其中确认并颁发定点屠宰标志牌的规定发出通告，确定只给甲发放定点标志牌。据此，市工商局吊销乙、丙、丁三家屠宰场营业执照。乙、丙、丁三家屠宰场对此不服，找到市政府，市政府称，通告属于抽象行政行为，需遵守执行。

问题：市政府的通告是否属于抽象行政行为？

📋 基本原理认知

导入案例中，市政府的通告属于具体行政行为，不属于抽象行政行为。抽象行政行为，是行政主体针对不特定的对象，作出的具有普遍约束力的行政行为。市政府的通告针对的事特定，即确认颁发定点屠宰标志牌；针对的人特定，即甲、乙、丙、丁四家屠宰场。因此，它不属于抽象行政行为。

一、抽象行政行为的内涵

抽象行政行为，是相对于具体行政行为的一个学术概念，是指行政主体针对不特定的对象，作出的具有普遍约束力的行政行为。抽象行政行为，实际上就是行政主体制定和发布普遍性行为规范的行为，包括行政立法行为和制定、发布其他具有普遍约束力的决定、命令的行为。

行政行为是"具体"还是"抽象"，主要从以下三个方面来区分：

（一）对象是否特定

抽象行政行为的对象是不特定的，其目的不是处理特定对象的具体权利义务，也不是改变特定对象的法律地位；而具体行政行为的对象是特定的，就是为了处分特定对象的权利义务、确认或改变其法律地位。具体行政行为针对谁、约束谁，都是明确的；抽象行政行为则针对的是某一类人。

假如有这样一条规定："禁止吸烟，吸烟罚款5元"，其约束的对象是不特定的，不管什么人，只要吸烟，就要被罚款5元，行政主体制定并发布这样的规则，就属于抽象行政行为；再假如，"张三吸烟，根据该规定，被行政罚款5元"，被罚款的对象是特定的张三，处罚张三的行为就属于具体行政行为。

（二）效力是否溯及既往

抽象行政行为一般没有溯及既往的效力，只对该行为作出后的情况产生拘束力，其效力方向是"向后"的，这也是"法不溯及既往"的法治原则的要求和体现。具体行政行为一般是对已经发生过的事情作出处理，其效力方向是"向前"的，换种说法，具体行政行为溯及既往。

如果一种行政行为对往后的事项适用，它便是抽象行政行为；如果一种行政行为对以前的事项适用，它便是具体行政行为。

（三）是否可以反复适用

抽象行政行为具有普遍约束力，可以多次作为具体行政行为的依据。"同样情况，同样处理"，抽象行政行为对一个对象适用后，对其他同一类的人或事仍然适用，直至其被废止。具体行政行为只能适用一次，适用生效以后，其效力即归于消灭。

根据我国现行《行政诉讼法》的规定，对行政行为不服，可提起行政诉讼。人民法院在审查行政行为时应公民、法人或者其他组织的申请对规范性文件进行附带审查：

1. 公民、法人或者其他组织认为行政行为所依据的国务院部门和地方人民政府及其部门制定的规范性文件不合法，在对行政行为提起诉讼时，可以一并请求对该规范性文件进行审查。但规范性文件不含规章。

2. 人民法院在审理行政案件中，发现上述规范性文件不合法的，不作为认定行政行为合法的依据，并应当向制定机关提出处理的司法建议。这是区分抽象行政行为与具体行政行为最主要的法律意义所在。

依据不同的标准，可将抽象行政行为作不同的分类。最常见的分类标准是以抽象行政行为的规范程度与效力等级为标准，把抽象行政行为分为：行政机关的行政立法行为和制定、发布其他具有普遍约束力的决定、命令的行为。

二、行政立法

（一）行政立法的概念与特征

行政立法是指国家行政机关依照权限和法定程序制定行政法规、规章的活动。行政立法是一种抽象行政行为，既具有行政的性质，又具有立法的性质，是一种从属性立法活动。它具有以下特征：

1. 行政性。表现在：①行政立法的主体是行政机关；②行政立法行为所调整的对象主要是行政管理事务；③行政立法行为的目的主要是执行和实施权力机关制定的法律，实现行政管理职能。

2. 立法性。表现在：①行政立法是行政机关按照法律授权以国家名义制定人们普遍遵守的行为规则的活动；②行政立法行为所制定的规则属于广义的法的范畴，符合法的基本特征，即普遍性、规范性和强制性；③行政立法行为必须遵循立法程序，经过立项、起草、征求意见、审查、决定与公布等程序。

3. 从属性。这是由行政机关从属于权力机关的法律地位所决定的。按照我国宪法所确立的体制，行政机关是权力机关的执行机关。国家行政机关由国家权力机关产生，并对它负责，受它监督。行政立法的效力低于权力机关所立之法，即行政机关制定的规范性文件要从属于最高权力机关制定的《宪法》和法律。行政立法以权力机关所立之法为根据，其目的是执行权力机关所立之法，是后者的具体化。

（二）行政立法的分类

1. 中央行政立法与地方行政立法。这是依据行政立法的主体地位和地域效力范围所作的分类。

中央行政立法是指中央行政机关制定行政法规和规章的行为。包括国务院制定行政法规的行为和国务院所属部门制定部门规章的行为。中央行政立法，其效力遍及全国。

地方行政立法是指特定的地方人民政府制定地方政府规章的行为。根据《宪法》及《立法法》的规定，省、自治区、直辖市人民政府、省及自治区政府所在的市和经国务院批准的较大的市（含经济特区所在地的市）、设区的市、自治州人民政府，有权根据法律、行政法规和地方性法规，制定地方政府规章。地方行政立法，其效力只及于地方政府的行政管理区域。

2. 职权立法与授权立法。这是依行政立法权限来源不同所作的分类。

职权立法，是指行政机关直接依照《宪法》和有关组织法、《立法法》规定的职权制定行政法规、规章的活动。如国务院根据《宪法》和法律，制定行政法规。

授权立法指行政机关依据特定法律、法规的授权或依照国家权力机关的特别授权，制定规范性法律文件的活动。如《统计法》第27条规定，国家统计局根据本法制定实施细则，经国务院批准。

（三）行政立法主体及其权限

行政立法主体是指依法取得行政立法权，可以制定行政法规或规章的国家行政机关。每一类行政立法主体均有各自的立法权行使范围，即立法权限。

我国的行政立法主体及其权限如下：

1. 国务院及其立法权限。国务院即中央人民政府，是国家最高权力机关的执行机关，是最高国家行政机关。国务院有权制定行政法规。《立法法》第65条规定："国务院根据宪法和法律，制定行政法规。行政法规可以就下列事项作出规定：①为执行法律的规定需要制定行政法规的事项；②宪法第89条规定的国务院行政管理职权的事项。应当由全国人民代表大会及其常务委员会制定法律的事项，国务院根据全国人民代表大会及其常务委员会的授权决定先制定的行政法规……"

2. 国务院各部、委、中国人民银行、审计署、具有行政管理职能的直属机构及其立法权限。《宪法》第90条第2款规定："各部、各委员会根据法律和国务院的行政法规、决定、命令，在本部门的权限内，发布命令、指示和规章。"《立法法》规定，国务院各部、委员会、中国人民银行、审计署和具有行政管理职能的直属机构，可以根据法律和国务院的行政法规、决定、命令，在本部门的权限范围内，制定部门规章。

3. 特定的地方政府及其立法权限。根据《立法法》的规定，省、自治区、直辖市的人民政府，省、自治区的人民政府所在地的市的人民政府，经国务院批准的较大的市以及经济特区所在地的市、设区的市的人民政府，有权制定地方政府规章。根据民族自治区法关于"自治州的自治机关行使下设区、县的市的地方国家机关的职权，同时行使自治权"的规定，在自治州人民代表大会可以依法制定自治条例、单行条例的基础上，赋予自治州人大及其常委会设区的市的地方立法权。

根据《立法法》规定，地方政府规章可以就下列事项作出规定：①为执行法律、行政法规、地方性法规的规定需要制定的事项；②属于本行政区域的具体行政管理事项。

我国的行政立法主体及其权限，如下表所示：

行政立法机关	立法形式
国务院	行政法规
国务院各部、委、中国人民银行、审计署和直属机构	部门规章
省、自治区、直辖市人民政府	地方规章
省及自治区政府所在地的市、经国务院批准的较大的市（唐山、宁波等）、经济特区市、设区的市、自治州人民政府	地方规章

（四）行政立法的程序

根据《立法法》、《行政法规制定程序条例》、《规章制定程序条例》以及《法规规章备案条例》等法律和法规，我国行政立法的程序如下：

1. 立项。立项是决定进行行政法规、规章制定工作的程序，是行政法立法程序的第一个环节。行政事务复杂多变，哪些事情需要制定行政法规、规章，在什么时间制定，需要对其必要性、可行性和及时性作出判断，这就是立项要解决的问题。

行政法规的立项由国务院依职权决定，在程序上表现为年度立法计划的编制和调整。国务院法制机构负责拟订国务院年度立法工作计划，报国务院审批。国务院有关部门认为需要制定行政法规的，应当在每年年初编制国务院年度立法工作计划以前向国务院报请立项。年度立法工作计划在执行中可以根据实际情况予以调整。列入行政法规立项的条件是：适应改革、发展、稳定的需要；有关的改革实践经验基本成熟；所要解决的问题属于国务院职权范围并需要国务院制定行政法规的事项。

国务院部门内设机构或者其他机构认为需要制定部门规章的，向该部门报请立项；享有行政立法权的地方人民政府所属工作部门或者其下级人民政府认为需要制定地方政府规章的，向该地方人民政府报请立项。

2. 起草。行政法规由国务院组织起草，可以由国务院的一个部门或者几个部门具体负责起草，也可由国务院法制机构起草或者组织起草。

部门规章由国务院部门组织起草。地方政府规章由享有行政立法权的地方人民政府组织起草。起草规章，可以邀请有关专家、组织参加，也可以委托有关专家、组织起草。

3. 听取意见。为了保障行政立法的质量，在立法过程中，应广泛听取有关机关、组织、人民代表大会代表和社会公众的意见。《立法法》规定，行政法规在起草过程中，应当广泛听取有关机关、组织、人民代表大会代表和社会公众的意见。听取意见可以采取座谈会、论证会、听证会等多种形式。

4. 审查。审查的目的和工作结果是在对送审稿修改的基础上，形成行政法规、规章草案和对草案的说明。

国务院法制机构、部门法制机构、地方政府法制机构主要从五个方面对行政法规、规章送审稿进行审查：①是否符合宪法、法律的规定和国家的方针政策；②是否符合起草要求；③是否与有关行政法规协调、衔接；④是否正确处理有关机关、组织和公民对送审稿主要问题的意见；⑤其他需要审查的内容。

在审查过程中应向国务院有关部门、地方人民政府、有关组织和专家广泛征询意见；重要的行政法规、规章草案，及时向社会公布，充分征求意见；重大、疑难问题，还要组织有关单位和专家参加的座谈会和论证会。

5. 审议和通过。行政法规草案由国务院常务会议审议，或者由国务院审批；部门规章由部务会议或委员会会议决定；地方政府规章由地方人民政府常务会议或全体会议决定。

6. 签署和公布。行政法规、规章经审议、通过后，须经制定机关的行政首长签署并公开发布后才能产生法律效力。公报和报纸是行政法规、规章发布的主要渠道。

7. 备案。备案是指将已经发布的行政法规、规章文本报送法定机关，进行登记备查的制度。备案不影响行政法规、规章的生效。备案主要是为了加强对行政立法的监督管理，保证行政法规内部的统一和协调。根据《立法法》规定，行政法规和规章必须在公布后的 30 日内报有关机关备案；行政法规报全国人民代表大会常务委员会备案；部门规章报国务院备案；省、自治区、直辖市的地方政府规章报国务院备案，同时报本级人民代表大会常务委员会备案；较大的市、设区的市的地方政府规章报国务院备案，同时报本省或自治区的人民代表大会常务委员会和人民政府以及本市人民代表大会常务委员会备案。

三、其他具有普遍约束力的决定、命令

（一）具有普遍约束力的决定、命令的概念

在抽象行政行为中，除了行政立法以外，还有制定具有普遍约束力的决定、命令的行为。

较早提出"有普遍约束力的决定、命令"概念的是《行政诉讼法》，"所谓具有普遍约束力的决定、命令，是指行政机关针对不特定对象发布的能反复适用的行政规范性文件。有普遍约束力的决定、命令的基本特征，是规范对象的不特定性和适用的反复性"。

具有普遍约束力的决定、命令，是指行政机关在法定权限范围内，依法制定的行政法规、行政规章以外的具有普遍约束力的行政规范性文件。其在制定主体及效力、形式等方面与行政立法都有区别。

具有普遍约束力的决定、命令，是法律体系以外的规范性文件，不仅要符合宪法、法律，同时也不得与行政立法相抵触。其效力等级低于行政立法。

具有普遍约束力的决定、命令通常表现为公文形式，常见名称有命令、决定、公告、通知、意见、批复等。行政立法的表现形式则是法的专属形式——条文式，其名称通常是条例、办法、规则、细则等。

（二）制定机构

制定发布行政决定、命令的机构，可以是国务院、国务院各部委和地方各级人民政府。《宪法》规定，国务院有权发布决定和命令；国务院各部、委员会在本部门的权限内发布命令、指示和规章。《地方各级人民代表大会和地方各级人民政府组织法》第 59 条和第 61 条分别规定，县级以上地方各级人民政府，乡、民族乡、镇的人民政府都有权发布决定、命令。

（三）制定权限

制定发布具有普遍约束力的决定、命令是国务院和地方各级人民政府除制定行政法规、规章外的最主要、最重要的准立法活动、实施抽象行政行为的活动，对社会经

济生活及公民、法人或者其他组织的行为发生着深刻的影响。

国务院有权根据《宪法》和法律，制定、发布有普遍约束力的决定、命令。《宪法》规定，国务院行使下列职权：根据宪法和法律，规定行政措施，制定行政法规，发布决定和命令。《宪法》第90条第2款规定："各部、各委员会根据法律和国务院的行政法规、决定、命令，在本部门的权限内，发布命令、指示和规章。"

县级以上地方各级人民政府制定发布具有普遍约束力的决定、命令须根据《地方各级人民代表大会和地方各级人民政府组织法》的授权。该法第59条规定的县级以上的地方各级人民政府行使下列职权：执行本级人民代表大会及其常务委员会的决议，以及上级国家行政机关的决定和命令，规定行政措施，发布决定和命令。

《地方各级人民代表大会和地方各级人民政府组织法》第61条规定，乡、民族乡、镇的人民政府发布决定和命令是为了执行本级人民代表大会的决议和上级国家行政机关的决定和命令，发布决定和命令。

（四）制定程序

依法不具有规章制定权的地方人民政府制定、发布具有普遍约束力的决定、命令，参照规章的制定程序进行。

拓展阅读

中国地方立法权的变迁

地方立法权，包括有立法权的地方政府制定、修改、废止和解释规章的活动，人大及其常委会制定、修改、废除、解释地方性法规的活动。地方立法权的立法主体为有立法权的地方人民代表大会及政府。地方立法权的内容包括对地方性法规、地方规章的立、改、废、释。

地方立法权是如何诞生的？1982年，《地方各级人民代表大会和地方各级人民政府组织法》规定，省会市和经国务院批准的较大的市的人大常委会"可拟订本市需要的地方性法规草案，提请省、自治区的人大常委会制定、公布"。1986年修改《地方各级人民代表大会和地方各级人民政府组织法》时，将省会市和较大的市地方性法规草案的"拟订权"，修改为制定权，但需报省、自治区的人大常委会批准后施行。2000年制定《立法法》时，较大的市的立法权扩大至经济特区所在地的市。同时，明确规章是"法"，肯定政府立法活动。2015年修改的《立法法》规定，除省会市、经济特区所在地的市及国务院批准的较大的市外，其他设区的市也享有地方立法权。2015年修改的《立法法》规定设区的市、自治州制定地方性法规的权限设定为"可以对城市建设、城市管理、环境保护等方面的事项，制定地方性法规，法律对较大的市制定地方性法规的事项另有规定的，从其规定"。这意味着原有49个较大的市已经制定的地方性法规，涉及上述事项范围以外的，继续有效。

有、无地方立法权的城市有何不同？举个例子，广州是省会城市，拥有立法权，可依据国家和省的法律法规制定地方法规和规章。在黑烟车、城市养犬等管理方面，广州可依地方法规和规章进行规范管理；某县级市则只能依规范性文件加以规范管理。不过，地方立法权用得不好，也有可能造成滥用，所以各获得立法权的地方需做好准备，譬如可举办专题培训班，组织法律人才进修；设立立法专门机构——法制委员会；聘请政府法律顾问；等等。

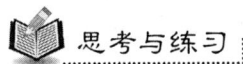 思考与练习

简答题

1. 如何区分内部行政行为与外部行政行为？区分两者有何法律意义？

2. 如何区分羁束行政行为与自由裁量行政行为？区分两者有何法律意义？

3. 如何区分抽象行政行为与具体行政行为？两者的区分有何法律意义？

4. "是不是行政行为"与"是不是合法的行政行为"，这两个问题之间有何区别和联系？

5. 行政行为的构成要件与行政行为的合法要件，有何不同？

 学习情境

抽象行政行为的识别

2008 年 3 月，全国人大代表，佛山市市长陈云贤向全国人大提请将佛山列为"较大的市"。这一消息在佛山引起了各方热议。2015 年《立法法》修改，增加了地方立法权，将范围扩大到"设区的市"都有立法权。全国 284 个设区市将全部享有地方立法权；根据民族自治区法关于"自治州的自治机关行使下设区、县的市的地方国家机关的职权，同时行使自治权"的规定，在自治州人民代表大会可以依法制定自治条例、单行条例的基础上，相应赋予自治州人大及其常委会设区的市的地方立法权。另外，全国人大常委会副委员长李建国 8 日在做草案说明时建议，赋予不设区的广东省东莞市、中山市和甘肃省嘉峪关市以地方立法权。

"多年的呼吁终于有了突破！"来自温州的全国人大代表郑雪君说。当选第十二届全国人大代表至今，每年两会她都建议将温州批准为"较大的市"，获得地方立法权。她说，温州一直以来都是改革先行区，素有敢闯敢拼、勇于创新的基因。"温州人一遇阳光就灿烂、一遇雨露就发芽，但就是缺少那么点阳光和雨露。"没有地方立法权，导致很多改革探索无法开展，或没办法深入推进。

不单是温州。许多城市在经济发展、城市建设等方面进展迅速，但各种问题和矛

盾也成倍增加。由于缺乏立法权，它们往往只能以"红头文件"替代，但容易引发新问题。以城市管理为例，城管执法机构需要规范运行，中央没有城管立法，地方想立法又没有权限，不立法又解决不了管理难题，这就构成了矛盾。

但立法质量是否够格，立法能力能否匹配，也是摆在各地立法部门面前的严峻考题。一些公众还担忧，地方会不会制定出差法、恶法、甚至"奇葩法"？这并非杞人忧天。几年前，某省制定实施母婴保健条例，但这部地方法规违背了上位法《婚姻法》中有关"取消强制婚检"的内容，被一些专家质疑有"越权立法"之嫌。还曾有地级市出台地方法规，要求当地所有房地产开发企业在售房前必须缴纳每部不低于 25 万元的"首次电梯更新费"，不交钱就不发房屋预售证，引起企业和公众广泛质疑。[1]

【训练目的及要求】

结合范例和相关知识，通过训练，能够初步判断地方立法权的市及理解地方立法权的法律意义。

【训练方法】

参训学生分为两组，一组学生运用行政法理论对范例作出判断；另一组学生评价判断是否正确。

【训练步骤】

步骤 1：分组；

步骤 2：熟悉范例；

步骤 3：各组运用行政法理论对该范例涉及的地方立法权问题进行分析；

步骤 4：对学生的训练进行评判。

参考书目

1. 《立法法》、《地方各级人民代表大会和地方各级人民政府组织法》文本。
2. 叶必丰：《行政行为原理》，商务印书馆 2014 年版。

项目六　行政处罚

知识目标

1. 掌握行政处罚的内涵；
2. 理解行政处罚的原则。

---

〔1〕 "地方立法权'扩容'焦点四问"，载中国政府网，http://www.gov.cn/xinwen/2015－03/09/content_2830852.htm.

■▪ 能力目标

能够运用行政处罚所依据的相关法律解决实际问题。

任务一　行政处罚的一般原理

📋 导入案例

【案例一】

2014 年 3 月 16 日，网络上有人发布信息称："今天警察在东山公园搜出二三十把刀具，刀具形状和昆明暴徒使用的差不多。"随后，有不明真相的网民转发。市公安局迅速组织警力展开调查，很快证实此消息系谣言，并及时发布辟谣声明，安定民心。

该局调查发现，一网民于 3 月 15 日晚 9 点左右开始通过自己的微信朋友圈、QQ 空间及腾讯微博上转发和传播此谣言，其发布在腾讯微博上的该条虚假信息点击量就达到 239 次，东山分局进一步走访，在东山区将军路东海家园小区一出租屋内，将传播此谣言的青年女子张某抓获。

经审查，27 岁的张某承认了自己故意传播网络谣言的违法事实，并对因此引发的社会不良后果表示后悔。东山分局依照《中华人民共和国治安管理处罚法》第 25 条第 1 项对其作出行政拘留 10 日并处 500 元罚款的处罚。

而在半年前，北京警方按照公安部统一部署，根据群众举报，依法立案侦查，一举打掉一个在互联网蓄意制造传播谣言、恶意侵害他人名誉，非法攫取经济利益的网络推手公司——北京尔玛互动营销策划有限公司，抓获秦某（网名"秦火火"，男，30 岁，湖南省衡南县香花村人，高中毕业，曾是尔玛公司员工）、杨某（网名"立二拆四"，男，40 岁，吉林省白山市七道江镇人，系尔玛公司创办人）及公司其他 4 名成员。

办案民警介绍，前不久，一则严重诋毁雷锋形象的信息在互联网上迅速传播，雷锋的光辉形象迅即遭到部分网民的质疑。许多网民向北京公安机关报警，要求彻查诋毁雷锋形象的谣言制造者。

北京警方立即开展工作，通过缜密侦查，一个以"秦火火"、"立二拆四"为首，专门通过互联网策划制造网络事件，蓄意制造传播谣言、恶意侵害他人名誉、非法牟取暴利的网络推手公司浮出水面。

警方在调查中发现，为提高网络知名度和影响力，非法牟取更多利益，秦、杨等人先后策划、制造了一系列网络热点事件，吸引粉丝，使自己迅速成为网络名人。如"7·23"动车事故发生后，故意编造、散布中国政府花 2 亿元天价赔偿外籍旅客的谣言，2 个小时就被转发 1.2 万次，挑动民众对政府的不满情绪；编造雷锋生活奢侈情节，污称这一道德楷模的形象完全是由国家制造的；利用"炫富事件"蓄意炒作，编造了一些地方公务员被要求必须向红十字会捐款的谣言，恶意攻击中国的慈善救援制度；捏造全国残联主席张海迪拥有日本国籍；并将著名军事专家、资深媒体记者、社会名人和一些普通群众作为攻击对象，无中生有编造故事，恶意造谣抹黑中伤。

据办案民警介绍，秦、杨等人组成网络推手团队，伙同少数所谓的"意见领袖"、组织网络"水军"长期在网上炮制虚假新闻、故意歪曲事实、制造事端、混淆是非、颠倒黑白，并以删除帖文替人消灾、联系查询 IP 地址等方式非法攫取利益，严重扰乱了网络秩序，其行为已涉嫌寻衅滋事罪、非法经营罪。秦某、杨某二人对所做违法犯罪事实供认不讳。目前，二人已被北京警方依法刑事拘留。[1]

问题：1. 上述案例中哪个属于行政处罚？

2. 请思考能否以行政处罚替代刑事处罚。

【案例二】

欧洲某国人彼得系上海市某知名酒店中层管理人员，2007 年抵沪后在沪工作生活已近 4 年。日前，彼得与好友相约晚上至酒吧喝酒，饮酒后彼得驾驶沪 C 牌照二轮摩托车欲返回公寓，在行驶途中因酒精作用加之操作不当发生单车事故，导致车辆轻微受损，彼得本人亦受轻伤，但未造成其他伤害。

接警民警在处理该起事故时，对其进行酒精测试，结果显示彼得驾车前曾饮酒，接近醉酒程度，构成酒后驾车，但尚未达到追究刑事责任的程度。根据调查结果，事发地公安机关已对彼得依法处以行政拘留 10 日的处罚，暂扣机动车驾驶证 6 个月，并处罚款人民币 2000 元。

另据了解，因彼得的行为已违反中国法律，其拘留期满后，本市出入境管理部门依法取消彼得的在华居留资格，并要求其限期离境。

问题：该案例中包含了哪些行政处罚？

基本原理认知

在现实生活中，我们经常会看到这样或那样的法律现象。近几年发生的比较典型的有"立二拆四"造谣案，酒驾被拘案，"钓鱼执法"事件，"闯黄灯"事件等。这些案件无一不是法律案件，而且都涉及是否应予以行政处罚。在导入案例一中，就涉及传谣造谣者应予行政处罚还是刑事处罚；案例二更涉及行政处罚的种类问题。只有正确理解行政处罚的内涵，才能做到正确运用行政处罚法解决法律问题。

一、行政处罚的内涵

行政处罚，是指行政主体依照法定权限和程序，对违反行政法律规范尚未构成犯

---

〔1〕"北京查处一网络推手公司抓获'秦火火''立二拆四'"，载大公网，http：//news.takungpao.com/mainland/focus/2013 - 08/1841857.html.

罪的相对人给予行政制裁的具体行政行为。这里违反行政法律法规的行为是指公民、法人或者其他组织违反国家行政管理秩序，依照法律应当给予行政处罚的危害社会的行为。行政主体实施行政处罚必须有明确的法律、法规根据。

行政处罚具有如下几个特征：

（一）行政处罚是特定行政主体的行为

哪一种违法行为由哪一行政主体处罚，都必须由法律规定或授权。有行政管理权不一定就有行政处罚权。行政处罚法规定，行政处罚由具有行政处罚权的行政主体在法定职权范围内实施。法律规定"具有行政处罚权"的行政主体实施行政处罚，清楚地表明，有些行政主体有行政处罚权，有些行政主体没有行政处罚权。哪些行政主体具有行政处罚权，由法律、行政法规规定。从法理上说，一些具有管理社会职能的行政主体具有行政处罚权，如公安、工商等行政机关；而有些行政主体主要是对内行使职权的，如政府办公厅，虽然其有行政管理权，但不具有行政处罚权。

（二）行政处罚是对行政相对人的处罚

它与行政机关内部对工作人员的行政处分不同。行政处分是调整国家行政职务关系的行政纪律措施，是一种内部行政行为；而行政处罚是一种外化的社会公共事务管理行为。

（三）行政处罚的前提是行政相对人违反行政法律规范

这里的行政相对人违反行政法律规范，即违反了由各种国家机关所制定的，由国家强制力保证实施的有关行政管理的各种法律规范；而非违反了刑法等其他法律规范。

（四）行政处罚是一种有别于刑罚的法律制裁

行政处罚目的是对违法行为人的惩戒，以使其今后不再犯。例如，导入案例一中传谣的女青年张某发布在腾讯微博上的虚假信息点击量达到239次，就本案具体情况而言，其社会危害性并不符合应追究刑事责任的标准：明知是他人编造的恐怖信息而故意传播，严重扰乱社会秩序的。其中，"严重扰乱社会秩序"是指：致使机场、车站、码头、商场、影剧院、运动场馆等人员密集场所秩序混乱，或者采取紧急疏散措施的；影响航空器、列车、船舶等大型客运交通工具正常运行的；致使国家机关、学校、医院、厂矿企业等单位的工作、生产、经营、教学、科研等活动中断的；造成行政村或者社区居民生活秩序严重混乱的；致使公安、武警、消防、卫生检疫等职能部门采取紧急应对措施的；其他严重扰乱社会秩序的。同时，女青年张某这一行为又具有一定社会危害性，违反了行政法律，根据我国《治安管理处罚法》第25条规定："有下列行为之一的，处5日以上10日以下拘留，可以并处500元以下罚款；情节较轻的，处5日以下拘留或者500元以下罚款：①散布谣言，谎报险情、疫情、警情或者以其他方法故意扰乱公共秩序的……"故该公安机关依法对女青年张某处以行政处罚——行政拘留和罚款，该公安机关在此处的身份为行政主体。

导入案例一中涉嫌寻衅滋事罪、非法经营罪的秦某（网名"秦火火"）、杨某（网名"立二拆四"）二人，在"7·23"动车事故发生后，故意编造、散布中国政府花2亿元天价赔偿外籍旅客的谣言，2个小时就被转发1.2万次，挑动民众对政府的不满情绪；编造雷锋生活奢侈情节，污称这一道德楷模的形象完全是由国家制造的；利用"炫富事件"蓄意炒作，编造了一些地方公务员被要求必须向红十字会捐款的谣言，恶意攻击中国的慈善救援制度；捏造全国残联主席张海迪拥有日本国籍；等等，情形不一而足。根据2013年《最高人民法院、最高人民检察院关于办理利用信息网络实施诽谤等刑事案件适用法律若干问题的解释》，其已符合追究刑事责任的要件，且该案中的涉案人员已于2014年被法院定罪量刑。2013年北京市公安机关依法对其二人采取刑事诉讼强制措施——刑事拘留的时候，北京市公安机关在此的身份为刑事诉讼中的侦查机关。

由此可见，在众多法律现象中，行政处罚和刑事处罚的关系比与其他法律责任之间的关系更直接，它们在违法责任的构成上有许多相似之处，由于行政处罚和刑事处罚都是行为人对其违法行为造成的法律后果所承担的责任；而且两种处罚都是国家剥夺受处罚人某些权利的强制手段，都属于公法的范畴。因此，它们有许多相似之处：①遵循相同的原则，如"过罚相当"、"教育与惩罚相结合"、"公正、公开"原则等；②代表国家实施处罚，因此，实施主体都是国家权力的代表，任何非国家权力主体的组织和个人都无权以自己的名义实施处罚；③行政处罚和刑罚都是以行为人实施了违法行为为前提的，对违法构成要件的要求也相似，只是程度不同；④对自然人的处罚方式都有人身罚和财产罚，同时由于人身罚、财产罚都是代表国家实施的，因而在实施刑事处罚前如果已经实施了行政处罚的，可以相应折抵。

由于行政违法行为在构成要件上与刑事犯罪有相似之处，有些只是违法严重程度不同，因而在执法过程中对一违法行为准确认定是构成犯罪还是只构成行政违法是正确适用法律的关键。如何认定违法行为的性质，在从违法行为的主客观要件以及行为主体侵犯的社会关系的具体情节入手进行全面分析。

再譬如：对于赌博行为，我国治安管理处罚法和刑法都有明确规定，治安管理处罚法规定，以营利为目的，为赌博提供条件的，或者参与赌博赌资较大的，处5日以下拘留或者500元以下罚款；情节严重的，处10日以上15日以下拘留，并处500以上3000元以下罚款。根据这一规定，凡是直接参与赌博或者为赌博提供条件的，包括为赌博提供场所或为赌博提供赌资、赌具的，都要视情节给以行政处罚。我国刑法明确规定，以营利为目的，聚众赌博或者以赌博为业的，处3年以下有期徒刑、拘役或者管制，可以并处罚金。从以上规定可以看出，治安管理处罚法中规定的赌博行为与我国刑法中规定的赌博罪有着明显的不同，我国刑法中规定的赌博罪主要针对两类行为：一类是"以营利为目的，聚众赌博"，主要是指为赌博活动提供场所、工具以及其他方便条件，招引或者纠集他人进行赌博，从中抽头捞取钱财的行为，这种人多为赌博的组织者，可能参与赌博，也可能不参与赌博，但这都不影响对其罪行的认定。另一类是"以赌博为业"，主要指不务正业，以赌博为常业，长期从事赌博活动，赌资较大的"赌棍"。而治安管理处罚法中的赌博行为不具备组织赌博和以赌博为业的特征，它主要是针对一般的赌博行为，因此，在处理赌博的违法行为时，必须把握好罪与非罪的本质特征，才能正确地适用好行政处罚和刑事处罚手段，使处罚真正起到打击犯罪、教育群众、保护群众的目的。

因此，由于处罚的性质不同、对象不同、方法不同，发挥的作用不完全相同，行政处罚与刑事处罚有本质的区别：

1. 处罚适用前提不同。行政处罚是针对公民、法人或者其他组织违反国家有关法律、法规，尚未构成犯罪的，应当依法承担行政责任的行为作出的；而刑事处罚是针对犯罪作出的，根据刑法规定，一切危害国家和领土完整，危害无产阶级专政制度，破坏社会主义革命和社会主义建设，破坏社会秩序，侵犯全民所有的财产或者劳动群众集体所有的财产，侵犯公民私人所有的合法财产，侵犯公民的人身权利、民主权利和其他权利，以及其他危害社会的行为，依照法律应当受刑罚处罚的，都是犯罪；但是情节显著轻微危害不大的，不认为是犯罪。

2. 处罚适用的依据不同。行政处罚适用的依据有法律、行政法规、地方性法规和规章；而刑事处罚适用的依据只能是法律，即刑法和全国人大及其常委会通过的有关刑法的若干补充规定。

3. 处罚实施机关不同。行政处罚在我国是属于行政管理的范畴，因此实施主体是行政主体。而刑事处罚是属于国家的司法权范畴，因此只能由人民法院实施。

4. 处罚的种类不同。根据我国刑法的规定，刑事处罚包括主刑和附加刑两部分。主刑有：管制、拘役、有期徒刑、无期徒刑和死刑；附加刑有：罚金、剥夺政治权利和没收财产；此外还有适用于犯罪的外国人的驱逐出境。从种类上说，主要有人身罚和财产罚两类，而人身罚是刑罚的重点。行政处罚包括：警告、通报批评、罚款、责令停产停业、暂扣或者吊销许可证、暂扣或者吊销执照、没收非法财物、没收违法所得、行政拘留等。从种类上说，虽包括了人身罚、财产罚、申诫罚和能力罚四大类，但重点绝不在人身罚，因而行政处罚所规定的人身罚较之刑事处罚要轻得多。

5. 违法者主观状态对承担责任的影响不同。在刑事处罚中，行为人的主观是故意还是过失对其所承担的刑事责任影响很大，是判断罪与非罪、此罪和彼罪的重要因素。但在行政处罚过程中，行为人主观上的故意和过失就显得不那么重要，只要主观上有过错，客观上实施了行政违法行为，就可以认为是已构成了行政违法，就可以对其实施行政处罚，不必过细地研究这一违法行为是故意还是过失。

6. 处罚的作用不同。行政处罚和刑事处罚虽然对违法者都有惩戒和教育的双重作用，但侧重点不同。行政处罚是对有违反国家行政管理秩序行为，尚不构成犯罪的违法者进行的处罚，它注重的是对违法者的教育，制裁只是教育的一种方式，纠正违法行为才是行政处罚的真正目的，只要客观上达到了这个目的，行政处罚的作用也就达到了。而刑事处罚，针对的是严重危害社会的刑事犯罪分子作出的，因此它更注重对违法犯罪活动的打击，制裁犯罪分子是刑罚的主要功能，当然在制裁的过程中也包含着对违法者的教育，对于违法犯罪行为不但要给予制止和纠正，而且必须要使犯罪分子得到应有的制裁。

二、行政处罚的种类

导入案例中所涉及的行政处罚分别包含了罚款、暂扣机动车驾驶证、行政拘留、限期离境。《行政处罚法》第 8 条规定："行政处罚的种类：①警告；②罚款；③没收违法所得、没收非法财物；④责令停产停业；⑤暂扣或者吊销许可证、暂扣或者吊销执照；⑥行政拘留；⑦法律、行政法规规定的其他行政处罚。"可见，《行政处罚法》明确地列明了六种具体的行政处罚。《行政处罚法》没有统一规定而由单行法律、法规规定适用的行政处罚种类还有：①通报批评；②具结悔过、剥夺荣誉称号；③驱逐出境、禁止入境或出境、限期离境等。如导入案例二中欧洲某国人彼得因违法行为被出入境管理部门限期离境。

以行政处罚的内容为标准，行政处罚可分为以下种类：

（一）人身罚

人身罚也称自由罚，是指特定行政主体限制和剥夺违法行为人的人身自由的行政处罚，是最严厉的行政处罚。人身罚主要是指行政拘留，是特定的行政主体依法对违反行政法律规范的公民，在短期内剥夺或限制其人身自由的行政处罚。

导入案例二中的欧洲某国人彼得因酒驾被公安机关决定处以行政拘留 10 日，这是一种重要的也是常见的行政处罚的种类，通常适用于严重违反治安管理法规但不构成犯罪，而警告、罚款处罚不足以惩戒的情况。因此法律对它的设定及实施条件和程序均有严格的规定：①在适用机关上，只能由公安机关决定和执行，行政拘留裁决权属于县级以上公安机关；②在适用对象上，一般只适用于严重违反治安管理法规的自然人，但不适用于精神病患者、不满 14 岁的公民以及孕妇或者正在哺乳自己 1 周岁以内的婴儿的妇女，同时也不适用于我国的法人和其他组织；③在适用时间上，为 1 日以上 15 日以下；治安管理处罚法规定有两种以上违反治安管理行为的，分别决定，合并执行；行政拘留处罚合并执行的，合并执行最长不超过 20 日；④在适用程序上，必须经过传唤、讯问、取证、裁决、执行等程序。

（二）行为罚

行为罚是限制和剥夺违法相对方某种行为能力或资格的处罚措施，有时也称能力罚。行为罚不同于自由罚，前者既可以针对个人，又可以针对组织；而后者则只能适用于个人。行为罚的主要表现形式有：责令停产停业，暂扣、吊销许可证和执照等。

1. 责令停产停业。这是限制违法相对方从事生产、经营活动的处罚形式。它直接剥夺生产经营者进行生产经营活动的权利。只适用于违法行为严重的行政相对方。

2. 吊销、暂扣许可证和执照。吊销许可证和执照，是禁止相对方从事某种特许权利或资格的处罚，其目的在于取消或暂时中止被处罚人的一定资格、剥夺或限制某种特许的权利。行政主体颁发的、具有许可性质的文件，无论其名称是什么，行政主体取消了其证书，不管叫什么名称，应视为是行政处罚法规定的"暂扣或者吊销许可证"。导入案例二中的欧洲某国人彼得被暂扣机动车驾驶证就属于此类行政处罚。

3. 科以相对方某种作为义务，又称劳务罚，如责令违法相对方限期治理，恢复植被等。"劳务罚"是指对有违法行为的人处以一定公益性劳务，以教育和惩罚违法行为人。应当说，这种处罚对教育当事人纠正违法行为，自觉守法具有一定作用，且比简单的罚款更具有教育和惩戒作用，但也存在一些问题，由于这种做法一定程度上限制了公民的人身自由，因此，在目前处罚制度还有待进一步完备的情况下，也有可能成为新的一"乱"，所以行政处罚法对此没有规定。这也就意味着，法规、规章不能设定这种处罚，行政主体不能够实施这种处罚，法律另有规定的除外。

（三）财产罚

财产罚，是指使被处罚的当事人的财产权利和利益受到损害的行政处罚，主要是对当事人的财产权予以剥夺，并不影响违法者的人身自由和进行其他活动的权利。财产罚主要适用于以下三种情况：①有经济收入的公民或者有固定资产的法人或者组织所实施的违法行为；②在从事以营利为目的的经营活动中实施的违法行为；③行为人实施违法行为所造成的危害后果，可以通过剥夺其财产予以补偿，对这种违法行为可适用财产罚。财产罚必须以制裁违法行为为目的，依法适用，否则滥用或乱用财产罚必然会产生种种弊端。财产罚的形式主要表现为：

1. 罚款。罚款是对违反法律、法规，不履行法定义务的当事人的一种经济上的处罚，是指行政机关强制违法者承担一定的金钱给付义务的处罚方式。罚款与刑罚中罚金的区别是：罚金是刑罚中附加刑的一种，主要适用于牟取非法利益的罪犯。罚款作为行政处罚的一种形式，其适用远远超出非法牟取利益的范围，对许多并无牟利目的的违法者也同样适用罚款。如导入案例二中的欧洲某国人彼得在该案中并无牟利目的，因酒驾被并处罚款。

2. 没收财物（没收违法所得和非法财物）。没收违法所得，是指由行政主体实施的将违法当事人的违法收入收归国有的处罚方式，如海关没收当事人走私所得的钱财就是没收违法所得。没收违法所得与罚款的区别是：罚款是对当事人合法财产的剥夺，而没收违法所得则是对当事人非法占有的财产的剥夺。

没收非法财物是指行政主体将违法当事人的物品收归国有的处罚方式。可成为没收对象的是：①当事人非法所得的财物。就性质来讲，这些财物不属于当事人所有，而是被其非法占有。②财物虽系当事人所有，但因其用于非法活动而被没收，例如用作赌资的金钱等。③违禁品。违禁品是国家法律、法规明文禁止生产、加工、保管、运输、销售的物品及在某些场所禁止携带的物品，如在车、船、飞机上查出的易燃易爆物品，黄色书刊、黄色录音录像带等淫秽物品，毒品，内容反动的宣传品等。没收非法财物的行政处罚不同于刑法中的没收财产刑。没收财产刑是将犯罪分子个人所有的一部分或全部财产强制无偿地收归国家所有的刑罚。两者的区别主要表现在：①性质不同。没收财产涉及公民、法人的权益甚重，根据我国宪法的规定，公民的财产权只能依法律剥夺，并应当经过司法程序。所以，行政处罚法没有将没收财产作为行政处罚的种类。②对象不同。没收财产只限于犯罪分子的个人财产，而没收财物的对象则是违禁品、赃款、赃物和进行非法活动使用的工具。③适用的范围不同。没收财产主要适用于性质严重的犯罪；没收财物既可适用于一般行政违法行为，也可适用于严重的行政违法行为。

（四）声誉罚

声誉罚，是指行政主体对违法者的名誉、荣誉、信誉或精神上的利益造成一定损害以示警诫的行政处罚，故又称申诫罚或精神罚。声誉罚既适用于个人也适用于组织。其主要形式有警告、通报批评等。

1. 警告。它是国家对违反行政法律法规的行为人的谴责和告诫，是国家对行为人的违法行为的否定评价。其目的是使被处罚人认识其行为的违法性和社会危害性，纠正违法行为并不再继续违法。

2. 通报批评。所谓通报批评，是指行政主体以公开、公布的方式，使被处罚人的名誉权受到损害，既制裁、教育违法者，又可广泛地教育他人的一种行政处罚形式。

任务二　行政处罚的判断

导入案例

2013 年，一六镇为了响应炎州市委、市政府关于大力抓好市容市貌工作的号召，出台了《关于市容整治的实施方案》，并下发了几个相关的通知，通知详细地规定了一六镇制定的行政处罚标准。与此同时还成立了"一六镇市场管理办公室"。2013 年 2 月 16 日，该办公室人员杨某"也是镇政府财经办主任"等人以"整顿市容"的名义上街罚款。当时，在自己的住处开了一间五金商店的张某为了便于做生意，便将铁耙等少量物品放在屋外的走廊里。张某因此被杨某等人处以 50 元的罚款。其罚款的收据是一张未经任何部门制发的普通收据，盖有"一六镇市场管理办公室"的公章，收款栏注明"违反市场秩序罚款"。同年 4 月 8 日上午，杨某等三人又来到张某住处罚款，遭到张某拒绝，杨某等人便强行没收了张的 6 把铁耙。之后，张某与该镇政府有关人员交涉，要求归还被没收的铁耙未果。4 月 26 日，张某一纸诉状将一六镇政府告到了炎州市基层人民法院。

问题：1. 该案违背了行政处罚的哪些基本原则？

2. 该案的行政处罚主体是否合法？

3. 该案的行政处罚程序是否合法？

基本原理认知

行政处罚行为表现为包含行政处罚决定在内的一系列过程或步骤，这些过程和步骤共同构成完整的行政行为。行政处罚决定仅仅是行政行为的后果，结果的合法性依赖于原因与过程的合法性；行政处罚的非法行使，将损害公民、组织的合法权益。譬如，导入案例一六镇政府对张某行政处罚案中分别存在行政处罚的基本原则、适用和程序三个方面的问题。

一、行政处罚的基本原则

行政处罚的原则指行政处罚的设定和实施应当遵循的具有普遍意义的准则。根据《行政处罚法》的规定，行政处罚应遵循如下基本原则：

（一）处罚法定原则

《行政处罚法》第 3 条规定："公民、法人或者其他组织违反行政管理秩序的行为，应当给予行政处罚的，依照本法由法律、法规或者规章规定，并由行政机关依照本法规定的程序实施。没有法定依据或者不遵守法定程序的，行政处罚无效。"这就是行政处罚法定原则，是行政处罚最重要的原则，也是依法行政对行政处罚提出的根本要求。

导入案例涉及违背了行政处罚的基本原则之行政处罚法定原则。根据行政处罚法的规定，行政主体只能对自己主管业务范围内的违反行政管理秩序的行为给予行政处罚，每个行政主体有权给予什么种类的行政处罚，依法律、法规规定。案例中，一六镇政府设置的"市场管理办公室"，仅以炎州市委、市政府下发《关于市容整治的实施方案》及该镇政府下发的几个相关通知作为处罚的依据，显然不符合行政处罚法定原则。行政处罚法定原则要求处罚设定权法定，处罚主体及其职权法定，受处罚行为法定，处罚种类、内容和程序法定。

1. 处罚设定权法定。行政处罚设定权只能由法律规定的国家机关在法定的职权范围内行使，详见本章拓展阅读部分。导入案例中炎州市委、市政府及一六镇政府没有立法权，他们所制定的通知属于其他规范性文件，而其他规范性文件依法不得设定行政处罚，所以炎州市委、市政府及一六镇政府制定的通知不合法。

2. 处罚主体及其职权法定。即什么样的行政主体有权实施行政处罚，其处罚权限如何都必须由法律法规作出明确规定。该案中一六镇市场管理办公室属于镇政府的内部机构，而法律法规并未授权给予该市场管理办公室相关的行政处罚权。

3. 受处罚行为法定。即公民、法人或者其他组织的行为，只有法律明文规定应予行政处罚的才受处罚，否则不受处罚。

4. 处罚种类、内容和程序法定。即行政处罚的适用必须严格按照有关实体法和程序法的规定进行，否则行政处罚无效。该案中其罚款的收据是一张未经任何部门制发的普通收据，盖有"一六镇市场管理办公室"的公章，收款栏注明"违反市场秩序罚款"，明显不符合行政处罚程序。

（二）处罚公正、公开原则

《行政处罚法》第 4 条第 2 款规定："设定和实施行政处罚必须以事实为依据，与违法行为的事实、性质、情节以及社会危害程度相当。"这就是行政处罚公正原则。

行政处罚公开原则首先是指作出行政处罚的规定要公开，就是说法律、行政法规、地方性法规以及依法制定的规章，凡是要公民遵守的，就要事先公布，让公民了解。《行政处罚法》第 4 条第 3 款规定："对违法行为给予行政处罚的规定必须公布；未经公布的，不得作为行政处罚的依据。"其次是行政主体依法进行管理，对违法当事人给予什么行政处罚，行政处罚的事实、理由及依据是什么要公开，重大的行政处罚，要行政主体负责人集体作出决定；依法举行听证会的，除法律有特别规定的外，应当公开举行，要对群众公开、对社会公开，允许群众旁听，允许记者采访报道，这样便于人民群众进行监督，也有利于对广大公民进行教育。

其中，行政处罚最常用的法规、规章公布方法如下：

1. 行政法规由总理签署国务院令公布。行政法规签署公布后，及时在国务院公报和在全国范围内发行的报纸上刊登。在国务院公报上刊登的行政法规文本为标准文本。

2. 地方性法规由制定该地方性法规的人民代表大会主席团或者人民代表大会常务委员会发布公告予以公布。地方性法规公布后，及时在本级人民代表大会常务委员会公报和在本行政区域范围内发行的报纸上刊登。在常务委员会公报上刊登的地方性法规为标准文本。

3. 地方政府规章由省长或者自治区主席或者市长签署命令予以公布。地方政府规章签署公布后，及时在本级人民政府公报和在本行政区域范围内发行的报纸上刊登。

4. 在国务院公报或者部门公报和地方人民政府公报上刊登的规章文本为标准文本。

5. 行政处罚法实施前制定的法规、规章，经清理后可以汇编出版公布。

（三）处罚与教育相结合原则

《行政处罚法》第 5 条规定："实施行政处罚，纠正违法行为，应当坚持处罚与教育相结合，教育公民、法人或者其他组织自觉守法。"这就是行政处罚与教育相结合原则。

该项原则要求，行政处罚的设定和实施要同时发挥其强制制裁与促进认识转变的作用，使被处罚者不再危害社会和自觉守法。实施行政处罚的目的是通过处罚促使当事人自觉变为守法者。任何放弃教育努力的行政处罚或者以罚代教的做法都不符合行政处罚与教育相结合的原则。

（四）权利保障原则

《行政处罚法》第6条规定："公民、法人或者其他组织对行政机关所给予的行政处罚，享有陈述权、申辩权；对行政处罚不服的，有权依法申请行政复议或者提起行政诉讼。公民、法人或者其他组织因行政机关违法给予行政处罚受到损害的，有权依法提出赔偿要求。"

因为行政主体的权力具有广泛性和强制性，如果行政主体和行政主体工作人员在行使行政权时带有主观性、随意性，就有可能侵犯公民、法人或者其他组织的合法权益。因此，保护公民、法人或者其他组织的合法权益一直是我国立法时尤为重视的，行政处罚法更是如此。任何权力必须公正行使，对当事人不利的决定必须听取他的意见，这是现代法制的一个重要原则。行政处罚法规定了被处罚的当事人依法享有申辩权和陈述权就是这一原则的体现。对此，行政诉讼法、行政复议法和国家赔偿法作了具体的规定。导入案例中张某一纸诉状将一六镇政府告到了炎州市基层人民法院，这一行为正是权利保障原则的体现。

（五）一事不再罚款原则

《行政处罚法》第24条规定："对当事人的同一个违法行为，不得给予两次以上罚款的行政处罚。"对这一规定，应从以下两个方面来把握：①同一个违法行为，既包括一个行为违反一个法律、法规规定的情况，也包括一个行为违反几个法律、法规规定的情况。②可以处罚两次以上，但罚款只能适用一次。对行为人的一个行为，同时违反了两个以上法律、法规规定的，可以给予两次处罚，但是罚款只能适用一次。例如，任务一导入案例二中，欧洲某国人彼得因酒驾但尚未构成犯罪，被事发地公安机关处以行政拘留、罚款、暂扣机动车驾驶证，同时被出入境管理部门处以限期离境。

行政处罚法规定，违法行为构成犯罪，人民法院判处拘役或者有期徒刑时，行政机关已经给予当事人行政拘留的，应当依法折抵相应刑期。违法行为构成犯罪，人民法院判处罚金时，行政主体已经给予当事人罚款的，应当折抵相应罚金。这一规定实际上主要是针对刑罚执行问题作出的。但由于这一刑罚执行问题涉及了与行政处罚的关系，因此行政处罚法对此作出了专门规定。

应当说，多数行政违法行为在处罚问题上不存在刑期的折抵问题。行政处罚法规定的行政处罚折抵刑罚的问题是需要在特定条件下才会发生的，这一特定条件是：首先，这一行政违法行为同时违反了行政法律规范和刑事法律规范，根据这两个法律规范的规定都要给予处罚；其次，行政主体不认为这一行为触犯了刑事法律规范而认为只触犯了行政法律规范，因而对这一违法行为依照行政法律规范给予行政处罚，而后又发现该行为触犯了刑事法律规范，司法机关需要给予刑事处罚；最后，行政主体对违法行为人作出了行政拘留或者罚款的行政处罚，且这一处罚决定已经开始执行。只有以上几种情况同时具备，行政处罚与刑罚折抵的情况才会发生。

行政处罚法规定行政处罚在一定情况下可以折抵刑罚，是为了保护当事人的合法权益，同时也是为了解决行政处罚和刑罚在实施中存在的问题。在实践中，由于实施行政处罚和刑罚的主体不同，因而在对一个违法行为是否构成犯罪的认定问题上，可能会有差异。例如，一违法行为，行政主体先发现，并认为该违法行为触犯了某个行政法律规范，尚不构成犯罪，于是对该违法行为作出行政处罚决定。而此时司法机关了解到有关情况，认为这一违法行为已构成犯罪，要对违法者施以刑罚。在这种情况下，行为人同时受到两个处罚，为了保护当事人的合法权益，行政处罚法就对这种处罚的执行作出了规定。即如果行政主体对一违法行为先于司法机关作出了行政拘留或者罚款处罚，司法机关在这之后又必须对同一行为处以有期徒刑、拘役或者罚金的处罚，对前一个处罚的执行就可以在后一个处罚执行时相应折抵。这一规定是考虑对同一行政违法行为，构成犯罪的，原则上只应作出一次处罚，适用了刑事处罚，对于同种类的（如人身罚、财产罚）行政处罚就不宜再适用了。但由于实践中存在对同一违法行为先于刑事处罚而进行了行政处罚的情况，为了切实保护当事人的正当权益，行政处罚法便规定了在特定条件下，同一种类的行政处罚可以折抵同一种类的刑罚，即行政拘留可以折抵有期徒刑或者拘役，罚款可以折抵罚金。关于刑期的折抵问题，刑法规定，拘役和有期徒刑的刑期，从判决执行之日起算；判决以前先行羁押的，羁押1日折抵刑期1日。行政处罚法关于刑期折抵的规定同刑法的这一规定具有同样重要的意义。

还需要指出，行政处罚法规定，违法行为构成犯罪的，行政主体必须将案件移送司法机关，依法追究刑事责任。根据这一规定，行政主体在查处行政违法行为时，应当认真对违法行为进行分析，力求准确判断违法行为是否构成犯罪，对于确须给予刑事处罚的，应及早移送司法机关，以尽量避免这种先适用行政处罚后又必须适用刑罚的情况发生。

二、行政处罚的适用

行政处罚适用是指行政主体在认定相对方行为违法的基础上，依法决定对相对方是否给予行政处罚和如何科以处罚的活动。行政处罚的适用实际上是解决行政处罚的具体运用问题，它包括了对于行政违法行为认定、评价以及运用法律进行处罚的具体过程。在这个过程中，一方面要研究行政相对人实施违反行政管理秩序的行为是否构成违法，违法行为是否具备了法律规定的主客观要件；另一方面则是要研究行为人在实施违法行为时的主客观状态。只有对行政违法行为依法作出客观、全面地分析，同时正确、全面地理解和掌握行政处罚法对行政处罚适用问题的规定，才能在实施行政处罚时做到客观、公正，也才能真正保障公民、法人及其他组织的合法权益不受侵犯。行政处罚的适用包括实施主体、适用对象、适用方式三方面。

（一）行政处罚的实施主体

导入案例恰恰涉及了行政处罚主体合格与否和管辖问题。行政处罚权原则上由行政机关行使，因为行政处罚权在性质上是一项重要的国家行政权和制裁权。但是考虑到行政管理的实际需要及行政组织编制管理的现状，法律规定符合条件的组织，经被授权组织或行政机关的委托也可以实施行政处罚。但并不意味每个行政主体都有行政处罚权。行政主体行使处罚权，必须符合一定的条件：

1. 必须履行外部行政管理职能。根据行政主体所行使的管理职能不同，可以将行政主体分为内部行政主体和外部行政主体。外部行政主体是指代表国家对公民、法人实施行政管理的主体，如工商、税务、环保等机关；内部行政主体是指对行政机关系统内部的人员和事务实施管理的主体，如各级政府的办事机构、人事机构、监察机构、咨询机构等。行政处罚是一种外部行政行为，必须由外部行政主体实施，内部行政主体不能对公民、法人进行处罚。

2. 外部行政主体必须依法取得特定的处罚权。行政处罚权是限制公民、法人的权利，或者是给公民、法人设定新的义务，它不是行政管理权的自然延伸，不是行政主体自然就具有的。行政主体要取得处罚权，必须经法律、法规、规章特别授予。

3. 必须在法定职权范围内实施。正如不同的行政主体有不同的行政管理权限一样，不同的行政主体也有不同的处罚权。如工商局不能去实施应当由卫生局实施的处罚，税务局也不能去拘留人，县政府也不能去管应当由市政府管的事。

案例中一六镇政府为了抓好市容市貌工作而成立的"一六镇市场管理办公室"没有行政处罚的主体资格，而它作为该镇政府设置的一个管理公共事务的综合执法机构，其实施的行为应属该镇政府的具体行政行为，其法律后果理应由该镇政府来承担。综合执法是近十几年来我国行政管理中出现的一项集中管理权、处罚权的改革措施。在我国，行政管理职能的分工以"条条"为主，从国务院到县级地方人民政府建立相应对口的职能部门，法律、法规对行政处罚权的授权也具体到相应的职能部门。为了切实解决现实中行政主体因权限不清、职能交叉而可能出现的多头处罚和滥施处罚现象，有的地方将原来由几个行政主体分别行使管理权的事项统一由一个行政主体管理，并对违法行为进行处罚。例如，有的城市由巡警或城管对公共场所的治安、卫生、交通、市容等几个领域的事项进行管理。但是，这种综合执法的形式存在一些法律上的障碍：其一，它不符合行政主体职权法定、各司其职的原则；其二，综合执法是在保留原来的执法机构的前提下，由一个机构行使其他机构的处罚权，没有从根本上解决执法机构林立的问题；其三，综合执法机构的法律地位不明确。为了从法律上给这种新的执法方式找出路，行政处罚法规定，国务院或者经国务院授权的省、自治区、直辖市人民政府可以决定一个行政主体行使有关行政主体的行政处罚权。这样，通过一定的程序，使综合执法机构有了相应的法律地位，有利于推进这项改革措施的前进。

行政处罚的管辖是关于行政处罚案件权限划分的制度。它对于及时处理行政案件，防止和解决行政主体之间权限冲突具有重要作用。《行政处罚法》规定的行政处罚管辖制度的主要内容是：

1. 级别管辖。行政处罚案件由县级以上地方人民政府具有行政处罚权的机关管辖。根据这一规定，乡人民政府是没有行政处罚权的。但是行政处罚法还规定，"法律、行政法规另有规定的除外"，这是对行政处罚管辖权特殊问题作出的规定。在通常情况下，发生了行政违法案件，就应当由违法行为发生地的县级以上地方人民政府具有行政处罚权的行政机关管辖。但是由于行政处罚面对的违反行政管理秩序的活动错综复杂，由于实施行政违法行为的主体地位不同，违法的性质和严重程度不同，实施行政处罚的种类和幅度不同，违法行为的社会影响不同，因此，在对一些特定的行政违法行为实施处罚时不能一概强调完全按照行政处罚的一般管辖原则进行。在有些情况下，单行的法律、行政法规对某个具体的行政违法行为的行政处罚管辖权作出了特别规定，行政主体就应当按照这一特殊规定执行。这既符合特殊法优于普通法的法律原则，又符合行政处罚实际需要。

2. 地域管辖。行政处罚案件由违法行为发生地的有权机关管辖。如果法律、行政法规规定可以由行为人居住地的有权机关管辖的，应遵从法律和行政法规的规定。

《行政处罚法》第20条规定，行政处罚由违法行为发生地（行为实施地和结果发生地）的县级以上地方人民政府具有行政处罚权的行政机关管辖。法律、法规另有规定的除外。

行为人实施了行政违法行为，在其实施过程中任何一个阶段被发现，该地都可以成为违法行为发生地。如贩卖假药的违法行为。李某在甲地制造假药到乙地销售，运输经过丙地、丁地，依照本法的规定，甲、乙、丙、丁四地都可能成为违法行为发生地，当地的行政执法机关如发现了这一违法行为都有权对其实施行政处罚。但是如果这一违法行为是在乙地销售假药时才被查获，只需由乙地的行政执法机关实施行政处罚就可以了，甲、丙、丁三地的行政主体不应再实施行政处罚，因为行为人在前几地实施的制造和运输假药的行为在此时只能看作是销售假药行为的前期准备。当然，乙地行政主体在对该销售假药行为实施行政处罚时，应考虑到行为人实施了制造、运输假药的违法行为，依法给予并处处罚。但是，如果制造假药和销售假药的不是同一个人，情况就有所不同。甲地制造假药的人是王某，李某是从王某处收购了假药后到乙地销售，乙地的行政主体查获后对李某销售假药的行为作出了行政处罚，同时对王某制造假药的行为还必须给予行政处罚。当然，对于王某制造假药的行政处罚是由乙地的行政主体作出还是由甲地的行政主体作出，从法律规定看都是可以的，但应考虑便于行政处罚的实施，有利于提高行政执法效率的原则。

3. 共同管辖。在管辖权确定过程中，对于一个行政处罚案件根据法律的规定，既可以由违法行为实施地有处罚权的行政主体管辖，也可以由违法行为的结果发生地有行政处罚权的行政主体管辖，从而形成了共同管辖。对于这类案件管辖问题的解决方式是，一般由相关行政主体达成协议或按照惯例解决，或依"谁先查处谁处罚"的原则进行。

4. 指定管辖。对于出现的共同管辖问题，首先应由相关行政主体达成协议或按照惯例解决，或依"谁先查处谁处罚"的原则进行。但如果按照上述规则依然无法消除相关主体之间的异议，有关主体就管辖权发生争议时，其可报请共同的上级行政主体指定管辖。

5. 移送管辖。无行政处罚管辖权的行政机关或被授权组织将已受理的相对人违反行政法律法规的案件依法移交有管辖权的机关或组织管辖的制度。例如，《行政处罚法》规定，违法行为构成犯罪的，行政主体必须将案件移送司法机关，依法追究其刑事责任。

（二）行政处罚的适用对象

行政处罚的适用对象是违反行政管理秩序的行政违法者，且要具有一定的责任能力。具体规定为：

1. 行政处罚责任年龄。行为人不满14岁的，不负法律责任，行政主体也不得给予任何行政处罚，但可以责令监护人加以管教。行为人已满14岁不满18岁的，应负法律责任，但同时应从轻或者减轻行政处罚。

2. 行政处罚的受罚能力。精神病人在不能辨认或者不能控制自己行为时有违法行为，不予行政处罚，但应当责令其监护人严加看管和治疗。间歇性精神病人在精神正常时有违法行为的，应当给予行政处罚。

在处理不满14周岁的人或者精神病人在不能辨认或者不能控制自己行为时实施违法行为的问题时，还要注意一个问题，就是要正确认识和评价行为人监护人的责任。我国《行政处罚法》没有规定对于被监护人的行政违法行为监护人有行政责任，只是规定了被监护人实施了行政违法行为在行政主体决定不予处罚后，责令其监护人承担管教或者严加看管和治疗的责任。这样规定是出于以下几点考虑：其一，实施行政处罚必须贯彻谁违法，谁承担责任的原则。因此，对于被监护人实施的违法行为，尽管有可能与监护人对被监护人教育、管理不严有关，也不能让监护人代其受过，因为未尽到监护职责与行政违法行为是两个法律范畴的问题。其二，我国的监护制度是建立在民事法律基础上的，其目的首先是保护无民事行为能力人和限制民事行为能力人的合法权益，通过监护人代理被监护人参与民事活动，弥补被监护人能力的不足；其次是约束被监护人的行为，防止被监护人实施不法行为，以维护社会稳定。从这个角度看，我国民事法律规范对监护人不履行监护职责作出了应当承担民事责任的规定，同时还规定人民法院也可以根据被监护人的利害关系人或者有关单位的申请，依法撤销其监护的资格。

根据《行政处罚法》的规定，如果不满 14 周岁的未成年人或者无责任能力的精神病人实施了违法行为，首先应当要求监护人加强对被监护人的管理和教育，增强监护人对未成年人或者精神病人进行监护的责任心；其次对于被监护人实施违法行为给他人造成损害，根据民法通则的规定，监护人应当承担民事责任，对受害人给予适当赔偿；同时对于不合格的监护人根据被监护人的利害关系人或者有关单位的申请，人民法院也可以依法撤销其监护的资格。

（三）行政处罚的适用方式

行政处罚的适用方式是指对相对方是否给予行政处罚和如何科以处罚。

1. 不予处罚与免予处罚。

（1）不予处罚。不予处罚是指因有法律、法规所规定的事由存在，行政主体对某些形式上虽然违法但实质上不应承担违法责任的人作出的不适用行政处罚的决定。

违法行为在两年内未被发现的，不再给予行政处罚，法律另有规定的除外。在该违法行为发生后的两年内，对该违法行为有处罚权的行政主体未发现这一违反行政管理秩序的事实，在规定的两年超过后，无论在何时发现了这一违法事实，对当时的违法行为人不再给予行政处罚。如果违反行政管理秩序的行为在行为发生的两年内已被行政主体发现，但违法行为人在两年内未被查获或者违法行为人逃避处罚，在两年后行政主体将其查获，仍应当依法给予行政处罚。时效的规定期限是从违法行为发生之日起开始计算的。"违法行为发生之日"是指违法行为完成或者停止之日。如，运输违禁品，在路途上用了 5 天时间，应当以最后一天将违禁品转交他人起开始计算追诉期限。对于违法行为有连续或者继续状态的，从行为终了之日起计算。这里的"连续"状态是指违法行为人连续实施同一种违法行为，基于同一个违法故意，连续实施了数个独立的行政违法行为，这些违法行为触犯的是同一个行政处罚法规定。如某违法行为人连续多次出售损害人体健康的豆猪肉，这一出售豆猪肉的行为违反了食品卫生法的有关规定，由于多次出售，这一违法行为就是处于"连续"状态的，对于这种违法行为追诉时效的计算，就要从其最后一个违法行为实施完毕时计算，也就是从最后一次出售豆猪肉的时间计算，对这一连续性的违法行为合并处理。对于大多数行政处罚案件来说，行政处罚法规定了追诉时效为两年，同时也明确规定在行政处罚时效问题上"法律另有规定的除外"。这是由于考虑到违反行政管理秩序的违法行为十分复杂，行政违法案件又千差万别，作出这样灵活的规定有利于行政处罚的有效执行。

（2）免予处罚。免予处罚是指行政主体依照法律、法规的规定，考虑有法定的特殊情况存在，对本应处罚的违法行为人作出的免除其处罚的决定。

2. 可以处罚与应当处罚。

（1）可以处罚。可以处罚是指行政处罚主体对违法行为人可以予以行政处罚，也可以不给予行政处罚。或者可以从重、从轻处罚，也可不予从轻、从重处罚。

（2）应当处罚。应当处罚包括以下三层含义：①应当对违法适用行政处罚；②应当从轻、减轻处罚或免予处罚；③应当从重处罚。行政处罚主体无权决定是否给予处罚。

3. 从轻、减轻处罚与从重处罚。

（1）从轻处罚。从轻处罚是指行政主体在法定的处罚方式和处罚幅度内，对行政违法行为人选择适用较轻的方式和幅度较低的处罚。

（2）减轻处罚。减轻处罚是指行政主体对违法相对方在法定的处罚幅度最低限以下适用行政处罚。

（3）从重处罚。从重处罚是从轻处罚的对称，它是指行政主体在法定的处罚方式和幅度内，对违法相对方在数种处罚方式中适用较为严厉的处罚方式，或者在某一处罚方式允许的幅度内适用接近于上限或达到上限的处罚。

三、行政处罚的程序

导入案例涉及的第三个问题是行政处罚程序的问题。行政处罚程序是行政处罚行为有效的构成要件之一，如果行政处罚行为违反了程序规定，就会发生处罚行为无效、部分无效，或经补正后才有效的法律后果。

（一）简易程序

简易程序又称当场处罚程序，主要适用于事实清楚、情节简单、后果轻微的违法行为。

导入案例中一六镇政府的市场管理办公室对张某处以50元的罚款只给张某开具了一张未经任何部门制发的普通收据，而没收张的6把铁耙更是没有履行任何手续。可见，一六镇政府的市场管理办公室对张某的处罚是违反行政处罚法的法定程序。

我国行政处罚法明确规定，违法事实确凿并有法定依据，对公民处以50元以下、对法人或者其他组织处以1000元以下罚款或者警告的行政处罚的，可以当场作出行政处罚决定，但执法人员应当向当事人出示执法身份证，填写预定格式、编有号码的行政处罚决定书。行政处罚决定书应当场交付当事人。

除此以外，《道路交通安全法》第107条第1款规定对道路交通违法处罚适用的简易程序是：对道路交通违法行为人予以警告、200元以下罚款，交通警察可以当场作出行政处罚决定。

（二）一般程序

一般程序是除简易程序以外作出处罚所适用的程序。规定简易程序是为适应行政主体日常大量的行政管理的需要，符合行政处罚程序必须具有促进行政效率功能的要求。良好的行政程序不仅需要效率，而且需要公平，必须同时兼顾行政利益和当事人的利益。所以，除了简易程序外，还需要规定一般程序。

一般程序的适用范围：

1. 对个人处以警告和50元以下罚款以外的所有行政处罚，对组织处以警告和1000元以下罚款以外的所有行政案件。

2. 需要经过调查才能弄清楚的处罚案件。比如执法人员发现一书店出售淫秽书刊，当场查获的只有一两本，除了没收这几本淫秽书刊外，执法人员能不能对该书店当场作出处以1000元以下罚款的行政处罚？显然，执法人员不能这样处理这个案件。对于这样的案件，执法人员还应当查清其淫秽书刊的来源、出售的总量及出版、印刷环节上的问题。这都需要进行进一步的调查，不能适用简易程序当场作出行政处罚决定。

3. 当事人对于执法人员给予当场处罚的事实认定有分歧而无法作出行政处罚决定的案件。

一般程序的具体步骤：

1. 调查取证。《行政处罚法》第36、37条规定，行政机关发现公民、法人或者其他组织有依法应当给予行政处罚的行为的，必须全面、客观、公正地调查，收集有关证据；必要时，依照法律、法规的规定，可以进行检查。行政机关在调查或者进行检查时，执法人员不得少于两人，并应当向当事人或者有关人员出示证件。当事人或者有关人员应当如实回答询问，并协助调查或者检查，不得阻挠。询问或者检查应当制作笔录。行政机关在收集证据时，可以采取抽样取证的方法；在证据可能灭失或者以后难以取得的情况下，经行政机关负责人批准，可以先行登记保存，并应当在7日内及时作出处理决定，在此期间，当事人或者有关人员不得销毁或者转移证据。执法人员与当事人有直接利害关系的，应当回避。

2. 告知处罚的事实、理由、依据和有关权利，听取陈述、申辩或者举行听证。《行政处罚法》第32、41条规定，当事人有权进行陈述和申辩。行政机关必须充分听取当事人的意见，对当事人提出的事实、理由和证据，应当进行复核；当事人提出的事实、理由或者证据成立的，行政机关应当采纳。行政机关不得因当事人申辩而加重处罚。行政机关及其执法人员在作出行政处罚决定之前，不依照本法第31条、第32条的规定向当事人告知给予行政处罚的事实、理由和依据，或者拒绝听取当事人的陈述、申辩，行政处罚决定不能成立；当事人放弃陈述或者申辩权利的除外。

如果当事人要求举行听证，并且确实符合听证条件的，行政主体应当举行听证会。

3. 处罚决定。行政主体负责人应当对调查结果进行审查，根据不同情况，分别作出如下决定：

（1）确有应受行政处罚的违法行为的，根据情节轻重及具体情况，作出行政处罚决定。

（2）违法行为轻微，依法可以不予行政处罚的，不予行政处罚。

（3）违法事实不能成立的，不得给予行政处罚。

（4）违法行为已构成犯罪的，移送司法机关。

（5）对情节复杂或者重大违法行为给予较重的行政处罚，行政主体的负责人应当集体讨论决定。

（三）听证程序

听证程序指行政主体在作出处罚决定之前，公开举行由利害关系人参加的听证会，对事实进行质证、辩驳的程序，它是一般程序中的特殊程序。听证并不是行政处罚必经程序。只有属于法律规定范围内的行政处罚案件，才举行听证。限定听证案件的范围，是从公平与效率兼顾的原则出发，既保证行政主体处理行政处罚案件的效率，也注重行政处罚程序中的民主程序建设。行政处罚的听证程序不是行政处罚的必经程序，一般依当事人的申请而启动。

1. 适用听证程序的案件范围。

（1）责令停产停业。

（2）吊销许可证或执照。

（3）较大数额罚款。

2. 适用听证程序应注意的事项。

（1）当事人不交行政主体组织听证的费用。

（2）听证原则上公开进行，有三种例外不公开进行：①涉及国家秘密；②涉及商业秘密；③涉及个人隐私。

（3）听证主持人为非本案调查人员。

（4）听证应制作笔录。

（5）听证以当事人申请为前提。

（四）行政处罚决定

行政处罚决定书应当载明下列事项：

1. 当事人的姓名或者名称、地址。当事人包括公民、法人或者其他组织。对公民的行政处罚，应当写明当事人的姓名、地址；对法人或者其他组织的行政处罚，应当写明法人或者其他组织的名称、地址。

2. 违反法律、法规或者规章的事实和证据。违法事实与证据是实施行政处罚的根据，行政处罚决定书上应当予以载明。

3. 行政处罚的种类和依据。是指行政主体给予当事人何种行政处罚，以及行政主体作出行政处罚决定所依据的法律、行政法规、地方性法规或者规章的规定，应当在行政处罚决定书上载明。

4. 行政处罚的履行方式和期限。行政处罚的履行方式是指当事人是以什么行为履行行政处罚，如到指定银行交纳罚款；拆除违章建筑等。期限是法律规定的或者由行政主体要求、限定当事人履行行政处罚决定的期间。如当事人应当在 15 日内到指定的银行交纳罚款；当事人应当在行政主体要求的 1 个月内拆除违章建筑等。当事人不按照履行方式和限定的期限履行行政处罚决定，即属于违法，行政主体可以采取执行措施，强制当事人履行处罚决定。

5. 不服行政处罚决定，申请行政复议或者提起行政诉讼的途径和期限。这是要求行政主体在作出行政处罚决定的同时，向当事人说明不服行政处罚决定的法律救济途径。同时，要告知当事人申请行政复议或者提起行政诉讼的期限，即当事人应当在宣告行政处罚决定之日起多少天内申请行政复议或者提起行政诉讼。

6. 作出行政处罚决定的行政主体名称和作出决定的日期。这是任何法律文书都不可缺少的载明事项。行政处罚决定书必须盖有作出行政处罚决定的行政主体的印章。

行政处罚决定书应当由行政主体统一印制，有预定的格式，编有号码，依照法律规定填写，向当事人宣告并当场交付当事人，即对当事人产生法律约束力。行政处罚决定书送达当事人后，当事人应当自觉履行，否则行政主体或者根据行政主体申请的人民法院将依法强制执行。

（五）执行程序

1. 罚款、没收违法所得的收缴。原则上作出行政处罚决定的行政主体应当与罚没收缴的机构相分离。作出行政处罚决定的行政主体及其执法人员不得自行收缴罚没收入。

受到行政处罚的当事人应当在法定期间内（自收到行政处罚决定书之日起 15 日内）到指定的银行缴纳罚款。但是，依法给予 20 元以下罚款的，不当场收缴罚款事后难以执行的以及《行政处罚法》第 48 条规定的情形，执法人员可以当场收缴罚款。当场收缴罚款的，必须向当事人出具省、自治区、直辖市财政部门统一制发的罚款收据；执法人员当场收缴的罚款应当自收缴罚款之日起（在水上当场收缴的罚款，应当自抵岸之日起）2 日内交至行政主体，行政主体应当在 2 日内将罚款缴付指定的银行。另外，《道路交通安全法》规定，对行人、乘车人和非机动车驾驶人的罚款（即 5 元以上 50 元以下罚款），当事人无异议的，可以当场予以收缴罚款。

对于没收的非法财物，根据行政处罚法的规定，除依法应当予以销毁的物品以外，其他物品必须按照国家规定公开拍卖或者按照国家有关规定处理。依法应当予以销毁的物品，主要是指违禁品。劣质腐败的食品等，这些物品对社会具有危害性，一旦传播开来，后果不堪设想，所以这些物品一经发现，必须予以没收销毁。对于其他物品，行政主体应当按照国家规定公开拍卖或者按照国家有关规定处理，严禁内部私分或者低价处理。

自 20 世纪 80 年代实行财政体制改革以来，一些地方为了解决行政主体经费不足的问题，采取了行政主体在执行法律、法规规定的职责时，将罚没收入与财政分成的制度。这一制度的实行，虽然解决了执行机关行政经费不足的矛盾，却由此产生了一个很严重的负面效应，那就是行政主体罚款、没收违法所得越多，自己收入越多，罚没款成了执法机关创收的手段，滥罚款、罚款被截留、私分或者变相私分的问题则由此产生。针对这一问题，国家在20世纪90年代中期明确了罚没收入与执法机关行政经费"收支两条线"政策，即罚没收入全部由执法机关上缴财政，执法机关所需经费由财政部门另行拨给。这一制度从理论上说是可行的，但在实际执行中却又产生了另外一个问题，那就是行政主体虽然把罚没收入上缴了财政，但财政部门却以种种形式向行政主体返还罚款或者返还拍卖款项，而且行政主体上缴的罚没款越多，财政部门返还给它的也越多。这样一来，行政主体照样可以以罚没款来创收，"收支两条线"形同虚设。究其原因就在于罚没收入是由执法机关上缴财政，因而上缴罚没收入的多少成了罚款机关与财政部门讨价还价的筹码。而财政部门也愿意以返还的形式来刺激行政主体多上缴罚没收入。财政部门与执法机关利益一致了，这种行为其他机关是难以发现和制止的。所以为了抑制财政部门将执法部门上缴的罚没款变相返还的问题，行政处罚法规定，罚款、没收违法所得或者没收非法财物拍卖的款项，必须全部上缴国库，任何行政主体或者个人不得以任何形式截留、私分或者变相私分；财政部门不得以任何形式向作出处罚决定的行政主体返还罚款、没收的违法所得或者没收的非法财物的拍卖款项。

2. 行政强制。除经申请和批准当事人可以暂缓或分期缴纳罚款的以外，当事人逾期不履行行政处罚决定的，作出行政处罚的行政主体可以依法采取强制措施或者根据行政主体申请的人民法院将依法强制执行。

行政主体在审查、批准当事人要求暂缓履行或者分期履行罚款的处罚决定时，应当严格把握两点：

（1）对当事人的申请一定要严格审查。对当事人当前的财产状况及是否有履行能力一定要调查清楚，否则，放纵违法行为将会严重影响行政主体执法的严肃性。这是因为，如果当事人事实上没有什么经济困难，有履行罚款决定的能力，却想利用行政处罚法的这一规定，逃避交纳罚款的义务而提出延期或分期履行罚款的申请，此时如果行政主体不作严格审查就批准其申请的话，就势必会损害了行政处罚决定的严肃性，客观上也放纵了违法行为，使当事人觉得有空子可钻，从而逃避交纳罚款的义务。反之，如果当事人确有经济困难，无力履行罚款决定，向行政主体提出暂缓或分期履行罚款的申请，而行政主体不作仔细调查，就驳回了当事人的申请，这也侵害了当事人的合法权益，使他们觉得行政主体不讲情理，影响行政主体的形象。所以行政主体必须对当事人的申请作出严格审查，在调查研究的基础上作出是否批准申请的决定。

（2）暂缓履行或分期履行并不等于不履行。对确有经济困难的当事人，经行政主体批准，可以暂缓或分期履行罚款的义务。一旦当事人有了履行能力，就应当按照行政处罚决定的要求，履行罚款义务。行政主体也应当督促当事人在有了履行能力的情况下，及时履行交纳罚款的义务，否则就会影响行政主体执法的严肃性。行政处罚法没有规定行政主体可以撤销已经作出的罚款决定的行政处罚，这是因为行政处罚具有确定性，行政处罚依法作出后，非经法律规定的程序不得随意变更与撤销。

★ 拓展阅读

行政处罚的设定权

行政处罚的设定权是一种立法权，主要由全国人大及其常委会通过立法来行使，其他享有立法权的国家机关根据法律的授权可以行使一部分设定权。

"设定"是在《行政处罚法》研究起草过程中首次出现，并由《行政处罚法》正式采用的一个重要的法律概念。在此之前，我国法学理论和法律制度中均没有"设定"的提法。1994年初，在全国人大法工委行政立法研究组草拟的《行政处罚法（专家试拟稿）》中，第一次出现"设定"的提法。该稿第二章的标题为"行政处罚的设定"，第10条规定："任何形式的行政处罚都必须依法设定"。1995年6月印发的《行政处罚法（征求意见稿）》继续采用了"设定"的提法。在立法的推动下，行政处罚的设定权问题在1994年和1995年成为我国行政法学研究的热点，许多学者撰文发表自己对行政处罚设定权的研究成果和立法建议，从而扩大了"设定"一词的学术影响。1995年底的《行政处罚法（草案）》同时使用了"创设"和"设定"两种提法，但是很快在《行政处罚法（草案修改稿）》中又删除"创设"一词，而统一使用"设定"，此种立法安排最终在1996年3月正式通过的《行政处罚法》中得到确认，"设定"遂成为正式法律用语[1]。

《行政处罚法》把"设定"和"规定"作了区分：设定是创设性的规定，没有上位法作为依据，而规定则是对上位法进行细化，这个细化不得突破上位法设定的条件、种类、幅度。《行政处罚法》中设定权分四个层次——法律、行政法规、地方性法规、行政规章。行政规章之下的法规性文件"一律不得规定行政处罚"，这被国务院解释为"不得创设"，即必须有"法律、法规作为依据"，没有上位法的，一律违法。

比如，一部法律设定了应给予行政处罚的某违法行为的三种情形，行政法规或者地方性法规可以对这三种情形再作出具体化的规定，但不能在这三种情形之外设定某一种情形也属该违法行为；如果设定了就是违反了行政处罚法，这种设定应当依法予以撤销。如果法律对这些行为设定了可以给予警告、罚款5000元的行政处罚，那么，行政法规或者地方性法规就只能在这个范围内作出具体规定，比如说，这行为中哪种

---

〔1〕 "关于行政处罚设定权的几点思考"，载法律教育网，http://www.chinalawedu.com/news/16900/172/2004/9/re5960585834141940021205 24_132187.htm.

情形给予警告，哪种情形给予罚款，如何更能体现过罚相当的原则，违法行为轻微的罚多少，违法行为重的罚多少，作出具体规定。如果行政法规或者地方性法规作出的行政处罚的种类不仅是警告和罚款，而且增加了吊销营业执照的规定，或罚款的数额超过了 5000 元，那么行政法规或者地方性法规作出的行政处罚的规定就是无效的。行政法规或者地方性法规只能在法律规定的范围内细化，不能增加新的处罚行为、种类，不能超越法律规定的处罚幅度。

1. 法律可以设定各种行政处罚。限制人身自由的行政处罚只能由法律设定。限制人身自由的行政处罚，不限于行政拘留的处罚决定。凡是行政主体在客观上使公民在一定期间丧失自由的行政行为，均为限制人身自由的处罚。例如，因违反计划生育管理，被强令"学习"，"参加学习"的人费用自理，不得离开学习场所。设定这种行政处罚种类的权力，是各级行政主体、地方权力机关都不享有的。法律对违法行为已经设定行政处罚的，其他任何法规、规章均不能与法律抵触或者相悖。行政处罚法明确规定，法律对违法行为已经作出行政处罚规定，行政法规或者地方性法规需要作出具体规定的，"必须在法律规定的给予行政处罚的行为、种类和幅度的范围内规定"。

2. 行政法规可以设定除限制人身自由以外的行政处罚。行政法规可以设定行政处罚的种类有：警告；罚款；责令停产停业；暂扣或者吊销许可证、执照；没收违法所得；没收非法财物等行政处罚。公民的人身权利是公民最基本的权利之一，我国宪法规定了公民的人身权未经法律规定的程序，不受侵犯。只有违反了法律规定，同时依照法律明确规定的程序，公民的人身权利才受到限制。法规、规章不能对公民的人身权利作出限制性或者惩罚性规定。

3. 地方性法规可以设定除限制人身自由、吊销企业营业执照以外的行政处罚。地方性法规可以设定行政处罚的种类有：警告；罚款；责令停产停业；暂扣或者吊销许可证、暂扣或者吊销除企业营业执照外的其他执照；没收违法所得；没收非法财物等行政处罚，不能够设定限制人身自由、吊销企业营业执照的行政处罚。

4. 部委规章的行政处罚设定权。它可以在法律、行政法规规定的给予行政处罚的行为、种类、幅度的范围内作出具体规定。尚未制定法律、行政法规的，部委规章可以设定警告或一定数量罚款（罚款的限额由国务院规定）的行政处罚。国务院可以授权具有行政处罚权的直属机构在部委权限范围内规定行政处罚。

5. 地方规章的行政处罚设定权。它可以在法律、法规规定的给予行政处罚的行为、种类、幅度的范围内作出具体规定，尚未制定法律、法规的，地方政府可以设定警告或一定数量罚款（罚款的限额由省、自治区、直辖市人大常委会规定）的行政处罚。

行政处罚法规定了法律、行政法规、地方性法规和规章设定行政处罚的权限，所以只有上述规范可以设定行政处罚。除此之外，其他的政府规范性文件均不可以设定行政处罚。

其他的政府规范性文件大体可以概括为以下几类：行政主体的各类决定、命令、通知等。包括国务院、省级人民政府乃至县、乡人民政府的各类决定、命令、通知等。人民政府对某项事务进行行政管理，如果暂时尚没有法律、行政法规或者地方性法规的情况下并需要规定行政处罚的，必须以规章的形式制定和公布，且只能在行政处罚法规定的权限内设定行政处罚。不能以一个通知就设定行政处罚，进行管理，并以此为依据实施行政处罚。当然，没有规章制定权的人民政府就更不能设定行政处罚。

军事机关、审判机关、检察机关不能设定行政处罚。行政处罚是行政主体依法行使的行政职权，军事机关、审判机关、检察机关等国家机关既不能行使行政处罚权，也不能设定行政处罚。中华人民共和国中央军事委员会是国家的军事机关，领导全国的武装力量，不具有国家行政管理职能，没有设定和实施行政处罚的权力；人民法院是国家的审判机关、人民检察院是国家的法律监督机关，都不具有国家行政管理职权，所以也都不能设定和实施行政处罚。

社会团体、行业组织的章程、规定等规范内部纪律的文件，即使是规模很大的全国性组织或者承担着某些行业管理职能的组织也不能设定行政处罚。

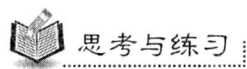 **思考与练习**

一、思考题

《道路交通安全法》明确规定，黄灯表示警示。郑州交警部门调查显示，"闯黄灯"已成为引发路口交通事故的主因之一。"闯黄灯"属于交通违法行为，依法应当受到处罚。2012 年 4 月，浙江发生的全国首例闯黄灯行政诉讼案终审判决，状告交管部门的闯黄灯司机败诉。该案在网上引发热议。同年，对于网友的询问，武汉警方明确表示闯黄灯"罪"同闯红灯，罚款百元扣 3 分。"闯黄灯"争议背后有关部门是否做到依法行政呢？

二、判断题

2013 年 7 月 17 日，某县食品管理部门接到群众举报，刘某在菜市场销售的猪肉有问题，该部门接举报后派出两名执法人员到现场，执法人员经肉眼观察，认定猪肉有问题，即决定对刘某销售的猪肉作为证据进行登记保存，并当场依据《食品卫生法》有关规定对刘某处以 1200 元罚款，但未向刘某当场送达行政处罚决定书。7 月 19 日，该部门对封存的猪肉进行了检验，发现刘某销售的猪肉确属腐烂变质，随即向刘某送达了行政处罚决定书。刘某不服处罚，于当日（7 月 19 日）提出要求举行听证。

（1）按照行政处罚法的规定，该案不能当场处罚。（　　）

（2）县食品管理部门对刘某处以罚款 1200 元适用简易程序是错误的，该案处 1000

元以下罚款才能适用简易程序。（　　　）

（3）县食品卫生管理部门先处罚再对猪肉进行检验违反了法定程序。（　　　）

（4）执法人员在检验确认刘某销售的猪肉确属腐烂变质后，再向刘某送达行政处罚决定书是妥当的。（　　　）

（5）执法人员发现猪肉有问题后当即决定对猪肉进行证据登记保存是对的。（　　　）

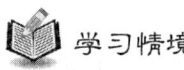 学习情境

行政处罚程序的运用

【范例】

某县工商局接群众举报称，个体工商户马某涉嫌违法经营，该局即指派执法人员张某前往检查。经查，马某违法事实确凿，工商局拟依法对其作出吊销营业执照并罚款 5000 元的行政处罚。根据《行政处罚法》的规定，工商局在作出处罚决定前，书面告知马某有要求举行听证的权利。马某当即要求组织听证，工商局通知其次日下午到局机关参加听证。听证由本案调查人员张某主持，马某进行了申辩和质证，并在听证笔录上签字，同时马某按照工商局的要求交纳了听证费用 200 元。听证结束后，工商局对马某作出了吊销营业执照并罚款 3000 元的行政处罚，制作了行政处罚决定书，并于 10 日后送达给马某。

【训练目的及要求】

结合范例和相关知识，通过训练，能正确运用行政处罚程序。

【训练方法】

分两组进行，一组学生运用行政处罚程序原理对范例作出判断；另一组学生评价判断是否正确。

【训练步骤】

步骤 1：分组；

步骤 2：熟悉范例；

步骤 3：学生分析范例；

步骤 4：老师评判。

参考书目

1. 李国光主编：《行政处罚法及配套规定新释新解》，人民法院出版社 2006 年版。

2. 张水海、郭丽若：《行政处罚法实务指导》，中国法制出版社 2008 年版。

项目七　行政许可

 知识目标

1. 掌握行政许可的内涵；
2. 理解行政许可的原则；
3. 理解行政主体作出行政许可所依据的常用法律及程序规定。

能力目标

能运用行政许可理论准确完成行政审批过程。

任务一　行政许可的一般原理

导入案例

【案例一】

小王从小爱吃麦当劳，大学毕业后工作几年存了一笔钱想在自己住的社区开一家麦当劳，于是向麦当劳总部提出加盟申请。

问题：麦当劳总部所作出的准许加盟的决定是不是行政许可？

【案例二】

某公安机关提请检察院批准逮捕犯罪嫌疑人张某。

问题：检察院作出的批准逮捕决定是不是行政许可？

基本原理认知

一、行政许可的内涵

行政许可在社会生活中也通常被称作行政审批，是政府的一项重要的行政管理手段，目前已在全球范围得到了广泛的应用，虽然因为国情以及经济发展的水平不同，行政许可在不同国家有不同的内涵，但各国对其的基本理解与大致认识日趋一致。在我国，《行政许可法》自 2004 年 7 月 1 日起施行，该法第 2 条明确规定了行政许可的法定含义：“本法所称行政许可，是指行政机关根据公民、法人或者其他组织的申请，经依法审查，准予其从事特定活动的行为。”据此，行政许可具有如下属性：

1. 行政许可是行政行为。行政许可是行政主体依法对社会、经济事务实行事前监督的一种重要手段，是行政主体实施行政职能所开展的活动，属于行政行为。

2. 行政许可以公民、法人或者其他组织的申请为前提，属于依申请的行政行为。行政许可不同于行政主体依职权主动开展的行政行为，行政许可以公民、法人或者其他组织的申请为前提，没有这种来自该行政主体之外的申请，行政主体就无法作出行政许可。

3. 行政许可是针对外部行政相对人的行政行为。行政许可中的申请人，只能是作为外部行政法律关系中的行政相对人，即公民、法人或者其他组织。而内部行政管理关系中的审批，或者是与内部行政管理关系性质相近的准内部行政管理关系，行政许可法不适用。

4. 行政许可的内容是准许申请人从事其所申请的特定活动，而在有关行政主体作出行政许可之前，申请人依法不得从事这类特定活动。实施行政许可的前提，是在申请人取得行政许可之前，法律、法规已对申请人设定了一个禁止从事此类特定活动的义务，即法律、法规要求公民、法人或者其他组织须经行政主体许可才可以从事特定活动。如果没有这样一个法律前提，行政主体的批准就不是行政许可。

二、行政许可的范围

《行政许可法》第3条第1款："行政许可的设定和实施，适用本法。"行政许可的设定，相当于行政许可的创设，是指将行政许可制度引入特定的行政管理领域的立法行为或抽象行政行为。设定行政许可，应当遵循经济和社会发展规律，有利于发挥公民、法人或者其他组织的积极性、主动性，维护公共利益和社会秩序，促进经济、社会和生态环境协调发展。关于行政许可设定事项，我国《行政许可法》第12条有以下规定：

1. 直接涉及国家安全、公共安全、经济宏观调控、生态环境保护以及直接关系人身健康、生命财产安全等特定活动，需要按照法定条件予以批准的事项。

2. 有限自然资源开发利用、公共资源配置以及直接关系公共利益的特定行业的市场准入等，需要赋予特定权利的事项。

3. 提供公众服务并且直接关系公共利益的职业、行业，需要确定具备特殊信誉、特殊条件或者特殊技能等资格、资质的事项。

4. 直接关系公共安全、人身健康、生命财产安全的重要设备、设施、产品、物品，需要按照技术标准、技术规范，通过检验、检测、检疫等方式进行审定的事项。

5. 企业或者其他组织的设立等，需要确定主体资格的事项。

6. 法律、行政法规规定可以设定行政许可的其他事项。

《行政许可法》第3条第2款规定："有关行政机关对其他机关或者对其直接管理的事业单位的人事、财务、外事等事项的审批，不适用本法。"本款明确规定了不适用本法的事项有两类：①有关行政主体对其他机关人事、财务、外事等事项的审批。每一个行政主体通常都承担特定的社会管理职能，属于管理者；但同时它们也是被管理者，国家对行政主体的人、财、物等实行集中统一管理，有指定的行政主体负责审批、划拨和监督等工作，以保障国家财政资金运转的效率，人事任用的公平，促进行政主体的协调运作。财政、外事部门对这些事项的审批，虽然符合行政许可的一些特点，但它们行使的不是社会管理职能，其对象是特定的行政主体，而不是非特定的公民、法人或者其他组织。需要说明的事，这里的"其他机关"不仅包括了行政机关，还包括了国家权力机关、司法机关和政党、团体等。②行政机关对直属事业单位有关事项的审批。我国的法人组织中有企业、事业单位和国家机关。其中事业单位不同于企业法人，是为发展特定的事业而设立的法人组织，通常不以营利为目的，致力于发展社会公益事业。如学校、医院、科研单位和文艺团体等。由于历史的原因，我国社会公共事业和福利事业的兴办，很多都是由国家出资来兴办的，因此，我国的行政部门直接管理着一大批这样的事业单位。行政机关对这些单位进行管理，少不了要对事业单位的各种事项进行审批。由于这种审批是基于行政机关对这些单位的直接隶属关系，也就是说这些单位是国家出资兴办的，国家授权特定的行政部门来进行管理。这种审批权不同于行政主体对一般性社会事务的管理，因此不属于行政许可，不适用本法。

除了本条明确规定不适用本法的行为外，在实践中还有一些容易同行政许可相混淆，但不具有行政许可特征的行政行为。这些行政行为也不适用本法，主要有：①内部审批行政行为，亦即上级行政主体基于行政隶属关系对下级行政主体有关请示报告事项的审批。②处置财产权利的审批，如行政主体以出资人的身份对国有企业资产处置等事项的审批。③行政主体确认财产权利及其他民事关系的登记。我国的登记种类很多，概括起来是两类：一类是确认登记，这类登记属于事后程序，是保护和确认登记人的权利，而不是重新赋予其权利。在这类登记中，行政主体行使的不是行政管理权，而是以第三人的身份出现，起证实和确认作用。主要包括产权登记、抵押登记、结婚登记、收养登记、个人身份登记、特定事实登记等，不属于行政许可。另一类是设立、开业登记。设立法人登记的实质是取得民事权利能力，取得行为能力。因此设立、开业登记都是行政许可。

任务二　行政许可的判断

导入案例

【案例一】

李某的公司向当地文化局申请经营游乐园。申请未获批准。李某通过调查得知，文化局有一内部规定，游乐场所的经营许可证只能发给当地人或当地人拥有半数以上股权的公司。李某的公司尽管符合开办游乐园的所有其他条件，但因李某是外地人，因此申请未获批准。

问题：文化局的做法合法吗？

【案例二】

目前，我国从事律师职业及担任法官、检察官的公民须经过国家司法考试合格，并取得由司法部统一颁发的法律职业资格证书。

问题：法律职业资格证书永远都应当由国家机关颁发吗？

【案例三】

某行政机关在《行政许可的申请须知》中规定："提交给本机关的任何的申请材料内容都不得涂改。一经涂改，即作无效处理。"

问题：此项规定合法吗？

基本原理认知

一、行政许可的原则

行政许可的原则是行政许可的设定和实施应当遵循的具有普遍意义的准则，是行政许可法设立的精神所在，体现行政许可法的价值和目的，对行政许可的设定、实施、监督和法律责任等各个环节起指导作用。根据《行政许可法》的规定，行政许可应遵循如下基本原则：

（一）许可法定原则

《行政许可法》第4条规定："设定和实施行政许可，应当依照法定的权限、范围、条件和程序。"该条规定了行政许可法定原则，该原则既适用于行政许可的设定，也适用于行政许可的实施，是行政许可的基本原则。它包括以下内容：

1. 设定权法定。对于行政许可的设定权，《行政许可法》第二章有明确的规定。详见该章拓展阅读。

2. 设定范围法定。《行政许可法》第12条规定了可以设定行政许可的事项之外，第13条还规定了不设行政许可的情况："本法第12条所列事项，通过下列方式能够予以规范的，可以不设行政许可：①公民、法人或者其他组织能够自主决定的；②市场竞争机制能够有效调节的；③行业组织或者中介机构能够自律管理的；④行政机关采用事后监督等其他行政管理方式能够解决的。"

3. 实施权限法定。根据《行政许可法》第22～24条的规定，有三类行政主体拥有行政许可权：①具有行政许可权的行政机关；②法律、法规授权的组织；③受委托的行政机关。

4. 程序法定。行政许可是授益性行政行为，意味着取得行政许可可以使行政相对人获得进入某个行业或从事某项特定事项的工作。为了行政许可行为实施得更加科学合理，在行政许可的申请、审查、决定、变更、灭失以及监督等各项环节，《行政许可法》都规定了严格的法定程序，同时对行政许可的各个期限也有严格规定。

（二）许可公开、公平、公正原则

《行政许可法》第5条第1款规定："设定和实施行政许可，应当遵循公开、公平、公正的原则。"

1. 公开原则。行政信息公开是当代各国公共行政的发展趋势，由于行政许可是一种前置程序，是对行政相对方开展某项活动或利用某种稀缺资源而设置的法律门槛，往往对行政相对方的经济利益有很大的影响。故此，行政许可是公共行政中暗箱操作或权力寻租现象最为严重的领域之一，而确立透明的行政许可公开原则是消除上述不合理现象的有效途径之一。

（1）公开的事项范围。①有关行政许可的规定应当公开。《行政许可法》第5条第2款规定："有关行政许可的规定应当公布；……"②行政许可的实施和结果应当公开。

（2）不公开的事项范围。《行政许可法》第5条第2款同时规定："……行政许可的实施和结果，除涉及国家秘密、商业秘密或者个人隐私的外，应当公开。"由此得出，在行政许可的实施和结果里如涉及国家秘密、商业秘密或者个人隐私这三项内容的，所涉内容不公开。

（3）行政主体不履行公开义务的法律后果。《行政许可法》第5条第2款规定："……未经公布的，不得作为实施行政许可的依据……"这意味着，以未公布的规定为依据而作出的行政许可决定，利害关系人可以向法院起诉要求予以撤销。

此外，为保障公开原则在行政许可实施过程中的贯彻执行，《行政许可法》第30条要求行政主体承担公示及说明解释、提供信息的义务；第40条规定公众有权查阅行政主体作出的准予行政许可决定。

2. 公平、公正原则。公平和公正是历史悠久的法律原则，法律所追求的价值目标。公平和公正在内涵和外延上，尽管并不完全相同，但其共同点要远远多于不同点。因此，通常把它作为一个原则来研究。在行政程序中，公平、公正的基本精神是要求行政机关及其工作人员办事公道，不徇私情，合理考虑相关因素；要求行政主体及其工作人员平等对待相对人，即同样情况，同样对待；不同情况，不同对待；不因为相对人的不同身份、民族、种族、性别或者宗教信仰而予以歧视。《行政许可法》第5条第3款规定："符合法定条件、标准的，申请人有依法取得行政许可的平等权利，行政机关不得歧视。"从此规定的内容来看，行政许可的设定机关和实施机关不得在实施行政许可的程序中有任何差别对待，如果出现差别对待，作出差别行为的行政主体均有义务作出合理解释。

（三）便民原则

《行政许可法》第6条规定："实施行政许可，应当遵循便民的原则，提高办事效率，提供优质服务。"

便民原则主要适用于行政许可的实施阶段，是行政许可的实施原则。行政许可便民原则主要有以下几方面的要求：①减少或者合并行政许可的中间环节，节约行政申请人的成本，提高行政效率。②缩短和明确行政许可各个环节的时限及全程时限。③降低申请材料的复杂性，尽量为申请材料订立简明的标准格式。④将外部行政程序内部化，尽量减少申请人所接洽的行政部门数量，申请材料在各个行政部门之间的流转工作尽可能地由行政主体负责完成，方便申请人申请行政许可。⑤尽量减少行政许可中的收费项目及收费数额，以不收费为原则，收费为例外。

（四）参与与救济原则

《行政许可法》第7条规定："公民、法人或者其他组织对行政机关实施行政许可，享有陈述权、申辩权；有权依法申请行政复议或者提起行政诉讼；其合法权益因行政机关违法实施行政许可受到损害的，有权依法要求赔偿。"

1. 参与原则。行政许可的参与原则，是指公民、法人或者其他组织在行政主体实施行政许可的过程中有权表明立场、提供情况的原则。《行政许可法》第7条关于公民、法人或者其他组织"享有陈述权、申辩权"的表述就是参与原则的具体体现。

陈述权，是指公民、法人或者其他组织如实向有关行政主体提供相关情况的权利；申辩权，是指公民、法人或者其他组织针对行政主体取得的不利于自己的情况进行解释、辩护的权利。公民、法人或者其他组织通过行使陈述权、辩护权，能够参与到行政许可的实施过程之中，一方面有利于维护自身的合法权益，另一方面有助于行政主体全面了解情况、工作的前提下实施行政许可。

2. 救济原则。行政许可的救济原则，是指公民、法人或者其他组织对于行政主体不适当地实施行政许可或者违法实施行政许可的行为，有权要求予以矫正和补救的原则。根据《行政许可法》第7条的规定，公民、法人或者其他组织实施救济的手段为申请行政复议或者提起行政诉讼。

（五）信赖保护原则

《行政许可法》第8条规定："公民、法人或者其他组织依法取得的行政许可受法律保护，行政机关不得擅自改变已经生效的行政许可。行政许可所依据的法律、法规、规章修改或者废止，或者准予行政许可所依据的客观情况发生重大变化的，为了公共利益的需要，行政机关可以依法变更或者撤回已经生效的行政许可。由此给公民、法人或者其他组织造成财产损失的，行政机关应当依法给予补偿。"

行政许可的信赖保护原则，是指公民、法人或者其他组织基于对行政主体实施行政许可的信任而取得的合法权益应当受到保护。该原则要求行政主体言而有信，根据法律规定，该原则包含以下两个方面的含义：①行政主体不得擅自改变已经生效的行政许可。②只有为了公共利益的需要，行政主体才可以依法变更或撤回已经生效的行政许可。

（六）行政许可禁止随意转让原则

《行政许可法》第9条规定："依法取得的行政许可，除法律、法规规定依照法定条件和程序可以转让的外，不得转让。"申请人要取得行政许可，必须经过行政主体的严格审查。通过审查，行政主体可以把以下对公共利益及公民、法人或者其他组织的合法权益构成威胁的饮食予以排除。如果允许被许可人随意转让其取得的行政许可，受让人就等于没有接受行政主体的审查而取得了行政许可。这样，国家设定行政许可的制度目标也就难以实现，行政许可制度本身也就失去了存在意义。所以行政许可法严格规定：除法律、法规依照法定条件和程序可以转让的外，行政许可不得转让。

（七）监督原则

《行政许可法》第10条规定："县级以上人民政府应当建立健全对行政机关实施行政许可的监督制度，加强对行政机关实施行政许可的监督检查。行政机关应当对公民、法人或者其他组织从事行政许可事项的活动实施有效监督。"这一原则涉及两种监督机制：

1. 对行政主体实施行政许可行为的监督，属于监督行政的范畴。《行政许可法》赋予了行政主体以下两方面主要的职权：①制定规范权，即行政许可的设定权；②行政处理权，即行政许可的实施权。对行政许可的实施权的监督具体包括对权力机关的监督、司法机关的监督、行政主体的监督，其中对行政主体的监督是一种内部的自我监督，主要分为层级监督、监察监督和审计监督。《行政许可法》同时在第60条中规定："上级行政机关应当加强对下级行政机关实施行政许可的监督检查，及时纠正行政许可实施中的违法行为。"这就在我国建立起行政许可的层级监督体制，确立了上级行政主体对下级行政主体的监督检查的责任和义务。

2. 对公民、法人或者其他组织从事行政许可事项的活动的监督，属于行政监督的范畴。为什么要对被许可人进行监督呢？行政许可在本质上是对被许可人是否符合法律、法规和规章规定条件的审查核实，对被许可人来说，它既是一种权利也是一种义务。从权利角度来说，被许可人取得行政许可后即可以依法从事有关活动，并取得一定的利益；从义务角度来说，被许可人在取得许可证之后，负有始终保持法律规定的取得行政许可的条件、义务和法定的其他义务。在审核申请人条件，给相对人颁发许可证时，行政主体应承担保证被许可人的合法权利，并承担对其进行监督的责任。因为在赋予被许可人合法权益后，这些权利的行使可能会给社会带来一定的危害或存在某种危险性，可能会危及社会秩序、公共安全和公共利益，所以必须要通过一定的约束机制确保被赋予权利的合法行使，以避免权力和权利的滥用。这就要在赋予被许可人权利的同时，也要使其承担相应的义务，并建立有效的监督检查制度促使被许可人合法行使权利、履行义务。所以《行政许可法》第61~64条就作了这方面的规定，分别具体落实了三种制度：一是书面监督制度，二是实地监督检查制度，三是属地管辖制度。这些制度的建立，使得行政许可机关在颁发行政许可证之后，继续对自己先前的许可行为负责，对被许可人进行追踪监督，真正做到"谁许可，谁监督，谁负责"，彻底摆脱先前行政许可"重许可、轻监管"，"有许可，无管理"的现象。

二、行政许可的实施机关

行政许可的实施机关，是指对申请人的行政许可申请依法进行审查，并作出许可或不予许可决定的行政机关和被授权的组织，是行政许可法律关系的行政方，在行政许可法律关系中占主导地位。

根据《行政许可法》第 22 条、第 23 条和第 24 条的规定，在我国，行政许可的实施主体有以下三种：

（一）有行政许可权的行政机关

《行政许可法》第 22 条规定："行政许可由具有行政许可权的行政机关在其法定职权范围内实施。"行政机关实施行政许可，必须满足三个条件，这些条件主要包括：

1. 必须是履行外部行政管理职能的行政机关。行政许可是一种外部行为，是对处于被管理方的公民、法人或者其他组织提出的许可申请进行审查并决定是否准许的活动。这一特征决定了行政许可实施主体必须是承担外部行政管理职能的行政机关。

2. 必须具有法律法规明确授予的行政许可权。行政许可实施权的获得还需要有法律法规明确地作出授权。未经法律法规的明确授权，行政机关不能成为行政许可实施主体，不得实施行政许可。在未授予行政许可权的情况下，具有外部行政管理职能的行政机关只是国家行政管理主体，而不是行政许可实施主体。

3. 法律法规授予的行政许可职权应当小于或者等于其外部行政管理职权及范围。实施许可的行政机关的许可职权性质，应当与其外部行政管理活动的性质相一致。例如，工商行政管理部门被授予的行政许可权只能是关于工商管理方面的活动，而不能是其他部门的管理领域，如物价、卫生等领域的行政许可。此外，许可权限的大小也应当与行政管理权限的范围相符合，下级行政机关不应被授予上级行政机关的许可职权。

现阶段，我国具有行政许可实施主体资格和法律地位的行政机关主要有：国务院、国务院各部委、国务院直属机构、国务院部委归口管理的国家局、县级以上地方各级人民政府及地方人民政府的派出机关和地方各级人民政府的职能部门等。

（二）法律法规授权的具有管理公共事务职能的组织

《行政许可法》第 23 条规定："法律、法规授权的具有管理公共事务职能的组织，在法定授权范围内，以自己的名义实施行政许可。被授权的组织适用本法有关行政机关的规定。"行政职权并非行政机关的专利，行政机关以外的社会组织也会因为法律授予其行政职权而在行政法上具有行政主体资格，享有行政职权，能够以自己的名义实施行政活动。行政许可的实施权的授权主体应当是享有法律、法规制定权的国家机关，包括：①全国人民代表大会及其常务委员会；②国务院；③省、自治区、直辖市地方人民代表大会及其常务委员会；④较大的市的地方人民代表大会及其常务委员会。被授权的对象是具有管理公共事务职能的组织。这些法律法规授权的组织享有权限内的行政许可权力，当然也要对此承担责任。只要法律法规授予其行政职权，他们就因为这种授权而具有行政主体的地位。

（三）受委托的其他行政机关

行政机关在其法定职权范围内，依照法律、法规、规章的规定，可以委托其他行政机关实施行政许可。委托行政机关对受委托行政机关实施行政许可的行为负责监督，并对该行为的后果承担法律责任。受委托行政机关在委托范围内，以委托行政机关的名义实施行政许可；不得再委托其他组织或者个人实施行政许可。

要成立一项合法有效的行政许可委托，必须具备如下基本条件：①必须依法委托；②委托实属必要；③委托事项必须属于委托行政机关职权范围内的事项；④委托的事项范围必须明确并应受到限制；⑤委托应以书面形式进行；⑥受委托的主体只能是其他行政机关，且不得再行委托其他组织和个人实施行政许可。同时，被委托主体在行使被委托的行政职权时，必须以委托机关的名义进行，委托的法律后果由委托机关承担。

三、行政许可的程序

行政许可的程序，是指规定实施行政许可时必须遵守的方式、步骤和期限的一系列规定。对行政许可程序作出规定，是对行政许可权进行法律控制的重要手段，有助于防范和消除行政许可实施过程中的权力滥用。我国行政许可法规定了实施行政许可的一般程序和特别程序。

（一）行政许可的一般程序

1. 申请。《行政许可法》第29条第1款规定："公民、法人或者其他组织从事特定活动，依法需要取得行政许可的，应当向行政机关提出申请。申请书需要采用格式文本的，行政机关应当向申请人提供行政许可申请书格式文本。申请书格式文本中不得包含与申请行政许可事项没有直接关系的内容。"由此可见，公民、法人或者其他组织要从事特定活动，依法应当取得行政主体的许可，提出申请是取得行政许可的前提。

关于申请行政许可的形式我国法律并没有限定，可采取口头申请，也可采取书面申请。口头申请，是指申请人直接以言语表达的方式向行政主体提出从事特定活动的要求。这种方式简单易行，不受申请人知识水平或生理缺陷的限制，却缺乏足够的证据支持，不利于日后行政主体的审查，所以就现实情况来说，这不是提出行政许可申请的主要方式。书面申请是行政许可申请的主要方式，申请书如果需要运用格式文本的，行政主体应主动提供相关申请书格式文本。

同时，除了当场递交书面申请的传统方式，《行政许可法》第29条第3款还规定："行政许可申请可以通过信函、电报、电传、传真、电子数据交换和电子邮件等方式提出。"

如本人不方便亲自到场提交申请，《行政许可法》第29条第2款规定："申请人可以委托代理人提出行政许可申请。但是，依法应当由申请人到行政机关办公场所提出行政许可申请的除外。"出于便民原则，对于除了需要申请人亲自到场的法定情形外，申请人可以委托代理人向行政主体提出行政许可的申请。委托代理人提交申请的时候，除了需要出示能够证明其身份的证明文件外，还需要出具授权委托书，上面必须载明委托人情况、委托事项和代理人的权限。

在行政许可的申请过程中，《行政许可法》还规定了行政主体的公示和解释说明的义务，第30条规定："行政机关应当将法律、法规、规章规定的有关行政许可的事项、依据、条件、数量、程序、期限以及需要提交的全部材料的目录和申请书示范文本等在办公场所公示。申请人要求行政机关对公示内容予以说明、解释的，行政机关应当说明、解释，提供准确、可靠的信息。"

2. 受理。行政许可的申请只要符合《行政许可法》规定的以下条件的，行政主体应当予以受理：申请事项属于本行政主体职权范围，申请材料齐全、符合法定形式，或者申请人按照本行政主体的要求提交全部补正申请材料的。在这里，申请人需要承担如实向行政主体提交有关材料和反映真实情况的义务，并对其申请材料实质内容的真实性负责。

此外，行政主体收到申请人提出的许可申请后，还可以根据不同的情形分别作出以下几种处理：

（1）要求当场更正。申请材料存在可以当场更正错误的，应当允许申请人当场更正。

（2）限期补正。申请材料不齐全或者不符合法定形式的，应当当场或者在5日内一次性告知申请人需要补正的全部内容，逾期不告知或不一次性告知需要补正的全部内容的，自收到申请材料之日起即为受理。

（3）不予受理。它主要有两种情况：①申请事项依法不需要取得行政许可；②申请事项依法不属于受理行政主体职权范围。此时行政主体应当即时作出不予受理的决定，并告知理由。

同时，无论行政许可的申请受理与否，行政许可实施主体对于上述几种处理，都必须向申请人出具加盖本行政主体专用印章和注明日期的书面凭证。

3. 审查。行政主体受理申请以后，行政程序进入审查阶段。《行政许可法》第34~36条规定了审查程序包括形式性审查和实质性审查两种。

（1）形式审查。所谓形式审查，是指行政主体仅对申请材料的形式要件是否具备进行的审查，即审查其申请材料是否齐全，是否符合法定形式。由于形式审查不对申请材料的内容进行审查，因此，法律规定，对于能够当场作出决定的，行政主体应当当场作出决定，以方便申请人，提高行政效率。

（2）实质审查。所谓实质审查，是指行政主体不仅要对申请材料的形式要件是否具备进行审查，还要对申请材料的实质内容是否符合条件进行审查。对于申请的实质审查，有的可以采取书面审查的方式，即通过申请材料的陈述了解有关情况，进行审查。但有的实质审查还需要进行实地核查，才能确认真实情况。对于需要采取实地核查的，行政主体应当指派两名以上工作人员进行核查。行政主体工作人员在进行实地核查时，应当向当事人或其他有关人员出示执法身份证件，以表明自己正代表国家执行公务，否则当事人可以拒绝接受核查。

另外，如果这个行政许可的审查是需要由多个层级的行政主体来实施行政许可的审查程序的，"依法应当先经下级行政机关审查后报上级行政机关决定的行政许可，下级行政机关应当在法定期限内将初步审查意见和全部申请材料直接报送上级行政机关。上级行政机关不得要求申请人重复提供申请材料"。

有些行政许可不仅涉及申请人的权益，而且还会对申请人以外的公民、法人或者其他组织的权益造成影响。《行政许可法》第36条规定："行政机关对行政许可申请进行审查时，发现行政许可事项直接关系他人重大利益的，应当告知该利害关系人。申请人、利害关系人有权进行陈述和申辩。行政机关应当听取申请人、利害关系人的意见。"对于情况复杂的或者重大的行政许可，行政主体应当采取极为慎重的态度，行政主体的负责人应当集体讨论决定。情况复杂的或者重大的行政许可，一般是指涉及公共利益或者利害关系人的重大利益，对于这类行政许可，除适用一般审查程序，给申请人或利害关系人以陈述和申辩的机会，对符合听证条件的，应当按照听证程序举行听证。在作出行政许可决定前，行政主体的负责人应当集体讨论，对于审查过程中的情况进行深入分析、研究，再作出行政许可决定，从行政程序上最大限度地保障公民和组织的合法权益。

（3）审查的期限。①当场决定。即时决定是否准予行政许可。②一般期限。如果行政许可是由一个行政主体作出的，该行政主体作出行政许可决定的一般期限为20日，从该行政主体受理行政许可申请之日起计算（此期限为连续计算的时日，而非工作日。以下同）。③期限的延长。20日内不能作出决定的，经本行政主体负责人批准，可以延长10日（总计30日）并应当将延长期限的理由告知申请人。④法律、法规另有规定的，依照其规定。不受前面所述的通常期限和延长期限的限制。⑤如果行政许可的作出涉及多个行政主体，实行统一办理或者联合办理、集中办理的，办理的时间不得超过45日，从第一个行政主体受理之日起计算。如果统一办理或者联合办理、集中办理的无法在45日内办结，经本级人民政府负责人批准，可以延长15日（总计60

日），同样应当将延长期限的理由告知申请人。⑥如果行政许可是由多层级行政主体实施的，下级行政主体应当自受理之日起20日内完成审查工作。⑦期限的扣除。《行政许可法》第45条对不计算在法定期限内的时间做出规定："行政机关作出行政许可决定，依法需要听证、招标、拍卖、检验、检测、检疫、鉴定和专家评审的，所需时间不计算在本节规定的期限内。行政机关应当将所需时间书面告知申请人。"

4. 听证。《行政许可法》第36条规定："行政机关对行政许可申请进行审查时，发现行政许可事项直接关系他人重大利益的，应当告知该利害关系人。申请人、利害关系人有权进行陈述和申辩。行政机关应当听取申请人、利害关系人的意见。"第46条规定："法律、法规、规章规定实施行政许可应当听证的事项，或者行政机关认为需要听证的其他涉及公共利益的重大行政许可事项，行政机关应当向社会公告，并举行听证。"第47条规定："行政许可直接涉及申请人与他人之间重大利益关系的，行政机关在作出行政许可决定前，应当告知申请人、利害关系人享有要求听证的权利；申请人、利害关系人在被告知听证权利之日起5日内提出听证申请的，行政机关应当在20日内组织听证。申请人、利害关系人不承担行政机关组织听证的费用。"

听证是一种非常规范的听取意见的方式。因其需要较高的行政成本，故在行政领域通常只适用于较重大的行政行为。根据上述规定，行政许可中的听证分为两种类型：

（1）依职权的听证。依职权的听证，就是行政主体在审查行政许可申请时认为应当举行听证而主动发起的行为，无需由申请人申请而发起，主要包括法定听证事项和行政主体认为需要举行听证的事项。对于行政许可行为的听证，目前在我国的法律、法规、规章中作规定的还为数较少，只有个别的进行了规定。如，《公共文化体育设施条例》第27条第1、2款规定："因城乡建设确需拆除公共文化体育设施或者改变其功能、用途的，有关地方人民政府在作出决定前，应当组织专家论证，并征得上一级人民政府文化行政主管部门、体育行政主管部门同意，报上一级人民政府批准。涉及大型公共文化体育设施的，上一级人民政府在批准前，应当举行听证会，听取公众意见。"《利用外资改组国有企业暂行规定》规定，利用外资改组国有企业，改组方应当向同级经济贸易主管部门提出改组申请。接受申请的经济贸易主管部门应当依照《指导外商投资方向规定》的权限和有关法律法规进行审核。中央企业及其全资或具有控制权企业进行改组的、被改组企业直接或间接持有上市公司股权的、改组后的企业资产总额不低于3000万美元的，由国务院经济贸易主管部门审核；对可能导致市场垄断、妨碍公平竞争的，在审核前组织听证。上述规定中设置的听证程序，主要是从公共利益的角度考虑的。随着我国民主程度的进一步提高，法律、法规和规章中规定听证程序的将越来越多。凡法律、法规和规章中明确规定听证程序，行政许可属于其规定的情形的，行政主体在作出行政许可决定前，应当举行听证。

还有一些行政许可涉及有关公共利益的重大事项，如征地拆迁、环境污染和城市建设等，影响的是不特定的多数人的利益，且这种影响一般是全局性的、长期的和潜在的。个别的公民、法人或者其他组织由于对信息掌握等原因，在行政许可对其当下的切身利益没有直接影响的情况下，他们并不能够立即感知或了解行政许可可能对他们的将来产生的直接或间接的影响，因此，这时他们也不会要求听证。但这类行政许可实施后，又确有可能对社会带来很大的影响。这就要求行政主体对行政许可申请进行审查的过程中，应当考量行政许可事项是否会影响到公共利益。如果行政主体认为行政许可事项对公共利益可能产生较大的影响，行政主体就应当将有关的行政许可事项予以公告，使社会对此予以关注，听取社会各界包括有关专家的意见。行政主体经过对申请人的利益与公共利益进行考量后，认为准予许可不会对公共利益造成损害的，应当作出准予许可的决定；反之，则应拒绝颁发许可。

（2）依申请的听证。即行政许可直接涉及申请人与他人之间重大利益关系的，申请人和利害关系人有要求听证的权利。这里就需要明确以下几个问题：①"他人"的范围。这里的"他人"是指行政主体和申请人以外的同行政许可的实施有直接利益关系的个人或组织。在有数量限制的行政许可中，虽然申请人之间是竞争关系，存在直接的利益关系，甲申请人取得许可，乙申请人便不能取得许可，但申请人之间在申请的过程中，相互间不构成第三人关系。在这个过程中，行政主体通过招标、拍卖程序等法定方式，调整申请人之间的关系和取得许可的优先顺序，确定被许可人，而不必使用听证程序。②直接涉及申请人与他人之间重大利益关系的界定。在现实中较常见的是，涉及申请人与第三人之间民事的相邻权关系。例如，申请人拟在某地实施一个建设项目，该项目将对其周围的个人、组织的生产经营和生活带来较大的影响，如给民居造成的采光影响、噪声污染或水源污染等，或者该项目使周边原有企业无法开展正常的生产经营活动等。如果实施了申请的行政许可，则会给利害关系人造成损害。在有数量限制的许可中，后申请的人与已取得行政许可的被许可人，一般来说存在竞争关系，如果已取得行政许可的个人或组织，认为申请的行政许可将给其经济利益造成较大损失，是否构成"直接涉及申请人与第三人之间重大利益关系"，有的认为，在这种情况下，申请的行政许可可能给已取得行政许可的人造成的不是对其已有财产的损害，而是间接损失，不属于"直接涉及申请人与第三人之间重大利益关系"。一般来说，直接损失与间接损失的划分，对于违约责任、侵权责任的认定，是至关重要的。作出是否准予的行政许可决定，无论是会造成直接损失，还是造成间接损失，都是对申请人或第三人的一种不利处分，都是关系到其重大利益的，因此，应当适用听证程序。当然对间接损失的认定，不能无限扩大，应当遵循合理预期的原则。至于何为"重大利益"，法律没有作出具体规定。对于申请人和第三人来说，许多事项自身的利益都被认为是其重大利益，法律中将认定权授予行政主体，行政主体对此有一定的自由裁量权。

（3）听证程序的期限。行政主体在收到申请人、利害关系人要求举行听证的申请书之日起20日内，应当举行听证。

（4）《行政许可法》第48条还规定了行政许可听证应遵循的程序："听证按照下列程序进行：①行政机关应当于举行听证的7日前将举行听证的时间、地点通知申请人、利害关系人，必要时予以公告；②听证应当公开举行；③行政机关应当指定审查该行政许可申请的工作人员以外的人员为听证主持人，申请人、利害关系人认为主持人与该行政许可事项有直接利害关系的，有权申请回避；④举行听证时，审查该行政许可申请的工作人员应当提供审查意见的证据、理由，申请人、利害关系人可以提出证据，并进行申辩和质证；⑤听证应当制作笔录，听证笔录应当交听证参加人确认无误后签字或者盖章。行政机关应当根据听证笔录，作出行政许可决定。"

（5）行政许可听证过程中行政主体的义务。①告知的义务。如果行政主体认定行政许可直接涉及申请人与他人之间重大利益关系，行政主体在作出行政许可决定前，必须告知申请人、利害关系人有要求听证的权利。申请人、利害关系人有权要求举行听证，同时也有权放弃听证的权利。由于拟作出的行政许可决定，一般来说对申请人和利害关系人的影响是不同的，其中一方将承受不利影响。因此，对于申请人和利害关系人中一方放弃听证，另一方尤其是将承受不利影响的一方要求听证的，行政主体应当举行听证。行政主体告知申请人、利害关系人有听证的权利，一般来说应当以书面的形式告知。申请人和利害关系人在被告知听证权利之日起5日内提出听证申请的，应向行政主体提交书面申请。除非遇有不可抗力或者有正当的理由，申请人、利害关系人在被告知5日内未提出书面申请的，视为放弃听证。②在法定期限内举行听证。行政主体在收到申请人、利害关系人要求举行听证的申请书之日起20日内，应当举行听证。③承担听证费用。组织听证的费用指行政主体举行听证所支付的费用，如必要的办公经费等，不包括当事人聘请律师、取得证据等个人所应支付的费用。组织听证的费用，由行政主体承担，申请人、利害关系人不承担听证的费用。作出这样的规定，是为了保障当事人行使听证的权利。

5. 决定。行政许可的决定分为准予许可的决定和不予许可的决定两种。

（1）对于申请人的申请材料符合行政许可条件的，行政主体应当作出准予许可的决定。行政许可是要式行政行为，行政许可的决定应当以书面形式作出。《行政许可法》第38条第1款规定："申请人的申请符合法定条件、标准的，行政机关应当依法作出准予行政许可的书面决定。"第39条规定："行政机关作出准予行政许可的决定，需要颁发行政许可证件的，应当向申请人颁发加盖本行政机关印章的下列行政许可证件：①许可证、执照或者其他许可证书；②资格证、资质证或者其他合格证书；③行政机关的批准文件或者证明文件；④法律、法规规定的其他行政许可证件。行政机关实施检验、检测、检疫的，可以在检验、检测、检疫合格的设备、设施、产品、物品上加贴标签或者加盖检验、检测、检疫印章。"

（2）当申请人的申请得不到批准时，行政主体需要作出不予许可的决定。《行政许可法》第38条第2款规定："行政机关依法作出不予行政许可的书面决定的，应当说明理由，并告知申请人享有依法申请行政复议或者提起行政诉讼的权利。"

根据《行政许可法》规定，行政许可通常有两种决定程序：①当场决定程序。第34条第2款规定："申请人提交的申请材料齐全、符合法定形式，行政机关能够当场作出决定的，应当当场作出书面的行政许可决定。"②上级机关决定程序。第35条规定："依法应当先经下级行政机关审查后报上级行政机关决定的行政许可，下级行政机关应当在法定期限内将初步审查意见和全部申请材料直接报送上级行政机关……"

行政主体应当自作出行政许可决定之日起10日内向申请人颁发、送达行政许可证件，或加贴标签、加盖检验、检测、检疫印章。

6. 送达。

（1）送达方式。行政许可的送达主要参照适用《民事诉讼法》的相关规定，送达方式一般有六种：①直接送达，即行政许可机关将行政许可证件直接送达本人或其法定代理人、法定代表人、委托代理人或者其他代收人。行政许可证件一般应采用直接送达的方式。只有在无法直接送达或者直接送达有困难的情况下，才考虑采取其他送达方式。②留置送达，即受送达人或者其同住的成年家属拒绝接收行政许可证件的，送达人可以邀请有关基层组织或者所在单位的代表到场，说明情况，在送达回证上记明拒收事由和日期，由送达人、见证人签名或者盖章，把行政许可证件留在受送达人的住所，即视为送达。③委托送达，即行政许可机关委托受送达人所在地的行政主体代为送达。委托送达是基于许可机关不能直接送达，或者不便直接送达而采用的一种送达方式。④邮寄送达，即行政许可机关通过邮局，把行政许可证件用挂号信函寄送给受送达人。邮寄送达虽然简便易行，但时间上可能难以保障。邮寄送达的，以挂号回执上注明的收件日期为送达日期。⑤转交送达，只能在法定条件下才能采用，只有负有转交义务的单位，才可以接受委托。⑥公告送达，即行政许可机关通过张贴公告、登报或者广播等方式，说明需要送达的行政许可证件的内容。公告送达必须在受送达人下落不明，或者用其他方法无法送达的情况下才能采用。公告送达经过一定的期限即视为送达。

（2）送达的期限。行政许可送达的期限是自行政许可决定作出之日起10日。

7. 行政许可的变更与延续。

（1）行政许可的变更。《行政许可法》第49条规定："被许可人要求变更行政许可事项的，应当向作出行政许可决定的行政机关提出申请；符合法定条件、标准的，行政机关应当依法办理变更手续。"由于行政许可具有确定力，无论是对持证人还是对许可机关，许可证一经颁发，非经法定程序不得随意变更。但随着情况的发展变化，原先的许可内容可能不再适应被许可人的需要，此时被许可人可以向许可主体申请变更许可内容。行政许可的变更，是指根据被许可人的请求，行政主体对许可事项的具体内容在许可被批准后加以变更的行为。行政许可的变更需要经过以下程序：①申请人向作出行政许可决定的行政主体提出申请；②申请经审查后认定符合法定条件和标准；③行政主体办理变更手续。

（2）行政许可的延续。《行政许可法》第50条规定："被许可人需要延续依法取得的行政许可的有效期的，应当在该行政许可有效期届满30日前向作出行政许可决定的行政机关提出申请。但是，法律、法规、规章另有规定的，依照其规定。行政机关应当根据被许可人的申请，在该行政许可有效期届满前作出是否准予延续的决定；逾期未作决定的，视为准予延续。"行政许可通常都附有期限的，在期限届满之时，有时被许可人希望行政许可的效力能够继续延续，这样行政许可的有效期就能够得以延长。对于行政许可的延续，法律有以下规定：①被许可人需要延续行政许可有效期的，应当在该行政许可有效期届满30日前向作出行政许可决定的行政主体提出申请，但法律法规另有规定的除外。②行政主体应当在该行政许可有效期届满前作出是否准予延续的决定。逾期未作决定的，视为批准。

8. 行政许可的收费。《行政许可法》第58条规定："行政机关实施行政许可和对行政许可事项进行监督检查，不得收取任何费用。但是，法律、行政法规另有规定的，依照其规定。行政机关提供行政许可申请书格式文本，不得收费。行政机关实施行政许可所需经费应当列入本行政机关的预算，由本级财政予以保障，按照批准的预算予以核拨。"第59条规定："行政机关实施行政许可，依照法律、行政法规收取费用的，应当按照公布的法定项目和标准收费；所收取的费用必须全部上缴国库，任何机关或者个人不得以任何形式截留、挪用、私分或者变相私分。财政部门不得以任何形式向行政机关返还或者变相返还实施行政许可所收取的费用。"

从以上法条来看，关于行政许可收费问题，我们应当从以下几个方面来理解：①收费法定；②提供申请书格式文本不得收费；③实施行政许可所需经费由本级财政保障；④收费上缴；⑤禁止返还。

（二）行政许可的特别程序

1. 行政特许。《行政许可法》第12条第2项所列规定的事项属于行政特许事项。在第53条中特别规定了行政特许实施时应当遵循的程序："实施本法第12条第2项所列事项的行政许可的，行政机关应当通过招标、拍卖等公平竞争的方式作出决定。但是，法律、行政法规另有规定的，依照其规定；行政机关通过招标、拍卖等方式作出行政许可决定的具体程序，依照有关法律、行政法规的规定；行政机关按照招标、拍卖程序确定中标人、买受人后，应当作出准予行政许可的决定，并依法向中标人、买受人颁发行政许可证件；行政机关违反本条规定，不采用招标、拍卖方式，或者违反招标、拍卖程序，损害申请人合法权益的，申请人可以依法申请行政复议或者提起行政诉讼。"

从第53条的规定可以看出，行政特许式的行政许可一般应通过招标、拍卖等公平竞争的方式作出决定。行政特许即特别行政许可，是有数量限制的行政许可，适用于有限自然资源的开发利用、公共资源配置以及直接关系公共利益的特定行业的市场准入等，需要赋予特定权力的事项。为了使上述稀缺资源得到更有效、更公平的利用，我国法律规定如果需要获得这些方面的许可，一般应当通过招标、拍卖等公开公平的竞争方式来取得：

（1）行政特许的招投标方式在《行政许可法》中没有具体规定，按照我国招投标法，招投标程序包括：招标程序；投标程序；开标、评标和中标程序。

（2）拍卖程序同样根据我国拍卖法的规定，包括拍卖委托程序；拍卖公告与展示程序；拍卖的实施程序。

（3）对于经过招标、拍卖程序确定了中标人、买受人后，依照第53条第3款，行政主体依法应当作出特许决定并依法向中标人、买受人颁发特许证件。

根据规定，若申请人认为行政主体应当采用招标、拍卖的方式而不采用招标、拍卖方式发放行政特许的，或者在招标、拍卖过程中做出违反相关程序的行为的并对申请人的合法权益造成损害，申请人有权依法申请行政复议或者提起行政诉讼。

2. 行政认可。《行政许可法》第54条规定："实施本法第12条第3项所列事项的行政许可，赋予公民特定资格，依法应当举行国家考试的，行政机关根据考试成绩和其他法定条件作出行政许可决定；赋予法人或者其他组织特定的资格、资质的，行政机关根据申请人的专业人员构成、技术条件、经营业绩和管理水平等的考核结果作出行政许可决定。但是，法律、行政法规另有规定的，依照其规定。公民特定资格的考试依法由行政机关或者行业组织实施，公开举行。行政机关或者行业组织应当事先公布资格考试的报名条件、报考办法、考试科目以及考试大纲。但是，不得组织强制性的资格考试的考前培训，不得指定教材或者其他助考材料。"

此条是关于行政认可的实施程序的规定，行政认可是指行政主体借助考试或考核的方式对申请人的某种技能、条件、信誉作出认定。所以说，认可式的行政许可应当根据考试或考核的结果作出决定。它适用于提供公共服务并且直接关系公共利益的职业、行业的相关人员、法人或者其他组织的行业准入。

（1）公民的资格认可。除非法律法规另有规定，否则行政主体对公民具备某种知识技能的认定应当根据申请人参加全国考试的成绩和其他法定条件决定是否予以认可。根据法律规定，全国考试应当由行政主体或者行业来组织实施，在实施过程中应当遵循公开、公平的原则。

（2）法人或者其他组织的资格、资质认可。除非法律法规另有规定，否则行政主体对法人或者其他组织的资格、资质的认可应当根据申请人的专业人员构成、技术条件、经营业绩和管理水平等的进行考核后予以许可。

3. 核准和登记。

（1）核准式行政许可。《行政许可法》第55条规定："实施本法第12条第4项所列事项的行政许可的，应当按照技术标准、技术规范依法进行检验、检测、检疫，行政机关根据检验、检测、检疫的结果作出行政许可决定；行政机关实施检验、检测、检疫，应当自受理申请之日起5日内指派两名以上工作人员按照技术标准、技术规范进行检验、检测、检疫。不需要对检验、检测、检疫结果作进一步技术分析即可认定设备、设施、产品、物品是否符合技术标准、技术规范的，行政机关应当当场作出行政许可决定。行政机关根据检验、检测、检疫结果，作出不予行政许可决定的，应当书面说明不予行政许可所依据的技术标准、技术规范。"

从法律规范可以看出，所谓核准，是由许可机关对某些事项是否达到特定技术标准、特定技术规范的判断、确定。核准是对物的许可。核准式行政许可作出的直接依据应当是行政主体根据检验、检测、检疫的结果；间接依据则是根据检验、检测、检疫所依据的技术标准、技术规范。

行政主体如果在进行检验、检测、检疫后，认为应当不予核准决定的，应当书面说明不予行政许可所依据的技术标准、技术规范。

（2）登记式行政许可。《行政许可法》第56条规定："实施本法第12条第5项所列事项的行政许可，申请人提交的申请材料齐全、符合法定形式的，行政机关应当当场予以登记。需要对申请材料的实质内容进行核实的，行政机关依照本法第34条第3款的规定办理。"

登记是指行政主体对于企业或者其他组织的设立等需要确定主体资格的事项，以登记的方式作出的行政许可。在行政许可法中对登记式行政许可作出两种规定：①形式审查的登记。形式审查指的是行政主体对申请人的申请只审查其材料是否齐全、是否符合法定形式。②实质审查的登记。实质审查是指行政主体对于申请材料不仅要作形式审查还必须对材料的真实性作进一步的核查，为了确保核查结果的可靠性，法律要求进行实质审查的人员须在2人以上。

对于在什么情况下选择使用形式审查或实质审查，法律没有作出明确规定，从法理上讲，如果申请登记的特定主体资格与公共安全、人身健康、生命财产安全有很高程度的关联，则行政主体应当采用实质审查的登记，其他情况则可以采用形式审查的登记。

4. 有数量限制的行政许可实施程序。《行政许可法》第57条规定："有数量限制的行政许可，两个或者两个以上申请人的申请均符合法定条件、标准的，行政机关应当根据受理行政许可申请的先后顺序作出准予行政许可的决定。但是，法律、行政法规另有规定的，依照其规定。"

关于这条，我们可以从以下两个方面来理解：

（1）对于数量限制的行政许可，有两个或者两个以上申请人的申请的，并且申请人均符合申请的法定条件和标准的，行政主体应当根据受理行政许可申请的先后顺序来决定许可对象。

（2）对于有数量限制的行政许可，有两个或者两个以上申请人的申请的，并且申请人均符合申请的法定条件和标准时，法律法规有时对优先选择被许可人的顺序有特殊规定，如对偏远地区、少数民族、军烈属等优先，此时，行政主体不应仅根据受理申请的先后顺序作出决定，而是应当根据法律法规的特殊规定的顺序来确定被许可人。

（三）行政许可的监督制度与法律责任

1. 行政许可的监督制度。《行政许可法》第60条规定，上级行政主体应当加强对下级行政主体实施行政许可的监督检查，及时纠正行政许可实施中的违法行为。同时，针对一些行政主体重事前审批、轻事后监督的现象，《行政许可法》着重对实施行政许可之后的监督检查作了四个方面的规定：

（1）书面监督检查制度。行政主体对被许可人的监督，原则上应当采取书面监督的方式，就是通过核查反映被许可人从事行政许可事项活动情况的有关材料，履行监督责任。这样既可以保证监督的效果，又可以防止监督扰民、减轻企业负担。《行政许可法》还规定行政主体应当将监督检查情况和处理结果的记录签字归档，供公众查阅。这对增强行政主体工作人员的责任心，促进被许可人诚实守信具有重要作用。

（2）实地监督检查制度。行政主体对于通过书面监督方式难以达到监督效果，需要进行实地检查、核验、检测的，应当进行实地检测。比如，《行政许可法》规定，行政主体可以对被许可人生产经营的产品依法进行抽样检查、检验、检测，对其生产经营场所依法进行实地检查。

（3）属地管辖制度。一般来说，作出行政许可决定的行政主体负有对被许可人从事行政许可事项的活动进行监督检查的责任，也就是通常所说的："谁审批、谁负责、谁监管"。但是，如果被许可人在作出许可决定的行政主体管辖区域外从事行政许可事项活动，作出许可决定的行政主体就不便对其直接进行监督。《行政许可法》针对这种情况明确规定，被许可人在作出行政许可决定的行政主体管辖区域外违法从事行政许可事项活动的，违法行为发生地的有关行政主体应当依法查处，并将被许可人的违法事实、处理结果抄告作出行政许可决定的行政主体。

（4）举报制度。个人和组织发现违法从事行政许可事项的活动，有权向行政主体举报，行政主体应当及时核实、处理。

2. 法律责任。违反《行政许可法》规定的违法行为的种类主要有四个方面：

（1）实施行政许可的行政主体的违法行为。实施行政许可的行政主体，是指受理行政许可申请，依法对申请人提供的申请材料进行审查并作出是否准予许可的行政决定的机关。根据《行政许可法》的规定，有以下违法实施行政许可的行为：①无权设定行政许可的国务院部门、地方政府及其所属部门设定行政许可。②无正当理由，对符合法定条件的行政许可申请不予受理、不予行政许可或者不在法定期限内作出决定。③实施行政许可的行政主体及其工作人员在办公场所拒绝依法应当公示的材料；在受理、审查、决定行政许可过程中，未向申请人、利害关系人履行法定告知义务的；申请人提交的材料不齐全、不符合法定形式，不一次性告知申请人必须补正的全部内容的；未依法说明不受理行政许可申请或者不予行政许可理由的；依法应当举行听证而不举行的。④实施行政许可的行政主体对不符合法定条件的申请人准予行政许可或者超越职权作出准予行政许可决定的；对符合条件的申请人不予许可或者不在法定期限内作出准予行政许可决定的；依法应当根据招标、拍卖或者考试成绩作出行政许可决定的；未经招标、拍卖或者考试，或者不根据招标、拍卖结果或者考试成绩择优作出行政许可决定。⑤行政主体实施行政许可，擅自收费或者不按照法定项目和标准收费的。⑥行政主体违法实施行政许可，给当事人的合法权益造成损害的。⑦行政主体不依法履行监督责任或者监管不力，造成严重后果的。

（2）实施行政许可的行政主体工作人员的违法行为。实施行政许可的行政主体工作人员是指在行政主体内部专门从事行政许可工作的人员，是国家机关的工作人员，行政主体工作人员在行政许可工作中，必须尽职尽责，依法审查行政许可申请材料，解答申请人的问题，并依法为之提供信息服务，依法调查取证，依法行使职权，依法对申请人的行政许可申请作出是否准予的决定。否则，行政主体工作人员的行为即构成违法。

（3）行政许可申请人的违法行为。行政许可申请人隐瞒有关情况或者提供虚假材料申请行政许可；被许可人以欺骗、贿赂等不正当手段取得行政许可的；行政许可申请属于直接关系公共安全、人身健康、生命财产安全事项的，申请人在 3 年内再次申请该行政许可；已经取得的行政许可属于直接关系公共安全、人身健康、生命财产安全事项的，申请人在 3 年内再次申请该行政行为。

（4）被许可人的违法行为。被许可人以欺骗、贿赂等不正当手段取得行政许可；被许可人涂改、出借、出租、倒卖行政许可证；超越行政许可范围活动，向负责监督检查的行政主体提供虚假材料或者拒绝提供反映其活动情况的真实材料；有法律、法规、规章规定的其他违法行为。

根据以上违法的情形和轻重程度，《行政许可法》规定了不同的法律责任：

（1）行政法律责任。行政法律责任是指行政法律主体由于违反行政法律规范或不履行行政法律义务而依法承担的行政法律后果，它与民事法律责任、刑事法律责任相并列，分别作用于各种部门法所调整的特定的社会关系领域，根据我国《行政许可法》及其有关法律、法规的规定，对于违反《行政许可法》的行为必须承担行政法律责任的方式有以下方面：①行政处分。我国《行政许可法》中的行政处分，是指享有行政许可职责的国家行政机关或上级有关部门按照行政隶属关系，对违反《行政许可法》的行为人给予的行政处分，依据《公务员法》第 56 条的规定："处分分为：警告、记过、记大过、降级、撤职、开除。"②行政处罚。我国《行政许可法》规定，被许可人以欺骗、贿赂等不正当手段取得行政许可的，行政主体应当依法给予行政处罚；被许可人涂改、倒卖、出租、出借行政许可证件或者以其他形式非法转让行政许可的，超越行政许可范围进行活动的，向负责监督检查的行政主体隐瞒有关情况、提供虚假材料或者拒绝提供反映其活动情况的真实材料的行为，行政主体应当依法给予处罚；公民、法人或者其他组织未经行政许可，擅自从事依法应当取得行政许可的活动的，行政主体应当采取措施予以制止，并依法给予行政处罚。

（2）刑事法律责任。刑事法律责任，是指根据法律规定，犯罪人因犯罪行为应向国家承担的，由代表国家的司法机关保证实现的刑事实体义务。根据我国《刑法》第13条的规定，一切危害国家主权、领土完整和安全，分裂国家、颠覆人民民主专政的政权和推翻社会主义制度，破坏社会秩序和经济秩序，侵犯国有财产或者劳动群众集体所有的财产，侵犯公民私人所有的财产，侵犯公民的人身权利、民主权利和其他权利，以及其他危害社会的行为，依照法律应当受刑罚处罚的，都是犯罪，但是情节显著轻微危害不大的，不认为是犯罪。根据我国《行政许可法》的有关规定及其他法律、法规的规定，行为人的行为如果触犯了刑法，就应当承担相应的刑事法律责任。

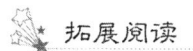 拓展阅读

行政许可的设定权

对于行政许可的设定权，《行政许可法》第二章有明确的规定。其主要内容为：

1. 全国人民代表大会及其常务委员会的设定权。在我国，只有全国人民代表大会及其常务委员会有权制定法律。根据《行政许可法》第12条及第14条第1款的规定，法律在行政许可的设定权方面没有限制。

2. 国务院的设定权。在我国，只有国务院有权制定行政法规。《行政许可法》第14条规定："本法第12条所列事项，法律可以设定行政许可。尚未制定法律的，行政法规可以设定行政许可。必要时，国务院可以采用发布决定的方式设定行政许可。实施后，除临时性行政许可事项外，国务院应当及时提请全国人民代表大会及其常务委员会制定法律，或者自行制定行政法规。"

3. 有地方立法权的地方权力机关及地方人民政府的设定权。在我国，省、自治区、直辖市、省会和较大的市、设区的市、自治州的人民代表大会及其常务委员会有权制定地方性法规，其人民政府有权制定地方政府规章。《行政许可法》第15条规定："本法第12条所列事项，尚未制定法律、行政法规的，地方性法规可以设定行政许可；尚未制定法律、行政法规和地方性法规的，因行政管理的需要，确需立即实施行政许可的，省、自治区、直辖市人民政府规章可以设定临时性的行政许可。临时性的行政许可实施满1年需要继续实施的，应当提请本级人民代表大会及其常务委员会制定地方性法规。地方性法规和省、自治区、直辖市人民政府规章，不得设定应当由国家统一确定的公民、法人或者其他组织的资格、资质的行政许可；不得设定企业或者其他组织的设立登记及其前置性行政许可。其设定的行政许可，不得限制其他地区的个人或

者企业到本地区从事生产经营和提供服务，不得限制其他地区的商品进入本地区市场。"

4. 除了以上所列，其他一切规范性文件一律不得设定行政许可。

 思考与练习

一、思考题

行政主体对申请人提出的行政许可申请，应当如何处理？

二、选择题

下列哪些地方性法规的规定违反《行政许可法》？（　　　）

A. 申请餐饮服务许可证，须到当地餐饮行业协会办理认证手续

B. 申请娱乐场所表演许可证，文化主管部门收取的费用由财政部门按一定比例返还

C. 外地人员到本地经营网吧，应当到本地电信管理部门注册并缴纳特别管理费

D. 申请建设工程规划许可证，需安装建设主管部门指定的节能设施

 学习情境

行政许可程序的运用

【范例】

2004年12月，原告邓某贷款20多万元购买一辆25座的豪华金龙客车，挂靠在驻马店市汽车运输总公司名下经营客运，经省、市运管管理部门批准，邓某取得在某县官庄乡舍屯村至郑州线路上经营客运业务的资格。邓某投入营运后，方便了舍屯、韩庄及附近乡镇群众出行，客车几乎天天客满，邓某乐在脸上喜在心上。

2005年8月，舍屯至韩庄段公路大货车流量大，路面破坏严重，某县县乡公路管理所对该段路面进行了翻修。为防止超载大货车通行损害路面，某县县乡公路管理所在该路段两侧设置了一对长3.5米，宽2.2米，高1.3米的水泥限行墩，使原来9米宽的路面仅剩余2.4米宽。原告车辆2.5米宽，从2.4米宽的水泥限行墩处无法通行，客车从此停止了营运。原告邓某多次向有关部门反映均未得到解决，于是一纸诉状将某县县乡公路管理所告上法庭。

法院认为，被告某县县乡公路管理所作为公路管理部门，应当保障公路的完好、安全和畅通，被告在公路上设置限制通行的水泥墩，限制车辆通行，违反相关公路管理法律、法规的规定，属于滥用职权的违法行政行为。被告的违法行政行为侵害了原告的合法财产权益，且与原告请求赔偿的经济损失具有法律上因果关系，被告应当承

担赔偿责任。据此，法院判决被告赔偿原告直接经济损失 32 759.28 元。

【训练目的及要求】

结合范例和相关知识，通过训练，能正确运用行政许可基本知识。

【训练方法】

分两组进行，一组学生运用行政许可原理对范例作出判断；另一组学生评价判断是否正确。

【训练步骤】

步骤 1：分组；

步骤 2：熟悉范例；

步骤 3：学生分析范例；

步骤 4：老师评判。

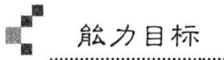 **参考书目**

1. 刘太刚：《以案说法——行政许可法》，中国社会出版社 2005 年版。

2. 应松年主编：《行政许可法教程》，法律出版社 2012 年版。

3. 《中华人民共和国行政许可法（注释本）》，法律出版社 2010 年版。

项目八　行政强制

 知识目标

1. 掌握行政强制的内涵；

2. 理解行政强制的原则；

3. 理解行政主体作出行政强制所依据的常用法律及程序规定。

能力目标

能够判断、运用行政强制的种类和程序。

任务一　行政强制的一般原理

导入案例

某日下午，张某指使李某等人对与其有宿仇的许某某进行殴打，致使许某某被打伤。县公安局民警赶到现场后将伤者送往医院救治，并将相关人员口头传唤到局里调查处理，同时对张某进行了强制传唤，经过两天的讯问查证后，因许某某的伤势结论暂不能确定，该县公安局又将本案作为刑事案件处理，进行刑事立案后对张某办理了拘传手续，又进行了 12 小时的讯问。故张某在公安局接受调查讯问的时间为 60 小时。许某某的伤情后经法医鉴定确认为轻微伤。县公安局查明事实后，撤销了刑事立案，又以治安案件对张某进行处理，张某认为，县公安局对限制人身自由的行为违反法律规定，属滥用职权行为，故对此提出控告。

问题：该公安局的行为中哪些属于行政强制？哪些属于刑事诉讼强制措施？

基本原理认知

一、行政强制的内涵

我国《行政强制法》第 2 条规定："本法所称行政强制，包括行政强制措施和行政强制执行。行政强制措施，是指行政机关在行政管理过程中，为制止违法行为、防止证据损毁、避免危害发生、控制危险扩大等情形，依法对公民的人身自由实施暂时性限制，或者对公民、法人或者其他组织的财物实施暂时性控制的行为。行政强制执行，是指行政机关或者行政机关申请人民法院，对不履行行政决定的公民、法人或者其他组织，依法强制履行义务的行为。"

从法条上我们可以看出，行政强制的内涵包含两个概念，一个是行政强制措施，另一个是行政强制执行。从行政强制的内涵知道，行政强制制度包括两部分内容：一部分是行政强制措施，另一部分是行政强制执行。两者的重要区别是行政强制措施是行政管理的中间行为，行政强制执行的前提是有一个最终的行政决定，是对行政决定的执行。

对于行政强制措施，我们可以有以下几点理解：①行政强制措施是具体行政行为，不是事实行为；②行政强制措施是暂时性控制措施，并非对当事人的人身、财产权利的剥夺；③行政强制措施实施的前提是为了制止违法行为、防止证据损毁、避免危害发生以及控制危险扩大，所以行政强制措施并非制裁手段，它的实施是为了便于行政决定的作出或行政目的的实现。

对于行政强制执行，我们可以有以下几点理解：①行政强制执行实施的前提是存在一个生效的行政决定，是为了保障行政决定内容得到实现而执行的行为；②行政强制执行是对当事人人身、财产权利的剥夺，这种剥夺源自原行政决定而非行政强制执行本身；③我国存在两种形式的行政强制执行形式：有权的行政主体实施的行政强制执行和非有权行政主体向人民法院申请强制执行；④执行的方式有三种：执行罚、代履行和直接强制执行。

无论是行政强制措施还是行政强制执行，都属于行政强制，所以两者有以下四种共同的特点：

1. 行政性。行政强制是发生在行政管理领域中，为了实现行政管理目的，主要由行政主体依照行政程序作出的行政行为。另外，申请人民法院强制执行中的执行机关是人民法院，可以看作是行政权的延伸，一并纳入本法规范。

2. 服从性。行政强制是典型的行政主体单方行为，当事人必须服从，没有选择的余地。

3. 物理性。行政强制是直接作用于当事人本身的，具有限制人身及改变财产物理状态效果的具体行政行为。

4. 依附性。尽管行政强制作为一类独立的具体行政行为存在，但行政强制本身并非目的，它是为其他行政行为的作出或实现而服务的。

二、行政强制法的适用范围

《行政强制法》第1条规定了立法目的："为了规范行政强制的设定和实施，保障和监督行政机关依法履行职责，维护公共利益和社会秩序，保护公民、法人和其他组织的合法权益，根据宪法，制定本法。"所以说，《行政强制法》的适用范围就是行政强制的设定和实施。

（一）行政强制的设定

行政强制的设定并不仅限于行政强制规范的设定权。还包括：①起草法律草案、法规草案，拟设定行政强制的，起草单位应当采取听证会、论证会等形式听取意见，并向制定机关说明设定该行政强制的必要性、可能产生的影响以及听取和采纳意见的情况。②行政强制的设定机关应当定期对其设定的行政强制进行评价；对已设定的行政强制，认为不适当的，应当对设定该行政强制的规定及时予以修改或者废止。③行政强制的实施机关可以对已设定的行政强制的实施情况及存在的必要性适时进行评价，并将意见报告该行政强制的设定机关。④公民、法人或者其他组织可以向行政强制的设定机关和实施机关就行政强制的设定和实施提出意见和建议。

（二）行政强制的实施

行政强制是实现行政管理目的有效手段，现行法律、法规规定了许多行政强制措施和强制执行，但是缺少程序规范，实践中侵害公民、法人或者其他组织权益的现象时有发生。程序保障是公民权利保障的重要手段，因此，规范实施是行政强制法的主要内容，绝大多数条款都是程序规定。

另外，《行政强制法》还解决了与其他已规定了行政强制制度的法律、行政法规的关系问题，就是谁优先适用。行政强制法是规范行政强制行为的一般法，又是新制定的，应当具有优先适用的法律效力。如果要优先适用其他法律，尤其是行政法规，必须由本法予以明确。因此，《行政强制法》第3条规定："行政强制的设定和实施，适用本法。发生或者即将发生自然灾害、事故灾难、公共卫生事件或者社会安全事件等突发事件，行政机关采取应急措施或者临时措施，依照有关法律、行政法规的规定执行。行政机关采取金融业审慎监管措施、进出境货物强制性技术监控措施，依照有关法律、行政法规的规定执行。"《行政强制法》第 3 条是对适用的例外情形进行了规定。行政强制权是对公民权利和自由进行限制的一种权力，为什么还要有适用的例外情形？又有哪些例外情形不予适用呢？首先，突发事件不适用《行政强制法》，如果相关领域已经有针对突发事件的特别法规定，则不适用《行政强制法》的一般规定。这里的"有关法律"主要有《传染病防治法》、《畜牧法》、《食品安全法》、《防震减灾法》、《戒严法》和《突发事件应对法》等。其次，特殊措施不适用《行政强制法》，当行政主体采取金融业审慎监管措施、进出境货物强制性技术监控措施时，不属于《行政强制法》的调整范围。

任务二　行政强制的判断

导入案例

2012 年 6 月 26 日上午 10 时许，李甲驾驶云 S00206 号农用运输车在大栗线 K20 + 700 米处撞伤涌宝派出所民警李乙，李甲当即将伤者送往卫生院，涌宝派出所民警闻讯赶到现场将肇事车钥匙拔走。交警赶到现场并对现场做了勘查后，因肇事车没有锁门并且钥匙也不在，为了肇事者的物品安全及疏通道路，交警在群众的帮助下将车推进了涌宝派出所内。2012 年 9 月 26 日李甲邀约黄甲、李丙、黄乙一同去涌宝派出所取车未果。对此事李甲曾向云县公安局督察队作过反映。2013 年 3 月 1 日涌宝派出所民警李乙向李甲提出用肇事车折抵部分赔偿费，二人到涌宝派出所，由李乙将车钥匙从涌宝派出所拿出，当天二人把车拖到云县车队。

问题：该案涉及何种行政强制？有哪些地方违法行政强制程序规定？

基本原理认知

一、行政强制的原则

由于行政强制涉及公民、法人的人身权、财产权，因此实施行政强制必须遵循一定的原则。主要有法定原则、适当原则、教育与强制相结合原则、不得为单位和个人谋利原则、保障当事人程序权利和法律救济权利原则等。

（一）法定原则

《行政强制法》第 4 条规定："行政强制的设定和实施，应当依照法定的权限、范围、条件和程序。"

行政强制法定原则是指行政强制必须严格依照法律的规定进行。当然，这里的"法律"可作广义的理解，并不单指《行政强制法》。尽管《行政强制法》是规范行政强制的主要法律，但它并不是唯一法源，其他法律、行政法规以及地方性法规，只要其内容涉及行政强制的设定和实施，都可以作为行政强制的依据。

行政强制法定原则包括以下四个方面：①权限法定。即没有行政强制权的机关和组织不得实施行政强制，有行政强制权的机关和组织必须在自己法定的权限范围内实施行政强制，否则就要承担相应的法律后果。②范围法定。即对于应采取行政强制的事项，法律事先规定了范围，行政主体只能在法律规定的范围内采取行政强制。③条件法定。即行政主体只有在法律规定的条件符合时，才能采取行政强制。④程序法定。即采取行政强制，不仅要实体合法，还必须符合法定程序的要求。

（二）适当原则

《行政强制法》第5条规定："行政强制的设定和实施，应当适当。采用非强制手段可以达到行政管理目的的，不得设定和实施行政强制。"这是关于行政强制的适当原则的规定。

1. 行政强制的设定应当适当，在设定行政强制时应在维护公共秩序和保护公民权利之间掌握平衡。

2. 实施行政强制时应当适当，行政主体依法实施行政强制应当以实现行政管理所要求的目标为限，表现为：

（1）情节轻微的，能不实施就不实施。这里要求做到：①违法行为情节显著轻微或者没有明显社会危害的，可不采取行政强制措施；②对没有明显社会危害，涉案财物数量较少，当事人确无能力履行，中止执行3年未恢复执行的，行政主体不再执行。

（2）查封、扣押、冻结的财物价值应当适当，比如说应该冻结部分资金的，不能冻结整个账户。具体要求做到：①限于涉案的场所、设施或者财物，不得查封、扣押与违法行为无关的场所、设施或者财物；②不得查封、扣押公民个人及其所抚养家属的生活必需品。

（3）强制手段要适当。①当事人不依法履行行政决定时，应当优先使用非强制手段；②行政主体应当优先使用间接强制手段，无法实现行政目的时，才适用直接强制执行；③多种强制手段都可以实现行政目的，应当选择对当事人损害最小的方式，即符合比例原则的要求。

（三）教育与强制相结合原则

《行政强制法》第6条规定："实施行政强制，应当坚持教育与强制相结合。"这里的"教育"，既包括特定教育，也包括一般教育；既包括对被强制对象的教育，也包括对一般社会公众的教育。当然，"教育与强制相结合"的"教育"主要是指对被强制对象的特定教育。因为对一般社会公众的一般教育是通过对被强制对象的特定教育实现的。一般社会公众只有在亲眼看到或间接、直接感受到行政主体在行政强制实施过程中对被强制对象所进行的具体个案教育以后，才可能从中受到相应的守法和履行法定义务的"传来"和"感知"教育。

此外，"教育与强制相结合"，还具有"先教育，后强制"和在行政强制的事前、事中、事后的整个过程中坚持教育的意涵。该原则要求，行政主体在实施行政强制之前，即应对相对人进行教育，促使相对人自觉履行义务。如果经教育能达到的行政管理目的的，不再实施强制。

同时，必须严格遵守催告先行制度。这里要求行政主体在作出行政强制决定前要进行催告程序。在催告或实施前，如果当事人自愿履行的，应当立即停止强制执行。

（四）不得为单位和个人谋利原则

《行政强制法》第7条规定："行政机关及其工作人员不得利用行政强制权为单位或者个人谋取利益。"

行政强制权作为一种公权力，其存在和行使是为了维护公共利益。"权力导致腐败，绝对的权力导致绝对的腐败。"如果不能实现利益与行政强制权的分离，行政强制权必然会被滥用，成为"寻租"的工具，既损害行政执法机关及其工作人员的形象，也会严重损害公民利益和社会公共利益。

不得利用行政强制权谋取利益，包括不得为单位谋取利益和不得为个人谋取利益。这里的单位和个人不限于执法单位和执法人员本身，运用行政强制权为任何单位和任何个人谋取利益都是被禁止的。这就要求行政执法机关及其工作人员在行使行政强制权的过程中，不得掺杂部门目的或个人目的，不得徇私枉法。行政强制执法不能与部门利益或个人利益挂钩。在《行政强制法》里，对于不得利用行政强制权谋取利益原则，具体要求做到以下几点：①不得使用被查封、扣押的财产；②不得收取保管费；③收支两条线；④合理确定代履行费用。

（五）保障当事人程序权利和法律救济权利原则

《行政强制法》第8条第1款规定："公民、法人或者其他组织对行政机关实施行政强制，享有陈述权、申辩权；有权依法申请行政复议或者提起行政诉讼；因行政机关违法实施行政强制受到损害的，有权依法要求赔偿。"本条明确了公民在面对行政主体、人民法院实施行政强制行为时所拥有的五大权利。这里要求行政主体和法院严格遵守法定程序，依法保障行政管理相对人、利害关系人的知情权、参与权和法律救济权。具体说来有三点：①作出对当事人不利的决定前，应当听取当事人的意见，当事人享有充分的陈述和申辩的权利；②在行政强制实施后，当事人认为自己的权益受到损害的，有权依法申请行政复议或者提起行政诉讼；③行政主体申请人民法院强制执行后，如果法院裁定并执行，而且没有变更基础行政决定，最后因基础行政决定违法导致法院的司法强制执行行为违法，且损害当事人合法权益的，应当由"申请执行的行政机关"承担主要赔偿责任。此外，公民、法人或者其他组织因人民法院在强制执行中有违法行为或者扩大强制执行范围受到损害的，也有权依法要求其给予赔偿。

二、行政强制措施基本原理

（一）行政强制措施的种类

行政强制措施是行政主体对公民人身自由实施暂时性限制，或对公民、法人或者其他组织的财产实施暂时性控制。我国《行政强制法》第9条对行政强制措施作了以下分类：

1. 限制公民人身自由。我国《立法法》规定，只有法律才能设定限制人身自由。根据现行颁布的《人民警察法》、《治安管理处罚法》、《道路交通安全法》、《集会游行示威法》、《出入境管理法》等一系列法律，限制公民人身自由的措施的形式有：盘问、留置盘问、传唤、强制传唤、扣留、人身检查、强制检测、约束、隔离、强制隔离、强行带离现场、强行驱散、驱逐和禁闭等。这里的限制公民人身自由的特点有：①形式多样：与行政处罚、刑事强制措施不同；②实施主体多样：有戒严实施机关、公安机关、公安交通管理部门、海关、军事设施管理单位等；③具有预防和保障性。

2. 查封场所、设施或者财物。查封是行政主体限制当事人对其财产的使用和处分的强制措施。主要是对不动产或者不便移动的财产，由行政主体加贴封条的方式限制当事人对财产的使用或移动。形式有封存、加封、暂时性封存、先行登记保存等。查封场所、设施或者财物的特点有：①其目的在于查处违法行为固定证据；②查封的对象有场所、工具、设施、设备、财物、资料、合同、账簿等；③常见方式是就地封存。

3. 扣押财物。扣押是行政主体暂时剥夺当事人对其财物的占有。形式有扣押、扣留、暂扣、暂时扣留等。扣押财物的特点有：①目的是为查处违法行为保全证据；②对象是动产；③一般由行政主体自己保管或指定第三人保管。

查封、扣押的措施都有禁止或限制被执行人对标的物有害处分的效力，都要作出裁定并送达双方当事人，都要制作查封、扣押财产清单，但两者也有明显的区别：①采取的措施对象不同。查封的对象既可以是动产，也可以是不动产，而扣押只能是动产或证据资料。②操作的方法步骤不同。对动产的查封可以就地查封，也可以异地查封，但均需在被查封的标的物上贴上封条，对特殊动产如车辆、船舶，还应向有关部门送达协助执行通知书。对不动产的查封，可以贴封条，也可以不贴封条；如不贴封条，应张贴查封公告。如有权属登记机关的，应向有关部门送达协助执行通知书，办理查封登记；无法办理查封登记的，亦应采取张贴查封公告的方式公示。而扣押，只能异地进行，将所扣押的物品从被执行人或第三人处扣走，使其不再占有扣押的物品。对特殊的动产，亦应向有关部门送达协助执行通知书；对证据材料，应责令有关单位或个人交出，清点后封存扣走。

4. 冻结存款、汇款。冻结主要是限制金融资产流动的强制措施，是指有权的执法机关为了保证行政案件的顺利查处，根据案情需要，在一定时期内禁止存款或汇款的所有人（包括单位或个人）提取其账户内的全部或部分存款的措施。冻结对象包括银行存款、汇款和邮政企业汇款，也包括股票等有价证券。形式有冻结、临时冻结、暂停支付等。冻结存款、汇款的特点有：①冻结对象是账户资金，包括存款、汇款、有价证券等；②完成冻结需要有金融机构协助；③并非转移资金，只是限制资金流动的措施。

5. 其他强制措施。这是此条规定的兜底条款。因为除了上述四种行政强制措施外，还有不少强制措施没有列举，比如行政处罚法的"登记保存"，动物防疫法的在发生动物疫病时对易感动物及动物产品采取"隔离""扑杀""销毁"等。

（二）行政强制措施的实施主体

行政强制措施必须由法定的主体实施，《行政强制法》对行政强制措施的实施主体作了严格的限制，第17条规定："行政强制措施由法律、法规规定的行政机关在法定职权范围内实施。行政强制措施权不得委托。依据我国《行政处罚法》的规定行使相对集中行政处罚权的行政机关，可以实施法律、法规规定的与行政处罚权有关的行政强制措施。行政强制措施应当由行政机关具备资格的行政执法人员实施，其他人员不得实施。"

1. 只有行政主体才能实施行政强制措施，不得委托。行政强制措施的即时性和强制性，决定它和行政许可权、行政处罚权等其他行政权力不同，行政强制措施对公民、法人或者其他组织的权益影响更大，所以对行政强制措施实施主体的规定更加严格，只能由有权行政主体来实施，不得委托给其他行政机关、组织或者个人。

2. 行政主体中，只有法律、法规授予行政强制措施权的才能实施，未经授权的行政主体不得作为实施主体。不是所有行政主体都能行使行政强制权，《行政强制法》中没有概括授权行政主体行使行政强制措施，每个具体的行政主体的行政强制权，需要由单行法律、法规的授权。单行法律、法规在规定行政强制措施的同时，一般会明确规定实施该行政强制措施的主体，未被明确授权的行政主体，则不具备该行政强制措施的执行权。

3. 法律、行政法规授权的具有管理公共事务职能的组织在法定授权范围内，可以实施行政强制措施。《行政强制法》第70条规定："法律、行政法规授权的具有管理公共事务职能的组织在法定授权范围内，以自己的名义实施行政强制，适用本法有关行政机关的规定。"一般说来，法律、行政法规授权的具有管理公共事务职能的组织，不是行政机关，不具有一般国家机关的地位。只有在法定范围内，以自己名义实施的行政强制时，该组织才具有与行政机关基本相同的法律地位。因此，授权对象必须经过严格审查，具备一定条件：①必须是组织而不是个人。②被授权的组织不能是立法机关、司法机关，也不能是行政机关。③必须是具有公共事务管理职能的组织。这里还必须注意的是，"被授权的具有管理公共事务职能的组织"必须是由法律、行政法规授权才能实施相应的行政强制措施，地方性法规、规章及其他规范性文件的规定不能作为授权依据。

4. 行使相对集中行政处罚权的行政主体，可以实施法律、法规规定的行政处罚权有关的行政强制措施。相对集中行政处罚权，是指依据我国《行政处罚法》的规定，将若干有关行政主体的行政处罚权集中起来，交由一个行政主体统一行使；行政处罚权相对集中后，有关行政主体不得再行使原行政处罚权。虽然行政强制措施与行政处罚是两类不同性质的具体行政行为，但二者之间有内在的必然联系，相对集中行政处罚的机关采取行政强制措施是有理论依据和法律支撑的：相关行政处罚权集中到一个行政主体以后，与行政处罚相关的行政强制措施也应交由相应的行政主体统一实施，如果一些行使相对集中行政处罚权的行政主体不能集中实施相应的行政强制措施，就会出现相对集中行使行政处罚权制度难以落实的情况。行政处罚权集中行使的行政主体，可以实施法律、法规规定的行政处罚权有关的行政强制措施将有利于提高相关行政主体的执法效率。但是，这一权力的行使同样受到严格限制：其一，只有行使相对集中行政处罚权的行政主体才有资格行使相对集中行政强制措施权；其二，该行政主体中行使的相对集中行政强制措施权必须与相应的行政处罚权有关。

5. 代表行政主体实施行政强制措施的必须是具备资格的行政执法人员，其他人员不得实施。行政主体执法人员是代表国家行政主体依法行使行政执法权的人员，代表着国家的形象和权威。执法人员素质的高低直接决定着政府行政管理职能的落实与否。

根据《行政强制法》的规定，行政强制措施应当由行政主体中具备资格的行政执法人员实施，其他人员不得实施。这样规定有利于改善目前行政强制执法措施实施主体庞杂的局面，有利于更好地维护行政相对人的合法权益，也有利于维护行政法制的严肃性，维护政府形象。

三、行政强制措施的实施程序

（一）一般程序

一般程序也就是普通程序，根据《行政强制法》的规定，实施行政强制措施应当遵守的程序规定有：

1. 实施前须向行政主体负责人报告并经批准。情况紧急，需要当场实施行政强制措施的，行政执法人员应当在 24 小时内向行政主体负责人报告，并补办批准手续。行政主体负责人认为不应当采取行政强制措施的，应当立即解除。

2. 由两名以上行政执法人员实施。

3. 出示执法身份证件。

4. 通知当事人到场。

5. 当场告知当事人采取行政强制措施的理由、依据以及当事人依法享有的权利、救济途径。

6. 听取当事人的陈述和申辩。

7. 制作现场笔录。

8. 现场笔录由"当事人和行政执法人员"签名或者盖章,当事人拒绝的,在笔录中予以注明。

9. 当事人不到场的,邀请见证人到场,由"见证人和行政执法人员"在现场笔录上签名或者盖章。所以说,在行政强制措施的实施中,当事人可以不到场,当场也可以不签字。但是执法人员必须签字。

10. 法律、法规规定的其他程序。

11. 时限要求。行政强制法除了规定行政强制措施的一般程序外,还对限制人身自由的强制措施和执法实践中运用得比较多的查封、扣押和冻结的程序作了专门规定。并且针对实践中容易侵害公民权益的长期查封、扣押和冻结问题,规定了具体的时限限制。

如关于限制人身自由的时限,《行政强制法》第20条第2款规定,实施限制人身自由的行政强制措施不得超过法定期限。实施行政强制措施的目的已经达到或者条件已经消失,应当立即解除。

限制人身自由的强制措施情况比较复杂,时限都由单行法规定,如治安管理处罚法规定为8小时,不能超过24小时;海关法、集会游行示威法规定不得超过24小时。

关于查封、扣押的期限,《行政强制法》第25条规定,查封、扣押的期限不得超过30日;情况复杂的,经行政主体负责人批准,可以延长,但是延长期限不得超过30日。法律、行政法规另有规定的除外。延长查封、扣押的决定应当及时书面告知当事人,并说明理由。

对物品需要进行检测、检验、检疫或者技术鉴定的,查封、扣押的期间不包括检测、检验、检疫或者技术鉴定的期间。检测、检验、检疫或者技术鉴定的期间应当明确,并书面告知当事人。

关于冻结的期限,《行政强制法》第32条规定,自冻结存款、汇款之日起30日内,行政主体应当作出处理决定或者作出解除冻结决定;情况复杂的,经行政主体负责人批准,可以延长,但是延长期限不得超过30日。法律另有规定的除外。延长冻结的决定应当及时书面告知当事人,并说明理由。

(二)实施即时强制的程序

即时强制是指因情况紧急,为了排除目前紧迫障碍的需要,行政主体不以相对方不履行义务为前提,而对相对方的人身自由和财产予以强制的活动,以实现行政上必要状态的作用制度。即时强制包括对人身的强制、对财产的强制和对住宅、工作场所等现场进行的强制。从概念上可以看出,即时强制是为了预防、制止或控制危害社会情况的发生或者为了后续行政行为的顺利实施，而对妨碍上述目标实现的行政相对人的人身、财物及其他权益的断然行动，以实现特定的秩序或必要的状态。

实施即时强制应当遵守两个基本条件：①须有明确的法律依据。所谓法律依据，是指在事实条件具备的情况下，法律对实施行政即时强制的主体、职权和限度等有严格的规定。②须遵循法定程序。所谓遵循法定程序，就是指行政主体在行使行政即时强制权时必须保证程序的合法性。它要求行政主体实施行政即时强制时必须要遵守表明身份、期限等制度。通过程序条件对行政即时强制进行控制，符合行政法上的正当程序原则。

（三）实施限制公民人身自由行政强制措施的程序

人身自由是公民的最基本、最重要的权利，是其他公民权利的前提。法律不仅对设定限制人身自由的行政强制措施作了明确限制，对它的实施程序也作了特别规定。根据《行政强制法》的规定，实施限制公民人身自由的行政强制措施，除应当履行一般程序外，还应当遵守特别规定：

1. 告知义务。当场告知或者实施行政强制措施后立即通知当事人家属实施行政强制措施的行政主体、地点和期限。

2. 批准义务。在紧急情况下当场实施行政强制措施的，在返回行政主体后，立即向行政主体负责人报告并补办批准手续。

3. 期限。实施限制人身自由的行政强制措施不得超过法定期限。实施行政强制措施的目的已经达到或者条件已经消失，应当立即解除。

（四）查封、扣押的程序

查封、扣押是实践中最为常用的行政强制措施，行政强制法对查封、扣押的程序作了具体规定。对于查封、扣押的实施对象，法律有严格规定：查封、扣押的仅限于涉案场所、设施或财物。严格遵守"三不得"：不得查封、扣押与违法行为无关的场所、设施或财物；不得查封、扣押公民个人及其所扶养家属的生活必需品；已被其他国家机关依法查封的当事人的场所、设施或者财物不得重复查封。

1. 实施程序。

（1）实施前批准程序。实施查封、扣押前须向行政主体负责人报告并经其批准。查封、扣押是一项对当事人权益影响重大的行政权力，因此必须履行严格的报批程序。同时，在紧急情况下，对于需要当场查封或扣押的，行政执法人员应当在24小时内向行政主体负责人报告，并补办批准手续。行政主体负责人认为不应采取查封、扣押措施的，应当立即解除。

（2）实施时主体要求。查封、扣押程序由法律、法规规定的行政主体实施，其他任何行政主体或者组织不得实施。具体实施时，需要通知当事人到场，当事人不到场的，需要邀请见证人到场。查封、扣押程序应当由两名以上的具备资格的行政执法人员实施，并出示执法身份证件，其他人员不得实施。

（3）行政主体的告知义务和当事人的陈述、申辩权。行政主体应当当场告知当事人采取查封、扣押措施的理由、依据以及当事人依法享有的权利、救济途径。当事人在知悉行政主体告知义务中的所有事项后，有权进行陈述和申辩，提出有利于自己的证据，驳斥不利于自己的事实。行政主体必须充分听取当事人的意见并对当事人提出的事实、理由和证据进行复核，复核成立的，行政主体应当采纳。

（4）制作现场笔录。现场笔录应当全面客观地反映查封、扣押现场的有关事实，保证所记录内容的真实性和完整性。本法规定，现场笔录由当事人和行政执法人员签名或者盖章，当事人拒绝的，在笔录中予以注明；当事人不到场的，邀请见证人到场，由见证人和行政执法人员在现场笔录上签名或者盖章。

（5）制作并当场交付查封、扣押决定书。查封、扣押决定书是作出查封、扣押决定的法律文书，是采取查封、扣押措施的书面凭证，当事人对查封、扣押措施不服的可以据此申请行政复议或者提起行政诉讼。

（6）当场交付查封、扣押清单。查封、扣押清单是记载被查封、扣押财产的详细情况的书面凭证。查封、扣押清单一式二份，由当事人和行政主体分别保存。

2. 查封、扣押的期限。

（1）一般情况下，查封、扣押的期限不超过 30 日，情况复杂的，经行政主体负责人批准可以延长不超过 30 日。因此，查封、扣押最长期限不超过 60 日。如果对物品需要进行检测、检验、检疫或者技术鉴定情形的，查封、扣押的期间不包括检测、检验、检疫或者技术鉴定的期间。本法规定，检测、检验、检疫或者技术鉴定不能成为变相地延长查封、扣押期限的手段，物品的检测、检验、检疫或者技术鉴定应当以"需要"为限，有关机构应当在最短时间内完成检测、检验、检疫或者技术鉴定，不得故意拖延。

（2）行政主体的告知义务。行政主体在实施查封、扣押过程中需要履行的告知义务有：一是将延长查封、扣押的决定书面告知当事人，并说明理由。二是将检测、检验、检疫或者技术鉴定的明确的期间书面告知当事人，不得使用含混、模糊的字眼，使当事人难以确定检测、检验、检疫或者技术鉴定所需要的时间。

3. 保管查封、扣押的财产。

（1）对查封、扣押的场所、设施或者财物，行政主体应当妥善保管，不得使用或者损毁。因未尽妥善保管义务造成损失的，行政主体应当承担赔偿责任。

（2）对查封的场所、设施或者财物，行政主体可以委托第三人保管，第三人不得损毁或者擅自转移、处置。因第三人的原因造成的损失，行政主体先行赔付后，有权向第三人追偿。

（3）查封、扣押的费用。对查封、扣押物品的保管费用，应当由行政主体承担；对检测、检验、检疫或者技术鉴定的费用，也应当由行政主体承担。

4. 查封、扣押后财物的处理。

（1）行政主体在采取查封、扣押措施后，应尽快查清事实，在法定期限内作出相应的决定。

（2）行政主体对违法事实清楚的非法财物，应当依法予以没收。

（3）对法律、行政法规规定的应当销毁的非法财物，予以依法销毁。

（4）对于当事人没有违法行为，或者查封、扣押的场所、设施或者财物与违法行为无关，或者行政主体对违法行为已经作出处理决定，不再需要查封、扣押，或者查封、扣押期限已经届满的情形，行政主体应当解除查封、扣押措施。对于已解除的查封、扣押措施，行政主体立即退还财物。如果行政主体已将鲜活物品或者其他不易保管的财物拍卖或者变卖的，退还拍卖或者变卖所得款项。变卖价格明显低于市场价格，给当事人造成损失的，行政主体应当给予补偿。

（五）冻结的程序

金融机构的资金主要来源于储蓄存款，如果过多滥用冻结手段，会使人们认为资金存入金融机构并不安全，从而产生不信任，导致金融信用无从建立，金融业无从发展，所以说冻结存款、汇款既关系到金融机构的信用，又关系到公民、法人以及其他组织的财产安全，应当予以严格限制。

1. 冻结的条件。

（1）冻结实施主体只能是法律规定的行政机关和法律授权的具有管理公共事务职能的组织。由此看出，除了全国人大常委会及其常务委员会有权规定享有冻结存款、汇款这一权力的单位，经由法律授权的单位应当自己实施这一权力，不能委托他人。

（2）冻结存款、汇款的数额应当与违法行为涉及的金额相当。这里体现了适当原则，行政主体行使冻结存款、汇款措施时，要求冻结的金额与涉案金额相当，这样既保证了行政效率，也保障了公民、法人以及其他组织的合法财产权利。

（3）不得重复冻结原则。对于已被其他国家机关依法冻结的存款、汇款，不得重复冻结。这里的重复冻结指的是已被冻结的财产再次被别的有权机关冻结的情形。但如果同一笔存款、汇款中有一部分冻结，其余没有被冻结的部分依然可以冻结。

2. 实施冻结的程序。

（1）实施冻结的程序和其他行政强制措施有一定区别，根据《行政强制法》的规定，实施冻结应当遵守以下程序：实施前须向行政主体负责人报告并经批准；有两名以上行政执法人员实施；出示执法证件；制作现场笔录，现场笔录载明的事项一般包括冻结时间、地点，实施冻结的单位和个人，被冻结的单位和个人，协助冻结的单位和个人，冻结的具体事项等。除此之外，《行政强制法》第18条规定的通知当事人到场并当场告知采取行政强制措施的理由、依据以及告知当事人所享有的权利、救济途径，现场笔录需要当事人现场签名，邀请见证人到场以及要求见证人在现场笔录上签名或盖章等程序，行政主体在实施冻结程序时不需要遵守。

（2）行政主体应当向金融机构交付冻结通知书。金融机构收到冻结通知书后应核实执法人员的身份证明文件的真实性和冻结通知书的有效性，证明真实有效后，金融机构有义务配合行政主体实施冻结。金融机构的配合冻结义务有：接到行政主体依法作出的冻结通知书后，应当立即予以冻结，不得拖延；不得在冻结前向当事人泄露信息。金融机构同时有权拒绝法律规定以外的行政主体或者组织要求冻结当事人存款、汇款的要求。

3.《行政强制法》第32条规定了冻结决定书交付的期限：自冻结存款、汇款之日起30日内，行政主体应当作出处理或解除冻结决定；情况复杂的，经行政主体负责人批准，可以延长不得超过30日；法律另有规定的除外。第31条规定，冻结决定书应当载明：①当事人的姓名或者名称、地址；②冻结的理由、依据和期限；③冻结的账号和数额；④申请行政复议或者提起行政诉讼的途径和期限；⑤行政主体的名称、印章和日期。

4. 实施冻结程序的期限。冻结的期限最长不超过60日，法律另有规定的除外。《行政强制法》第32条规定："自冻结存款、汇款之日起30日内，行政机关应当作出处理决定或者作出解除冻结决定；情况复杂的，经行政机关负责人批准，可以延长，但是延长期限不得超过30日。法律另有规定的除外。"为了保障当事人的知情权，行政主体依法作出延长冻结期限时，应当书面告知当事人并说明理由。同时，为了保持冻结的效力，行政主体也应当将延长冻结的决定书面通知金融机构，金融机构接到通知书后，应当及时协助延长冻结。

5. 解除冻结。有下列情形之一，行政主体应当及时作出解除冻结的决定：①当事人没有违法行为；②冻结的存款、汇款与违法行为无关；③行政主体对违法行为已经作出处理决定，不再需要冻结；④冻结期限已经届满。行政主体作出解除冻结决定的，应当及时通知金融机构和当事人。金融机构接到通知后，应当立即解除冻结。行政主体逾期未作出处理决定或者解除冻结决定的，金融机构应当自冻结期满之日起解除冻结。

四、行政强制执行基本原理

（一）行政强制执行的方式

行政强制执行存在两种形式，一种是有权行政主体自己强制执行，另一种是申请人民法院强制执行。人民法院强制执行方式由《民事诉讼法》规定，所以说，《行政强制法》规定的是有权行政主体自己强制执行的方式。

《行政强制法》所规定的强制执行方式中，根据执行手段的不同，分为直接强制执行和间接强制执行。直接强制执行形式多样，其特点是将执行手段直接作用于当事人的财产和人身，较为常见的方式有划拨存款、汇款，拍卖或者依法处理财物；间接强制执行的手段则相对平和，包括加处罚款或滞纳金，还有代履行。

《行政强制法》第12条对行政强制执行方式作了以下分类：

1. 加处罚款和滞纳金。加处罚金和滞纳金是对拒不履行行政决定所确定的金钱给付义务的当事人，以加处新的金钱给付义务的方式，迫使当事人履行的行政强制执行方式。在我国，加处罚款和滞纳金主要是针对不履行罚款、税款、行政收费、社会保险费等金钱给付义务的强制执行。

2. 划拨存款、汇款。目前行政主体划拨存款、汇款的，只适用于税收和征收社会保险费等少数领域，并需要法律明确的授权才可执行。

3. 拍卖或者依法处理查封、扣押的场所、设施或者财物。拍卖或者依法处理查封、扣押的场所、设施或者财物是针对执行金钱给付义务所采取的强制执行方式，目前，我国《税收征收管理法》、《海关法》等法律规定了依法拍卖或者变卖、变价的执行方式。同时，根据《行政强制法》第46条第3款的规定，当事人在法定期限内不申请行政复议或者提起行政诉讼，经催告仍不履行的，在实施行政管理过程中已经采取查封、扣押措施的行政主体，可以将查封、扣押的财物依法拍卖抵缴罚款。

4. 排除妨碍、恢复原状。排除妨碍就是排除对权利人行使人身权或者财产权的阻碍；恢复原状就是通过修理等手段使受到损坏的财产恢复到损坏前的状况。在行政管理中，公民、法人或者其他组织的行为侵害的不是其他民事主体的权利，而是侵害了公共财产，影响了行政管理秩序，这时，当事人就可能需要承担排除妨碍、恢复原状的责任。

5. 代履行。代履行是当事人拒绝履行行政决定义务时，由行政主体或者第三人代替当事人履行行政决定的义务，并向当事人收取履行费用的执行方式。

区别代履行和直接强制执行，一是看是否属于排除妨碍、恢复原状的情形，如果当事人应当履行的义务是由于当事人事先的作为引起的从而需要当事人消除违法的后果的，是直接强制执行而并非代履行；二是看决定是否强迫当事人消除自己违法的后果，代履行排除了强迫当事人作出一定行为，体现了对当事人人格和自由的尊重；三是看是否属于由当事人承担费用；四是如果代履行时当事人抵抗，则不能代履行；五是代履行的前提是行政决定的义务是可替代履行的，即当事人履行和其他人履行的效果是相同的。

而对于不能履行的义务，只能直接强制，不能代履行。如《预备役军官法》第63条规定："预备役军官有下列行为之一的，由县级人民政府责令限期改正；逾期不改正的，由县级以上地方人民政府强制其履行兵役义务；属于国家工作人员的，依法给予处分；构成犯罪的，依法追究刑事责任：①拒绝或者逃避预备役登记的；②拒绝或者逃避军事训练、执行军事勤务的；③拒绝、逃避征召的。"

6. 其他强制执行方式。根据《行政强制法》第13条的规定，所有行政强制都必须由法律规定。所以行政强制执行方式都应该由法律规定，目前，我国法律对行政强制执行还有《城乡规划法》的强制拆除；《煤炭法》规定的强制停产、强制消除安全隐患；《金银管理条例》的强制收购；《外汇管理条例》的回兑；等等。

（二）行政强制执行的设定权

《行政强制法》第13条规定："行政强制执行由法律设定。法律没有规定行政机关强制执行的，作出行政决定的行政机关应当申请人民法院强制执行。"

行政主体强制执行和行政主体申请法院执行并行的模式是由我国的实际情况决定的，目前我国法律对税务、海关、公安机关、地方人民政府等十多个机关的直接行政强制执行权进行单独授权，大部分执法部门没有直接强制执行权，需要申请人民法院强制执行。

五、行政主体强制执行程序

（一）一般规定

行政主体依法作出行政决定后，当事人在行政主体决定的期限内不履行义务的，行政主体可以强制执行。行政主体的强制执行权包括两部分，一部分是间接强制执行，另一部分是直接强制执行。根据《行政强制法》的规定，加处罚款和滞纳金以及代履行属于间接强制执行，行政主体都享有；对公民、法人或者其他组织的人身或者财产直接强制执行，由法律有明确规定的才能行使。从法律的规定看，各级人民政府以及公安、税务、海关、城乡规划、国土资源、环境保护、价格管理等部门有直接强制执行权，也就是说执法任务比较重的部门，基本上都有直接强制执行权。无论是实施直接强制执行还是间接强制执行，应当遵守以下程序规定：

1. 催告制度。催告就是当事人不履行行政决定的，行政主体在强制执行前，书面督促当事人自觉履行。催告具有缓冲作用，有利于减少直接强制执行带来的冲突，体现了教育与强制相结合的原则。催告程序适用于行政主体自己直接强制执行和代履行，催告要求用书面的形式。当事人收到催告书后有权进行陈述和申辩。行政主体应当充分听取当事人的意见，对当事人提出的事实、理由和证据，应当进行记录、复核；当事人提出的事实、理由或者证据成立的，行政主体应当采纳。经催告，当事人逾期仍不履行行政决定，且无正当理由的，行政主体可以作出强制执行决定。

催告的内容：①履行义务的期限。行政主体应当根据当事人应当承担义务的具体情况，根据当事人能够正常履行义务的时间和当事人陈述和申辩的时间设定合理期限。②明确当事人履行义务的方式。③涉及金钱给付的，应当有明确的金额和给付方式。④当事人依法享有的陈述权和申辩权。

不需要催告程序的例外情形：一种情形是立即实施代履行。《行政强制法》第52条规定："需要立即清除道路、河道、航道或者公共场所的遗洒物、障碍物或者污染物，当事人不能清除的，行政机关可以决定立即实施代履行；当事人不在场的，行政机关应当在事后立即通知当事人，并依法作出处理。"这里是针对紧急情形，如果不立即代履行会给别人带来不便，甚至损害正常的行政管理秩序。催告程序中的期限规定不适用于立即实行代履行的情形。另外一种情形是执行罚。《行政强制法》第45条第1款规定："行政机关依法作出金钱给付义务的行政决定，当事人逾期不履行的，行政机关可以依法加处罚款或者滞纳金……"根据这一规定，行政主体的执行罚并不以催告为前提。

2. 中止执行和终结执行。一般情况下，强制执行以实现行政管理目的才结束，不能随意中途停止或者放弃执行。但是在有些情形下，强制执行不能实现管理目的或者会造成难以弥补的损失，或者在有些情形下，行政决定无法执行，所以《行政强制法》第39条和第40条规定了中止执行和终结执行制度。

中止执行是暂时停止执行。中止执行的情形有：①当事人履行行政决定确有困难或者暂无履行能力；②第三人对执行标的主张权利，确有理由的；③执行可能造成难以弥补的损失，且中止执行不损害公共利益的；④行政主体认为需要中止执行的其他情形。中止执行的情形消失后，行政主体应当恢复执行。对没有明显社会危害，当事人确无能力履行，中止执行满3年未恢复执行的，行政主体不再执行。

终结执行就是出现了客观上无法执行的情形，执行程序结束，不再执行。终结执行的情形有：①公民死亡，无遗产可供执行，又无义务承受人的；②法人或者其他组织终止，无财产可供执行，又无义务承受人的；③执行标的灭失的；④据以执行的行政决定被撤销的；⑤行政主体认为需要终结的其他情形。

中止执行和终结执行的区别：中止执行是执行程序的暂停，待造成中止的原因消除后，执行程序恢复，执行工作将继续进行；终结执行后，执行程序就宣告结束，以后不会恢复。

3. 执行回转制度。执行回转是执行中或者执行完毕后，发现行政决定确有错误或者执行过程中发生错误，如何弥补的制度。执行回转作为对执行中错误的补救是非常必要的，尤其是目前在我国行政复议和行政诉讼不停止执行，有些行政主体自己有执行权，行政决定作出后，当事人不服申请行政复议或者提起行政诉讼，行政决定被上级行政主体或者法院撤销，执行完毕的行政决定就需要采取措施，予以补救。《行政强制法》规定，强制执行完毕后，据以执行的行政决定被撤销、变更，或者执行错误的，应当恢复原状或者退还财物；不能返还原物或者退还财物的，依法给予赔偿。这是行政主体执行需要回转的规定，赔偿的程序和标准，由国家赔偿法规定。法院执行需要回转的，可以根据国家赔偿法和民事诉讼法的相关规定。

4. 执行和解制度。执行和解就是由行政主体与当事人就执行的内容和方式达成妥协，减少被执行人的部分义务，以实现当事人的主动履行。《行政强制法》第42条第1款规定："实施行政强制执行，行政机关可以在不损害公共利益和他人合法权益的情况下，与当事人达成执行协议。执行协议可以约定分阶段履行；当事人采取补救措施的，可以减免加处的罚款或者滞纳金。"在执行中是否能和解，在立法过程中曾经有争议，因为按照传统的行政法理论，行政决定具有公定力和权威性，除非经过行政复议或者行政诉讼被撤销，一旦作出就要严格按照决定内容执行。如果行政决定在履行中可以打折扣，会不会影响公共利益，会不会对行政主体的权威产生影响，进而影响行政效率，等等。从国外的情况看，即使在西方法治国家，行政执行和解也鲜有所闻。执行和解是我国行政强制执行的实践经验的总结，在不损害公共利益和他人权益的情况下，行政主体与当事人当达和解，既保证了行政决定的执行，又减少社会冲突，符合构建社会主义和谐社会的要求，是我国行政强制法的制度创新。根据《行政强制法》的规定，实施行政强制执行，行政主体可以在不损害公共利益和他人合法权益的情况下，与当事人达成执行协议。执行协议可以约定分阶段履行；当事人采取补救措施的，可以减免加处的罚款或者滞纳金。执行协议应当履行。当事人不履行执行协议的，行政主体应当恢复强制执行。上述将和解限定在一个合理、可控的范围内，既保证了行政决定的履行，也使执行制度更缓和、更人性，是一个好制度。

5. 文明执行制度。《行政强制法》第 43 条规定："行政机关不得在夜间或者法定节假日实施行政强制执行。但是，情况紧急的除外。行政机关不得对居民生活采取停止供水、供电、供热、供燃气等方式迫使当事人履行相关行政决定。"

所谓文明执法，就是在行政执法中树立以人为本、依法行政、执政为民的理念，充分尊重行政执法相对人的权益，严格遵循法律规定的执法程序，坚持教育与处罚相结合，管理与服务相结合，不断提高行政执法效能，为建设和谐社会和法治社会提供保障。为了规范行政主体的执法行为，降低行政行为对公民生活的负面影响，本条从行政强制执行实施的时间和执行手段两方面提出文明执法的具体要求。

（1）不得在夜间或者法定节假日实施行政强制执行。休息权是劳动者获得休息和休假时间的权利，它是公民的基本权利之一。行政强制执行也应当尊重当事人的休息权，所以本条规定行政强制执行一般不应在夜间或者法定节假日实施。这里的"夜间"一般指夜晚 22 点至早晨 6 点之间的期间；"法定节假日"由法律规定，根据《全国年节及纪念日放假办法》，法定节假日包括三类，一是全体公民放假的节日，包括元旦、春节、清明节、劳动节、端午节、中秋节和国庆节等；二是部分公民放假的节日及纪念日，包括妇女节、青年节、儿童节和建军节等；三是少数民族习惯的节日，具体节日由各少数民族聚居地区的地方人民政府按照该民族的习惯，规定放假日期。

但是，在紧急情况下，行政主体的强制执行不受夜间或法定节假日的限制。如对有证据证明有转移或者隐藏财物迹象的，行政主体可以作出立即强制执行决定；又比如需要立即清除道路、河道、航道或者公共场所遗洒物、障碍物或者污染物，当事人不能清除的，行政主体可以决定立即实施代履行。

（2）不得对居民生活采取停止供水、供电、供热、供燃气等方式迫使当事人履行相关行政决定。水、电、热、燃气是维持居民基本生活的必需品，缺少这些，会直接影响到居民的基本生存权利。如果执法机关强行执法，可能会造成当事人的对立情绪，激化矛盾，不利于社会稳定。所以行政主体实施行政强制执行过程中，不能为了公共利益的需要，给当事人的私权造成过度损害。特别是在对违法的建筑物、构筑物、设施等进行强制拆除的情况下，不得采取停止供水、供电、供热、供燃气等方式迫使当事人履行行政决定。

同时，需要注意的是，这一规定的对象仅指居民生活，至于法人和其他组织，行政主体依然可以采取停止供水、供电、供热、供燃气等方式迫使当事人履行相关义务。

（3）违反本条规定的法律后果。本法规定，在夜间或者法定节假日实施行政强制执行或者对居民生活采取停止供水、供电、供热、供燃气等方式迫使当事人履行相关行政决定的，由上级行政主体或者有关部门责令改正，对直接负责的主管人员和其他直接责任人员依法给予处分。

6. 强拆违法建筑制度。《行政强制法》第 44 条规定："对违法的建筑物、构筑物、设施等需要强制拆除的，应当由行政机关予以公告，限期当事人自行拆除。当事人在法定期限内不申请行政复议或者提起行政诉讼，又不拆除的，行政机关可以依法强制拆除。"

违法的建筑物、构筑物、设施主要是指建筑物、构筑物和设施本身是违法的，违反的主要是有关建设规划、土地使用、城市容貌标准、环境卫生标准以及其他行政管理方面的法律、行政法规。行政主体对违法的建筑物、构筑物和设施进行强制拆除属于典型的直接强制执行，应遵循行政强制执行的一般程序，但由于强制拆除的特殊性，还应该遵守一些特殊程序：①行政主体实施强制拆除，须当事人在法定期限内不申请行政复议或者提起行政诉讼。这个规定是对行政复议、行政诉讼不停止执行原则的突破，防止尚有争议未得到司法救济的强制拆除得以实施，损害当事人的合法权益。②在强制拆除前执行时，将公告和催告相结合，在强制执行前公告，要求当事人限期拆除，当事人逾期不拆除的，在正式强制拆除前还应当催告。

启动强制拆除程序，有两种形式，行政主体自行强制执行和申请法院强制执行。我国有多部法律规定了拆除违法建筑，有的规定由行政主体申请法院执行，有的规定由行政主体强制执行。如果法律没有明确规定由行政主体自行强制拆除的，行政主体应当申请人民法院强制拆除。

（二）金钱给付义务的执行程序

金钱给付义务的执行。金钱给付义务就是当事人应当交纳税收、行政收费和社会保险费义务以及违法应当缴纳的罚款义务。金钱给付义务的执行可以分为两个阶段，一是逾期不履行的，行政主体可以加处罚款或者加收滞纳金；二是如果加处罚款或者加收滞纳金超过 30 日，经催告还不履行的，有直接强制权的行政主体，如税务机关就可以依照法律规定直接划拨当事人银行存款，或者变卖查封、扣押的当事人的财产。没有这些直接强制执行权的行政主体，就应当申请人民法院强制执行。但是，当事人在法定期限内不申请行政复议或者提起行政诉讼，经催告仍不履行的，在实施行政管理过程中已经采取查封、扣押措施的行政主体，可以将查封、扣押的财物依法拍卖抵缴罚款。需要注意的是，加处罚款或者滞纳金的数额不得超出金钱给付义务的数额。

1. 适用条件。行政主体依法作出金钱给付义务的行政决定，当事人逾期不履行的，行政主体可以依法加处罚款或者滞纳金。

2. 行政主体的告知义务。加收罚款或滞纳金的标准应告知当事人。如果故意不告知，而使当事人遭受不合理损失的，属于程序违法，应认定无效。

3. 罚款金额限制。加处罚款或者滞纳金的数额不得超出金钱给付义务（本金）的数额。

4. 处理后结果。如果通过执行罚能达到效果则不用强制执行，所谓达到效果就是当事人将给付金额和罚款或者滞纳金缴纳完毕。加处罚款或者滞纳金超过30日，经催告当事人仍不履行的，行政主体有强制执行权的直接强制执行；没有强制执行权的行政主体申请人民法院强制执行。

5. 当事人在法定期限内不申请行政复议或者提起行政诉讼，经催告仍不履行的，在实施行政管理过程中已经采取查封、扣押措施的行政主体，可以将查封、扣押的财物依法拍卖抵缴罚款。

6. 划拨存款、汇款应当由法律规定的行政主体决定，并书面通知金融机构。金融机构接到行政主体决定后，应当立即划拨；法律规定以外的机关组织要求的，金融机构应当拒绝。

（三）代履行

1. 一般程序。代履行是根据行政决定由当事人履行的义务，由其他人履行也能达到同样的效果，在当事人不履行时，行政主体决定自己或者委托第三人履行，发生的费用由当事人承担的行政强制执行的方式。代履行是一种间接强制，本身没有强制性，这项制度的优势是避免了行政主体与当事人直接冲突，也能实现行政管理的目的。代履行除了由其他民事主体履行外，《行政强制法》第50条规定："行政机关依法作出要求当事人履行排除妨碍、恢复原状等义务的行政决定，当事人逾期不履行，经催告仍不履行，其后果已经或者将危害交通安全、造成环境污染或者破坏自然资源的，行政机关可以代履行，或者委托没有利害关系的第三人代履行。"这样，就所有符合上述情形的排除妨碍、恢复原状的行政决定，都可以代履行，不需要其他法律、法规另外规定。

代履行的实施程序如下：①作出代履行决定书并送达；②执行代履行行为前3日，进行催告程序，当事人履行的，停止代履行；③代履行时，作出决定的行政主体应当派员到场监督；④代履行完毕，行政主体到场监督的工作人员、代履行人和当事人或者见证人应当在执行文书上签名或者盖章；⑤为了控制代履行的费用，《行政强制法》规定，代履行的费用按照成本合理确定，由当事人承担。但是，法律另有规定的除外。

同时，《行政强制法》第51条规定，代履行不得采用暴力、胁迫以及其他非法方式。我国法律并没有对代履行的实施手段进行明确的具体规定，因为本法明确了代履行并不是代执行，所以代履行的执行手段不能是以暴力、胁迫及其他非法手段，也不能采取对居民生活采取停止供水、供电、供热、供燃气的手段，不得在夜间或者节假日实施。

2. 立即实施代履行的程序。立即实施代履行的程序是代履行的特别程序，立即实施代履行主要考虑到一些紧急情况下，为了保护公共利益、保证行政效率必须快速处置，其特别之处在于：①适用对象是特定的。代履行的适用对象是可替代性义务。立即代履行的适用对象集中在需要立即清除道路、河道、航道或者公共场所的遗洒物、障碍物或者污染物的义务上，是可替代性义务范围内的一小部分；②授权形式是普遍授权。任何行政主体只要在其职权范围内，符合本条规定条件的，都可以依照本法规定立即实施清除道路、河道、航道或者公共场所的遗洒物、障碍物或者污染物；③实施程序简易。立即代履行没有催告程序，当事人在场的，行政主体可以责令当事人予以清除，当事人不能清除的，行政主体可以决定立即实施代履行；当事人不在场的，行政主体可以直接进行代履行，事后应立即通知当事人，并依法作出处理。但是立即代履行是代履行的特别程序，还是应当遵守当事人优先履行的原则，同时应当制作书面代履行决定。

（四）申请人民法院强制执行程序

《行政强制法》第53条规定："当事人在法定期限内不申请行政复议或者提起行政诉讼，又不履行行政决定的，没有行政强制执行权的行政机关可以自期限届满之日起3个月内，依照本章规定申请人民法院强制执行。"

《行政强制法》规定，对于行政主体申请人民法院强制执行的，人民法院原则上都要受理并尽快执行。如规定人民法院接到行政主体强制执行的申请，应当在5日内受理。行政主体对人民法院不予受理有异议的，可以在15日内向上一级人民法院申请复议，上一级人民法院应当自收到复议申请之日起15日内作出是否受理的裁定。因情况紧急，为保障公共安全，行政主体可以申请人民法院立即执行。经人民法院院长批准，人民法院应当自作出执行裁定之日起5日内予以执行。

人民法院对行政主体的执行申请有一个审查程序。根据《行政强制法》第57、58条的规定，人民法院对行政主体强制执行的申请进行书面审查，发现有下列情形之一的，在作出裁定前可以听取被执行人和行政主体的意见：①明显缺乏事实依据的；②明显缺乏法律、法规依据的；③其他明显违法并损害被执行人合法权益的。对于存在上述情形的，人民法院应当自受理之日起 30 日内作出是否执行的裁定。裁定不予执行的，应当说明理由，并在 5 日内将不予执行的裁定送达行政主体。行政主体对人民法院不予执行的裁定有异议的，可以自收到裁定之日起 15 日内向上一级人民法院申请复议，上一级人民法院应当自收到复议申请之日起 30 日内作出是否执行的裁定。这里的书面审查，其实就是形式审查，但对书面审查时发现三类明显违法的行为，人民法院可以听取当事人和行政主体的意见，询问情况，然后作出是否执行的裁定。这里的听取意见程序相当于听证程序，但不是简易审判程序。

人民法院如何强制执行，行政强制法没有作具体规定，主要是适用《民事诉讼法》有关民事执行的有关规定。实践中，有的地方探索在法院审查作出执行裁定后，由行政主体协助法院执行。这种机制创新利用了法院裁定的权威和行政主体在处理过熟悉情况的优势，取得了一定效果。

六、《行政强制法》的法律责任与法律救济

（一）行政主体违反《行政强制法》的法律责任

1. 《行政强制法》第 61 条规定，行政主体实施行政强制，有下列情形之一的，由上级行政主体或者有关部门责令改正，对直接负责的主管人员和其他直接责任人员依法给予处分：①没有法律、法规依据的；②改变行政强制对象、条件、方式的；③违反法定程序实施行政强制的；④违反《行政强制法》规定，在夜间或者法定节假日实施行政强制执行的；⑤对居民生活采取停止供水、供电、供热、供燃气等方式迫使当事人履行相关行政决定的；⑥有其他违法实施行政强制情形的。

2. 《行政强制法》第 62 条规定，行政主体违反本法规定，有下列情形之一的，由上级行政主体或者有关部门责令改正，对直接负责的主管人员和其他直接责任人员依法给予处分：①扩大查封、扣押、冻结范围的；②使用或者损毁查封、扣押场所、设施或者财物的；③在查封、扣押法定期间不作出处理决定或者未依法及时解除查封、扣押的；④在冻结存款、汇款法定期间不作出处理决定或者未依法及时解除冻结的。

3. 行政主体违反《行政强制法》规定实施行政强制，给公民、法人或者其他组织造成损失的，依法给予赔偿。构成犯罪的，依法追究刑事责任：

（1）行政主体将查封、扣押的财物或者划拨的存款、汇款以及拍卖和依法处理所得的款项，截留、私分或者变相私分的，由财政部门或者有关部门予以追缴；对直接负责的主管人员和其他直接责任人员依法给予记大过、降级、撤职或者开除的处分。行政主体工作人员利用职务上的便利，将查封、扣押的场所、设施或者财物据为己有的，由上级行政主体或者有关部门责令改正，依法给予记大过、降级、撤职或者开除的处分。

（2）行政主体及其工作人员利用行政强制权为单位或者个人谋取利益的，由上级

行政主体或者有关部门责令改正，对直接负责的主管人员和其他直接责任人员依法给予处分。

（3）违反本法规定，金融机构有下列行为之一的，由金融业监督管理机构责令改正，对直接负责的主管人员和其他直接责任人员依法给予处分：在冻结前向当事人泄露信息的；对应当立即冻结、划拨的存款、汇款不冻结或者不划拨，致使存款、汇款转移的；将不应当冻结、划拨的存款、汇款予以冻结或者划拨的；未及时解除冻结存款、汇款的。

（4）违反本法规定，金融机构将款项划入国库或者财政专户以外的其他账户的，由金融业监督管理机构责令改正，并处以违法划拨款项2倍的罚款；对直接负责的主管人员和其他直接责任人员依法给予处分。违反本法规定，行政主体、人民法院指令金融机构将款项划入国库或者财政专户以外的其他账户的，对直接负责的主管人员和其他直接责任人员依法给予处分。

（5）人民法院及其工作人员在强制执行中有违法行为或者扩大强制执行范围的，对直接负责的主管人员和其他直接责任人员依法给予处分。

（二）法律救济

《行政强制法》第68条规定："违反本法规定，给公民、法人或者其他组织造成损失的，依法给予赔偿。违反本法规定，构成犯罪的，依法追究刑事责任。"这里的赔偿主要是指对公民、法人或者其他组织的人身权、财产权造成的直接损失给予赔偿，一般以支付赔偿金为主要形式，能够返还财产或者恢复原状的，予以返还财产或者恢复原状。对公民造成精神损害的，应当在侵权行为影响的范围内，为受害人消除影响，恢复名誉，赔礼道歉；造成严重后果的，应当依法支付相应的精神损害抚慰金。行政主体、人民法院和金融机构违反法律规定，对当事人造成损失，应当依法予以赔偿。国家机关及其工作人员、金融机构及其工作人员在违法过程中造成犯罪的，还应当依法追究刑事责任。

1. 行政赔偿。行政机关违反行政强制法规定，对公民、法人或其他组织造成损失的，依法予以行政赔偿。

2. 司法赔偿。人民法院在强制执行中有违法行为或者扩大行政强制执行范围，对当事人的利益造成损失的，应当依法赔偿。

3. 金融机构赔偿。金融机构对应当立即冻结、划拨的存款、汇款不冻结或者不划拨而致使当事人存款、汇款转移的，或者将不应当冻结、划拨的存款、汇款予以冻结或者划拨的，或者未及时解除冻结存款、汇款的，对当事人造成损失应当依法予以赔偿。

4. 刑事责任。行为人违反刑事法律规定，构成犯罪的，应当依法追究刑事责任，本法涉及违反刑事法律规定，构成犯罪的主要包括：①侵吞、窃取、骗取或者以其他手段非法占有查封、扣押的场所、设施或者财物的行为；②利用行政强制权索取他人财物的，或者非法收受他人财物，为他人谋取利益的行为；③滥用职权、玩忽职守、徇私舞弊的行为；④其他违反本法规定，构成犯罪的行为，都应该追究刑事责任。

★ 拓展阅读

行政强制的设定权

《行政强制法》第 10 条规定："行政强制措施由法律设定。尚未制定法律，且属于国务院行政管理职权事项的，行政法规可以设定除本法第 9 条第 1 项、第 4 项和应当由法律规定的行政强制措施以外的其他行政强制措施。尚未制定法律、行政法规，且属于地方性事务的，地方性法规可以设定本法第 9 条第 2 项、第 3 项的行政强制措施。……"行政强制执行由法律设定。法律没有规定行政主体强制执行的，作出行政决定的行政主体应当申请人民法院强制执行。这里我们可以看出，有权设定行政强制执行的只有法律；有权设定行政强制措施的只有法律、行政法规和地方性法规。包括规章在内的其他规范性文件都不得设定行政强制措施。而关于自治条例和单行条例、经济特区法规是否有权设定行政强制措施，本法没有明确规定。

根据本法规定，设定行政强制措施应当具备以下几个条件：其一，设定行政强制措施的主体必须是具有一定立法权的国家机关。享有和行使设定行政强制措施的主体必须有法律依据，才能具体设定行政强制措施的种类、方法、范围、条件等，否则，不得设定。符合设定行政强制措施主体资格的主体有：全国人大及其常委会、国务院、具有制定地方性法规的地方人大及其常委会。其他国家机关、政党和社会团体，均不具有设定行政强制措施的主体的资格。其二，设定行政强制措施必须依照法定程序进行。立法机关制定的法律、行政法规及地方性法规，必须符合《立法法》规定的程序要求。其三，设定行政强制措施必须符合形式条件。设定行政强制措施的文件，应符合下列要求：①根据《行政强制法》的规定，只有法律、行政法规和地方性法规可以设定行政强制措施，规章及其规章以下规范性文件和不具有国家意志性的文件如政党的章程、社会团体的纲领和章程、道德规范、居民公约、乡规民约等都不得设定行政强制措施；②必须是以法律、行政法规和地方性法规的形式发布，通告、通知、命令、决定等不具有法律规范特征的文件不得设定行政强制措施；③必须是适用于公民、法人或者其他组织的外部性文件。仅适用于国家机关及其内部工作人员的文件，不得设定行政强制措施。其四，行政强制的设定和实施，应当适当，采用非强制手段可以达到行政管理目的的，不得设定和实施行政强制。

1. 法律的设定权。这里所讲的"法律"是狭义的法律，它是指全国人民代表大会及其常务委员会按照立法程序，制定并发布的具有普遍约束力的规范性文件。我国的法律可以设定各种行政强制措施，并享有设定限制公民人身自由和冻结存款、汇款的行政强制措施专有权限。

虽然我国法律可以设定各种行政强制措施，但也不意味着可以随意设定行政强制措施。设定行政强制措施时，要受到两个方面的制约：一是要受适当原则的限制。《行政强制法》第5条规定："行政强制的设定和实施，应当适当。采用非强制手段可以达到行政管理目的的，不得设定和实施行政强制。"设定行政强制措施必须遵守该条规定所确立的原则。二是要受到程序的限制。根据《行政强制法》第14条的规定，起草法律、法规草案，拟设定行政强制的，起草单位应当采取听证会、论证会等形式听取意见，并向制定机关说明设定该行政强制的必要性，可能产生的影响以及听取和采纳意见的情况。

2. 行政法规的设定权。行政法规，是指国务院根据宪法和法律的授权，按照立法程序，制定并发布的具有普遍约束力的规范性文件。限制公民人身自由和冻结存款、汇款的强制措施在所有的行政强制措施中，最直接影响到我国宪法所规定的公民人身自由权和公民、法人或者其他组织的财产权及金融、邮电企业的经营权。限制公民人身自由和冻结存款、汇款的强制措施，只能由法律来设定，其他法律规范不得设定。这两项强制措施，只能由法律设定，行政法规不得设定。

3. 地方性法规的设定权。地方性法规是指有权制定法规的地方人民代表大会及其常务委员会按照立法程序制定和颁布的具有普遍约束力的规范性文件。地方性法规中，对尚未制定法律、行政法规，属于地方性事务的规定中，可以设定查封场所、设施或者财产和扣押财产的行政强制措施，但不得设定其他行政强制措施。《行政强制法》第10条第3款中的"地方性事务"，是指具有区域性特点，需要针对当地的实际情况，不需要中央立法，由地方立法机关予以立法调整的事务。

法律对行政强制措施的对象、条件和种类作了规定的，行政法规和地方性法规不得扩大。这里说的是，地方性法规可以对法律、行政法规设定的行政强制措施进行具体化，但不得对行政强制措施的对象、条件、种类作出扩大规定，不得扩大行政强制措施的适用。

4. 法律、法规以外的规范性文件不得设定的行政强制措施。《行政强制法》第10条第4款中的"法律、法规以外的其他规范性文件"，是指法律、行政法规和地方性法规以外的，国家机关发布或者下发的具有普遍约束力的规范性文件。如国务院部门规章、地方政府规章以及规章以下的规范性文件。我国法治建设起步较晚，需要规范的领域非常之多，社会发展变化非常之快，法律的制定周期较长，全由法律规定，无法适应行政管理的现实需要。因此，本法规定，行政法规、地方性法规可以设定部分的行政强制措施。其次，从保护公民、法人或者其他组织的合法权益，防止行政强制措施设定混乱的角度考虑，法律、法规以外的其他规范性文件不得设定行政强制措施。

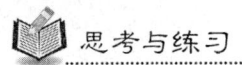 **思考与练习**

简答题

1. 简述行政强制的含义与原则。
2. 简述行政强制措施的种类与实施程序。
3. 简述行政强制执行的种类与实施程序。

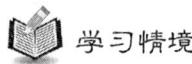 **学习情境**

行政强制程序的运用

【范例】

某纺织厂在未取得建设工程规划许可证的情况下，在本厂第三号大门左侧筑建一道高 2.2 米、长 32 米的水泥砖围墙。县建设委曾对该厂的违法行为进行过制止，但该厂没有停止筑建行为。县建设委于 3 月 1 日发出通知，责令纺织厂于 20 日内自行拆除违法建筑的围墙。3 月 21 日，县建设委以该厂未经规划部门批准，擅自兴建围墙，违法了城乡规划法的规定为由，作出《关于强制拆除纺织厂违法建筑围墙的决定》，并于当天强制拆除。纺织厂不服，提起行政诉讼。

【训练目的及要求】

结合范例和相关知识，通过训练，能正确运用行政强制基本知识。

【训练方法】

分两组进行，一组学生运用行政强制原理对范例作出判断；另一组学生评价判断是否正确。

【训练步骤】

步骤 1：分组；

步骤 2：熟悉范例；

步骤 3：学生分析范例；

步骤 4：老师评判。

参考书目

1. 乔晓阳主编：《中华人民共和国行政强制法解读》，中国法制出版社 2011 年版。

2. 应松年主编：《行政强制法教程》，法律出版社 2013 年版。

3. 全国人大常委会法制工作委员会行政法室编写：《〈中华人民共和国行政强制法〉释义与案例》，中国民主法制出版社 2012 年版。

4. 《中华人民共和国行政强制法注释本》，法律出版社 2011 年版。

项目九　行政复议

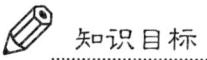

知识目标

1. 掌握行政复议的含义；
2. 系统掌握行政复议的受案范围和管辖。

能力目标

能运用我国行政复议的相关知识分析行政复议案例。

任务一　行政复议的一般原理

导入案例

2013 年 2 月，某机动车检测有限公司申请机动车尾气检测项目审批，某市环保局答复称，市人大正在立法，在上级答复之前暂缓审批此类项目。2013 年 5 月 20 日市人大公布实施了《某市机动车排气污染防治条例》。2013 年 9、10 月，该公司再次提出相同的申请。2013 年 11 月，某市环境保护局答复称："该局已于 2013 年 6 月审批了机动车尾气检测中心项目，因此对你单位拟建设的机动车环保性能尾气检测项目不再审批。"

问题：某机动车检测有限公司能运用何种行政争议解决机制维护自己的合法权益？

基本原理认知

随着改革的深入，行政争议数量在我国日益增多，特别是群体性行政争议较为突出，占行政争议的比例增大；涉及城市建设、资源环境、劳动和社会保障等方面的行政争议大量增加。导入案例中某机动车检测有限公司同市环保局发生纠纷，除了花钱到法院打官司，还有没有其他途径？找政府或者上级部门解决行政争议，除了信访，还有没有更高效的渠道？行政复议，就是一种发挥政府体系固有的层级监督优势，保障公民合法权益、促进依法行政的制度。

一、行政复议的内涵

行政复议是公民、法人或者其他组织不服行政主体作出的行政行为，依法向行政复议机关提出申请，请求重新审查并纠正原行政行为，行政复议机关据此对行政主体的行政行为是否合法、合理进行审查并作出决定的法律制度。行政复议法以法律的形式建立了行政主体内部自我纠错的监督制度和消除行政行为对公民、法人或者其他组织合法权益的侵害的法律救济制度。具体包含以下几层含义：

（一）行政复议是行政救济制度

行政复议是解决行政争议的一种行政行为，行政复议主体只能是行政主体，原则上只限于解决行政争议，民事纠纷和其他争议只有在法律有明文规定的情况下才可以被纳入处理对象。行政争议是行政活动实施中的一种不畅，这种争议解决不好，或者会影响行政效率，或者会使公民、法人或者其他组织的合法权益受到侵害，故必须通过建立良好的法律制度加以解决，行政复议就属于其中一个途径。行政复议使合法、正确的行政决定得以贯彻执行，违法、不当的行政行为得以撤销或者废止，公民、法人或者其他组织的合法权益受到的损害得以恢复，从而为公民、法人或者其他组织提供良好的救济。行政复议机关审查有关行政行为并非不受限制，按照行政复议法的规定，行政复议一般只以具体行政行为为审查对象，抽象行政行为只有部分属于行政复议的审查对象，通过行政复议制度可以启动对这部分抽象行政行为的审查。

（二）行政复议是一种依申请的行政行为

行政复议是一种行政机关的行政行为。这种行为的特点是以解决行政争议的形式进行的，它基于公民、法人或其他组织的申请而开始，以行政主体为被申请人。一般说来，无公民、法人或其他组织的申请，便无行政复议活动的进行。虽然行政主体也可以复查自己的行政决定，但这与由公民、法人或其他组织提出申请形式的复议请求是有区别的。所以，行政复议是依申请而非依职权主动为之的行政行为，公民、法人或者其他组织不主动申请，行政复议机关不能自行作出复议决定。

（三）行政复议机关法定

一般是作出有争议行政决定的行政主体的上级机关，但也有例外。如果没有法律规定，作为行政争议一方当事人的行政主体无权审理复议案件，因此，行政复议主要由上级行政机关进行。行政复议法规定，除法律另有规定外，行政复议由县级以上人民政府或者由作出具体行政行为的行政机关的上一级行政机关管辖。从行政复议机关的设置上看，行政复议机关有本级人民政府，也有上级行政主管部门，但必须是行政机关，才能作出行政复议决定。

（四）行政复议审查包括合法性与合理性两方面

在行政复议中，行政复议机关依据合法性和合理性标准审查行政行为：具体行政行为的行政主体是否履行法定职责；是否事实清楚、证据确凿；适用法律、法规与规章以及具有普遍约束力的行政决定、命令是否正确；是否违反法定程序；是否超越职权、滥用职权以及行政侵权；依据法律、法规和规章等法律规范的规定作出的具体行政行为是否明显不当。按照这样的标准审查后，依法作出行政复议决定。

（五）行政复议以书面审查为主要方式

这是从提高行政效率、简化行政程序的角度考虑的，行政复议以书面审查为主。行政复议法规定，行政复议机构进行复议审查时，原则上采取书面审查的办法，但是当申请人提出要求或者行政复议机关认为有必要时，也可以听取申请人、第三人和被申请人的意见，包括采取听证的方式，并向有关组织和个人进行调查和了解情况。

二、行政复议与行政诉讼的区别

在现实社会生活中，各级人民政府及其工作部门进行着经常的、大量的、范围广泛的行政管理工作，从而使我们的社会得以顺利运行。由于行政权最终要由具体的行政主体和公务员来行使，某些违法或不当的行政行为难以避免，这些违法或不当的行政行为会对公民、法人或其他组织的权利造成损害，因此，需要给予他们一定的权利救济途径。现代法治国家是通过建立行政复议制度和行政诉讼制度为公民、法人或其他组织提供救济的。

在我国，行政诉讼与行政复议由于性质不同而产生的区别较为明显：

（一）内外有别

行政复议是内部救济，是与行政诉讼相结合的行政救济制度，是行政系统内部对行政权的监督。行政诉讼则是外部救济，由人民法院对引起争议的具体行政行为进行审查，以保护相对人的合法权益，这是一种司法救济，是行政系统外部对行政权的监督。

（二）大小不一

行政复议范围大于行政诉讼范围。属于行政诉讼范围的，必然属于行政复议范围；但属于行政复议范围的，未必属于行政诉讼的范围。行政复议是只要公民、法人、其他组织在法律上所具有的权益都在复议保护之列。虽然2014年《行政诉讼法》修改后将行政诉讼的受案范围明确列举并扩大，不再限于人身权和财产权方面，扩大为"认为行政机关侵犯其他人身权、财产权等合法权益的"；但是法律规定中用了一个"等"字，即有一些其他的权利都可以进来，只是为未来扩大行政诉讼法律保护的范围提供制度空间。行政复议以自身特有的优势弥补了行政诉讼制度在给予公民、法人或其他组织权利救济时的某些局限性，对公民、法人或其他组织权利的保护来得更直接、及时，也更为全面。

（三）程序规则不同

行政复议与行政诉讼程序上虽然都是依申请而启动的，但是两者又有明显区别。行政复议适用行政程序，由行政复议法规定，实行一级复议和书面审查为主等；行政诉讼则适用由行政诉讼法规定的行政诉讼程序，是司法程序，以实行两审终审和开庭审理为主等。

行政复议决定本身属于行政机关的具体行政行为，因此，除了法律有特别规定的以外，它也不能成为最终的裁决，还要以行政诉讼制度作为最后的救济渠道。行政诉讼法规定的行政诉讼受案范围，就包括当事人对行政复议决定不服的，可以提起行政诉讼。行政复议法中对行政复议制度与行政诉讼制度如何相衔接，也作出了一些重要规定。

三、行政复议的基本原则

《行政复议法》第 4 条规定，行政复议机关履行行政复议职责，应当遵循合法、公正、公开、及时、便民的原则，坚持有错必究，保障法律、法规的正确实施。该条规定所确立的几项原则贯穿于整个行政复议过程，它既体现了整个行政法的一些基本要求，又体现了行政复议这一行政行为有别于其他行政行为的一些特点，所以它是行政复议的基本原则，概括起来可分为以下五大原则：

（一）合法原则

合法性原则是行政法的基本原则之一，同样也适用于行政复议。具体到行政复议中，合法性原则从广义上讲主要是指在行政复议过程中，行政复议申请人，被申请的作出具体行政行为的行政主体和主持裁决的行政复议机关，都应当遵守现行有效的有关行政复议的法律、法规和规章。其中主持裁决的行政复议机关依法进行行政复议活动是合法性原则的核心要求。合法原则是任何行政复议机关履行行政复议职责时都必须遵守的原则，行政复议机关在处理行政复议案件时，必须以事实为根据，以法律为准绳。行政复议机关遵循合法原则的主要内容有三个方面：

1. 合法履行复议职责。合法，就是要依照行政复议法的规定履行自己的职责。绝不能该受理的不受理；该审查的拖延不办；该变更、撤销的不变更、撤销；该对失职的责任人员予以处理的不处理。这样既是严重失职，也是违背合法原则的。

2. 依法审查行政主体作出的行政行为。行政复议机关应当审查行政行为是否合法、适当，包括认定事实是否清楚，证据是否确凿，适用依据是否正确，实施中执行的程序是否合法，作出的行政决定的内容是否适当等。同时还要审查作出具体行政行为的依据是否合法，也就是审查行政主体作出决定所依据的文件是否合法。行政复议法对此作出了明确规定，从而在法律制度上有所突破，使我国的监督制度更加完善。审查作出具体行政行为的依据，实际上赋予行政复议机关在职权范围内审查抽象行政行为的权力。

3. 审理复议案件的程序应当合法。行政复议本身是一种程序性行为，为确保行政复议的顺利进行，行政复议主体都必须严格遵守法定程序。《行政复议法》对行政复议各个阶段的程序都作出了明确的规定，所以复议机关及复议申请人和被申请复议的行政主体都要按照既定的程序进行复议活动。

（二）公正原则

行政复议机关履行行政复议职责，应当遵循公正原则。行政复议机关在行使复议权时应当公正地对待复议双方当事人，不能有所偏袒，同时也包括了对被申请的具体行政行为应当从合法性和合理性两方面进行审查，以真正保障公民、法人、其他组织的合法权益。公正性原则主要有以下两方面的要求：

1. 复议机关站在公正中立的立场来解决复议双方的行政争议。公正是法律的生命和价值所在，所以保证公正是实现行政法治的一个基本要求。由于行政复议机关往往是被申请人的上级机关，或甚至是复议被申请人自己本身；所以更要求复议机关必须站在中立的立场来处理复议双方的矛盾和争议，对被申请复议的行政主体不能有所偏袒。

2. 复议机关在审查复议案件时要合法性和合理性兼审。由于行政主体在实践中拥有较多地自由裁量权，如果行使不当，很容易造成对公民、法人或其他组织合法权益的侵犯，从而引发行政争议。所以，《行政复议法》规定复议机关在审查复议案件时必须既审查其合法性，又要审查其合理性。对于违法的行政行为给予撤销，对于不当的行政行为给予纠正，或责令被申请人重新作出具体行政行为，从而保证公正处理。

（三）公开原则

公开原则是行政合理性原则的核心内容，公开才能更好地保证公正，防止复议权的滥用，便于社会的监督。体现在行政复议中是要求除涉及国家秘密、商业秘密和个人隐私外，行政复议机关应当将整个复议过程向行政复议双方当事人和社会公开。行政复议公开原则具体表现为：

1. 过程公开。《行政复议法》第22条规定："行政复议原则上采取书面审查的办法，但是申请人提出要求或者行政复议机关负责法制工作的机构认为有必要时，可以向有关组织和人员调查情况，听取申请人、被申请人和第三人的意见。"

2. 资料公开。《行政复议法》第23条第2款规定："申请人、第三人可以查阅被申请人提出的书面答复、作出具体行政行为的证据、依据和其他有关材料，除涉及国家秘密、商业秘密或者个人隐私外，行政复议机关不得拒绝。"

（四）及时原则

及时原则是指行政复议机关应当在法定期限内，完成行政复议案件的审理工作。这一原则的核心要求是，行政复议机关必须按照行政复议法所规定的受理、审理以及作出决定的期限执行，延长期限也必须严格按照法律规定，要有法律依据。及时原则在行政复议过程中有以下几点要求：

1. 行政复议机关应当严格遵守法定的期限，不得随意或故意拖延，以免进一步增加对立情绪，不利于矛盾的化解。若在复议期限内未能及时对复议事项作出处理，极大可能会引起行政诉讼活动，有违设立行政复议的本意，使复议价值降低。

2. 行政复议的各个环节都应遵循及时性的原则要求，包括复议申请的受理，复议案件的审查，复议决定的作出，对复议当事人不履行复议决定情况的处理都应当迅速而高效。

（五）便民原则

便民原则是指行政复议机关在复议过程中尽可能为复议申请人提供一些便利条件，以方便其顺利地行使权利。此原则在行政复议法中具体体现为，如《行政复议法》第11条规定："申请人申请行政复议，可以书面申请，也可以口头申请；口头申请的，行政复议机关应当当场记录申请人的基本情况、行政复议请求、申请行政复议的主要事实、理由和时间。"《行政复议法》在对复议管辖的规定中，规定申请人多数情况下可以向具体行政行为发生地的县级地方人民政府提出行政复议申请，由接受申请的县级地方人民政府依法进行转送。

任务二　行政复议的受案范围与管辖

导入案例

某县教育局与某公司于 2011 年 9 月签订建一栋综合大楼的协议书，2012 年建成后由于其他原因该综合大楼一直没有使用。2013 年 8 月某公司与陈某签订一综合大楼转让协议，将其与某县教育局建的综合楼中享有的所有权利与责任转让给陈某。某村民小组认为以上两份协议侵害了其合法权益，于 2013 年 8 月拟申请行政复议，要求：①确认某公司与陈某于 2013 年 8 月签订的协议书无效；②确认某县教育局与某公司的协议书无效；③裁决某县教育局、某公司、陈某停止侵权、恢复原状、赔偿损失。

问题：上述签订协议的行为是否属于行政复议的受案范围？

基本原理认知

行政复议与诉讼相比，解决行政争议的专业性更强，比如，交通事故争议的解决，由交通部门来处理就更熟悉、更专业。公民、法人或者其他组织采取行政复议的方法得到救济，也更灵活方便，且不收费，比通过行政诉讼获得救济更省钱和时间。但行政复议也并不是无所不管的，导入案例中的两个签订协议的行为就不属于行政复议的受案范围。虽然某县教育局是行政机关，但其与某公司签订的建综合大楼协议不是行政职责行为，而是一种民事法律行为；某公司与陈某签订的转让协议亦是一种民事法律行为，不是具体行政行为，也不属于复议范围；故要求确认两份协议书无效，裁决某公司及陈某停止侵权、恢复原状、赔偿损失的行政复议申请事项不属于行政复议法规定的行政复议范围。

一、行政复议的受案范围

行政复议的受案范围即行政复议范围，是指行政复议机关依法可以受理的行政争议案件的范围。简而言之，就是指公民、法人或其他组织对行政主体的哪些行政行为不服可以提起行政复议申请并会被复议机关依法受理。行政复议作为一种行政救济手段，并不意味着可以包罗万象，解决一切行政争议，其本身仍然具有一定的局限性，为此，有必要通过立法来明确具体的复议范围。根据《行政复议法》第 6、7、8 条的规定，行政复议的受案范围包括以下几个方面：

（一）具体行政行为

《行政复议法》第 6 条用列举的方式规定了可以向复议机关提起复议的 11 种情形。这些都是因行政主体的具体行政行为引发的，具体规定如下：

1. 对行政主体作出的行政处罚决定不服的。实践当中，因不服行政处罚而引发的行政争议较多且较为普遍，所以《行政复议法》第 6 条把行政处罚行为列于复议范围的首位。行政处罚的种类较多，《行政复议法》列举了警告、罚款、没收违法所得、没收非法财物、责令停产停业、暂扣或者吊销许可证、暂扣或者吊销执照、行政拘留等行政处罚决定；但无论何种行政处罚，只要是公民、法人、其他组织不服，认为行政主体的具体处罚侵犯其合法权益，都可以提起行政复议。

2. 对行政主体作出的行政强制措施决定不服的。行政强制措施，是指行政主体在行政管理过程中，为制止违法行为、防止证据损毁、避免危害发生、控制危险扩大等情形，依法对公民的人身自由实施暂时性限制，或者对公民、法人或者其他组织的财物实施暂时性控制的行为。由于行政强制措施的实施会使行政相对人承担一种不利的法律后果，所以要求行政主体在行使该强制权时在实体上和程序上都要保证合法、适当。《行政复议法》列举了限制人身自由或者查封、扣押、冻结财产等行政强制措施，目前《行政强制法》的规定并不仅限于这些；无论何种行政强制措施，只要是公民、法人、其他组织不服，认为行政主体的具体处罚侵犯其合法权益都可以提起行政复议。

3. 对行政主体作出的有关许可证、执照、资质证、资格证等证书变更、中止、撤销的决定不服的。这类证书通常是行政相对人享有某项权利或从事某种活动的资格条件，属于行政许可的范围。如果行政主体对这类证书作出变更、中止、撤销的决定，将会影响到行政相对人的权利和利益。若公民、法人或其他组织认为行政主体的上述行为侵犯了其合法权益，可以通过行政复议进行补救。

4. 对行政主体作出的关于确认土地、矿藏、水流、森林、山岭、草原、荒地、滩涂、海域等自然资源的所有权或者使用权的决定不服的。对土地等自然资源的所有权或使用权的确认是行政主体的一种行政确权行为，其关系到公民、法人或者其他组织的切身利益。如果行政主体违法或不当行使该权力，必然会给公民、法人或其他组织造成极大的财产损失，因此要将其纳入行政复议范围。

5. 认为行政主体侵犯合法的经营自主权的。经营自主权是公民、法人或者其他组织从事商业活动的一项重要权利，市场经济条件下，政府起宏观调控的作用，一般不直接干涉企业或者个人的生产经营活动，所以如果行政主体实施管理活动时侵犯了公民、法人或其他组织的经营自主权，可以对其提起行政复议。

6. 认为行政主体变更或者废止农业承包合同，侵犯其合法权益的。农业承包合同是以集体经济组织为发包方，公民、法人或其他组织为承包方，双方签订有关农业生产经营方面的协议，双方按照协议各自享有一定的权利和义务。合同签订后，行政主体不得擅自对合同进行变更或者废止，如果行政主体随意对合同进行变更、废止或中止，公民、法人或其他组织可以依法申请复议。

7. 认为行政主体违法集资、征收财物、摊派费用或者违法要求履行其他义务的。在行政法上，公民、法人或者其他组织应当承担什么义务，由法律、法规、规章加以规定。行政主体要求公民、法人或者其他组织履行义务，必须有明确的法律依据。如果行政主体在没有法律根据的情况下，要求行政相对人履行义务或者违反法律规定设定义务，均属于违法要求履行义务。

8. 认为符合法定条件，申请行政主体颁发许可证、执照、资质证、资格证等证书，或者申请行政主体审批、登记有关事项，行政主体没有依法办理的。这类行为属于行政许可，行政许可对行政相对人来讲是一种受益性行为，如果行政相对人提出许可申请后，行政主体拒绝颁发有关证书或者不予答复，必然会影响到行政相对人从事某种活动的资格，所以《行政复议法》把此类行为也纳入了复议的范围。

9. 申请行政主体履行保护人身权利、财产权利、受教育权利的法定职责，行政主体没有依法履行的。行政主体的职责是由法律、法规或者规章规定的，不同的主体有不同的职责，行政主体的职责既是一种权力，又是一种义务，如果行政主体不履行的话，就构成了行政失职。需注意的是，并非所有的行政主体都负有保护相对人的人身权、财产权和受教育权的职责，只有那些负有该职责的行政主体不履行法定职责时，才可以申请复议。在实践中，不履行法定职责一般表现为拒绝履行或者不予答复。

10. 申请行政主体依法发放抚恤金、社会保险金或者最低生活保障费，行政主体没有依法发放的。该类行为属于行政给付或者行政救助，行政给付、行政救助是国家给予生活或者生产陷于困难的相对人的一种帮助行为。由于各个地区的不同，在发放抚恤金、社会保险金或者最低生活保障费的情况上也存在一定的差别，但无论行政主体出于何种原因，只要其未给以发放或者拖延发放，有权领取此类费用的公民、法人或其他组织都可以提起复议。

11. 认为行政主体的其他具体行政行为侵犯其合法权益的。这是一项兜底条款，采用此种立法技术是因为社会生活是千变万化、错综复杂的，《行政复议法》不可能把所有的复议情形都归纳进来，所以只能以此适应社会生活的不断变化，使复议范围得以由复议机关在一定程度上灵活掌握。譬如，这几年实践中出现了不少因政府信息公开问题而引起的行政复议案件。

（二）抽象行政行为

《行政复议法》第7条是有关抽象行政行为可以提起复议的规定。抽象行政行为是行政主体制定、发布一些带有普遍性的规范性文件的活动。抽象行政行为不针对具体的、特定的相对人，与具体行政行为有着较大的差别。《行政复议法》第7条规定，公民、法人或者其他组织认为行政主体的具体行政行为所依据的下列规定不合法，在对具体行政行为申请行政复议时，可以一并向复议机关提出对该规定的审查申请：①国务院各部门的规定；②县级以上地方各级人民政府及其工作部门的规定；③乡、镇人民政府的规定。前款所列规定不含国务院部、委员会规章和地方人民政府规章。规章的审查依照法律、行政法规办理。由此可见，对抽象行政行为申请复议应当满足两个条件：

1. 只能对除行政立法以外的其他抽象行政行为申请行政复议，对于行政法规、行政规章、地方性规章等行政立法的抽象行政行为不能申请复议，而应依法由其他途径处理。规定的范围也在第7条有明确的界定。

2. 不能单独对抽象行政行为提起复议申请，必须在对具体行政行为申请复议时，认为具体行政行为所依据的规定不合法的情况下，才可以一并提出对所依据的抽象行政行为的复议审查的要求。

（三）行政复议不能受理的行政争议

法律规定行政复议不能受理的行政争议，申请人不得提起行政复议，只能通过其他方式来加以救济。《行政复议法》第8条对此作出了明确的规定，可以分为两种情形：

1. 不服行政主体作出的行政处分或者其他人事处理决定的，依照有关法律、行政法规的规定提出申诉。行政处分是行政主体对其内部工作人员作出的惩戒性决定，是行政主体的一种内部行政行为。行政处分包括警告、记过、记大过、降级、撤职、开除等几种类型。行政主体对其工作人员作出的其他人事处理决定一般包括考核、奖励、职务升降、辞职、辞退、职务任免、工资福利等方面。这些内部行政行为之所以排除在行政复议范围之外，主要是因为内部行政行为涉及的是行政主体的内部事务，对此，我国法律已规定有其他救济途径，如果纳入复议范围，则会出现行政复议与人事、监察部门职权重叠、交叉的现象，造成行政主体管辖权的混乱，不易解决此类争议。按照《行政监察法》的规定，国家行政机关公务员和国家行政机关任命的其他人员对主管行政机关作出的行政处分决定不服的，可以向监察机关提出申诉；按照《公务员法》的规定，行政机关对工作人员作出的人事处理决定，行政机关公务员或者其他国家工作人员可以向原机关申请复核，或者向同级公务员主管部门以及作出该人事处理的机关的上一级机关申诉；对省级以下机关作出的申诉处理决定不服的，可以向作出处理决定的上一级机关提出再申诉。

2. 不服行政主体对民事纠纷作出的调解或者其他处理，依法申请仲裁或者向人民法院提起诉讼。根据法律规定，某些行政主体享有对民事纠纷进行调解、处理的权力。其原因在于行政主体处理民事纠纷是针对平等主体之间的民事纠纷居间作出的行为，这类纠纷原本可以由仲裁机关或者人民法院处理，只是行政主体的先行调解或处理起到了过滤或提高效率的作用，而这类纠纷最终仍要由仲裁机关或者人民法院处理。如果允许民事纠纷的主体申请复议，复议机关也只能就原调解处理是否合法、适当作出判断，不能最终解决当事人之间的民事纠纷。所以在此情况下，将此类行为排除在复议之外。

二、行政复议的管辖

行政复议管辖是行政复议机关受理复议案件的权限和分工。管辖是行政复议机关复议活动发生的基础，也是复议活动合法化的前提。根据《行政复议法》第 12～15 条的规定，行政复议的管辖大致可以划分为以下几种情况：

（一）对政府工作部门的具体行政行为不服的管辖

《行政复议法》第 12 条第 1 款明确规定："对县级以上地方各级人民政府工作部门的具体行政行为不服的，由申请人选择，可以向该部门的本级人民政府申请行政复议，也可以向上一级主管部门申请行政复议。"

即公民、法人或其他组织可以在有权进行复议的行政机关中择一申请复议。地方县级以上各级人民政府都设立有政府工作部门，如公安部门、教育部门等，如果这些政府工作部门的行政行为引发了公民、法人或其他组织的不满，就可以选择向该部门的上一级主管机关或者其所属的政府申请行政复议。例如，某县环保局对某公司作出了行政处罚决定，若该公司不服这一行政处罚，就可以向该县环保局的上一级环保机关，即市环保局申请复议，或者向该县人民政府申请行政复议。

（二）对地方政府的具体行政行为不服的管辖

《行政复议法》第 13 条第 1 款规定："对地方各级人民政府的具体行政行为不服的，向上一级地方人民政府申请行政复议。"据此，公民、法人或其他组织不服地方政府的具体行政行为时，只有一种复议选择。比如公民、法人或者其他组织认为县政府的具体行政行为侵犯其合法权益，可以向市人民政府申请行政复议。

（三）对国务院各部门及省级政府的具体行政行为不服的管辖

《行政复议法》第 14 条规定："对国务院部门或者省、自治区、直辖市人民政府的具体行政行为不服的，向作出该具体行政行为的国务院部门或者省、自治区、直辖市人民政府申请行政复议。对行政复议决定不服的，可以向人民法院提起行政诉讼；也可以向国务院申请裁决，国务院依照本法的规定作出最终裁决。"据此规定，对国务院部门或者省、自治区、直辖市人民政府的具体行政行为不服的，应当先向作出该具体行政行为的国务院部门或者省、自治区、直辖市人民政府申请行政复议。对行政复议决定不服的，可以向人民法院提起诉讼；也可以向国务院申请行政复议，国务院作出的行政复议决定为终局决定。需要注意的是，这里首先规定了对国务院部门或者省、自治区、直辖市人民政府作出的具体行政行为不服必须先由本机关复议，对该复议仍不服的，作出了可以选择的规定，既可以选择向人民法院提起行政诉讼，也可选择向国务院部门或者省、自治区的上一级行政机关即国务院申请裁决。本条之所以这样规定，主要是因为若按照一般复议管辖规则，对国务院各部门或者省、自治区、直辖市人民政府的行政行为不服申请复议时，复议管辖机关应是其上级机关国务院，但因国务院是国家最高行政机关，其本身担负着比较繁重的任务，因此不宜将此复议事项再交于国务院，这是一种复议管辖规则的例外。同时《行政复议法》又规定了申请人若对复议决定不服，可提起行政诉讼或者申请国务院作出最终裁决，这可以说是对此例外复议管辖规则的一种补救性规定。

（四）对派出机关的具体行政行为不服的管辖

《行政复议法》第15条第1款第1项规定："对县级以上地方人民政府依法设立的派出机关的具体行政行为不服的，向设立该派出机关的人民政府申请行政复议。"派出机关是指由地方各级人民政府设立的，依法在一定行政区域内享有综合性行政职权的行政机关。派出机关不是一级人民政府，但却依照有关组织法行使着一定行政区域所有行政事务的组织与管理权，并能以自己的名义作出行政行为和对行为后果承担法律责任。在我国现阶段，派出机关一般分为四类：省、自治区人民政府经国务院批准设立的行政公署（或者地区公署），不设区的市、市辖区人民政府的街道办事处，县、自治县人民政府经省、自治区、直辖市人民政府批准设立的区公所，市人民政府设立的经济技术开发区管理委员会。如果公民、法人或其他组织对于这些政府派出机关的具体行政行为不服，复议机关为设立该派出机关的人民政府。例如，公民、法人或其他组织对某街道办事处的具体行政行为不服，复议机关为设立该街道办事处的某市人民政府。

（五）对派出机构的具体行政行为不服的管辖

《行政复议法》第15条第1款第2项规定："对政府工作部门依法设立的派出机构依照法律、法规或者规章规定，以自己的名义作出的具体行政行为不服的，向设立该派出机构的部门或者该部门的本级地方人民政府申请行政复议。"派出机构是指某一级人民政府工作部门根据实际需要，针对某项特定行政事务而设置的工作机构。派出机构不属于独立的行政机关，一般不能以自己的名义独立地作出具体行政行为，但若派出机构在一定情况下得到了法律授权，则可以以自己的名义独立地作出具体行政行为，此时，复议机关为设立该派出机构的政府工作部门或者该部门的本级人民政府。例如，某县公安局设立的派出所以自己的名义对行政相对人作出了警告行政处罚，此时，复议机关为该县公安局或者该县人民政府。

（六）对被授权组织的具体行政行为不服的管辖

《行政复议法》第15条第1款第3项规定："对法律、法规授权的组织的具体行政行为不服的，分别向直接管理该组织的地方人民政府、地方人民政府工作部门或者国务院部门申请行政复议。"被授权组织依法获得了行政主体的资格，能够以自己的名义独立地作出具体行政行为，所以如果对被授权的组织的具体行政行为不服，应当向直接管理该组织的行政机关申请行政复议。

（七）对行政主体以共同名义作出的具体行政行为不服的管辖

《行政复议法》第15条第1款第4项规定："对两个或者两个以上行政机关以共同的名义作出的具体行政行为不服的，向其共同上一级行政机关申请行政复议。"为了方便行政管理活动，有时需要几个行政主体共同行动来完成一个具体行政行为，在这种情况下，复议管辖机关为其共同上一级行政机关。申请人对两个以上国务院部门共同作出的具体行政行为不服的，依照《行政复议法》第14条的规定，可以向其中任何一个国务院部门提出行政复议申请，由作出具体行政行为的国务院部门共同作出行政复议决定。

需要注意的是，实践中认定行政主体是否为共同行政行为，必须以是否以共同名义作出具体行政行为为准，即行政决定书是否以两个或者两个以上的行政主体名义作出（公章是否为两个以上行政主体），若只是一般的协助活动，则不能认定为共同行政行为。如城管查处违法占道经营活动，请求公安机关给予协助，城管机关作出处罚决定后，公民、法人或其他组织不服，只能向该城管机关的上一级城管机关或者其所属本级人民政府申请复议，而不能向协助执行的公安机关上一级机关申请复议。

（八）作出具体行政行为的行政主体被撤销后的管辖

《行政复议法》第15条第1款第5项规定："对被撤销的行政机关在撤销前所作出的具体行政行为不服的，向继续行使其职权的行政机关的上一级行政机关申请行政复议。"引起行政主体撤销的原因是多种多样的，如机构改革等，对已被撤销的行政主体撤销前的行政行为不服的，《行政复议法》规定由继续行使其职权的行政主体的上一级行政机关做复议机关。

（九）移送管辖

《行政复议法》第15条第2款规定："有前款所列情形之一的，申请人也可以向具体行政行为发生地的县级地方人民政府提出行政复议申请，由接受申请的县级地方人民政府依照本法第18条的规定办理。"第18条规定："依照本法第15条第2款的规定接受行政复议申请的县级地方人民政府，对依照本法第 15 条第 1 款的规定属于其他行政复议机关受理的行政复议申请，应当自接到该行政复议申请之日起 7 日内，转送有关行政复议机关，并告知申请人。接受转送的行政复议机关应当依照本法第 17 条的规定办理。"

实践中复议申请人有时并不清楚到底应当向哪级哪类行政机关提出复议申请，所以为了方便复议申请人行使这一救济权利，《行政复议法》作出了上述规定。即公民、法人或其他组织不服行政主体具体行政行为时，一般都可以向行政行为发生地的县级人民政府提起复议申请，然后由县级人民政府转送有复议管辖权的复议机关，这就极大地方便了相对人的复议申请权利的行使。

此外，复议机关已受理复议申请，而后发现自己确无管辖权，则要向有管辖权的复议机关移送，若移送后，接受移送的复议机关发现自己也无管辖权时，则不能再行移送，而应由上级行政机关指定管辖，也即只能进行一次移送。

任务三　行政复议的过程

📝 导入案例

2013 年 1 月，张某以某市电讯有限公司在销售某品牌手机过程中，其宣传单上标注了"全球最薄的智能手机"字样，以涉嫌违反《广告法》为由，向当地工商局举报。当地工商局随即对该电讯有限公司的行为进行调查。经查，该电讯公司手机专柜上摆放的手机宣传单中有 10 张标注"全球最薄的智能手机"字样的宣传单，该公司负责人称产品宣传单是由手机生产厂商印制的，且还没有散发出去。随即，该负责人将柜台上的 10 张宣传单收起来，并承诺今后不再发生类似事件。鉴于当事人的违法行为轻微并能及时纠正，工商局执法人员没有作出行政处罚决定，并将调查情况和处理结果口头告知了举报人张某。张某认为，当地工商局对某电讯有限公司不予处罚的行为属于行政不作为，遂向上一级工商机关申请行政复议。

问题：张某可以成为适格的行政复议申请人吗？

📋 基本原理认知

就像行政诉讼有原告与被告一样，在行政复议中有"申请人"与"被申请人"。而申请人的一纸行政复议申请就成了启动整个行政复议程序的关键。那么，哪些人可以成为复议申请人？在"导入案例"中的张某以及社会生活中的举报人可以成为适格的复议申请人吗？哪些行政主体是行政复议被申请人呢？有无行政复议第三人？如何提出行政复议申请呢？我们可以从以下几个方面来一一分析：

一、行政复议参加人

行政复议参加人是指参加行政复议的当事人以及与当事人地位相近的人，包括行政复议申请人、行政复议被申请人、行政复议第三人和行政复议代理人。他们参加行政复议的原因不同，在行政复议中的地位也不同。此外，参与行政复议活动的还有证人、鉴定人等，但他们参加行政复议的原因只是协助行政复议机关查清事实，与案件本身没有直接利害关系，我们称之为行政复议参与人。

（一）行政复议申请人

《行政复议法》第 2 条规定："公民、法人或者其他组织认为具体行政行为侵犯其合法权益，向行政机关提出行政复议申请，行政机关受理行政复议申请、作出行政复议决定，适用本法。"第 10 条第 1 款规定："依照本法申请行政复议的公民、法人或者其他组织是申请人。"

根据上述规定，行政复议申请人资格应符合以下几点要求：

1. 行政复议申请人是公民、法人或者其他组织。可以提起行政复议的公民分为三类，具有中华人民共和国国籍的中国公民；受中国法律管辖的具有中华人民共和国以外的某国国籍的外国公民；受中国法律管辖的不具有任何国家国籍的无国籍人。

股份制企业的股东大会、股东代表大会、董事会认为行政主体作出的具体行政行为侵犯企业合法权益的，可以以企业的名义申请行政复议。

合伙企业申请行政复议的，应当以核准登记的企业为申请人，由执行合伙事务的合伙人代表该企业参加行政复议；其他合伙组织申请行政复议的，由合伙人共同申请行政复议。前面规定以外的不具备法人资格的其他组织申请行政复议的，由该组织的主要负责人代表该组织参加行政复议；没有主要负责人的，由共同推选的其他成员代表该组织参加行政复议。

2. 行政复议申请人必须是认为具体行政行为侵犯其合法权益的人。申请人只有与具体行政行为之间存在某种利害关系，才有必要通过行政复议寻求救济，即申请人与被申请复议的具体行政行为有法律上的利害关系。主要有以下两种情况：①具体行政行为所直接指向的公民、法人或者其他组织，这是行政复议中最常见的申请人；如某商住楼经营 KTV 场所的经营者申请文化场所经营许可证，相关部门认为不符合法律规定的条件，作出不予以许可的决定，则该经营者可以申请行政复议。②具体行政行为间接针对的对象，即与具体行政行为有利害关系，但并非具体行政行为直接的对象。如前述商住楼经营 KTV 场所的经营者申请文化场所经营许可证，假设经相关部门获得行政许可，但该楼居民认为 KTV 会造成扰民，侵犯自己的休息权，那么该楼居民可以提出行政复议申请。

在特殊情况下，申请人资格会发生转移。根据《行政复议法》第 10 条第 2 款的规定，申请人资格的转移有以下两种情况：

1. 有权申请行政复议的公民死亡的，其近亲属可以申请行政复议。因为公民死亡，如果不把复议申请权转移至其近亲属，死者的合法权利就无法得到保障。但要注意与下列情况相区别：有权申请行政复议的公民为无民事行为能力人或者限制民事行为能力人的，其法定代理人可以代为申请行政复议，此种情况下申请人资格并不发生转移。

2. 有权申请行政复议的法人或者其他组织终止的，承受其权利的法人或者其他组织可以申请行政复议。法人或者其他组织终止有多种原因，可以是合并，也可以是分立、撤销、破产等。无论何种原因，都将发生申请人资格的转移。

在导入案例中，当地工商局对电讯公司的行为并不属于不作为，只是未按张某要求查处商家，最终作出了对该电讯公司不予处罚的处理决定并对张某进行口头答复。实践中，举报人是否可以成为适格的行政复议申请人要具体个案分析。"答复行为"与"处理行为"是两个性质不同、各自独立的行为。行政处罚是典型的依职权行政行为，答复行为则是依举报请求而为的行为，两者不能混为一谈。因此，举报人是否具备申请人资格，首先要看其是否与具体行政行为之间存在利害关系，导入案例中的张某与"答复行为"之间存在利害关系，与"处理行为"之间并不存在利害关系。如果存在利害关系，则当然具有复议资格；如果不存在利害关系，那么这类举报人是否具备申请人资格，仍要看举报人具体的复议事实与理由是什么；如果复议的事实与理由是行政主体对其举报事项未予答复，请求告知处理结果，则此时举报人具有行政复议申请人资格；如果复议的事实与理由是行政主体不予处罚或者作出行政处罚的事实不清，程序不合法或适用法律依据错误等，请求责令撤销处罚决定，重新作出，则举报人不具备行政复议申请人资格，在导入案例中，张某提出复议的事实是当地工商局对某电讯有限公司不予处罚的行为，属于此种情况，故张某不具备行政复议申请人资格。

（二）行政复议被申请人

《行政复议法》第10条第4款规定："公民、法人或者其他组织对行政机关的具体行政行为不服申请行政复议的，作出具体行政行为的行政机关是被申请人。"

实践中行政复议被申请人主要有以下几种情形：

1. 申请人对行政主体作出的具体行政行为不服，直接申请复议的，该行政主体是被申请人。

2. 两个或者两个以上的行政主体以共同名义作出同一具体行政行为的，共同作出具体行政行为的行政主体是共同被申请人。行政主体与其他组织（非行政主体）以共同名义作出具体行政行为的，行政主体为被申请人。

3. 行政主体委托的组织作出的具体行政行为引起行政复议，由作出委托的行政主体作为被申请人。

4. 作出具体行政行为的行政主体被撤销的，继续行使其职权的行政主体是被申请人。

5. 下级行政主体依照法律、法规、规章的规定，经上级行政机关批准作出具体行政行为的，批准机关为被申请人。

6. 行政机关设立的派出机构、内设机构或者其他组织，未经法律、法规、规章授权，对外以自己名义作出具体行政行为的，该行政机关为被申请人。

（三）行政复议第三人

行政复议第三人与申请人和被申请人不同，其参加行政复议是为了维护自己的合法权益，在行政复议中不依附于申请人或者被申请人，享有与申请人基本相同的复议权利。作为行政复议第三人应具备三个条件：

1. 是公民、法人或者其他组织。此处的公民与行政复议申请人的"公民"相同，包括中国公民、受中国法律管辖的外国公民、受中国法律管辖的无国籍人。法人包括两类：一类是企业法人，另一类是机关、事业单位和社会团体法人。其他组织则是指非法人组织。

2. 与所复议的具体行政行为有利害关系。比如某甲经城管批准在一地段摆摊售货，而某乙以某甲摆摊为由，对城管不批准其在该地段摆摊，向上一级城管提起行政复议，这里某甲与这个不批准某乙摆摊的具体行政行为之间，有间接的利害关系。因此，某甲也是以第三人的身份参与这个行政复议。

3. 复议程序已经开始但尚未终结。行政复议期间，行政复议机构认为申请人以外的公民、法人或者其他组织与被审查的具体行政行为有利害关系的，可以通知其作为第三人参加行政复议。行政复议期间，申请人以外的公民、法人或者其他组织与被审查的具体行政行为有利害关系的，可以向行政复议机构申请，经复议机关批准，作为第三人参加行政复议。第三人不参加行政复议，不影响行政复议案件的审理。

（四）行政复议代理人

《行政复议法》第10条第5款规定："申请人、第三人可以委托代理人代为参加行政复议。"申请人、第三人可以委托1~2名代理人参加行政复议。申请人、第三人委托代理人的，应当向行政复议机构提交授权委托书。授权委托书应当载明委托事项、权限和期限。公民在特殊情况下无法书面委托的，可以口头委托。口头委托的，行政复议机构应当核实并记录在卷。申请人、第三人解除或者变更委托的，应当书面报告行政复议机构。

二、行政复议程序

行政复议程序是指行政复议机关受理复议申请，进行复议审查，作出复议决定以及复议决定的执行等贯穿于整个复议过程的时限、方法、形式和步骤。一般一个完整的行政复议程序包括复议申请的提出、受理、决定三个阶段。

（一）行政复议申请的提出

行政复议申请的提出是复议程序的第一个阶段，是复议活动的启动程序。在行政复议申请提出阶段，应注意以下问题：

1. 申请行政复议的方式。《行政复议法》第 11 条规定："申请人申请行政复议，可以书面申请，也可以口头申请；口头申请的，行政复议机关应当当场记录申请人的基本情况、行政复议请求、申请行政复议的主要事实、理由和时间。"

申请人书面申请行政复议的，可以采取当面递交、邮寄或者传真等方式提出行政复议申请。有条件的行政复议机构可以接受以电子邮件形式提出的行政复议申请。

申请人口头申请行政复议的，行政复议机构应当依照《行政复议法实施条例》第 19 条规定的事项，当场制作行政复议申请笔录交申请人核对或者向申请人宣读，并由申请人签字确认。

2. 申请行政复议的期限。申请行政复议的期限一般情况下为 60 日。《行政复议法》第 9 条规定："公民、法人或者其他组织认为具体行政行为侵犯其合法权益的，可以自知道该具体行政行为之日起 60 日内提出行政复议申请；但是法律规定的申请期限超过 60 日的除外。"

当场作出具体行政行为的，自具体行政行为作出之日起计算；载明具体行政行为的法律文书直接送达的，自受送达人签收之日起计算；载明具体行政行为的法律文书邮寄送达的，自受送达人在邮件签收单上签收之日起计算；没有邮件签收单的，自受送达人在送达回执上签名之日起计算；具体行政行为依法通过公告形式告知受送达人的，自公告规定的期限届满之日起计算；行政主体作出具体行政行为时未告知公民、法人或者其他组织，事后补充告知的，自该公民、法人或者其他组织收到行政主体补充告知的通知之日起计算；被申请人能够证明公民、法人或者其他组织知道具体行政行为的，自证据材料证明其知道具体行政行为之日起计算。公民、法人或者其他组织依照《行政复议法》第 6 条第 8 项、第 9 项、第 10 项的规定申请行政主体履行法定职责，行政主体未履行的，行政复议申请期限依照下列规定计算：有履行期限规定的，自履行期限届满之日起计算；没有履行期限规定的，自行政主体收到申请满 60 日起计算。公民、法人或者其他组织在紧急情况下请求行政主体履行保护人身权、财产权的法定职责，行政主体不履行的，行政复议申请期限不受前述规定的限制。

行政主体作出具体行政行为，依法应当向有关公民、法人或者其他组织送达法律文书而未送达的，视为该公民、法人或者其他组织不知道该具体行政行为。

如果其他法律规定有超过 60 日复议申请期限的，依照其他法律的规定。另外在《行政复议法》第 9 条的第 2 款规定了特殊情况下复议期限的中止，即因不可抗力或者其他正当理由耽误法定申请期限的，申请期限自障碍消除之日起继续计算。

（二）行政复议申请的受理

行政复议机关在收到复议申请书或者申请人口头申请形成书面材料后，应当在5日内进行审查，对不符合《行政复议法》规定的行政复议申请的，决定不予受理，并书面告知申请人；对符合《行政复议法》规定，但是不属于本机关受理的行政复议申请，应当告知申请人向有关行政复议机关提出。行政复议申请符合下列规定的，应当予以受理：①有明确的申请人和符合规定的被申请人；②申请人与具体行政行为有利害关系；③有具体的行政复议请求和理由；④在法定申请期限内提出；⑤属于《行政复议法》规定的行政复议范围；⑥属于收到行政复议申请的行政复议机构的职责范围；⑦其他行政复议机关尚未受理同一行政复议申请，人民法院尚未受理同一主体就同一事实提起的行政诉讼。

行政复议申请材料不齐全或者表述不清楚的，行政复议机构可以自收到该行政复议申请之日起5日内书面通知申请人补正。补正通知应当载明需要补正的事项和合理的补正期限。无正当理由逾期不补正的，视为申请人放弃行政复议申请。补正申请材料所用时间不计入行政复议审理期限。

申请人就同一事项向两个或者两个以上有权受理的行政机关申请行政复议的，由最先收到行政复议申请的行政机关受理；同时收到行政复议申请的，由收到行政复议申请的行政机关在10日内协商确定；协商不成的，由其共同上一级行政机关在10日内指定受理机关。协商确定或者指定受理机关所用时间不计入行政复议审理期限。

上级行政机关认为行政复议机关不予受理行政复议申请的理由不成立的，可以先行督促其受理；经督促仍不受理的，应当责令其限期受理，必要时也可以直接受理；认为行政复议申请不符合法定受理条件的，应当告知申请人。

（三）行政复议案件的决定

行政复议决定是指行政复议机关对于复议案件的事实、证据、法律适用等问题进行合法性与合理性全面审查并作出行政复议决定的过程。这是行政复议程序的关键阶段。《行政复议法》第31条第1款规定："行政复议机关应当自受理申请之日起60日内作出行政复议决定；但是法律规定的行政复议期限少于60日的除外。情况复杂，不能在规定期限内作出行政复议决定的，经行政复议机关的负责人批准，可以适当延长，并告知申请人和被申请人；但是延长期限最多不超过30日。"

1. 审理方式。行政复议审理方式是以书面审查为主，其他方式为辅的审查方式。书面审查是指复议机关在审理复议案件时可以仅就双方提供的书面材料进行审查并依法作出复议决定。

行政复议机构审理行政复议案件，应当由2名以上行政复议人员参加。行政复议机构认为必要时，可以实地调查核实证据；对重大、复杂的案件，申请人提出要求或者行政复议机构认为必要时，可以采取听证的方式审理。行政复议人员向有关组织和人员调查取证时，可以查阅、复制、调取有关文件和资料，向有关人员进行询问。调查取证时，行政复议人员不得少于 2 人，并应当向当事人或者有关人员出示证件。被调查单位和人员应当配合行政复议人员的工作，不得拒绝或者阻挠。需要现场勘验的，现场勘验所用时间不计入行政复议审理期限。

复议过程中被申请人不得自行向申请人和其他有关组织或者个人收集证据。复议期间不停止执行原具体行政行为，可以停止执行的例外情况有：被申请人认为需要停止执行的；行政复议机关认为需要停止执行的；申请人申请停止执行，行政复议机关认为其要求合理，决定停止执行的；法律规定停止执行的。

行政复议机关应当为申请人、第三人查阅有关材料提供必要条件。行政复议期间涉及专门事项需要鉴定的，当事人可以自行委托鉴定机构进行鉴定，也可以申请行政复议机构委托鉴定机构进行鉴定。鉴定费用由当事人承担。鉴定所用时间不计入行政复议审理期限。

2. 行政复议审理中调解、和解的情况。有下列情形之一的，行政复议机关可以按照自愿、合法的原则进行调解：①公民、法人或者其他组织对行政主体行使法律、法规规定的自由裁量权作出的具体行政行为不服申请行政复议的；②当事人之间的行政赔偿或者行政补偿纠纷。当事人经调解达成协议的，行政复议机关应当制作行政复议调解书。调解书应当载明行政复议请求、事实、理由和调解结果，并加盖行政复议机关印章。行政复议调解书经双方当事人签字，即具有法律效力。调解未达成协议或者调解书生效前一方反悔的，行政复议机关应当及时作出行政复议决定。

公民、法人或者其他组织对行政主体行使法律、法规规定的自由裁量权作出的具体行政行为不服申请行政复议，申请人与被申请人在行政复议决定作出前自愿达成和解的，应当向行政复议机构提交书面和解协议；和解内容不损害社会公共利益和他人合法权益的，行政复议机构应当准许。

3. 行政复议决定种类。行政复议机关在申请人的行政复议请求范围内，不得作出对申请人更为不利的行政复议决定。

（1）维持决定。复议机关经审查认为被申请人的具体行政行为认定事实清楚，证据确凿，适用依据正确，程序合法，内容适当的，应作出维持原具体行政行为的决定。

（2）履行决定。履行决定针对被申请人不履行法定职责而引发的复议，一般行政主体不履行法定职责的情况有两种：一是行政主体明确表示拒不履行法定职责；二是行政主体无正当理由故意拖延履行法定职责，在此情况下，复议机关应作出责令被申请人在一定期限内履行法定职责的决定。

（3）撤销、变更和确认违法决定。复议机关经审理，发现被申请人作出的具体行政行为有下列情形之一的，依法作出撤销、变更或者确认该具体行政行为违法的决定，决定撤销或者确认该具体行政行为违法的，可以责令被申请人在一定期限内重新作出具体行政行为：主要事实不清、证据不足的；适用依据错误的；违反法定程序的；超越或者滥用职权的；具体行政行为明显不当的。

行政复议机关依照《行政复议法》第28条的规定，责令被申请人重新作出具体行政行为的，被申请人应当在法律、法规、规章规定的期限内重新作出具体行政行为；法律、法规、规章未规定期限的，重新作出具体行政行为的期限为60日。公民、法人或者其他组织对被申请人重新作出的具体行政行为不服，可以依法申请行政复议或者提起行政诉讼。

具体行政行为有下列情形之一，行政复议机关可以决定变更：认定事实清楚，证据确凿，程序合法，但是明显不当或者适用依据错误的；认定事实不清，证据不足，但是经行政复议机关审理查明事实清楚，证据确凿的。

另外，被申请人不按规定提出书面答复、提交当初作出具体行政行为的证据、依据和其他有关材料的，视为该具体行政行为没有证据、依据，应作出撤销该具体行政行为的决定。

（4）驳回决定。有下列情形之一的，行政复议机关应当决定驳回行政复议申请：申请人认为行政主体不履行法定职责申请行政复议，行政复议机关受理后发现该行政主体没有相应法定职责或者在受理前已经履行法定职责的；受理行政复议申请后，发现该行政复议申请不符合《行政复议法》和《行政复议法实施条例》规定的受理条件的。上级行政主体认为行政复议机关驳回行政复议申请的理由不成立的，应当责令其恢复审理。

（5）赔偿决定。申请人在申请行政复议时一并提出行政赔偿请求的，行政复议机关经审查，如认为符合《国家赔偿法》的有关规定应予赔偿的，应在作出撤销、变更具体行政行为或者确认具体行政行为违法时，同时决定被申请人依法给予赔偿。申请人在申请行政复议时没有提出行政赔偿请求的，行政复议机关在依法决定撤销或者变更罚款，撤销违法集资、没收财物、征收财物、摊派费用以及对财产的查封、扣押、冻结等具体行政行为时，应当同时责令被申请人返还财产，解除对财产的查封、扣押、冻结措施，或者赔偿相应的价款。

（6）对抽象行政行为的处理。根据《行政复议法》第26条、第27条的规定，申请人一并提出对作出具体行政行为的规定进行审查请求的，或者复议机关在审查过程中认为具体行政行为的依据不合法，如果复议机关对该规定有权处理的，应当在30日内依法处理，无权处理的，应当在7日内按照法定程序转送有权处理的行政主体依法处理，有权处理的行政主体应当在60日内依法处理。处理期间，中止对具体行政行为的审查。

★ 拓展阅读

《行政复议法》的"麻烦条款"

《行政复议法》第30条被法学界誉为"麻烦条款"，其规定如下："公民、法人或者其他组织认为行政机关的具体行政行为侵犯其已经依法取得的土地、矿藏、水流、森林、山岭、草原、荒地、滩涂、海域等自然资源的所有权或者使用权的，应当先申请行政复议；对行政复议决定不服的，可以依法向人民法院提起行政诉讼。根据国务院或者省、自治区、直辖市人民政府对行政区划的勘定、调整或者征收土地的决定，省、自治区、直辖市人民政府确认土地、矿藏、水流、森林、山岭、草原、荒地、滩涂、海域等自然资源的所有权或者使用权的行政复议决定为最终裁决。"

最高人民法院法释〔2003〕5号《关于适用行政复议法第30条第1款有关问题的批复》（以下简称批复）规定："根据《行政复议法》第30条第1款的规定，公民、法人或者其他组织认为行政机关确认土地、矿藏、水流、森林、山岭、草原、荒地、滩涂、海域等自然资源的所有权或者使用权的具体行政行为，侵犯其已经依法取得的自然资源所有权或者使用权的，经行政复议后，才可以向人民法院提起行政诉讼，但法律另有规定的除外；对涉及自然资源所有权或者使用权的行政处罚、行政强制措施等其他具体行政行为提起行政诉讼的，不适用《行政复议法》第30条第1款的规定。"批复中使用的"确认"一词在行政法上往往是有争议的。对于"确认……具体行政行为"是指行政确认还是行政裁决或者两者兼而有之，学界存在着三种观点：一种观点认为最高院法释〔2003〕5号已经将《行政复议法》第30条第1款的具体行政行为限定为确认具体行政行为，即行政确认侵犯了行政相对人已经依法取得的权属的行为，具有侵权的性质；而行政裁决属于居间裁判行为，没有侵权性质。另一种观点认为，依据《最高人民法院行政审判庭关于行政机关颁发自然资源所有权或者使用权证的行为是否属于确认行政行为问题的答复》（〔2005〕行他字第4号），最高院法释〔2003〕5号批复中的"确认"是指当事人对自然资源的权属发生争议后，行政主体对争议的自然资源的所有权或者使用权所作的确权决定。有关土地等自然资源所有权或者使用权的初始登记，属于行政许可性质，不应包括在行政确认范畴之内。据此，行政主体颁发自然资源所有权或者使用权证书的行为不属于复议前置的情形。行政主体对争议的自然资源的所有权或者使用权所作的确权决定，属于行政裁决。还有一种观点认为，最高院法释〔2003〕5号批复中应当适用复议前置程序的具体行政行为，主要针对的是对所列自然资源的行政确权行为，除此之外的非行政确权行为，不适用复议前置程序。例如，河南省高级人民法院关于新乡农机产品经销中心清算组诉新乡县人民政府土地行政决定纠纷一案的行政裁定书（〔2008〕豫法行再字第00012号）认为，最高院法释〔2003〕5号批复中应当适用复议前置程序的具体行政行为，主要针对的是对所列自然资源的行政确权行为，除此之外的非行政确权行为，不适用复议前置程序。行政确权既包括行政确认行为又包含行政裁决行为，因此法释〔2003〕5号批复中的"确认……具体行政行为"，"既包括行政确认又包括行政裁决"[1]。

---

[1]　李媛辉："林地确权行政案件复议前置分析"，载《北京林业大学学报（社会科学版）》2008年第2期。

此外，根据《行政复议法》规定，国务院或者省、自治区、直辖市人民政府对行政区划的勘定、调整或者征用土地的决定，省、自治区、直辖市人民政府确认土地、矿藏、水流、森林、山岭、草原、荒地、滩涂、海域等自然资源的所有权或者使用权的行政复议决定为最终裁决。2014年修改的《行政诉讼法》规定，人民法院可以受理公民、法人或其他组织对行政机关作出的关于确认土地、矿藏、水流、森林、山岭、草原、荒地、滩涂、海域等自然资源的所有权或者使用权的决定不服的案件。这意味着有关"确认土地、矿藏、水流、森林、山岭、草原、荒地、滩涂、海域等自然资源的所有权或者使用权"的行政争议，不再复议终结，也可提起行政诉讼。

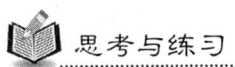 思考与练习

一、思考题

相比行政诉讼和信访，尽管我国最早的《行政复议条例》（现已失效）早在1991年已经实施，但行政复议案件数量并不多。2011年和2012年两年间，上海市信访总量中涉及行政争议的年均20多万件，而行政复议年均却只有3000多件，全国各省市也呈现此局面。[1] 从数据中可看出，与信访相比，复议案件远不如信访的数量，呈现出"大信访、小复议"的格局。为什么会形成这种格局？如何更好地发挥行政复议在解决行政争议中的作用呢？设立行政复议委员会是否能打破这个局面呢？

二、选择题

1. 某县政府发布文件，规定对高速公路过往车辆征收过路费，张某驾车路过被征收，她认为这属于乱收费，欲提起复议申请。下列选项中哪个不正确？（ ）

A. 张某可以直接对该征收行为提起行政复议

B. 张某可以针对该规范性文件要求复议审查

C. 张某可以在申请复议时要求一并审查该规范性文件

D. 张某不必经过复议，可以直接向人民法院提起行政诉讼

2. 某区政府在行政复议过程中，认为下列哪些具体行政行为的依据不合法，可依法转送有权的国家机关进行处理？（ ）

A. 全国人大常委会制定的法律　　　　B. 自治区人大制定的单行条例

C. 经济特区的规章　　　　　　　　　D. 省人大制定的地方性法规

3. 在春节前区工商局和卫生部门联合进行检查，发现某商户乱设摊点和不符合卫生条件，联合决定给予其吊销营业执照和罚款的处罚，该商户不服，申请复议应以谁

---

〔1〕 "全国人大执法检查：行政复议成化解官民争议减压阀"，载网易新闻中心，http://news.163.com/13/1106/11/9D0ATVVI00014JB6_all.html.

为被申请人？（ ）

　　A. 区工商局

　　B. 区卫生执法部门

　　C. 区工商局和卫生部门为共同被申请人

　　D. 区工商和卫生部门共同的上级机关为被申请人

　　4. 对某市某县公安局派出所以该县公安局的名义作出的具体行政行为不服申请的复议，应由下列哪项所述机关管辖？（ ）

　　A. 该县公安局　　　　　　　　　　B. 该派出所

　　C. 该县人民政府或某市公安局　　　D. 某市人民政府

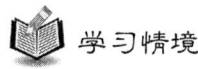 学习情境

行政复议的运用

【范例】

　　2014 年 7 月 8 日，某县商店供货商李某来到张某的店中，要求结清 3 万元货款。当天店里没有这么多现金，张某商量可否过几天付款。李某不同意，并威胁如果当天 18：30 不付款，便开始拆店。18：30 以后，李某又通知来了十余人，气焰嚣张地将店中员工赶到店外，开始动手搬东西。张某于当天 18：43 打报警电话报警，并且在场员工也当时先后两次打报警电话报警，民警到了现场，当时现场场面混乱，哄抢者正在拆除和搬运财物但还未运走，出警民警并未制止哄抢行为，并于 18：54 回复张某电话说这是经济纠纷他们不管。哄抢者见警察到了现场却无动于衷，无形中助长了违法者威风，导致事态进一步扩大。张某便亲自去了派出所，要求派出所出警并到现场拍照保全证据。派出所即时派出了技术室民警再次来到现场并进行拍照，但依然没有制止哄抢行为。致使最后店里能够拆除的所有财物都被哄抢者运走。张某认为派出所没有严格按照处警工作规则的要求，采取果断措施，及时、有效地处置好正在发生的哄抢行为，使能够预见的财产损失没能得以避免，拟就此提出行政复议。

【训练目的及要求】

　　结合范例和相关知识，通过训练，能正确分析判断行政复议案例。

【训练方法】

　　分三组进行，第一组学生运用行政复议知识分析范例是否属于行政复议受案范围及管辖问题；第二组学生分析范例中的行政复议参加人；第三组学生对前面两组学生的分析进行评价。

【训练步骤】

　　步骤 1：分组；

　　步骤 2：熟悉范例；

步骤 3：学生分析范例；

步骤 4：各小组形成本组的观点依据后，各派 1~3 名代表发表意见；

步骤 5：老师评判。

参考书目

1. 曹康泰主编：《中华人民共和国行政复议法实施条例释义》，中国法制出版社 2007 年版。

2. 姜明安主编：《行政法与行政诉讼法》，北京大学出版社、高等教育出版社 2007 年版。

3. 罗豪才主编：《行政法学》，北京大学出版社 1996 年版。

单元四
行政诉讼及行政赔偿

项目十　行政诉讼的内涵与特有原则

 知识目标

1. 掌握行政诉讼的内涵；

2. 理解行政诉讼的一般原则与特有原则；

3. 熟悉行政诉讼特有原则在行政诉讼实践中的适用要求。

 能力目标

能够对行政诉讼各特有原则进行理解与应用。

任务一　行政诉讼的内涵

🖐 导入案例

　　由于收到消费者大量的投诉和国家药品不良反应监测中心出具的不良反应的数据报告，2011 年 5 月 31 日，国家食品药品监督管理局作出撤销隆颊产品"欧某丽"的医疗器械注册证决定，并全面叫停生产、销售和使用"欧某丽"。其生产商某医用高分子材料有限公司（以下简称医用材料公司）不服国家食品药品监督管理局的撤销和叫停决定，向北京市第一中级人民法院提起行政诉讼，将国家食品药品监督管理局告上法庭，请求法院判决被告撤销先前的决定。北京市第一中级人民法院认为，国家食品药品监督管理局作为国务院药品监督管理的职能部门，具有对医疗器械进行监督管理的法定职责，有权根据医疗器械不良反应事件的监测和再评价结果，对不能保证安全、有效的医疗器械依法采取相应的管理措施。2011 年 10 月 30 日，北京市第一中级人民法院对该案进行了公开宣判，国家食品药品监督管理局一审胜诉，法院判决驳回了医用材料公司的诉讼请求。原告不服，上诉至北京市高级人民法院。2012 年 5 月 18 日北京市高级人民法院作出终审判决维持原审判决。

问题：1. 本案原告医用材料公司与被告国家食品药品监督管理局之间的争议属于内部行政争议还是外部行政争议？

2. 医用材料公司是否必须先申请行政复议，对复议决定不服再提起行政诉讼？

3. 行政诉讼与行政复议的区别是什么？

基本原理认知

行政诉讼是解决行政争议的重要法律制度。所谓行政争议，是指行政机关和法律、法规、规章授权的组织因行使行政职权而与另一方发生的权利义务纠纷。主要包括：①行政机关之间因行使行政职权而产生的争议；②行政机关与其所属的公务员之间因行使行政职权而产生的争议；③行政机关或者法律、法规、规章授权的组织与公民、法人或其他组织之间因行使行政职权而产生的争议。行政争议产生的基本起因是行使行政职权，而行政职权包括内部行政职权和外部行政职权。因此，行政争议也分为内部行政争议与外部行政争议。上述第①、②项属内部行政争议，第③项则是外部行政争议。导入案例中医用材料公司与国家食品药品监督管理局之间的争议即是行政相对人与行政机关因行使行政职权而产生的争议，属于外部行政争议。在我国，解决外部行政争议的法律制度主要有行政复议和行政诉讼。

一、行政诉讼的含义

行政诉讼的概念，基于不同的法律观念和不同的法律实践，有不同的表述。如在法国，行政诉讼称为行政审判，是指当事人对于行政主体违法的行为，请求行政法院通过审判程序给予救济的手段，也是行政法院监督行政主体依法行政的方式。在英美国家，行政诉讼又称为司法审查，是指法院应行政相对人的申请，就行政主体行为的合法性进行审查并作出相应裁决的活动。

在我国，根据《行政诉讼法》第2条的规定，行政诉讼是指公民、法人或者其他组织认为行政机关的行政行为侵犯其合法权益，依法向人民法院提起诉讼，人民法院在当事人及其他诉讼参与人的参加下，对行政行为的合法性进行审查并作出裁判，解决行政争议的活动。此处的行政行为，包括法律、法规、规章授权的组织作出的行政行为。

行政诉讼与刑事诉讼、民事诉讼一起，构成我国三大基本诉讼制度。他们同为诉讼制度因而具有一些共性，如都是司法救济的途径，都在人民法院主持下进行，有一些司法原则是共同的，在具体程序上也有一些相同之处等。但是，行政诉讼作为一项独立的诉讼制度与刑事诉讼、民事诉讼相比较，又有其特殊性。行政诉讼的特征主要表现在以下几个方面：

1. 行政诉讼是人民法院运用国家审判权来监督行政主体依法行使职权和履行职责，

保护公民、法人或者其他组织的合法权益的一种司法活动。这是行政诉讼在目的和性质上与其他诉讼的区别。行政诉讼的根本目的是通过处理、解决行政争议案件来监督行政主体依法行使职权和履行职责，以保护公民、法人或者其他组织的合法权益不受行政主体违法行政行为的侵害。行政诉讼的这一目的决定了它具有司法监督性质，即通过国家审判机关行使司法权来监督国家行政主体依法、正确地行使行政权。实践证明，行政诉讼是一种十分有效的监督行政的方式。而民事诉讼审理的是民事案件，解决的是平等主体之间的民事争议。刑事诉讼审理的是刑事案件，被告是被指控犯有某种罪行并被起诉到人民法院的当事人。

2. 行政诉讼是解决一定范围内的行政争议的活动。如前所述，行政机关和法律、法规、规章授权的组织在行使职权过程中通常会与另一方发生行政争议。如前所述，并不是所有的行政争议都可以通过行政诉讼得到解决，只有外部行政争议才由人民法院通过行政诉讼的方式解决。根据我国《行政诉讼法》第 2 条第 1 款的规定，公民、法人或者其他组织认为行政机关和行政机关工作人员的行政行为侵犯其合法权益，有权依照本法向人民法院提起诉讼。这表明我国行政诉讼解决行政争议的范围限定为公民、法人或者其他组织因不服行政行为而产生的外部行政争议。导入案例中医用材料公司不服国家食品药品监督管理局作出的行政处罚决定而产生的行政争议显然属于行政相对人与行政管理机关之间的外部行政行为，因而北京市第一中级人民法院受理了该案。

3. 行政诉讼以行政行为的合法性审查为核心。在行政诉讼中，人民法院审查的对象是行政行为，主要表现为大量的具体行政行为，抽象行政行为一般不会成为人民法院审查的对象。但是，根据《行政诉讼法》第 53 条的规定，公民、法人或者其他组织认为行政行为所依据的国务院部门和地方人民政府及其部门制定的规范性文件（不含规章）不合法，在对行政行为提起诉讼时，可以一并请求对该规范性文件进行审查。即只有当上述抽象行政行为作为被诉行政行为的依据时，人民法院才可以对该抽象行政行为的合法性进行附带审查。根据《行政诉讼法》第 64 条的规定，人民法院审查后认为该规范性文件不合法的，只能决定不将其作为认定行政行为合法的依据，同时向制定机关提出处理建议，却不能对其进行撤销或宣告其无效。

行政诉讼之所以以审查行政行为的合法性为核心，是因为行政诉讼制度的根本作用在于督促行政主体依法行政，这一特点决定了行政诉讼必须重点审查行政行为的合法性，整个诉讼活动都必须围绕这个问题展开。同时，行政行为合法性问题的确认和裁判也是解决其他问题（如决定是否责令行政主体赔偿公民损失等）的前提。

此外，修改后的《行政诉讼法》增加了法院对"明显不当"的行政行为也可以审查。过去法院对"明显不当"的行政行为不能撤销，所以有些案件没办法解决。现在我们一般认为"明显不当"也属于不合法；而且从解决争议的角度来讲，将明显不当列入受案范围有利于争议解决。当然"明显不当"是有其范围的，不是随意的。

导入案例中被告国家食品药品监督管理局对医用材料公司作出处罚决定的行为是一种具体行政行为。人民法院经审查后认为，国家食品药品监督管理局作出这一处罚决定既没有违法，也没有明显不当，因而作出驳回原告诉讼请求的判决。

4. 行政诉讼中的原告、被告具有恒定性。行政诉讼中的原告只能由公民、法人或者其他组织充当。这是因为，在行政管理中，当他们认为行政主体作出的行政行为侵犯自己的合法权益时，没有自行抗衡的能力，只能作为原告向人民法院对行政主体提起行政诉讼，请求司法机关运用司法权来保护自己。行政诉讼被称为"民告官"的原因即在于此。而作出行政行为的行政机关及法律、法规、规章授权的组织则不享有起诉权和反诉权，只能充当行政诉讼的被告。这是因为，在行政管理中，行政机关或法律、法规、规章授权的组织代表国家意志，拥有各种行政职权，处于主导者和管理者的地位，可以通过强制手段作出行政行为。并且，行政诉讼审查的核心是行政行为的合法性，诉讼的目的在于审查行政主体是否依法行使职权，是否依法行政。因此，原告和被告的这种身份和位置是恒定不变的。这一点与民事诉讼有很大的区别。在民事诉讼中，发生民事争议的双方当事人都有资格充当原告或者被告。

值得注意的是，行政机关或法律、法规、规章授权的组织不能充当原告，是指它们在以行政主体的身份出现、处于管理者的地位时而言的。如果它们不是以行使行政职权的行政主体身份出现，而是处于被管理者地位并受到其他行政主体实施的行政行为侵害时，它们与公民、法人或者其他组织一样，可以以机关法人或组织法人的身份向人民法院提起行政诉讼，成为行政诉讼的原告。

二、行政诉讼与行政复议的关系

二者的区别已经在项目九之任务一中阐述过了，在此不再赘述。根据《行政复议法》第16条的规定，二者的联系是：①申请人申请行政复议，行政复议机关已经依法受理的，在法定行政复议期限内不得向人民法院提起行政诉讼。我国法律、法规对当事人不服行政行为的救济途径的规定，除行政复议前置和行政复议决定为最终裁定两种情形外，还赋予当事人选择行政复议和行政诉讼的权利。②当事人已经向人民法院提起行政诉讼，人民法院已经依法受理的，当事人不得再申请行政复议。对此，《行政诉讼法》第44条也作了相应规定，即对同一行政争议，当事人不能同时选择两种救济途径解决，只能够选择申请行政复议或者提起行政诉讼。这种情形是针对非行政复议前置的情形。因为在行政复议前置情形中，当事人不享有选择权。

必须注意的是，如果人民法院对当事人提起的诉讼未予受理，当事人可以申请行政复议；如果当事人在人民法院立案之后撤回起诉的，当事人仍然可以申请行政复议。

导入案例中的情形不属于法律规定的复议前置的情形，即提起行政诉讼不需以申请行政复议为前提，因此，医用材料公司可选择先申请行政复议，也可直接向人民法院提起行政诉讼。

任务二　行政诉讼的特有原则

导入案例

【案例一】

2010 年 3 月，林某与张某签订合同约定：张某在林某位于重庆市万州区尹家镇万安村 118 号的自留地内建房一间，占地面积 68 平方米；张某在每年 12 月 31 前按市价支付林某 100 斤猪肉的价款。随后，张某在政府部门办理相关建房手续后修建了一座两层楼高的混合结构的房屋，建筑面积 98 平方米。2014 年 9 月 9 日张某将该房屋卖给刘某，得价款 45 800 元。

2015 年 5 月 28 日，林某向人民法院提起诉讼，请求确认重庆市万州区天城建设委员会向张某颁发的原万天建规字〔2010〕116 号建设工程规划许可证无效，并由张某归还其自留地 68 平方米。

问题：该案涉及的有关自留地经营权纠纷是否属于人民法院的主管范围？

【案例二】

湖北省某市质量技术监督局在执法过程中，以违反《标准化管理办法》为由，对 30 名个体经营户进行了现场即时处罚，罚款总额达两万多元；对不接受处罚的，强行扣押商品。个体户们将情况反映到该市个体私营经济协会（以下简称"个私协会"）。个私协会调查后认为，市质量技术监督局在实施行政处罚过程中存在不当之处：一是该局违反有关规定，进入本应由工商部门承担质量监督管理职能的流通领域实施行政处罚；二是质量技术监督局针对个体户处以 100 元～1000 元的行政处罚均采用现场即时处罚程序，显然违反了行政处罚法的有关规定。为此，个私协会多次到市质量技术监督局进行协调，但都没有结果。被处罚的个体户决心拿起法律武器维护自己的合法权益，联名起诉了市质量技术监督局越权行政、乱处罚的违法执法行为。市质量技术监督局在向法院答辩应诉过程中承认了自己的过错，并决定撤销前述处罚决定。最后，在法院的调解下，双方达成协议，市质量技术监督局作出撤销现场即时处罚的决定并同意退费，被处罚人亦同意接受退费。

问题：该案能否适用调解结案？为什么？

基本原理认知

行政诉讼基本原则是指行政诉讼法规定的，贯穿于行政诉讼的全过程，司法机关和诉讼参与人进行行政诉讼活动所必须遵守的基本准则。按照法律的规定，我国行政诉讼基本原则的体系应当包括以下内容：①人民法院独立行使审判权原则；②以事实为根据，以法律为准绳原则；③当事人法律地位平等原则；④使用本民族语言文字进行诉讼原则；⑤辩论原则；⑥人民检察院对行政诉讼进行法律监督原则；⑦人民法院部分主管原则；⑧选择复议原则；⑨审查行政行为的合法性原则；⑩行政诉讼期间不停止执行原则；⑪不适用调解原则；⑫司法变更限制原则；⑬被告负举证责任原则。

按照其是否为行政诉讼所独有，可以把上述行政诉讼原则分为两大类：行政诉讼的一般原则和行政诉讼的特有原则。行政诉讼的一般原则，是指那些为行政诉讼和其他性质的诉讼所共同遵循的基本准则。行政诉讼特有原则是指为行政诉讼所独自遵循的基本准则，主要有：

一、人民法院部分主管原则

（一）人民法院部分主管原则的含义

人民法院部分主管是指人民法院只对特定的行政案件进行主管。导入案例一中，林某的诉讼请求涉及农村自留地经营权问题。2014 年修改的《行政诉讼法》，将认为行政主体侵犯"农村土地经营权的"案件纳入法院受案范围。在此之前，自留地经营权的具体内容一直由国家政策进行调整，并未纳入国家法律调整范围之内。可见，不是所有的行政争议都由人民法院通过审判活动加以解决，行政复议也是解决行政争议的渠道之一，个别情况下行政复议甚至可以成为解决行政争议的最终形式。

世界各国均根据各自不同的政治文化经济背景及历史条件的差异不同程度地排斥司法权对行政权的干预，但目前总体趋势还是扩大法院对行政案件的主管范围。由于行政权与司法权分属于两种不同的国家权力，相互之间具有较强的独立性，从行政权司法权分立的角度看，司法机关不能也不可能代替行政机关去行使行政职能；况且很多国家的法院系统对于行政案件的主管能力也有很大的不足，甚至表现出对许多行政争议无力行使审判权，行政诉讼从理论到实践都不太成熟，不能与对刑事、民事案件的主管能力相比。此外，行政行为的特点和行政争议的广泛性以及人民法律意识的淡薄等问题也是人民法院对行政争议进行特定主管的原因。

（二）人民法院部分主管原则的意义

1. 对于人民法院而言，可以使其避免陷入大量纷繁复杂的行政争议处理工作当中，从而可以抽出时间对行政争议案件的审判经验进行总结，研究成熟的行政审判工作方法，为扩大主管范围打下良好基础。同时，人民法院只解决必要的行政争议，避免案件来源泛滥，也保证了每一起行政争议的高质量处理。有许多争议是无需通过人民法院诉讼途径来解决的，用行政复议或行政裁决解决争议既可以提高工作效率，又可以加强对行政主体管理工作的监督。

2. 对于行政主体而言，人民法院司法权对于行政争议的限制性管辖意味着行政主体对大多数的行政争议拥有主管权，这是对行政权广泛程度的保证，也体现了行政权在国家权力体系中的重要地位。导入案例一中，法院对于林某的起诉裁定不予受理的做法，维护了原重庆市万州区天城建设委员会颁发建设工程规划许可证行为的权威性。

3. 对于公民、法人或者其他组织而言，人民法院部分主管原则使其知道究竟哪些争议可以通过行政诉讼的途径来解决，哪些争议只能通过行政复议的方式来解决。明确自己对哪些行政争议拥有诉权，可以方便相对人解决行政争议。而行政诉讼法将关系到公民、法人或其他组织人身权益、财产权益等重大权益的行政案件都纳入了行政诉讼主管的范围，这样可以最大限度地保护他们的合法权益。

二、选择复议原则

通常情况下，行政争议的解决途径都以公民、法人或者其他组织自由选择为原则，即当事人既可以选择向人民法院起诉，也可以选择行政复议来解决争议。这样既有利于保护公民、法人或者其他组织的合法权益，尊重公民、法人或者其他组织的选择权，又可以提高办案效率。但是，在某些特殊情形下，公民、法人或者其他组织对行政争议的解决途径、救济方式是没有选择权的，行政复议在某些案件中是解决争议的必经程序。也就是说公民、法人或者其他组织必须先向行政机关申请行政复议，经复议后对复议结果不服才可以起诉；未经复议的不能起诉。这就是通常所说的复议前置原则。

《行政诉讼法》第 44 条第 2 款规定："法律、法规规定应当先向行政机关申请复议，对复议决定不服再向人民法院提起诉讼的，依照法律、法规的规定。"我国现行法律法规规定了不少复议前置的情形。例如《行政复议法》第 30 条第 1 款规定："公民、法人或者其他组织认为行政机关的具体行政行为侵犯其已经依法取得的土地、矿藏、水流、森林、山岭、草原、荒地、滩涂、海域等自然资源的所有权或者使用权的，应当先申请行政复议；对行政复议决定不服的，可以依法向人民法院提起行政诉讼。"此外，《专利法》以及《商标法》也都明确作出了复议前置的规定。法律、法规规定应当先申请复议，公民、法人或者其他组织未申请复议直接提起诉讼的，人民法院不予受理。复议机关不受理复议或者在法定期限内不作出复议决定，公民、法人或其他组织不服，依法向人民法院提起诉讼的，人民法院应当依法受理。

三、审查行政行为的合法性原则

（一）审查行政行为的合法性原则的确立依据及含义

1. 法律依据。《行政诉讼法》第 6 条规定，人民法院审理行政案件，对行政行为是否合法进行审查。由此确立人民法院通过行政审判对行政行为的合法性进行审查的特有原则，简称合法性审查原则。

2. 审查行政行为的合法性原则的含义。这一原则意味着人民法院对被诉的行政行为的合法性进行审查，即人民法院的审查内容主要于行政主体是否有作出该行政行为的职权；是否滥用职权；据以作出该行政行为的事实是否有充分、确凿、合法、有效的证据予以证明；作出该行政行为所依据的法律是否正确；作出该行政行为的程序是否合法。

我国行政权与司法权都属于国家权力，两者是相互独立的，彼此不能代替，各自均有属于自己的管辖范围。司法权经过法律授权之后才能进入行政领域，对行政权的正确行使进行监督，但这种监督必须要适当、适度。行政权在行使过程当中，出于客观原因的复杂性特点，行政主体都有一定的自由裁量权。一般认为，行政主体在法定幅度内裁量，作出正确决定的，该行政行为即为合理。所以人民法院只对行政行为的合法性进行审查，是为了给行政主体足够的自由裁量的空间，也是司法权对行政主体权力的尊重。否则，国家职能分工的平衡状态将被打破。至于行政主体作出的合法但适度超出自由裁量范围的行政行为，由于其对行政相对人造成的损失不大，大多数情况下都可由行政主体自行监督和纠正。

（二）审查行政行为的合法性原则的特殊情形

根据合法性审查原则的精神，人民法院原则上主要就行政行为的合法性进行审查，在特定情况下也会对行政行为的"明显不当"进行审查，我们也称之为特殊的合法性审查。过去法院对"明显不当"的行政行为不能撤销，所以有些案件没办法解决。现在我们一般认为"明显不当"也属于不合法；而且从解决争议的角度来讲，将明显不当列入受案范围有利于争议解决。当然"明显不当"是有其范围的，不是随意的。

具体分为两种情况：第一种情况是根据《行政诉讼法》第 77 条的规定，当行政主体的行政处罚行为明显不当时，人民法院可以作出变更判决，只是不得加重原告的义务或者减损原告的权益。但利害关系人同为原告，且诉讼请求相反的除外。第二种情况是根据《行政诉讼法》第 70 条第 6 项的规定，当其他行政行为明显不当时，人民法院应当判决撤销或者部分撤销，并可以判决被告重新作出行政行为。

在上述两种情况下，人民法院对于行政行为的审查就包含了"明显不当"的行政行为，这是由于行政处罚这类行政行为对于公民、法人或者其他组织来说，本身就是一种负担，是对其合法权益产生直接不利影响的行政行为。如果明显不当，那么对公民、法人或者其他组织合法权益的侵害就会加大，因而出于保护公民、法人或者其他组织合法权益的需要，将这种情形作为本原则的一个适用情况；而其他明显不当的行政行为，很明显行政主体有滥用自由裁量权之嫌，人民法院当然可以干涉，这体现出司法权对于行政自由裁量权的监督。

四、诉讼不停止执行原则

（一）诉讼不停止执行原则的立法依据

根据《行政诉讼法》第 56 条的规定，行政诉讼期间，不停止行政行为的执行。该条规定为处理行政诉讼活动与被诉行政行为关系的一项准则。

（二）诉讼不停止执行原则的意义

首先，行政行为一经成立即具有推定合法的公定力、不得变动的确定力及约束双方的拘束力和必须履行的执行力。行政行为的效力并不因公民、法人或者其他组织起诉而终止。其次，行政行为不因起诉而停止执行也是国家行政管理的需要。因为行政主体在作出行政行为时所代表的是社会公共利益，所以因公民、法人或者其他组织的起诉而停止行政行为的执行必将给社会公共利益造成损害。

（三）诉讼不停止执行原则的例外情形

《行政诉讼法》第56条的规定是以不停止执行为原则，停止执行为例外的。即在行政主体认为应该停止，法院认为应该停止，或者当事人申请并经法院审查应该停止几种情况下，可以停止执行，这样可以避免难以恢复的损害。

经人民法院裁定可以停止行政行为的执行，具体分为以下几种情形：①被告认为需要停止执行的；②原告或者利害关系人申请停止执行，人民法院认为该行政行为的执行会造成难以弥补的损失，并且停止执行不损害国家利益、社会公共利益的；③人民法院认为该行政行为的执行会给国家利益、社会公共利益造成重大损害的；④法律、法规规定需要停止执行的。

《行政诉讼法》第56条还规定，当事人对停止执行或者不停止执行的裁定不服的，可以申请复议一次。

应当明确一点，诉讼不停止执行原则只适用于行政主体有强制执行权并能够自行强制执行其行政行为的情况，不适用于行政主体必须申请人民法院强制执行其行政行为的案件。行政机关申请人民法院强制执行是以相对人在法定期间内既不起诉又不履行为前提的，因此相对人起诉以后，被告再申请人民法院强制执行被诉行政行为的，人民法院不予执行。只有在不及时执行可能给国家利益、社会公共利益或他人的合法权益造成不可弥补的损失时，人民法院才可以先予执行。

五、不适用调解原则

（一）法律依据

《行政诉讼法》第60条第1款规定："人民法院审理行政案件，不适用调解。但是，行政赔偿、补偿以及行政机关行使法律、法规规定的自由裁量权的案件可以调解。"

（二）不适用调解原则的意义

所谓调解，是指在审判人员主持下，当事人双方通过协商达成协议，从而终结案件审理的一种诉讼活动，也是一种结案方式。实行调解制度，有利于减轻当事人之间的矛盾，提高办案效率。注重调解是民事诉讼的突出特点和必经程序。在刑事诉讼中也存在调解，这是基于当事人之间诉讼地位平等，以及当事人意思自治决定的。但在行政诉讼案件中，一般案件必须以判决或裁定的形式结案，只有部分案件可以以调解作为审理和结案的方式。

（三）行政诉讼不适用调解原则的基本要求和适用范围

原则上人民法院审理行政案件不适用调解，审判人员也不应参与调解工作。《行政诉讼法》之所以作出这一原则性规定，一是由于诉讼双方当事人在行政管理活动中地位不平等，行政主体可能利用调解压制原告、损害原告的利益；二是由于行政主体在行政管理活动中享有一定的自由裁量权，行政主体可能滥用行政权力作为交易筹码，损害社会公共利益。

但是，《行政诉讼法》第60条同时也规定了不适用调解的例外情形，即行政赔偿、补偿以及行政机关行使法律、法规规定的自由裁量权的案件可以调解，这大大扩充了人民法院调处纠纷的范围。事实上，在行政执法中滥用职权、处罚失当，拖延履行法定职责等现象层出不穷。如果在行政诉讼过程中对一些特殊案件引入调解机制，由人民法院利用司法审查介入其中，这一方面对行政权力的行使是一种很好的监督，另一方面，调解机制的引入也不违背行政行为合法性审查的原则，人民法院对双方当事人就被诉行政行为所涉及的权利义务通过协商达成的协议内容进行审查，并决定是否在法律上予以确认，实质上也是对被诉行政行为进行合法性审查。

1. 行政赔偿诉讼可以调解。行政赔偿诉讼是在主要法律问题已经解决，行政侵权行为的违法性也已经确认的情况下进行的。此时，行政主体与相对人可以就具体的赔偿数额问题进行协商。如果原告方同意行政主体少赔，则应当允许双方以调解的方式解决其赔偿纠纷。

2. 行政补偿诉讼可以调解。例如：不服行政主体拆迁安置决定或强制拆迁补偿案件，可以调解结案。

3. 行政主体行使法律、法规规定的自由裁量权的案件可以调解。尽管行政主体及其工作人员所享有的自由裁量权是国家所赋予的，但在现实生活中往往被少数人所滥用，所以需要司法权的介入和监督。如果行政主体的行政行为是基于自由裁量权作出的，则人民法院可以在其自由裁量权范围内进行调解，特别是对行政拘留、罚款等具有一定裁量幅度的处罚行为。

此外，行政附带民事诉讼可以调解结案。行政附带民事诉讼是行政诉讼的一种特殊形式，其中附带的民事诉讼部分与普通的民事诉讼一样，可以调解。同样道理，不服基层人民政府作出的民间纠纷处理决定所产生的纠纷，也可以调解结案。

应当注意的是，调解应当遵循自愿、合法原则，不得损害国家利益、社会公共利益和他人合法权益。

导入案例二中，该市质量技术监督局首先是越权行政，越俎代庖地行使了本该属于工商部门的对流通领域的监管职能，其次是对100元~1000元的罚款均采用现场即时处罚的做法明显违反了行政处罚法的有关规定，是一种严重的违法行政行为，显然不能适用调解结案。所以当地法院对此案以庭外调解的方式结案，违反了《行政诉讼法》第60条的规定，是错误的做法。

六、司法变更限制原则

（一）司法变更限制原则的法律依据及内容

1. 法律依据。根据《行政诉讼法》第77条规定，人民法院经过审理，认为行政处罚明显不当，或者其他行政行为涉及对款额的确定、认定确有错误的，人民法院可以判决变更。

2. 司法变更限制原则的内容。《行政诉讼法》规定，人民法院对于行政主体被诉的行政行为进行审查后，可以作出主要五种判决，即：驳回诉讼请求判决、撤销或部分撤销判决、履行判决、确认违法或无效判决以及变更判决，并且新增了行政合同的判决类型。其中前四种判决都是单纯地支持或不支持原告的诉讼请求，对于行政行为也仅判断其合法或不合法或责令行政主体重新作出行政行为，而没有对行政行为的内容本身进行变更和改动。对于第五种判决，是人民法院经审理后认定行政处罚行为明显不当或者其他行政行为涉及对款额的确定、认定确有错误时，运用国家审判权直接对行政行为的内容进行变更的判决。这是我国行政诉讼中人民法院行使司法变更权的具体体现。与撤销判决最大的区别在于变更判决直接确定了当事人的权利与义务。

从国家职能分工来看，审判机关与行政主体应当相互尊重各自的权力，如果过多地赋予人民法院对于行政主体具体行政行为的司法变更权，会造成审判权对行政权的侵犯，因此人民法院在行政诉讼中仅享有有限的司法变更权。

这种限制性体现在法院只能对明显不当的行政处罚行为和其他涉及对款额的确定、认定确有错误的行政行为进行司法变更。对于其他的行政行为则无权变更。所谓明显不当的行政处罚行为是指行政处罚虽然在形式上不违法，但处罚结果明显不公正，从而损害了行政相对人的合法权益。通常表现为：①行政处罚畸轻畸重，行政主体的处罚与被处罚人的实际违法行为不匹配，相差悬殊；②同等情况不同等对待或不同等情况同等对待；③行政处罚超过必要的限度；④行政处罚反复无常。在有多种处罚手段可供选择时，行政主体应在裁量范围内，尽量选择对违法者影响较小的处罚。而对其他涉及对款额的确定、认定的行政行为必须是确有错误时才能进行司法变更。

（二）贯彻司法变更限制原则的要求

根据《行政诉讼法》第77条第2款的规定，人民法院在行使司法变更权时，应当注意：

1. 一般情况下法院在行使司法变更权时，不能加重原告的义务或者减损原告的权益。比如，变更明显不当的行政处罚行为时，不能加重对原告的处罚；变更其他涉及对款额的确定、认定确有错误的行政行为时，不能减少原告应得的款额。

2. 如果存在利害关系人为共同原告且其诉讼请求与原告相反时，则法院可以加重对原告的处罚。如受害人和致害人同时起诉行政主体，受害人认为行政主体的处罚过轻，致害人认为行政主体的处罚过重时，法院可以变更行政主体的处罚决定，加重对致害人的行政处罚。

3. 对行政主体未处罚的相对人，法院在判决中不得直接给予处罚。因为对违法行为人进行管理不是法院的职责，而是行政主体的职责，法院如果直接给予相对人处罚，则侵犯了行政主体的管理权。

七、被告负举证责任原则

《行政诉讼法》第34条规定："被告对作出的行政行为负有举证责任，应当提供作出该行政行为的证据和所依据的规范性文件。被告不提供或者无正当理由逾期提供证据，视为没有相应证据。但是，被诉行政行为涉及第三人合法权益，第三人提供证据的除外。"在立法上明确作为被告的行政主体对行政行为负举证责任是行政诉讼举证责任分担的基本原则。行政行为的合法性问题是行政诉讼双方争议的焦点，当作为被告的行政主体不能拿出证据证明自己的行政行为合法时，就将承担败诉的后果。而作为原告方的相对人即使举不出任何证据证明行政行为违法，也不用承担败诉的后果。

✦ 拓展阅读

行政诉讼证据

在我国学界，"证据是什么"这一问题，从来就没有得到统一过的答案。那么，行政诉讼证据是什么呢？

一、行政诉讼证据的概念

行政诉讼证据，是指用来证明行政案件事实情况的材料。行政诉讼证据的特征，表现为以下三个方面：

1. 客观性。即作为行政诉讼证据的事实和材料，必须是客观存在的，而不是主观捏造或想象的。当事人对证据的收集和提供，往往受自身利益需要的影响，极可能影响证据真实的程度。人民法院为了作出公正裁判，在对证据进行审查确认时，必须以客观真实作为最重要的标准。

2. 关联性。即作为行政诉讼证据的材料，必须与它所要证明的案件事实有内在的联系。只有将证据材料与一个具体的争议事实联系起来，才能判断该材料是否具有证据属性。

3. 合法性。即证据材料的形式必须合法，必须依照法定条件提供、收集和审查核实。证据的合法性涉及行政诉讼证明活动参加者与国家意志的关系。国家通过规定行政诉讼的各种证据制度，调整和规范证明活动参加者的行为，确保证据的客观真实性和关联性并达到国家所期望的程度。合法性与客观性、关联性是统一的，是行政诉讼证据不可缺少的基本属性之一。

二、行政诉讼证据种类

依照《行政诉讼法》的规定，证据有以下八种：

1. 书证。书证是指用文字、图形或符号等记载或表达人的思想或行为的证明材料。其基本特征是用它记载或者反映的内容来反映案件事实。

2. 物证。物证是指用来证明案件事实的物品或者痕迹。其基本特征是以其存在的外形、形状、质量、特征、规格等反映案件事实。物证较为客观、真实，但通常情况下只是间接证据，单独不能全面和充分地证明案件事实。

3. 视听资料。视听资料是指利用录音、录像、计算机等现代科技工具和手段记载法律事件或者法律行为的证据。由于技术的进步，视听资料可以用剪接、拼凑的方法进行伪造或加工，因而需要用专门技术进行审查。

4. 证人证言。证人证言是指证人就其所了解的有关案件事实情况依法所作的陈述。了解案件情况的公民都可以作证，但精神病人（间歇性精神病人则指在精神病发作期间）和没有辨识能力的幼儿不能作证。司法实践中，在某些情况下，单位也可以提供证明，但应当由单位的负责人签字并加盖单位印章。

5. 当事人的陈述。当事人的陈述是指当事人在诉讼中向法庭所作的关于案件事实情况的陈述。在行政诉讼中，被告行政主体对案件事实情况的书面陈述、被告法定代表人在法庭上的陈述，都是当事人的陈述。由于当事人与案件有直接利害关系，其所陈述的真实性需经严格审查，并且需有其他证据佐证，才能作为定案根据。

6. 鉴定意见。鉴定意见是指由鉴定人运用自己的专门知识或技能，利用专门的设备和材料，对案件中出现的专门问题所作的意见。鉴定意见可以由当事人自行委托的法定的鉴定机构作出鉴定，并在诉讼中向人民法院提供；人民法院在必要时，也可以指定或者委托法定的鉴定机构进行鉴定，没有法定的鉴定机构的，人民法院可以委托其他鉴定机构进行鉴定。鉴定意见所涉及的问题往往具有相当的技术性，但仍然需要在法庭上出示，并经过质证、审查属实才能认定。

7. 勘验笔录、现场笔录。勘验笔录是指行政主体工作人员或人民法院审判人员对能够证明案件事实的现场或者对不能、不便拿到法庭的物证，就地进行检验、测量、勘测后作出的记录。现场笔录是指行政主体工作人员在实施行政行为的现场对现场情况所作的书面记录。现场笔录是行政法中特有的证据。它是为了防止行政主体某些情况下事后难以取证而设置的一种特殊证据。我国某些法律也对现场笔录的运用作了规定。例如，《行政处罚法》第 37 条规定："行政机关在调查或者进行检查时……当事人或者有关人员应当如实回答询问，并协助调查或者检查，不得阻挠。询问或者检查应当制作笔录。"

现场笔录在以下情况出现时运用：

(1) 由于对象的物理性质变化致使证据难以保全的，例如变质食品；

(2) 由于可能的人为因素致使事后难以取证的，例如对不洁餐具，对违章机动车驾驶员的处罚等。

现场笔录的制作应当遵循有关程序：

(1) 现场笔录应当是现场制作的，事后补作无效；

(2) 应当由当事人签名或者盖章，没有当事人的签名盖章，现场笔录没有法律效力；如果当事人拒绝签名盖章，则可以在笔录上记明情况，并由在场证人签名或者盖章证明。人民法院对现场笔录应当进行严格审查，只有符合上述规则的现场笔录才能作为定案证据。

8. 电子数据。是指基于计算机应用、通信和现代管理技术等电子化技术手段形成包括文字、图形符号、数字、字母等的客观资料。

以非法手段取得的证据，不得作为认定案件事实的根据。对未采纳的证据应当在裁判文书中说明理由。

三、举证的期限

(一) 被告的举证责任、期限

按照规定，被告应当在收到起诉状副本之日起 15 日内提交作出行政行为的证据和所依据的规范性文件。被告不提供或者无正当理由逾期提供证据，视为没有相应证据。但是，被诉行政行为涉及第三人合法权益，第三人提供证据的除外。

被告在作出行政行为时已经收集了证据，但因不可抗力等正当事由，不能提供证据的，经人民法院准许，可以延期提供。

在诉讼过程中，被告及其诉讼代理人不得自行向原告、第三人和证人收集证据。法院不得为证明行政行为的合法性调取被告作出行政行为时未收集的证据。

原告或者第三人提出了其在行政处理程序中没有提出的理由或者证据的，经人民法院准许，被告可以补充证据。

(二) 原告的举证责任、期限

在起诉被告不履行法定职责的案件中，原告应当提供其向被告提出申请的证据。但有下列情形之一的除外：①被告应当依职权主动履行法定职责的；②原告因正当理由不能提供证据的。在行政赔偿、补偿的案件中，原告应当对行政行为造成的损害提供证据。因被告的原因导致原告无法举证的，由被告承担举证责任。

原告或者第三人应当在开庭审理前或者人民法院指定的证据交换之日提供证据。因正当事由申请延期提供证据的，经人民法院准许，可以在法庭调查阶段提供。逾期提供证据的视为放弃证据。

原告可以提供证明行政行为违法的证据。原告提供的证据不成立的，不免除被告的举证责任。

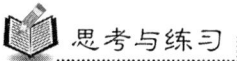 思考与练习

一、判断题

1. 行政机关只能充当行政诉讼的被告，不能成为行政诉讼的原告。（　　）

2. 行政诉讼解决争议的范围既包括行政机关与行政相对方之间发生的外部行政争议，也包括行政机关与其所属的公务员之间因行使行政职权而发生的内部争议。（　　）

3. 被诉行政行为包括法律、法规、规章授权组织作出的行政行为。（　　）

4. 行政诉讼中原被告双方具有恒定性。（　　）

5. 人民法院只对特定的行政案件进行主管。（　　）

6. 人民法院审理任何行政案件，均只对被诉行政行为的合法性进行审查。（　　）

7. 在行政诉讼中引入调解机制违背了行政行为合法性审查的原则。（　　）

8. 对于明显不当的行政处罚行为，人民法院可以作出变更判决。（　　）

9. 在行政诉讼中，被告不提供证据或者无正当理由逾期提供证据的（即使因不可抗力不能提供的也不例外），均视为没有相应证据。（　　）

10. 行政诉讼中被告的代理律师接受代理后，不可以自行向原告和证人收集证据，但可以经被告授权对原告依法提起反诉。（　　）

二、选择题

1. 公民、法人或者其他组织认为其合法权益受到行政机关执法行为的侵害就有权向法院提起（　　）。

A. 行政诉讼　　　　B. 宪法诉讼　　　　C. 民事诉讼　　　　D. 刑事诉讼

2. 独立行使行政审判权的主体是（　　）。

A. 人民法院　　　　B. 审判委员会　　　　C. 行政审判庭　　　　D. 合议庭

3. 人民法院在行政诉讼中审查的对象是（　　）。

A. 国家行为　　　　B. 行政行为　　　　C. 特定行政行为　　　　D. 抽象行政行为

4. 在行政诉讼中，人民法院主要审查的是（　　）。

A. 行政事实　　　　　　　　　　B. 抽象行政行为

C. 行政行为的合法性　　　　　　D. 行政行为的合理性

5. 下列选项中属于我国行政诉讼特有原则的是（　　）。

A. 人民法院依法独立行使审判权　　　　B. 当事人诉讼法律地位平等

C. 谁主张谁举证　　　　　　　　　　　D. 行政行为合法性审查原则

6. 下列选项中属于我国行政诉讼特有原则的是（　　）。

A. 司法审查原则　　　　　　　　B. 检察监督原则

C. 独立审判原则　　　　　　　　D. 被告负举证责任原则

7. 人民法院审理行政案件，依法实行（　　）。

A. 两审终审制　　B. 公开审判制　　C. 合议制　　　　D. 回避制

8. 下列选项中属于我国行政诉讼特有原则的是（　　）。

A. 诉讼不停止执行原则　　　　　B. 被告负举证责任原则

C. 书面审查原则　　　　　　　　D. 部分适用调解原则

E. 司法变更权有限原则

三、简答题

1. 简述行政诉讼的含义和特征。

2. 行政诉讼与行政复议的区别是什么？

3. 简述行政行为合法性审查原则的例外情形。

4. 简述诉讼不停止原则的内容。

5. 简述部分适用调解原则的内容。

6. 简述司法变更限制原则的内容。

四、案例分析

某县购销公司 2013 年 12 月 12 日缴纳税款时发现一张增值税专用发票记账联丢失，当天向县国税局报失，12 月 16 日又在财务人员的柜子中找到。但是，县国税局仍然决定对该公司处以 1 万元的罚款，并停止使用专用发票半年。该公司对此处罚决定不服，起诉至县人民法院，法院认为国税局认定事实清楚，但处罚畸重，判决直接变更了国税局的处罚决定，对该贸易公司处以 2000 元罚款，并撤销了国税局停止其使用增值税专用发票半年的决定。

对于此案的判决，税务机关内部有几种不同意见，一种意见认为，原告违反发票管理法规的行为，证据充分，应予处罚，根据《中华人民共和国发票管理办法》和实施细则的有关规定，丢失发票属于未按规定保管发票的行为。对有违反发票管理法规行为的单位和个人，可由税务机关责令限期改正，没收非法所得，可以并处 1 万元以下的罚款。因此税务机关的处罚没有超出法定的限度，符合自由裁量的范围。同时，针对日益严重的发票使用管理中的违法行为，必须加大处罚力度，以引起用票人重视，遏止发票违法行为的上升势头。法院判决变更处罚决定是错误的。第二种意见认为，原告违反发票管理法规的行为虽然证据充分，事实清楚，但原告属于初次违犯，且未造成严重损失，应认定是情节轻微，税务机关的处罚显失公正，法院应予变更。第三种意见认为税务行政处罚是法律赋予税务机关的行政权，人民法院行使司法权，不应干涉行政部门的具体事务，法院判决直接变更处罚的行为是越权的、错误的。

请说说你赞成哪一种意见并说明理由。

 学习情境

司法变更限制原则的理解与运用

【范例】

2003年5月19日，北京市工商局小关工商所工作人员在华堂商场亚运村店进行日常检查时发现，该商场某科技股份有限公司（以下简称"科技公司"）专营柜台发放有"雅帝空气净化器"广告宣传单。宣传单中写有"采用雅帝HEPA高效过滤材料，选材精优，吸附量大，对于0.3微米以上污染物净化效率达到99.9%以上"的宣传内容。因该科技公司不能提供有效证据证明其宣传的产品净化效率，涉嫌作引人误解的虚假宣传，工商局立案进行调查。后该科技公司代理人韦某在《询问笔录》中承认，广告中HEPA滤材净化效率达到99.9%以上的宣传并未经过权威部门检测。此后，该科技公司委托清华大学核能技术设计研究院、天津市轻工业造纸技术研究所对雅帝HEPA滤材进行检测，并将《检验报告》提交工商局，以证明所用滤材对污染物的净化效率达到其广告中所称99.9%的技术指标，不存在虚假宣传的情况。

7月28日，工商局作出《行政处罚决定书》，认定科技公司于2003年3月至5月19日，利用印刷品广告宣传单对其产品作引人误解的虚假宣传，其行为违反了《反不正当竞争法》第9条第1款的规定，处罚如下：①立即停止违法行为；②处以罚款18万元。9月30日，科技公司提出行政复议申请。后《行政复议决定书》维持了工商局作出的行政处罚决定。原告科技公司不服诉至法院，请求撤销工商局作出的《行政处罚决定书》。

一审法院经审理认为，依据相关法律规定，县级以上人民政府工商行政管理部门具有对不正当竞争行为进行监督检查的法定职责。因此，工商局对市场主体的不正当竞争行为进行查处系履行法定职责的行政行为。

根据《反不正当竞争法》第24条第1款的规定，经营者利用广告或其他方法对商品作引人误解的虚假宣传的，监督检查部门应当责令停止违法行为，消除影响，可以根据情节处以1万元以上20万元以下的罚款。据此，对发布引人误解的虚假广告的经营者，监督机关应根据其违法情节确定处罚数额。本案中，科技公司提供的材料显示，部分空气净化器生产厂商所作的宣传广告与科技公司相似，科技公司的宣传行为符合行业宣传惯例，并未对同类产品经营者的合法权益构成严重损害，也未造成行业秩序混乱的严重法律后果，因此从反不正当竞争法的立法宗旨考虑，科技公司的行为不具有严重的社会危害性。而工商局在科技公司的宣传行为不具备从重处罚情节的情况下，对科技公司处以重罚，属明显不当，应予以变更。故判决维持被告作出的《行政处罚决定书》第1项；变更《行政处罚决定书》第2项，对科技公司处以罚款8万元。

一审判决后，原、被告均未上诉。[1]

【训练目的及要求】

结合范例和相关知识，通过训练，能正确理解司法变更限制原则的含义，以及在行政诉讼实践中对该原则的具体运用。

【训练方法】

分两组进行，一组学生运用行政诉讼特有原则中司法变更限制原则对范例作出判断；另一组学生评价判断是否正确。

【训练步骤】

步骤1：分组；

步骤2：熟悉范例；

步骤3：学生分析范例；

步骤4：老师评判。

 参考书目

1. 皮纯协、胡锦光主编：《行政诉讼法教程》，中国人民大学出版社1993年版。

2. 姜明安主编：《行政诉讼与行政执法的法律适用》，人民法院出版社1995年版。

3. 于安、江必新、郑淑娜编著：《行政诉讼法学》，法律出版社1997年版。

4. 王名扬主编：《外国行政诉讼制度》，人民法院出版社1991年版。

项目十一　行政诉讼受案范围及管辖

 知识目标

1. 掌握行政诉讼受案范围；

2. 掌握行政诉讼管辖。

能力目标

能够对行政案件是否属于行政诉讼受案范围及管辖归属作出判断。

任务一　行政诉讼受案范围

导入案例

2014年1月，经某县政府批准，某县肉联厂、益康食品公司成为某县的生牛定点

---

〔1〕 "行政处罚是否显失公正"，载 http://www.flzx.com/lawyer/lidong/blog/66367.html.

屠宰单位。益康食品公司在分别领取了相关部门颁发的企业法人营业执照、动物防疫合格证、税务登记证等证件后，开始经营生牛养殖、收购、屠宰、销售和深加工等业务。2015 年 5 月 18 日，某县政府下设的临时办事机构县牛肉办向本县各宾馆、饭店、学校食堂、集体伙食单位、肉食品经营单位以及个体经营户发出书面通知。该通知第 1 项称，"县城所有经营肉食品的单位及个体户，从 5 月 20 日起到县指定的生牛定点屠宰厂采购生牛产品，个体牛肉经销户一律到定点屠宰厂屠宰生牛（县肉联厂）……"2015 年 5 月 22 日，某县政府分管副县长电话指示县兽检所，停止对县肉联厂以外的单位进行生牛检疫，益康食品公司报请县兽检所对其生牛进行检疫时，该所即以分管副县长有指示为由拒绝。益康食品公司认为，分管副县长的电话指示侵犯其合法权益，遂提起行政诉讼。

问题：益康食品公司对县政府分管副县长的电话指示行为能否提起行政诉讼？为什么？

基本原理认知

导入案例中，主要涉及行政诉讼的受案范围问题。行政诉讼的受案范围，是指人民法院依法主管行政案件的权限范围。即根据《行政诉讼法》的规定，人民法院对行政行为进行司法审查，对行政主体依法行使行政权进行司法监督的范围。

一、我国行政诉讼受案范围的概括式规定

确定行政诉讼受案范围的主要依据和标准为：保护公民、法人或者其他组织的合法权益与维护国家社会利益的平衡；兼顾司法机关解决行政争议的能力与公民权利意识发展的程度。纵观世界各国行政诉讼法对受案范围的规定，基本上有以下三种方式：概括式（法律只作原则的、抽象的规定）、列举式（法律明确规定属于和不属于法院受案范围的具体事项）、混合式（采取概括和列举相结合的方法划分受案范围）。目前，许多国家的行政诉讼法都采取这种方式对受案范围进行规定，我们国家也如此。我国《行政诉讼法》对受案范围的规定既有概括式又有列举式；同时采取肯定式与否定式并用的方法。

《行政诉讼法》第 2 条规定："公民、法人或者其他组织认为行政机关和行政机关工作人员的行政行为侵犯其合法权益，有权依照本法向人民法院提起诉讼。前款所称行政行为，包括法律、法规、规章授权的组织作出的行政行为。"该条采取的是概括式的方法，修改后的《行政诉讼法》第 2 条将"具体行政行为"修改为"行政行为"，改"公民、法人和其他组织"为"公民、法人或者其他组织"主要考虑到现行《行政诉讼法》第 12、13 条对可诉范围已作了明确列举，哪些案件应当受理，哪些案件不受理，界限是清楚的，可以根据实践的发展不再从概念上作出区分；而之前的立法中用"具体行政行为"的概念，针对的是"抽象行政行为"，主要考虑是限定可诉范围。此外，《行政诉讼法》第 2 条增加了第 2 款："前款所称行政行为，包括法律、法规、规

章授权的组织作出的行政行为。"这是原规定中所未有的重要内容。随着经济社会发展和法治环境的变化，行政管理开始向公共行政和公共治理转化，行政主体也由单一行政机关向多元主体转变。十八届四中全会决定明确提出了国家治理体系和治理能力的现代化，行政方式由管理转向治理。由此，一些行使公共行政职能的组织，也有可能成为行政诉讼的被告。这样的规定，使治理通过稳妥的步伐向前迈进。

二、我国行政诉讼受案范围的肯定列举式规定

人民法院受理行政诉讼案件的具体受案范围，法律对此采取的是概括式与肯定列举式相结合的规定。《行政诉讼法》第12条对人民法院的受案范围的规定是肯定列举式的，其肯定列举的受案范围包括以下内容：

（一）不服行政处罚的案件

行政处罚，是指行政主体依法对违反行政法规但尚不构成犯罪的行政相对人即公民、法人或者其他组织所实施的法律制裁。

根据《行政诉讼法》第12条第1款第1项的规定，对行政拘留、暂扣或者吊销许可证和执照、责令停产停业、没收违法所得、没收非法财物、罚款、警告等行政处罚不服的，能够提起行政诉讼。换言之，不服行政处罚的行政案件主要包括行政拘留、暂扣或者吊销许可证和执照、责令停产停业、没收违法所得、没收非法财物、罚款、警告，但从条文的规定看，使用了"等"字，可见没有排除公民、法人或者其他组织可以就没有列举的其他种类的行政处罚向人民法院起诉，如通报批评等。

（二）不服行政强制的案件

《行政诉讼法》第12条第1款第2项规定，人民法院受理公民、法人或者其他组织对限制人身自由或者对财产的查封、扣押、冻结等行政强制措施和行政强制执行不服的案件。修改前的行政诉讼法对限制公民人身自由财产权的强制行为不服的可以告，但限于强制措施。实践中涉及对公民的人身权、财产权的强制，不仅包括强制措施，还包括强制执行。尤其是行政强制法出台后，规定行政强制包括两方面。据此，作为人民法院受案范围的行政强制有两类：①行政强制措施；②行政强制执行。

（三）不服行政许可的案件

《行政诉讼法》第12条第1款第3项规定，人民法院受理公民、法人或者其他组织对申请行政许可，行政主体拒绝或者在法定期限内不予答复，或者对行政主体作出的有关行政许可的其他决定不服的案件。根据《行政诉讼法》的规定，这类案件主要有两种情形：①行政主体拒绝，即行政主体明确表示不同意行政许可。"拒绝"包括全部拒绝、部分拒绝、拒绝延续、拒绝变更某项许可证内容等。②行政主体"法定期限内不予答复"，即行政主体超过法律、法规及规章规定的审查期限，既不许可，也不作出明确拒绝许可的决定。不服行政主体作出的有关行政许可的其他决定，譬如准予、

变更、延续、撤销、撤回、注销行政许可等决定的，也可以提起行政诉讼。

（四）不服行政主体作出的关于确认自然资源的所有权或者使用权的决定的案件

《行政诉讼法》第12条第1款第4项规定，人民法院受理公民、法人或者其他组织对行政主体作出的关于确认土地、矿藏、水流、森林、山岭、草原、荒地、滩涂、海域等自然资源的所有权或者使用权的决定不服的案件。"确认"是指当事人对自然资源的权属发生争议后，行政主体对存在争议的自然资源的所有权或者使用权所作的确权决定。有关土地等自然资源所有权或者使用权的初始登记，属于行政许可性质，不应包括在行政确认范畴之内。

（五）不服征收、征用决定及其补偿决定的案件

《行政诉讼法》第12条第1款第5项规定，人民法院受理公民、法人或者其他组织不服征收、征用决定及其补偿决定的案件。行政征收，是指行政主体根据国家和社会公共利益的需要，依法以强制方式无偿取得行政相对人财产所有权的一种行政行为。如税收征收、排污费征收等。行政征用是行政主体为了公共利益目的，按照法定的形式和事先公平补偿原则以强制方式取得私人财产权（主要是使用权）的行为。行政征用与行政征收不同：①征用是对财产暂时性地使用，它主要是使相对人对财产的使用权发生转移，征收是对财产的永久占有，是将相对人财产的所有权转移给国家；②征用具有补偿性，对相对人的财产是有偿的使用，即给予一定的补偿，如国家建设征用土地，由用地单位支付土地补偿费，支付安置补助费，而征收则是无偿的。行政补偿则是指行政主体及其工作人员在管理国家和社会公共事务的过程中，因合法的行政行为给公民、法人或其他组织的合法权益造成了损失，由国家依法予以补偿的制度。

（六）申请行政主体履行法定职责而被拒绝或不答复的案件

《行政诉讼法》第12条第1款第6项规定，人民法院受理公民、法人或者其他组织对申请行政主体履行保护人身权、财产权等合法权益的法定职责，行政主体拒绝履行或者不予答复的案件。该项规定中的"法定职责"是指法律、法规明确规定行政主体在行政管理活动中，负有处理、解决某类事务的责任。处理提起此类案件的条件是：①行政主体负有保护人身权、财产权等合法权益的法定职责；②公民、法人或者其他组织的人身权、财产权等合法权益正受到或已受到或即将受到实际的而非想象的侵害；③公民、法人或者其他组织向行政主体提出保护其人身权、财产权等合法权益的请求；④行政主体拒绝履行或不予答复。

人身权是指与自然人的人身和法人或其他组织实体不可分离的无直接财产内容的权利，包括公民享有的生命健康权、人身自由权、姓名权、名誉权、荣誉权、肖像权等；法人或其他组织的名称权（字号）、名誉权、荣誉权等；以及公民、法人或其他组织的知识产权中的人身权等。财产权是指有直接财产内容的民事权利，如物权、债权、继承权、知识产权中的财产权等。负有法定职责的行政主体拒绝履行法定保护职责或

不予答复，无疑是对违法犯罪行为的放纵，是一种渎职行为，它一方面使公民、法人或者其他组织的合法的人身权、财产权因得不到应得的保护而受到不法侵害；另一方面，损害了行政主体管理社会的权威。将这种情况纳入行政诉讼的受案范围，能使公民、法人或者其他组织受损害的合法权利可通过司法救济得到保护，同时，也可以监督行政主体认真、及时地履行职责。

（七）认为行政主体侵犯其经营自主权或者农村土地承包经营权、农村土地经营权的案件

《行政诉讼法》第 12 条第 1 款第 7 项规定，人民法院受理公民、法人或者其他组织认为行政主体侵犯其经营自主权或者农村土地承包经营权、农村土地经营权的案件。侵犯法定经营自主权或者农村土地承包经营权、农村土地经营权是指行政主体非法干预、截留、限制或取消法律、法规赋予公民、法人或者其他组织在生产经营、农村土地承包经营、农村土地经营活动中处理其所属人、财、物以及决定产、供、销等方面的权利，特别是其对财产享有的占有、使用和依法处分的权利。

（八）认为行政主体滥用行政权力排除或者限制竞争的案件

《行政诉讼法》第 12 条第 1 款第 8 项规定，人民法院受理公民、法人或者其他组织认为行政主体滥用行政权力排除或者限制竞争的案件。这意味着行政垄断行为也被纳入行政诉讼受案范围。主要具体体现是，行政机关和法律、法规、规章授权的具有管理公共事务职能的组织滥用行政权力，从事下列行为：①以明确要求、暗示或者拒绝、拖延行政许可以及重复检查等方式限定或者变相限定单位或者个人经营、购买、使用其指定的经营者提供的商品或者限定他人正常的经营活动；②对外地商品执行与本地同类商品不同的技术要求、检验标准，或者采取重复检验、重复认证等歧视性技术措施，阻碍、限制外地商品进入本地市场；③采取专门针对外地商品的行政许可，或者对外地商品实施行政许可时采取不同的许可条件、程序、期限等，阻碍、限制外地商品进入本地市场；④设置关卡或者采取其他手段，阻碍、限制外地商品进入本地市场或者本地商品运往外地市场；⑤以设定歧视性资质要求、评审标准或者不依法发布信息等方式，排斥或者限制外地经营者参加本地的招标投标活动；⑥采取不平等待遇等方式，排斥或者限制外地经营者在本地投资或者设立分支机构或者妨碍外地经营者在本地的正常经营活动；⑦强制经营者之间达成、实施排除、限制竞争的垄断协议，强制具有市场支配地位的经营者从事滥用市场支配地位行为。

导入案例中，益康食品公司能提起行政诉讼。因为某县政府下设的临时办事机构县牛肉办的通知里明确表示限定单位或个人购买、使用到县指定的生牛定点屠宰厂采购生牛产品，个体牛肉经销户一律到定点屠宰厂屠宰生牛（县肉联厂）；而侵犯益康食品公司权益的是县兽检所以分管副县长有指示为由拒对其生牛进行检疫的行为；分管副县长在该县仅有两家定点屠宰场所还在从事正常经营活动的情况下，电话指示停止

对县肉联厂以外单位的生猪进行检疫，指示中虽未提及益康食品公司的名称，但实质是指向该公司；该指示是分管副县长在履行公务活动中行使职权的行为，其后果应由县政府承担；其就特定事项、针对特定对象所作的电话指示，对内、对外均发生了效力，并已产生了影响益康食品公司合法权益的实际后果。这实质上属于益康食品公司认为某县政府滥用行政权力排除或者限制竞争的案件。

（九）认为行政主体违法要求履行义务的案件

《行政诉讼法》第 12 条第 1 款第 9 项规定，人民法院受理公民、法人或者其他组织认为行政主体违法集资、摊派费用或者违法要求履行其他义务的案件。法定义务是指法律所规定的义务人为满足权利人利益，按照权利人要求作出一定的行为或不作为的必要性。行政主体在一定范围内，可依法要求公民、法人或者其他组织履行行政法上所规定的义务，对此行政相对人必须自觉履行。对公民、法人或者其他组织履行义务的要求，必须具有法律上的明确依据，并按照法律规定的程序进行。如果现行法律、法规没有关于行政相对人履行某项义务的规定，行政主体要求当事人履行不应负担的义务的，实质上构成对当事人合法权益的侵犯，公民、法人或其他组织可诉诸法院要求撤销该项决定。违法要求履行义务的行为主要分为两类：①违反法律规定的条件或程序，要求公民、法人或者其他组织履行义务；②行政主体没有任何法律依据，而强行要求公民、法人或者其他组织履行义务。例如违法集资、摊派费用等。

（十）认为行政主体没有依法支付抚恤金、最低生活保障待遇或者社会保险待遇的案件

《行政诉讼法》第 12 条第 1 款第 10 项规定，人民法院受理公民、法人或者其他组织认为行政主体没有依法支付抚恤金、最低生活保障待遇或者社会保险待遇的案件。抚恤金是国家或组织发给因公受伤或残疾的人员，或因公牺牲以及病故人员的家属的费用。抚恤金是特定公民依法享有的财产权利，必须由法律对发放对象、范围、标准和方法等作出明确的规定。最低生活保障待遇是指国家对家庭人均收入低于当地政府公告的最低生活标准的人口给予一定现金资助，以保证该家庭成员基本生活所需的社会保障待遇。社会保险待遇是指劳动者在何种情况下享受社会保险待遇及其社会保险待遇水平如何。

行政相对人对抚恤金、最低生活保障待遇或者社会保险待遇发放行为不服提起行政诉讼应具备下述条件：①公民、法人或者其他组织具备领取抚恤金、最低生活保障待遇或者社会保险待遇的法定条件；②公民、法人或者其他组织已向行政主体提出发放抚恤金、最低生活保障待遇或者社会保险待遇的要求；③公民、法人或者其他组织认为行政主体没有依法支付。没有依法支付包括没有依法律、法规规定的条件、标准、数额、时限和程序支付，如行政主体所发给的抚恤金少于应发数额，以及行政主体将抚恤金错误地发给无权受领人而拒绝有权受领人提出的发放申请等情况。

（十一）认为行政主体不依法履行、未按照约定履行或者违法变更、解除政府特许经营协议、土地房屋征收补偿协议等协议的案件

《行政诉讼法》第12条第1款第11项规定，人民法院受理公民、法人或者其他组织认为行政主体不依法履行、未按照约定履行或者违法变更、解除政府特许经营协议、土地房屋征收补偿协议等协议的案件。行政协议，是指行政主体为实现公共利益或者行政管理目标，在法定职责范围内，与公民、法人或者其他组织协商订立的具有行政法上权利义务内容的协议。如政府去买一个桌子，去采购办公用品，那么就是一个普通民事行为，并非本法意义上的协议。从实践中看，政府特许经营协议、土地征收补偿协议中有许多公共利益的问题，从我们国家土地管理法等法律规定来看，政府在某种情况下是可以解除和变更这类合同的，这与民事合同不同。

（十二）认为行政主体侵犯其他人身权、财产权等合法权益的案件

《行政诉讼法》第12条第1款第12项规定，人民法院受理公民、法人或者其他组织认为行政主体侵犯其他人身权、财产权等合法权益的案件。该条规定属于一定范围内的概括式规定，即明确了行政主体只要是侵犯了公民、法人或者其他组织人身权、财产权等合法权益的，公民、法人或者其他组织都有权向人民法院提起诉讼。这是积极贯彻党的十八届三中全会、四中全会关于加强人权司法保障要求的实际行动。

（十三）其他法律、法规规定的行政案件

《行政诉讼法》第12条第2款规定："除前款规定外，人民法院受理法律、法规规定可以提起诉讼的其他行政案件。"该条规定的意义在于：《行政诉讼法》第12条第1款第10～11项的列举性规定以及第12项的部分概括式规定都没有穷尽行政主体可诉行政行为的全部，在《行政诉讼法》以外，如果其他法律、法规规定可以提起行政诉讼的，公民、法人或者其他组织可以依照规定提起行政诉讼。这里所指的"法律、法规"，从法的渊源的角度上说，包括全国人大常委会制定的法律、国务院制定的行政法规、地方人大制定的地方性法规。

三、我国行政诉讼受案范围的否定列举式规定

《行政诉讼法》第13条规定了司法审查的排除性条款，即行政诉讼的否定范围，是指公民、法人或者其他组织不得起诉，人民法院也不得受理的行政争议范围。这些事项有以下四类：

（一）国防、外交等国家行为

《行政诉讼法》第13条第1项规定，人民法院不受理公民、法人或者其他组织对国防、外交等国家行为提起的诉讼。国家行为又称"统治行为"、"政治行为"，是指国务院、中央军事委员会、国防部、外交部等根据《宪法》和法律的授权，以国家名

义实施的有关国防和外交事务的行为，以及经《宪法》和法律授权的国家机关宣布紧急状态、实施戒严和总动员等行为。"国家行为不可诉"是世界各国行政诉讼立法的通例。法国、美国等国家都对此有明确的规定，排除对国家行为的司法审查，其原因在于：首先，这类行为不仅涉及公民、法人或者其他组织的利益，而且涉及国家的整体利益，法院很难作出该行为合法与否的判断；其次，此类行为主要由国家权力机关来实施，从我国国家机构的设置来看，司法机关不具备监督国家权力机关的职能；最后，国家行为的失误导致国家领导人的政治责任，而政治责任的承担只能通过权力机关才能决定，人民法院无权解决国家领导人的政治责任问题。必须明确的是，国家行为主要包括国防行为和外交行为，但又不限于国防行为和外交行为，同时，并非所有与国防外交有关的行为都是国家行为。

（二）抽象行政行为

《行政诉讼法》第 13 条第 2 项规定，人民法院不受理公民、法人或者其他组织对行政法规、规章或者行政主体制定、发布的具有普遍约束力的决定、命令提起的诉讼。"具有普遍约束力的决定、命令"，是指行政主体针对不特定对象发布的，能反复适用的行政规范性文件。抽象行政行为包括两类：第一类是行政立法行为，包括行政主体制定行政法规和规章的行为；第二类是一般抽象行为，指行政主体制定、发布具有普遍约束力的决定、命令的行为。"决定"、"命令"可以是抽象行政行为也可以是具体行政行为，区别的关键看其是否具有普遍约束力。

（三）内部行政行为

内部行政行为是指行政主体对其所属机构及其工作人员所实施的不直接涉及行政相对人权益的组织、指挥、协调、监督等行为。行政主体对工作人员的奖惩、任免、考核、调动、工资、福利待遇等都属于内部行政行为。《行政诉讼法》第 13 条第 3 项规定，人民法院不受理公民、法人或者其他组织就行政主体对行政主体工作人员的奖惩、任免等决定提起的行政诉讼。"对行政机关工作人员的奖惩、任免等决定"是指行政主体作出的涉及该行政主体工作人员的权利义务的决定。内部行政行为只属于组织管理问题，不构成法律问题，因而也就是一种没有法律意义的行政主体的行为，不应通过行政诉讼的途径来解决。根据世界各国行政立法的通例，法院对于行政主体纯内部行政措施的行为不应干预。

（四）行政主体的最终裁决行为

《行政诉讼法》第 13 条第 4 项规定，人民法院不受理公民、法人或者其他组织对法律规定由行政主体最终裁决的行政行为提起的诉讼。"法律"是指全国人民代表大会及其常务委员会制定、通过的规范性文件。它不包括法规、规章、司法解释等广义的法。凡是法律规定由行政主体最终裁决的行政行为，就排除了人民法院对其行使司法审查权的可能性。由行政主体作出最终裁决的行政行为情况主要有以下几种：

1. 明确列举的方式。法律明确规定当事人不服行政主体的某项行政处理决定，只能向有关行政主体申请复议，复议决定为最终裁决，不得再向人民法院起诉。如我国《出境入境管理法》第 81 条规定，外国人从事与停留居留事由不相符的活动，或者有其他违反中国法律、法规规定，不适宜在中国境内继续停留居留情形的，可以处限期出境。外国人违反本法规定，情节严重，尚不构成犯罪的，公安部可以作出驱逐出境的处罚决定。公安部的处罚决定为最终决定。

2. 当事人自己选择以行政主体的最终裁决作为解决纠纷的方式。譬如《行政复议法》第 14 条规定："对国务院部门或者省、自治区、直辖市人民政府的具体行政行为不服的，向作出该具体行政行为的国务院部门或者省、自治区、直辖市人民政府申请行政复议。对行政复议决定不服的，可以向人民法院提起行政诉讼；也可以向国务院申请裁决，国务院依照本法的规定作出最终裁决。"据此规定，对国务院部门或者省、自治区、直辖市人民政府的行政行为不服的，应当先向作出该行政行为的国务院部门或者省、自治区、直辖市人民政府申请行政复议。对行政复议决定不服的，可以向人民法院提起诉讼；也可以向国务院申请行政复议，国务院作出的行政复议决定为终局决定。

另外，下列行为也不属于人民法院的行政诉讼受案范围：公安、国家安全等机关依照《刑事诉讼法》明确授权实施的行为；调解行为以及法律规定的仲裁行为；不具有强制力的行政指导行为；驳回当事人对行政行为提起申诉的重复处理行为；对公民、法人或其他组织权利义务不产生实际影响的行为，如在作出行政决定前的讨论意见。

任务二　行政诉讼管辖

导入案例

【案例一】

东方市新闻出版广电局（位于东方市甲区）在一次市场检查中发现，A 化妆品厂发送的委托别人为自己印制的广告挂历只在工商局办理了广告手续，没有办理新闻出版方面的准印手续，遂以 A 厂非法印制出版物为名罚款 8 万元。A 厂不服，向省新闻出版广电局（位于广北市乙区）申请复议，复议维持了处罚。

问题：如 A 厂不服起诉，向哪个法院起诉？

【案例二】

位于某市东方区的长红化工厂的排水管道年久失修，致使大量腐蚀性废水外溢，严重污染了该区天井村的 100 亩鱼塘和大片农田，给天井村造成严重损失。天井村向环保局（位于某市西城区）投诉，市环保局经查证后对造成污染的长红化工厂予以行政处罚：罚款 2 万元；并限期重建排水管道。长红化工厂不服该处罚决定，提起行政诉讼。

问题：长红化工厂可向哪个法院起诉？

基本原理认知

导入案例都涉及法院管辖权问题。行政诉讼管辖是指人民法院之间受理第一审行政案件的职权分工。这种职权分工有两方面的后果：其一，对于审判机关来说，它既确定了同级人民法院之间审理行政案件的具体分工，也明确了上下级人民法院之间受理第一审行政案件的权限划分。其二，对于当事人来说，则解决了发生争议后到哪一级的哪一个人民法院去起诉或应诉的问题。

一、级别管辖

级别管辖，是指按照人民法院组织系统划分上下级人民法院之间受理第一审行政案件的分工和权限。确定级别管辖是明确行政案件管辖权的前提条件。根据《宪法》和《人民法院组织法》的规定，我国人民法院的设置分为四级，即基层人民法院、中级人民法院、高级人民法院、最高人民法院。《行政诉讼法》关于级别管辖的规定，是划分各级人民法院审理第一审行政案件的分工，确定第一审行政案件具体由哪一级法院进行审理的依据。总之，级别管辖是在人民法院系统内，纵向解决哪些第一审行政案件应由哪一级法院审理的问题。

依据《行政诉讼法》确定管辖权的基本原则，根据行政案件的性质、复杂程度以及影响范围，我国《行政诉讼法》对各级人民法院管辖第一审行政案件的权限划分如下：

（一）基层人民法院的管辖

《行政诉讼法》第14条规定："基层人民法院管辖第一审行政案件。"联系《行政诉讼法》关于管辖的所有规定可知，基层人民法院管辖的第一审行政案件，是中级人民法院、高级人民法院和最高人民法院管辖的第一审行政案件以外的那些行政案件，之所以这样规定，是因为我国基层人民法院是按县（市）、旗、区的行政区划设置的，数量众多，遍布全国，又没有上级人民法院承担的上诉审、审判监督、指导等职责，有能力承担大量的第一审行政案件的审判工作。加之，基层人民法院辖区大都既是原告与被告所在地，又是行政争议的发生地，由基层人民法院管辖，便于当事人参加诉讼，便于人民法院调查取证，便于及时处理行政案件。导入案例一、二都在级别上不属于中级以上人民法院管辖，故属于基层人民管辖。

（二）中级人民法院的管辖

根据《行政诉讼法》第15条规定，下列行政案件由中级人民法院管辖：

1. 对国务院部门或者县级以上地方人民政府所作的行政行为提起诉讼的案件。不服国务院各部门或者县级以上地方人民政府作出的行政行为，不管这些机关是以自己的名义作出的最初决定，还是作为复议机关作出的复议决定，都属于中级人民法院的管辖范围。注意其中有一类须是县级以上地方人民政府而不是县级以上地方人民政府的职能部门。

2. 海关处理的案件。根据《海关法》的有关规定，可以提起行政诉讼的海关处理的案件主要包括：相对人对海关作出的行政处罚不服提起的诉讼，对海关的扣押决定不服提出的诉讼，对海关作出的交纳关税的决定不服提起的诉讼。

3. 本辖区内重大、复杂的案件。这是一项比较灵活的规定，"重大"、"复杂"是综合评价因素。如当事人的具体情况、案件所涉范围、影响等。譬如，社会影响重大的共同诉讼案件、集团诉讼案件。集团诉讼是共同诉讼的一种特殊形式，其当事人一方或者双方至少为 5 人以上。这类诉讼主要是农村土地承包案件、土地征用案件、城市规划拆迁案件。再如重大涉外、涉港澳台行政案件等。

4. 其他法律规定由中级人民法院管辖的案件。这是一个兜底条款，将所有其他条款没有包括的，或者难以包括的，或者目前预测不到的都包括在这个条款中。兜底条款是法律文本中常见的法律表述，主要是为了防止法律的不周延性，以及社会情势的变迁性。因为法律一经制定出来，由于其固定性而就具有了相对的滞后性，况且法律制定者受主观认识能力等方面的局限，也无法准确预知法律所要规范的所有可能与情形，所以就有必要通过这些兜底性条款，来尽量减少人类主观认识能力不足所带来的法律缺陷，以及为了保持法律的相对稳定性，使执法者可以依据法律的精神和原则，适应社会情势的客观需要，将一些新情况等通过这些兜底性条款来予以适用、解决，而无需修改法律。

此外，根据《行政诉讼法》第 24 条的规定，中级人民法院还可以审判下一级人民法院管辖的第一审行政案件。

(三) 高级人民法院的管辖

高级人民法院是地方各级人民法院中的最高一级，它主要承担着对本辖区内的中级人民法院和基层人民法院的审判工作进行监督和指导，对不服中级人民法院判决、裁定的上诉、抗诉案件的审理工作，不宜管辖过多的第一审行政案件。《行政诉讼法》第 16 条规定："高级人民法院管辖本辖区内重大、复杂的第一审行政案件。"这是一条原则性和灵活性相结合的规定。原则性体现在必须是本辖区内的重大、复杂的行政案件，非本辖区或非重大、复杂均不属于高级人民法院管辖。灵活性体现在是否重大、复杂，由高级人民法院根据具体情况进行判断决定。一般来说，在一省、自治区、直辖市范围内有重大影响，或所涉当事人众多且有特殊身份，或涉及重大公共利益，或所涉及的法律、法规规定不明确，需报请最高人民法院作出解释等案件，属于"本辖区内重大、复杂"的行政案件。

此外，根据《行政诉讼法》第 24 条规定，高级人民法院还可以审判下一级人民法院管辖的第一审行政案件。

（四）最高人民法院的管辖

最高人民法院是我国的最高审判机关，其主要任务是对全国各地各级人民法院的审判工作实行监督和指导，对行政审判过程中具体适用法律问题作出司法解释，审理不服高级人民法院判决、裁定的上诉、抗诉案件。因此，最高人民法院只能受理极少数的第一审行政诉讼案件。《行政诉讼法》第17条规定："最高人民法院管辖全国范围内重大、复杂的第一审行政案件。"什么是"全国范围内重大、复杂"的行政案件，有关司法解释没有明确规定。联系到关于级别管辖的其他规定，应主要指对全国有重大影响的行政案件或在国际上有重大影响的涉外行政案件。具体案件是否属于"全国范围内重大、复杂"的行政案件，由最高人民法院认定。

此外，根据《行政诉讼法》第24条的规定，最高人民法院还可以审判下一级人民法院管辖的第一审行政案件。

经复议的案件，也可以由复议机关所在地的人民法院管辖。作出原行政行为的行政主体和复议机关为共同被告的，以作出原行政行为的行政主体确定案件的级别管辖。

二、地域管辖

地域管辖是指在同级人民法院之间横向划分其各自辖区内受理第一审行政案件的权限和分工。地域管辖和级别管辖既有区别又有联系。二者的区别表现在：级别管辖是纵向确定各级人民法院对案件的管辖权限，它所解决的是案件应由哪一级人民法院管辖的问题；而地域管辖则是横向确定同级人民法院之间对案件的管辖权限划分，它所解决的是案件应由哪一个人民法院管辖的问题。二者的联系表现在：地域管辖是在级别管辖的基础上划分的，只有确定级别管辖后，才能确定地域管辖。当然，在确定了级别管辖之后，也必须借助于地域管辖进一步落实具体的受诉人民法院，这样才能最终确定第一审行政案件的管辖问题。

根据《行政诉讼法》的规定，地域管辖分为一般地域管辖和特殊地域管辖。

（一）一般地域管辖

一般地域管辖是指以最初作出行政行为的行政主体所在地为标准来确定行政案件的管辖法院。它是相对于特殊地域管辖而言的。《行政诉讼法》第18条规定："行政案件由最初作出行政行为的行政机关所在地的人民法院管辖。经复议的案件，也可以由复议机关所在地人民法院管辖。"根据这一规定，凡是未经复议机关复议而直接向人民法院起诉的行政案件，只要公民、法人或者其他组织不服，向人民法院起诉的行政案件，都采取一般地域管辖的原则，由最初作出行政行为的行政主体所在地的人民法院管辖。经复议的案件，也可以由复议机关所在地的人民法院管辖。

导入案例一中，A厂可以向东方市甲区人民法院或广北市中山区法院提出诉讼，因为它是经过复议的案件。导入案例二中的长红化工厂应向最初作出行政行为的行政主体所在地（某市西城区）法院提出诉讼，值得注意的是，该案行政处罚的起因虽然是因不动产，但行政处罚的内容没有涉及不动产，不属于《行政诉讼法》规定的特殊地域管辖。

（二）特殊地域管辖

特殊地域管辖是相对于一般地域管辖而言的，是一般地域管辖的例外。因为某些行政案件，如果适用一般地域管辖规则，会不利于人民法院审理行政案件和当事人参加诉讼。为此《行政诉讼法》第19条、第20条专门作出了有关特殊地域管辖的规定。特殊地域管辖分为专属管辖和选择管辖两种。

1. 专属管辖。专属管辖是指法律以诉讼标的所在地为标准，强制规定特定的行政诉讼案件只能由特定人民法院予以管辖。专属管辖的显著特征是它在管辖上的排他性。

《行政诉讼法》第20条对专属管辖作了具体规定："因不动产提起的行政诉讼，由不动产所在地人民法院管辖。"不动产是相对于动产而言的，一般是指不能移动，或者移动后会失去其使用价值的实物。如土地以及土地上的附着物（房屋、林木等）。因房屋拆迁、征用土地等不动产而提起的行政诉讼，规定由不动产所在地人民法院专属管辖，主要是为了便于人民法院对案件进行调查、勘验，以便人民法院正确及时地审理相应案件。同时，《行政诉讼法》规定此种管辖也有利于在案件判决之后对判决的执行。

2. 选择管辖。选择管辖是指依照法律规定，两个以上的人民法院对同一行政案件都有管辖权而由原告选择具体管辖法院的管辖。根据《行政诉讼法》的规定，选择管辖主要有以下两种情况：

（1）《行政诉讼法》第18条规定，经过行政复议的案件，由最初作出行政行为的行政主体所在地或者复议机关所在地的人民法院管辖。

（2）《行政诉讼法》第19条规定："对限制人身自由的行政强制措施不服提起的诉讼，由被告所在地或者原告所在地人民法院管辖。"这里的"原告所在地"既包括原告的户籍地、原告连续居住满一年以上的经常居住地，也包括原告被限制人身自由地。行政主体基于同一事实既对人身又对财产采取行政强制措施的，被限制人身自由的人对两项措施同时提起诉讼，既可以向被告所在地人民法院提起诉讼，也可以向原告所在地人民法院提起诉讼，受诉人民法院应一并管辖。

《行政诉讼法》第21条规定："两个以上人民法院都有管辖权的案件，原告可以选择其中一个人民法院提起诉讼。原告向两个以上有管辖权的人民法院提起诉讼的，由最先立案的人民法院管辖。"

选择管辖表明了各有关人民法院对同一行政案件都拥有管辖权，而这并不意味着几个有关的人民法院应共同审理同一行政案件，该行政案件究竟应由哪一个具体的人民法院行使管辖权，还必须借助于当事人（原告）的选择来加以解决。

三、裁定管辖

根据人民法院的裁定而不是法律的直接规定而确定的管辖，称为裁定管辖。裁定管辖是法定管辖的必要补充，它可以帮助人民法院解决在具体案件管辖中出现的一些特殊问题。《行政诉讼法》第22～24条分别规定了裁定管辖的各种情形：移送管辖、指定管辖和管辖权的转移等。

（一）移送管辖

移送管辖是指人民法院对已经受理的案件经审查发现不属于本法院管辖时，将案件移送给有管辖权的人民法院管辖的一种法律制度。它是无管辖权的人民法院受理了不属于其管辖的案件所采取的一种补救措施，实质上是案件的移送，而不是管辖权的转移。移送管辖必须具备以下三个条件：①移送的案件必须是已经受理的案件；②移送的人民法院对案件没有管辖权；③向（自己认为）有管辖权的人民法院移送。我国《行政诉讼法》第22条规定："人民法院发现受理的案件不属于本院管辖的，应当移送有管辖权的人民法院，受移送的人民法院应当受理。受移送的人民法院认为受移送的案件按照规定不属于本院管辖的，应当报请上级人民法院指定管辖，不得再自行移送。"如果受移送的人民法院认为自己也无管辖权时，应报请上级人民法院指定管辖，以免影响公民、法人或者其他组织依法行使诉权和人民法院对行政案件的及时审理。

（二）指定管辖

指定管辖是指上级人民法院由于法律规定的情形（譬如跨区域法院管辖或下级法院报请等）发生，将某一案件交由某个下级人民法院进行管辖的法律制度。根据我国《行政诉讼法》第24条的规定，指定管辖有以下两种情况：①由于发生了特殊的原因，使有管辖权的人民法院不能行使管辖权。这里的"特殊原因"包括法律上的原因和事实上的原因。法律上的原因主要是指出现了法律规定的情形，如因回避，审判人员不够，不能组成合议庭审理案件；该区域实行了行政案件跨区域管辖。事实上的原因如发生了严重的自然灾害等。②管辖权发生争议，争议的双方人民法院又协商不成。在这种情况下，应报请他们的共同上级人民法院指定管辖。

跨区域管辖属于"批发式"的指定管辖。《行政诉讼法》第18条第2款规定，经最高人民法院批准，高级人民法院可以根据审判工作的实际情况，确定若干人民法院跨行政区域管辖行政案件。此处包括第一审、第二审行政案件皆可以适用跨区域管辖，比如目前试点改革拟利用原铁路法院框架，把一部分行政案件，指定到铁路中院或基层法院管辖。这对诉讼管辖便民原则及法院的产生制度，即人大任命法官有一定的冲击。

（三）管辖权的转移

管辖权的转移，是指由上级人民法院决定或者同意，由下级人民法院移交给上级人民法院或其他同级法院。管辖权转移不同于移送管辖，前者转移的是管辖权，后者转移的是案件。根据我国《行政诉讼法》的规定，管辖权的转移可以分为以下两种情况：①上级人民法院有权审判下级人民法院的第一审行政案件。在行政诉讼实践中，对于下级人民法院既不受理又不作不予受理裁定的案件，上级人民法院认为符合受理条件的，可以受理。②下级人民法院对其管辖的第一审行政案件，认为需要由上级人民法院审理或指定管辖的，可以报请上级人民法院决定。

⭐ 拓展阅读

跨行政区域法院

2014 年修改的《行政诉讼法》第 18 条第 2 款规定，经最高人民法院批准，高级人民法院可以根据审判工作的实际情况，确定若干人民法院跨行政区域管辖行政案件。此处包括第一审、第二审行政案件皆可以适用跨区域管辖。

2014 年 12 月 28 日上午，全国首个跨行政区划法院——上海市第三中级人民法院、上海知识产权法院正式成立。据悉，上海市第三中级人民法院、上海知识产权法院依托上海铁路运输中级人民法院设立。自 2015 年 1 月 1 日起，上海市第三中级人民法院将依法管辖以市级人民政府为被告的一审行政案件，市级行政主体为上诉人或被上诉人的二审行政案件（不包括知识产权行政案件）；上海市人民检察院第三分院提起公诉的案件；由上级法院指定管辖的其他案件，以及原由铁路中院受理的刑事、民事案件。上海知识产权法院将依法审理知识产权民事和行政案件。据上海市三中院院长、上海知识产权法院院长吴偕林介绍，三中院机构设置按照"审判独立、行政（党务）合署"的原则，目前先行设立了四个审判业务内设机构，审判组织全面实行专业化、扁平化管理。人员实行分类管理、法官按员额制配备，通过公开选任程序从全市法院具有较丰富的知识产权和行政审判经验的人员中，择优选任法官。[1]

跨行政区划法院的设立，既有利于探索与行政区划适当分离的司法管辖制度，也有利于改变目前司法权过度依赖行政权的现状，避免地方保护主义对司法的干扰。对跨行政区划管辖还有很多争论，首先是对法院的产生制度即人大任命法官制度有一定的冲击。其次是诉讼管辖便民原则受到影响，目前的试点就是利用原来铁路法院的框架，把一部分行政案件，指定到原来的铁路中院或基层法院管辖，以审理行政案件为主，但不是专门只审理行政案件；跨区域行政案件的法院，不属于专门法院系列，整体上是属于普通法院系列，但又是跨行政区划的普通法院。

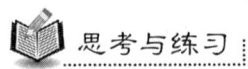 思考与练习

一、思考题

探索跨行政区域管辖。

---

〔1〕 "我国首个跨行政区划法院上海市三中院揭牌"，载凤凰资讯，http：//news. ifeng. com/a/20141228/42816026_0. shtml.

二、选择题

1. 甲市乙县动物检疫所对陈某私自从外省购进、染有口蹄疫生猪30头一案进行行政处罚，陈某不服并向法院提起行政诉讼，他应当向（　　）提起诉讼。

　　A. 乙县人民法院　　　　　　　　　B. 乙县公安部门

　　C. 省级高级人民法院　　　　　　　D. 甲市中级人民法院

2. 《行政诉讼法》规定，公民、法人或者其他组织不能提起行政诉讼的情形包括（　　）。

　　A. 认为行政机关没有依法发给抚恤金的

　　B. 认为行政机关侵犯法律规定的经营自主权的

　　C. 认为行政机关对机关工作人员的奖惩、任免不合理的

　　D. 认为国防、外交等国家行为侵犯其合法权益的

3. 公民、法人或者其他组织提起（　　）行政诉讼，人民法院不予受理。

　　A. 国防、外交等国家行为

　　B. 行政法规、规章或者行政机关制定、发布的具有普遍约束力的决定、命令

　　C. 行政机关对行政机关工作人员的奖惩、任免等决定

　　D. 法律规定由行政机关最终裁决的行政行为

4. 甲市乙县陈某对当地检疫所"因未附有检疫证明运输动物的行政处罚"一案，先申请乙县兽医主管部门复议，乙县兽医主管部门对乙县检疫所的处罚决定作出维持。陈某对复议决定不服，他可以向（　　）提起行政诉讼。

　　A. 乙县检疫所所在地人民法院　　　B. 乙县公安部门

　　C. 乙县兽医主管部门所在地人民法院　D. 乙县人民政府

5. 在何种的情况下，人民法院对于行政案件可以进行管辖权转移？（　　）

　　A. 受诉人民法院对该案无管辖权

　　B. 有管辖权的人民法院由于特殊原因不能行使管辖权

　　C. 上级人民法院决定自行审理原属下级人民法院管辖的案件

　　D. 上级人民法院把自己管辖的第一审案件移交下级人民法院审理

　　E. 下级人民法院把自己管辖的案件移交给上级人民法院审理

 学习情境

行政诉讼受案范围和管辖的运用

【范例】

西江区人民政府根据国务院的规定，负责本辖区的房屋征收与补偿工作，并于2013年10月8日作出了某西征（2014）10号《某市西江区人民政府房屋征收决定》。某市西

江区昌山街13号602房屋坐落于西江区旧城改造工程住宅房屋征收范围内。该房屋所有权人是陈某，房屋建筑面积36.46平方米。房屋征收部门对被征收人提供了货币补偿和房屋产权调换定向房屋两种安置方式。房屋被征收人在签约期限内未能与房屋征收部门签订补偿协议。2014年12月1日西江区人民政府作出某西房补字（2014）第789号《房屋征收补偿决定书》，决定：①房屋征收部门提供某市西江区某街某号701（现房）实行产权调换，该房屋建筑面积约为42.68平方米（以房屋管理部门测量核定为准）。待被征收人与房屋征收部门订立补偿协议后，办理相关入住手续，其他费用按照相关规定办理。②被征收人陈某应在本决定书送达之日起15日内腾空被征收房屋。逾期不搬迁的，将依法向人民法院申请强制执行。房屋征收部门于2014年12月4日向陈某送达了这份房屋征收补偿决定书。原告不服，向某市人民政府申请复议，某市人民政府于2014年12月16日作出行政复议决定，维持原最初作出的行政行为。

【训练目的及要求】

结合范例和相关知识，通过训练，能正确运用行政诉讼受案范围及管辖原理判断法院能否立案及应由哪个法院管辖。

【训练方法】

分两组进行，一组学生运用行政诉讼受案范围及管辖原理对范例作出判断；另一组学生评价判断是否正确。

【训练步骤】

步骤1：分组；

步骤2：熟悉范例；

步骤3：学生分析范例；

步骤4：老师评判。

 参考书目

1. 全国人大常委会法制工作委员会行政法室编著：《中华人民共和国行政诉讼法解读》，中国法制出版社2014年版。

2. 江必新、邵长茂：《新行政诉讼法修改条文理解与适用》，中国法制出版社2014年版。

项目十二　行政诉讼过程

📝 **知识目标**

1. 掌握行政诉讼当事人的概念、特征，能够判断和确定行政诉讼原告、被告、第三人等当事人的资格问题；

2. 熟练掌握行政诉讼一审程序、二审程序、简易程序和审判监督程序；

3. 准确把握行政诉讼法律适用的范围、种类，掌握行政诉讼的审理依据，理解规章的参照适用的内涵。

能力目标

1. 能够就起诉人是否具有行政诉讼原告资格、被诉人是否是适格被告、是否存在第三人等作出正确判断；

2. 熟练行政诉讼程序，能够完成模拟法庭的演练；

3. 能够准确阐明给定案例中存在的法律适用问题并给出正确的解决方案。

任务一　行政诉讼参加人

导入案例

村民吴某承包的责任田在河流南岸，属该村四组集体所有。同村五组村民罗某的责任田在河流北岸，属该村五组集体所有。某日暴雨引发山洪，吴某和罗某的责任田均被淹没。洪水过后，河流改道，两地连成一片，界线难以划分。吴与罗因复垦土地使用权发生纠纷。吴某申请某县政府处理。县政府根据《中华人民共和国土地管理法》的规定作出"关于罗某与吴某土地使用权争议的处理决定"，确认复垦土地为五组所有，罗某享有合法的土地承包使用权，吴某不服，向某自治州中级人民法院起诉。某自治州中级人民法院受理后，罗某虽对县政府的处理决定无异议，但表示既然吴某起诉，自己也要参加诉讼，法院将其列为该案诉讼第三人。同时，法院认为被告县政府的处理决定与该村四组、五组有利害关系，于是分别向这两组送达了"参加诉讼通知书"，将二者确定为诉讼第三人。四组接通知后表示对处理决定不服，且当时仍在法定起诉期内，因而要作为原告起诉，但法院未予采纳，仍将其作为第三人。

问题：如何确定该村四组的诉讼法律地位？

基本原理认知

一、行政诉讼参加人

行政诉讼参加人，是指依法参加行政诉讼活动，与争议的行政行为或诉讼结果有利害关系的，享有诉讼权利、承担诉讼义务的当事人及类似当事人地位的诉讼代理人。

当事人是指因与行政纠纷有利害关系而以自己名义参加诉讼并受法院裁判约束的人。当事人包括原告、被告、第三人和共同诉讼人。诉讼代理人包括法定代理人和委托代理人。

在不同的诉讼程序中，当事人会有不同的称谓。比如在第一审程序中，行政诉讼当事人称为原告、被告、第三人和共同诉讼人；在第二审程序中，称为上诉人和被上诉人；在审判监督程序中，称为申诉人和被申诉人，再审如果适用一审程序，称为原审原告、原审被告，如果适用二审程序，称为原审上诉人和原审被上诉人；在执行程序中，称为申请执行人和被申请执行人。当事人的称谓，不仅仅是一个名称问题，它直接表明了当事人在行政诉讼中的诉讼地位及其所享有的诉讼权利和所承担的诉讼义务。

另外，应该区分行政诉讼参加人和行政诉讼参与人这两个概念。行政诉讼参与人是一个泛指的概念，包括与行政诉讼结果有利害关系的行政诉讼当事人，以及为帮助人民法院查明案件事实真相而参与到行政诉讼中的其他人员（例如证人、鉴定人、翻译人、勘验人等），这些人与案件没有实体上的利害关系，但在行政诉讼中同样享有相应的诉讼权利，承担相应的诉讼义务。

诉讼参加人的资格问题往往是人民法院首先要解决的问题。研究诉讼参加人，有利于准确地确定他们的诉讼法律地位和权利、义务，进而顺利地开展行政诉讼活动。

二、行政诉讼原告

（一）行政诉讼原告的概念与特征

行政诉讼的原告，是指认为行政主体及其工作人员的行政行为侵犯其合法权益，以自己的名义向人民法院提起诉讼，从而引起诉讼程序发生的公民、法人或者其他组织。

行政诉讼的原告具有以下法律特征：

1. 行政诉讼的原告是认为行政主体的行政行为侵犯其合法权益的公民、法人或者其他组织。在现代民主国家中，作为行政相对人以及其他与行政行为有利害关系的公民、法人或者其他组织，享有的合法权益受法律保护，当行政主体的行政行为侵犯了公民、法人或者其他组织的合法权益时，法律赋予他们诉权。能否取得原告资格，关键看其与被诉行政行为间是否存在利害关系，这就是大多数国家采用的诉讼利益原则。

所谓诉讼利益，就是指原告能够从诉讼中获得的利益，这种利益在起诉时是主观的，公民、法人或者其他组织只要在主观上认为其合法权益受到行政行为的侵犯，就可以起诉。而客观上是否受到侵犯，则由法院立案之后经过审理判定，因此法院不应当事先认定不存在侵害事实而不受理公民、法人或者其他组织的起诉。

2. 行政诉讼的原告必须是以自己的名义主动向人民法院起诉。原告为了保护自己的合法权益而向人民法院起诉，没有原告的主动起诉就不会产生行政诉讼，因此他是主动地参加诉讼的人，并且是以自己的名义向法院起诉。作为公民、法人或者其他组织享有广泛的权益，当行政主体侵犯他们的合法权益时，法律赋予他们诉权，使他们可以通过司法程序解决与行政主体之间的纠纷。因此，只有作为行政相对人以及其他

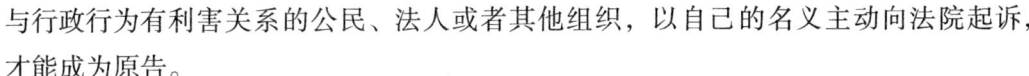

与行政行为有利害关系的公民、法人或者其他组织，以自己的名义主动向法院起诉，才能成为原告。

（二）行政诉讼的原告资格

只有"适格"的当事人才可以参加诉讼。所谓"适格"，是指符合法定的条件和要求，作为原告，也是只有适格的公民、法人或者其他组织才能提起行政诉讼。行政诉讼的原告资格是指公民、法人或者其他组织对于行政主体的行政行为提起行政诉讼应具备的条件。《行政诉讼法》第25条第1款规定："行政行为的相对人以及其他与行政行为有利害关系的公民、法人或者其他组织，有权提起诉讼。"据此可知，我国行政诉讼原告资格的标准包括以下两个：

1. 原告必须是公民、法人或者其他组织。行政诉讼解决的是作为行政主体的行政机关，法律、法规、规章授权的组织与作为公民、法人或者其他组织之间的法律争议，二者的实体法地位是不平等的，为了保护公民、法人或者其他组织的合法权益，《行政诉讼法》赋予其原告资格，而在行政法律关系中处于行政主体地位的行政机关或法律、法规、规章授权的组织不具有行政诉讼原告的资格，不能提起行政诉讼。

能成为原告的，不仅包括行政行为的直接对象，也包括其权益受行政行为影响的人，如行政主体批准某公民建房，导致另一住宅的采光遭受严重不利影响的公民。此外，还包括处于被管理地位时的国家机关，如因违章建筑受到政府规划部门处罚的国家机关，又如公安机关在消防设施检查中认为卫生机关的消防工作存在隐患，可责令其整改或予以处罚，卫生机关若不服公安机关的行政行为，则可作为原告向人民法院提起行政诉讼。

2. 原告必须与被诉行政行为具有法律上的利害关系。只要原告主观上"认为"行政行为侵犯了其合法权益，就可以提起诉讼。故起诉行为表面上看是一个主观性的行为。但是这种"认为"成立的前提条件是原告与被诉行政行为间存在客观上的利害关系。是否存在利害关系，法院在立案时，应当是表面审查，而非实质审查，法院在此阶段仅应当依据原告在起诉状中所表明的"事实根据"和提起的"具体诉讼请求"，来判定提起诉讼的人与被诉行政行为客观上是否具有利害关系。不能要求原告必须确切证明，而对于利害关系的实质判断，应当在法院审理过程中进行。

对于"利害关系"，一般要求原告与本案有"直接"利害关系，但"间接"利害关系的保护也逐渐被司法解释和实务所承认。例如，合资企业的各方认为行政行为损害企业利益的，均有权以自己名义提起诉讼。所谓"法律上的利害关系"，是基于法律的规定而在行政主体与公民、法人或其他组织之间产生的权利义务关系。应当说明的是，除非法律有明确规定，否则利害关系的判断仍应以"有无直接利害关系"为判断依据。

导入案例的该村四组符合法律规定的原告主体资格，应当确定为该案的共同原告，而不应作为第三人。县政府的处理决定虽然是针对吴某与罗某土地使用权纠纷而作出的，但其处理决定的内容不仅限于对复垦土地的使用权作出确认，而且对复垦土地的所有权作出了确认，该村四组认为自己的合法权益受到该处理决定的侵犯，故依法享有起诉权。

（三）原告资格的转移

行政诉讼的原告资格是法律赋予特定人的资格，在一般意义上是不能转移的。所谓原告资格的转移，是指有权起诉的公民、法人或者其他组织死亡或终止时，其原告资格依法转移给特定的有利害关系的公民、法人或其他组织。

《行政诉讼法》第25条第2款、第3款规定："有权提起诉讼的公民死亡，其近亲属可以提起诉讼。有权提起诉讼的法人或者其他组织终止，承受其权利的法人或者其他组织可以提起诉讼。"

根据上述规定，原告资格的转移可分为以下两种情况：

1. 有原告资格的公民死亡，原告资格可转移给其近亲属。根据司法解释的有关规定，"近亲属"包括配偶、父母、子女、兄弟姐妹、祖父母、外祖父母、孙子女、外孙子女和其他具有扶养、赡养关系的亲属。

需要注意的是，具有原告资格的公民死亡后，其近亲属若承受了原告资格，他们就成了新的原告，而不是死者的代理人；他们也可以拒绝承受原告资格，这时诉讼就会因为原告死亡而终止。但公民因被限制人身自由而不能提起诉讼，其近亲属可以依其口头或书面委托以该公民的名义提起诉讼，此时其近亲属并不是原告，只是委托代理人。

2. 有原告资格的法人或者其他组织终止，原告资格可转移给承受其权利的法人或者其他组织。法人或者其他组织终止可以有多种原因，例如，合并、分立、撤销、破产等。无论何种原因，只要有承受其权利的组织，原告资格就可以转移给其享有。

行政诉讼出现原告资格转移的情形时，必然有特定的主体来充任原告，只要法定条件出现，转移和承受均自然发生，不以当事人意志为转移。发生原告资格的转移与承受后，承受方可以按自己的意志决定是否提起诉讼，或者继续参加诉讼。如果没有原告资格的承受人或拒绝承受原告资格，人民法院应当裁定终结诉讼程序。

（四）行政诉讼原告的类型

根据司法解释的有关规定，行政诉讼的原告包括：

1. 作为行政行为直接对象的公民、法人或其他组织，与行政行为在法律上存在直接利害关系。这是最常见的原告，例如，行政处罚的受处罚人、行政强制中的被强制人、行政许可中被拒绝的许可申请人等。

2. 公民、法人或者其他组织不服行政行为，原则上有权选择行政复议或行政诉讼，若选择行政复议，对复议决定不服，还可以再提起行政诉讼。

3. 不是行政行为直接针对的对象，但与行政行为有法律上的利害关系的公民、法人或者其他组织：

（1）认为被诉的行政行为涉及其相邻权或者公平竞争权的。拥有相邻权的一方认为行政主体的批准行为侵犯了其合法权益，如排水、通行、通风、采光等方面的相邻关系，可以依法提起行政诉讼。例如，行政主体批准在某人的豪华独栋别墅前建造化工厂，他认为这一行政行为侵犯其权益，可以依法起诉批准机关。行政主体的行政行为破坏公平竞争的原则，亦可被诉。例如，某市政府为了保护本地奶业，规定本市商家只能销售本地产的奶制品，那么市政府的行为同时侵犯了商家的经营自主权和外地奶制品厂商的公平竞争权，商家和外地企业均可起诉市政府。

（2）与被诉的行政复议决定有法律上的利害关系或者在行政复议程序中被追加为第三人的。例如，甲乙二人都申请在某块地上建房，行政主体批给了甲，乙不服，提起行政复议，甲与复议决定有利害关系，应当作为第三人参加复议，若甲未能参加复议，经复议后，复议机关的复议决定将此地批给了乙，甲不服，则有权提起行政诉讼。

（3）要求主管行政主体依法追究加害人法律责任的。当某人的违法行为侵犯了另一人的合法权益时，行政主体有义务对违法行为进行制裁，违法行为人不服可以提起行政诉讼，当行政主体对违法行为置之不理或处理不力时，同时赋予受害人以诉权。例如，甲把乙打伤，公安机关给甲行政警告的处罚，乙不服，认为处罚太轻，有权起诉公安机关，请求人民法院撤销公安机关的处罚，责令其重新处罚，或者由人民法院直接变更该处罚决定。

（4）与撤销或者变更行政行为有法律上利害关系的。例如，工商机关给某人颁发营业执照后，又决定改变营业执照中的经营范围，或者宣布撤销该营业执照，这种改变或撤销直接处分了执照持有人的民事权利，执照持有人不服可提起行政诉讼。

4. 合伙企业向人民法院提起诉讼的，应当以依核准登记的字号为原告，由执行合伙企业事务的合伙人作诉讼代表人；其他合伙组织提起诉讼的，合伙人为共同原告。不具备法人资格的其他组织向人民法院提起诉讼的，由该组织的主要负责人作诉讼代表人；没有主要负责人的，可以由推选的负责人作诉讼代表人。同案原告为5人以上，应当推选1~5名诉讼代表人参加诉讼；在指定期限内未选定的，人民法院可以依职权指定。

5. 联营企业、中外合资或合作企业的联营、合资、合作各方，认为联营、合资、合作企业权益或自己一方权益受行政行为侵害的，均可以自己的名义提起行政诉讼。

6. 农村土地承包人等土地使用权人对行政主体处分其使用的农村集体所有土地的行为不服的，他们可以自己的名义提起诉讼。例如，土地被征用或者征购后，承包人失去使用权，赋予其原告资格。

7. 非国有企业被行政主体注销、撤销、合并、强令兼并、出售、分立或改变企业隶属关系的，该企业或者其法定代表人可以提起诉讼。这里应注意，企业的原法定代表人起诉时是以自己的名义，而不是以企业的名义。

8. 股份企业的股东大会、股东代表大会、董事会等认为行政主体作出的行政行为侵犯企业经营自主权的。此种情况可以企业名义提起诉讼。这里应注意，起诉时必须以企业名义。本规定解决了企业利益与股东利益相冲突时，股东行使诉权的原告资格问题。

三、行政诉讼被告

（一）行政诉讼被告的概念与特征

行政诉讼的被告是指被原告认为行政行为侵犯了自己的合法权益而诉至法院，因而由法院通知其应诉的行政机关或者法律、法规授权的组织。被告具有以下法律特征：

1. 被告只能是国家行政机关或法律、法规、规章授权的组织。行政机关是指行使国家行政职能，依法独立享有并行使行政职权的国家机关；法律、法规、规章授权的组织是指本身并不是主管行政机关，但为了行政管理的需要，法律、法规、规章明确授予其某些方面的行政管理职能的组织。

行政主体理论对于确定被告的资格至关重要。由于只有行政主体才能享有行政权并以自己的名义作出行政行为，并独立承担相应的法律责任，因此，只有具备行政主体资格的享有对外管理职权的行政机关及法律、法规、规章授权的组织才能够成为行政诉讼的被告。而国家公务员、行政主体的法定代表人以及不独立享有行政权、不能以自己的名义作出行政行为的行政机构都不能成为行政诉讼的被告。但被诉行政主体负责人应当出庭应诉。不能出庭的，应当委托行政主体相应的工作人员出庭。

2. 被告必须是作出行政行为的行政机关以及法律、法规、规章授权的组织。行政诉讼的被告一定是有争议的行政行为的实施主体。由于公民、法人或者其他组织认为行政主体的行政行为侵犯自己的合法权益而向人民法院起诉，所以公民、法人或者其他组织起诉的客体是行政行为。由此可见，行政诉讼发生的必然前提是行政行为的存在，没有作出行政行为的行政主体不可能成为被告。

此外，《行政诉讼法》规定了受案范围，如果行政行为是法律排除审查的，那么人民法院既不会受理，也不会通知被诉人应诉，被诉人也就不可能转化为行政诉讼的被告。例如，国家行政机关也有可能以民事主体的身份参与社会活动，如果对其在民事活动中作出的民事行为产生异议请求人民法院解决，则只能以民事案件的途径解决，不能提起行政诉讼，而此时该行政机关是民事诉讼的被告。

3. 被告必须是由原告起诉并由人民法院通知应诉的人。原告的指控是前提，人民法院的审查是法律上的确认，这两方面必须同时具备，才能确定为被告。只有在法院确认被诉行政机关或法律、法规、规章授权的组织符合前述两个特征，并通知其应诉的，该行政主体才能成为特定行政案件中的被告。

（二）行政诉讼被告的判定

鉴于行政管理主体和行政管理活动的复杂性，《行政诉讼法》及其司法解释分别对不同情况的行政诉讼被告作了规定：

1. 作出行政行为的行政主体。公民、法人或者其他组织依法直接向人民法院提起诉讼的，作出行政行为的行政主体是被告。这是行政诉讼中最常见的被告类型。

2. 作出行政复议决定的复议机关。经复议的案件，复议机关决定维持原行政行为的，作出原行政行为的行政主体和复议机关是共同被告；复议机关改变原行政行为的，复议机关是被告。"复议机关决定维持原行政行为"，包括复议机关驳回复议申请或者复议请求的情形，但以复议申请不符合受理条件为由驳回的除外。"复议机关改变原行政行为"，是指复议机关改变原行政行为的处理结果。

为了及时有效地保障公民、法人或者其他组织的合法权益，明确责任，《行政诉讼法》第26条第3款中规定："复议机关在法定期限内未作出复议决定，公民、法人或者其他组织起诉原行政行为的，作出原行政行为的行政机关是被告；起诉复议机关不作为的，复议机关是被告。"

3. 共同作出行政行为的行政主体。两个以上行政主体作出同一行政行为的，共同作出行政行为的行政主体是共同被告。

4. 受行政主体委托的组织所作行政行为。《行政诉讼法》第26条第5款规定："行政机关委托的组织所作的行政行为，委托的行政机关是被告。"行政主体在没有法律、法规或者规章规定的情况下，授权其内设机构、派出机构或其他组织行使行政职权的，应当视为委托。当事人不服提起诉讼的，应当以该行政主体为被告。但是根据法律、法规和规章授权的组织所作的行政行为，因这些组织依法享有行政权，能以自己的名义作出行政行为，公民、法人或者其他组织若不服起诉，该组织是被告。

5. 行政主体被撤销或者职权变更的。《行政诉讼法》第26条第6款规定："行政机关被撤销或者职权变更的，继续行使其职权的行政机关是被告。"总的来说可归纳为三种情况：①由新设立的行政主体取代被撤销的行政主体；②被撤销主体并入另一个行政主体的，接受合并的行政主体为继续行使其职权的行政主体；③单纯地将行政主体予以撤销，那么作出撤销决定的行政主体为继续行使其职权的主体。

6. 公民、法人或者其他组织不服行政主体经其上级机关批准实施的行政行为的。公民、法人或者其他组织不服，应当以对外发生法律效力的文书上署名的主体为被告。上级机关的批准可以分为两种情况：一是行政行为以经过上级批准为其效力成立的法定程序，上级行政主体应当作为被告；二是如果批准程序仅是内部程序，批准机关不作为被告，仅由作出行政行为的下级主体作为被告。但是，这两种批准在法律实践中往往混杂在一起，难以明确地辨别。因此，谁在对外生效的法律文书上署名，谁就作为被告。如果上、下级都署名的，他们作为共同被告。

7. 派出机关所作出的行政行为的。派出机关所作出的行政行为，以派出机关为被告。派出机关是依照《地方各级人民代表大会和地方各级人民政府组织法》成立的由地方人民政府派出的行政机关，派出机关依法具备行政主体资格。如果派出机关行使的是法律、法规或者规章明确授予的职权，无论其作出的行政行为是否超出法定授权范围，都是法律后果的承担者，公民、法人或者其他组织不服其作出的行政行为提起诉讼的，应该以该派出机关为被告。

四、行政诉讼第三人

（一）行政诉讼第三人的概念与特征

行政诉讼第三人是指同被诉行政行为有利害关系，为了维护自身合法权益，在行政诉讼过程中申请参加诉讼或由人民法院通知参加诉讼的公民、法人或其他组织。

《行政诉讼法》第 29 条第 1 款规定："公民、法人或者其他组织同被诉行政行为有利害关系但没有提起诉讼，或者同案件处理结果有利害关系的，可以作为第三人申请参加诉讼，或者由人民法院通知参加诉讼。"可见，第三人既不是提起诉讼的人，也不是被诉的一方，而是在原告起诉后，一审庭审结束前参加到诉讼中的人。

第三人的特征是：

1. 第三人同被诉行政行为有利害关系。所谓"有利害关系"，是指"有法律上的权利义务关系"，包括行政行为使公民、法人或者其他组织获得某种权利、减少某种义务，或者使其丧失某种权利、增加某种义务，或者对其权益造成不利影响。

第三人参加诉讼不仅具有维护自身合法权益的目的，同时也具有协助人民法院查明案件事实、正确解决争议的客观作用。因此，这里的"有利害关系"，既包括与行政行为的利害关系，也包括与诉讼结果的利害关系；既包括直接的利害关系，也包括间接的利害关系。第三人必须与行政行为本身有利害关系，公民、法人或其他组织如果只是在行政行为发生时见证其过程，或者其与作出行政行为的政府工作人员或行政行为所涉公民、法人或者其他组织有亲属关系、朋友关系或其他关系，均不具有行政诉讼第三人的资格。

2. 第三人是原、被告以外的具有独立诉讼地位的公民、法人或者其他组织，经本人申请或人民法院通知参加诉讼。第三人参加诉讼的程序分为申请参加与法院通知参加两种。如果其本人不申请参加，人民法院也未通知其参加，便无法取得行政诉讼第三人的诉讼资格。公民、法人或者其他组织以及行政主体申请作为第三人参加诉讼的，如果人民法院确定其第三人身份，应当允许其参加诉讼。如果人民法院在案件审理中发现存在第三人，应当及时通知其参加诉讼。

导入案例要确定该村四组的诉讼法律地位，首先要清楚第三人与共同原告的区分问题。从本案的事实认定来看，本案中争议的土地原系该村四组集体所有，吴某享有使用权。洪水过后，该片土地与五组集体所有、罗某享有使用权的土地连片。罗某复垦后引起土地使用权纠纷。县政府针对复垦土地的所有权与使用权重新确认并作出处理决定：一是复垦土地为五组集体所有；二是罗某对该复垦土地享有使用权。从县政府的这个处理决定来看，该决定实际上涉及了罗某、吴某、该村四组和五组的权利义务，他们都与该行政行为具有法律上的利害关系。罗某、该村四组和五组，其法律地位应与吴某相同，依法也享有起诉权，只是在法定起诉期内其未予起诉时，才应确定为第三人。罗某和五组不起诉，法院将其作为第三人正确。但该村四组已明确表示起诉，且未超过法律规定的起诉期限，应当将其确定为该案共同原告，而不是第三人。当然，在确定该村四组为原告还是第三人的问题上，需要首先确定其起诉是否在诉讼时效内。没有超过起诉期限则应确定为原告；如超过起诉期限则失去原告资格，只能作为第三人参加诉讼。

（二）行政诉讼第三人的判定

《行政诉讼法》和相关司法解释均未对行政诉讼第三人的范围作出明确列举，在司法实践中，作为行政诉讼第三人的个人、组织大致包括以下几种：

1. 行政处罚中的受处罚人或被受处罚人侵害的受害人。行政主体对违法行为人作出行政处罚后，有两种情况受处罚人可作为第三人参加诉讼：①行政主体就同一违法事实处罚了两个以上共同违法的人，当一部分受处罚人对处罚判决不服，向法院起诉，另一部分受处罚人可作为第三人参加诉讼；②当受处罚人未起诉，被受处罚人侵害的受害人起诉时，受处罚人也可作为第三人。

行政主体对违法行为人作出行政处罚后，受处罚人不服行政处罚决定起诉的，被受处罚人侵害的受害人可以作为第三人。

2. 行政裁决的当事人。行政主体依职权裁决平等主体之间有关所有权、使用权归属纠纷或有关赔偿、补偿争议，一方当事人不服行政裁决而起诉行政主体时，另一方当事人可以作为第三人。

3. 行政行为的直接相对人或权益受到行政行为影响的人。行政主体作出行政行为，既涉及或影响直接相对人的权益，也涉及或影响非直接相对人的权益。直接相对人对行政行为不服，向人民法院起诉，权益被影响的非直接相对人可以成为第三人。

行政主体作出某种行政行为（如发放许可证，批准建房用地等），行政行为的直接相对人未起诉，但其他受到行政行为不利影响的人提起诉讼，该行政行为的直接相对人可作为第三人。

当行政主体的同一行政行为涉及两个以上的利害关系人，其中一部分利害关系人对行政行为不服提起诉讼，人民法院应当通知没有提起诉讼的其他利害关系人作为第三人。

4. 与行政主体共同作出行政行为的非行政主体。行政主体与非行政主体共同署名作出某种行政行为，相对人不服，向人民法院提起行政诉讼。非行政主体因为不具有行政主体资格，不能作被告，只能作为行政诉讼第三人参加诉讼。

5. 作出相互矛盾的行政行为的两个行政主体。两个行政主体就同一事实作出相互矛盾的行政行为，其中一机关被诉时，另一机关可作为第三人参加诉讼。

（三）行政诉讼第三人的诉讼地位

在行政诉讼法律关系中，第三人具有当事人的法律地位，享有当事人的诉讼权利义务。《行政诉讼法》第 29 条第 2 款规定："人民法院判决第三人承担义务或者减损第三人权益的，第三人有权依法提起上诉。"这赋予了第三人上诉权，另外，第三人不自觉履行生效裁判为其确定的义务时，可强制执行。

五、行政诉讼的共同诉讼人

（一）共同诉讼人的概念

共同诉讼是指当事人一方或双方为二人以上，因同一行政行为发生的行政案件，或者因同类行政行为发生的行政案件、人民法院认为可以合并审理并经当事人同意的诉讼。共同诉讼的当事人统称为共同诉讼人。原告是两个以上的，称为共同原告；被告是两个以上的，称为共同被告。共同诉讼实际上是诉的主体的合并，即诉讼有几个原告或几个被告，或原告、被告均为多数，诉讼标的是同一样或同类的行政行为，人民法院为了便于审理将其合并。

共同诉讼的作用在于减少诉讼、简化诉讼程序，节省时间和费用，避免人民法院在同一事件或同类事件上的裁判尺度不一、甚至相互矛盾。它既便于当事人诉讼，又可减轻人民法院的负担。当事人一方人数众多的共同诉讼，可以由当事人推选代表人进行诉讼。代表人的诉讼行为对其所代表的当事人发生效力，但代表人变更、放弃诉讼请求或者承认对方当事人的诉讼请求，应当经被代表的当事人同意。

（二）共同诉讼的种类

根据行政诉讼共同诉讼成立的条件、诉讼标的不同，可分为必要共同诉讼和普通共同诉讼。

1. 必要共同诉讼。必要共同诉讼是指当事人一方或者双方为二人以上，诉讼标的是同一行政行为的行政案件，人民法院必须合并审理的诉讼。

必要共同诉讼的特征在于诉讼标的的同一性，即行政案件因同一行政行为发生，基于同一个裁决标准、尺度实施的一个行政行为。必要共同诉讼的引起有以下几种情形：

（1）二人以上共同实施违反行政管理法规，被行政主体在同一处罚决定中分别处罚，受处罚人均不服提起诉讼的。

（2）行政主体在同一处罚决定中，给予法人或者其他组织及其负责人分别处罚，二者均不服而起诉的。

（3）两个以上的受害人均不服行政主体对加害人所作的行政处罚而起诉的。

（4）被处罚人和受害人双方均不服行政主体的处罚决定而起诉的。

（5）两个以上行政主体对同一行政相对人联合作出行政行为，相对人不服而起诉的。

两个以上行政主体联合作出一个行政行为，或者一个行政行为针对两个以上相对人，就会发生共同的、不可分的共同诉讼。这种共同诉讼中任何一人的诉讼行为都会影响其他人的利益，任何一人都无权代替全体，诉讼应该由全体参加。如果只有一人起诉或应诉，人民法院可基于申请或者依职权通知他人参加诉讼。

2. 普通共同诉讼。普通共同诉讼是指当事人一方或者双方为2人以上，诉讼标的是同类，或者说因同样的行政行为发生争议的行政案件，人民法院认为可以合并审理并经当事人同意的诉讼。普通共同诉讼的形成需要具备以下条件：

（1）必须是基于"同类"的行政行为。所谓"同类"，是指行政行为性质相同或作出行政行为依据的法律理由或者法律事实类似。

例如，某区进行卫生大检查，对五家卫生不好的饮食店分别处以罚款、停业整顿等处罚；某服装店没有烟草专卖许可擅自销售香烟，烟草专卖局依据烟草专卖条例的规定对其处罚，工商局依据法人登记条例对其进行处罚。对五家饮食店的五个处罚行为和对服装店的两个处罚行为分别是同样的具体行政行为，在发生诉讼后，人民法院合并审理是可以的，但要分别作出裁判，因为他们没有共同的、不可分的权利和义务。对五家饮食店的处罚理由、事实根据和处罚轻重均有不同，烟草专卖局和工商局的两个决定根据的法律事实虽然相同，但理由各异，也应分别作出裁判。

（2）共同被告或共同原告必须是在同一人民法院辖区内。

（3）必须是人民法院认为可以合并审理并经当事人同意的。如果人民法院认为不可以合并审理或者当事人不同意合并审理，则应当分别成为独立的诉讼。

3. 必要共同诉讼与普通共同诉讼的主要区别在于：必要共同诉讼是由行政主体的同一行政行为而引起，两个以上的原告或者被告之间因该行政行为而有着相互联系或者共同的利害关系，人民法院必须合并审理，因而属于不可分之诉。

普通共同诉讼是由行政主体的同类的行政行为而引起，两个以上的原告或者被告之间没有相互联系的或者共同的利害关系，当人民法院合并审理时，形成共同诉讼；分开审理时，成为各个独立的案件，因而属于可分之诉。

六、诉讼代理人

（一）行政诉讼代理人的概念与特点

诉讼代理人是指根据法律规定或者接受当事人、法定代理人的委托，在代理权限内以当事人的名义，代替当事人进行诉讼活动的人。诉讼代理人具有以下特点：

1. 以被代理人的名义而不能以自己的名义进行诉讼活动。

2. 参加诉讼的目的是维护被代理人的合法权利和利益，而不是为了维护自己的权益。

3. 诉讼代理人在其代理权限范围内实施的诉讼行为，其法律后果由被代理人承担。超越代理权限的行为是无效行为，其后果由代理人承担。

4. 只能代理当事人一方，而不能在同一诉讼中代理当事人双方。

5. 诉讼代理人必须是有诉讼行为能力的人。

诉讼代理制度是《行政诉讼法》的组成部分，在行政诉讼中具有重要意义。一方面它能够使无诉讼行为能力的人通过诉讼保护自己的权利，有助于帮助当事人参加诉讼活动，为缺乏法律知识的当事人提供诉讼上的帮助，维护其合法权益。另一方面也可以帮助人民法院及时、正确审结行政案件，顺利解决行政诉讼任务，解决行政争议。

（二）行政诉讼代理人的种类

行政诉讼代理人主要分为法定代理人、指定代理人和委托代理人三类。

1. 法定代理人。法定代理人是指根据法律的规定取得代理权，代理无诉讼行为能力的公民进行行政诉讼活动的人。

正常情况下，法定代理人由无诉讼行为能力的公民的监护人担任。《行政诉讼法》第 30 条规定："没有诉讼行为能力的公民，由其法定代理人代为诉讼。……"

无诉讼行为能力的人包括了未成年人以及无行为能力或限制行为能力的精神病人。我国《民法通则》规定的未成年人的监护人可以由其父母、祖父母、外祖父母、兄、姐担任，关系密切的其他亲属、朋友经未成年人住所地的居民委员会或村民委员会同意也可担任监护人；无行为能力或限制行为能力的精神病人的监护人由配偶、父母、成年子女、其他近亲属或关系密切的其他亲属、朋友经居民委员会或村民委员会同意的人担任。

2. 指定代理人。在特殊情况下，法定代理人一时无法明确或相互推诿，可由人民法院指定其中一人代为诉讼，被指定的法定代理人不得拒绝，这就是指定代理人。可见，被人民法院指定代理的人仍然是法定代理人，指定代理人的代理权来自人民法院的指定行为。指定代理人是从法定代理中派生而来，是法定代理的一种。

法定代理人的代理权是法律赋予的。法定代理人同被代理人存在着特殊的法律关系，和被代理人处于类似的诉讼地位。但不能把他们等同起来，即使代理人有权依法处分被代理人的实体权利，行使当事人享有的诉讼权利和承担当事人应当承担的诉讼义务，但是法定代理人毕竟不是实体权利的享有者和实体义务的承担者，因而代理人必须以被代理人的名义进行诉讼活动。

法定代理关系的消灭或转移有以下原因：①被代理的未成年人在诉讼进行过程中达到了成年年龄；②被代理的精神病人在诉讼进行过程中恢复了健康；③如被代理人是基于收养关系发生的未成年的养子女，在诉讼过程中收养关系解除；④法定代理人死亡；⑤人民法院依法取消指定代理人的资格另行指定其他人为指定代理人。

3. 委托代理人。受当事人、法定代理人的委托，根据双方商议的代理权限，代替被代理人进行诉讼行为的人称为委托代理人。《行政诉讼法》第 31 条规定，当事人、法定代理人，可以委托 1~2 人代为诉讼。委托代理人具有以下两个特点：①代理权基于当事人、法定代理人的委托发生；②代理事项及权限一般由被代理人和代理人商议确定，并且签订委托协议书递交人民法院。

根据《行政诉讼法》第 31 条规定，下列人员可以被委托为诉讼代理人：律师、基层法律服务工作者；当事人的近亲属或者工作人员；当事人所在社区、单位以及有关社会团体推荐的公民。

代理诉讼的律师，有权按照规定查阅、复制本案有关材料，有权向有关组织和公民调查，收集与本案有关的证据。对涉及国家秘密、商业秘密和个人隐私的材料，应当依照法律规定保密。而当事人和其他诉讼代理人有权按照规定查阅、复制本案庭审材料，但涉及国家秘密、商业秘密和个人隐私的内容除外。

依照《行政诉讼法》的规定，社会团体可以以其名义接受委托代理诉讼，体现了社会对于公民行使诉权的支持，它可以更有效地保护原告的合法权益，实现原告同被告在实际上的法律地位平等。例如在行政诉讼中，妇联可以为妇女代理诉讼，个体劳协可以为个体工商户代理诉讼，工会可以为工人代理诉讼。以社会团体的名义代理原告进行诉讼。这一规定不同于《民事诉讼法》，《民事诉讼法》规定的是社会团体推荐的人可以代理诉讼，是以个人名义代理。

委托代理权的消灭或转移有以下原因：①诉讼终结；②当事人解除委托；③委托代理人辞去委托；④委托代理人或当事人死亡等。

任务二　行政诉讼程序

导入案例

2013 年 3 月 8 日，某省万龙公司与香港中翔公司签订了成立某省中翔、万翔合作经营公司的合同。5 月 21 日，香港中翔公司向合作经营公司汇入港币 2000 万元。6 月 10 日，万龙公司副总经理崔某用事先盗盖的香港中翔公司总经理单某印鉴的支取凭证，将香港中翔公司汇入合作经营公司的 2000 万元港币转入万龙公司的账户，结汇后借给某市机电公司 500 万元人民币，并用借款的部分利息为其购买林肯牌小轿车一辆。香港中翔公司发现投资款被盗用后于 6 月 16 日向某市公安局报案。某市公安局遂以崔某有诈骗嫌疑立案侦查，并对盗划款项和林肯牌轿车予以扣押。后来某市公安局又以崔某的划款行为不构成犯罪，属执行合同中的经济纠纷为由，撤销了刑事立案。8 月 28 日，某市公安局作出某公文（2013）2 号《关于万龙公司私自划款一案的处理意见》，决定由市公安局会同争议双方对私自划款另立账户、采取保护措施，崔某负责要回 500

万元借款转入新开设的账户；林肯轿车归合作公司所有。万龙公司对该处理意见不服，认为某市公安局既然认定该案属经济纠纷，仍拒绝退还被扣押的款项和汽车，以其行为属越权干预经济纠纷为由，向某市中级人民法院提起行政诉讼。某市中级人民法院受理该案后，将某市公安局扣划的款项划扣在该院的账户，对林肯轿车亦采取了保全措施。9 月 26 日，某市中级人民法院应万龙公司的请求，将扣划款以及林肯牌轿车返还给该公司。11 月 26 日，该院作出一审判决，认定万龙公司与香港中翔公司因执行合同发生纠纷，导致崔某私自划转投资款，某市公安局认为不构成犯罪是正确的，但该局在此案定性为经济纠纷后，仍拒不返还被扣押的汽车和款项，属越权插手经济纠纷的处理，故撤销了某市公安局的某公发（2013）2 号处理意见。某市公安局不服，以一审判决认定事实错误、保护了万龙公司的非法利益为由，提起上诉。

问题：如何评价一审判决？从审理形式和审理对象出发谈谈二审法院应如何处理本案？

基本原理认知

一、起诉与受理

（一）起诉

1. 复议与起诉。对属于人民法院受案范围的行政案件，公民、法人或者其他组织可以先向行政机关申请复议，对复议决定不服的，再向人民法院提起诉讼；也可以直接向人民法院提起诉讼。法律、法规规定应当先向行政机关申请复议，对复议决定不服再向人民法院提起诉讼的，依照法律、法规的规定。

2. 起诉期限。公民、法人或者其他组织不服复议决定的，可以在收到复议决定书之日起 15 日内向人民法院提起诉讼。复议机关逾期不作决定的，申请人可以在复议期满之日起 15 日内向人民法院提起诉讼；法律另有规定的除外。公民、法人或者其他组织直接向人民法院提起诉讼的，应当自知道或者应当知道作出行政行为之日起 6 个月内提出；法律另有规定的除外。公民、法人或者其他组织申请行政主体履行保护其人身权、财产权等合法权益的法定职责，行政主体在接到申请之日起两个月内不履行的，公民、法人或者其他组织可以向人民法院提起诉讼。法律、法规对行政主体履行职责的期限另有规定的，从其规定。公民、法人或者其他组织在紧急情况下请求行政主体履行保护其人身权、财产权等合法权益的法定职责，行政主体不履行的，提起诉讼不受两个月规定期限的限制。公民、法人或者其他组织因不可抗力或者其他不属于自身的原因耽误起诉期限的，被耽误的时间不计算在起诉期限内。公民、法人或者其他组织因前款规定以外的其他特殊情况耽误起诉期限的，在障碍消除后 10 日内，可以申请延长期限，是否准许由人民法院决定。

3. 起诉条件。提起诉讼应当符合下列条件：原告是符合《行政诉讼法》第25条规定的公民、法人或者其他组织；有明确的被告；有具体的诉讼请求和事实根据；属于人民法院受案范围和受诉人民法院管辖。

起诉应当向人民法院递交起诉状，并按照被告人数提出副本。书写起诉状确有困难的，可以口头起诉，由人民法院记入笔录，出具注明日期的书面凭证，并告知对方当事人。

（二）受理

人民法院在接到起诉状时，对符合法律规定的起诉条件的，应当登记立案。对当场不能判定是否符合本法规定的起诉条件的，应当接收起诉状，出具注明收到日期的书面凭证，并在7日内决定是否立案。不符合起诉条件的，作出不予立案的裁定。裁定书应当载明不予立案的理由。原告对裁定不服的，可以提起上诉。

起诉状内容欠缺或者有其他错误的，应当给予指导和释明，并一次性告知当事人需要补正的内容。不得未经指导和释明即以起诉不符合条件为由不接收起诉状。对于不接收起诉状、接收起诉状后不出具书面凭证，以及不一次性告知当事人需要补正的起诉状内容的，当事人可以向上级人民法院投诉，上级人民法院应当责令改正，并对直接负责的主管人员和其他直接责任人员依法给予处分。

人民法院既不立案，又不作出不予立案裁定的，当事人可以向上一级人民法院起诉。上一级人民法院认为符合起诉条件的，应当立案、审理，也可以指定其他下级人民法院立案、审理。

因不动产提起诉讼的案件自行政行为作出之日起超过20年，其他案件自行政行为作出之日起超过5年提起诉讼的，人民法院不予受理。

公民、法人或者其他组织认为行政行为所依据的国务院部门和地方人民政府及其部门制定的规范性文件不合法，在对行政行为提起诉讼时，可以一并请求对该规范性文件进行审查。此处的规范性文件不含规章。

二、行政诉讼一审程序

行政诉讼第一审程序是从人民法院立案受理到作出第一审判决期间的诉讼程序。由于我国行政诉讼实行两审终审制，因此第一审程序是所有行政案件必经的基本程序，也是第二审程序和审判监督程序的基础和前提。因此第一审程序是最重要、最基础的程序。

（一）审理前的准备

审理前的准备，是指人民法院在受理行政案件后至开庭审理前，为了保障审判工作的顺利进行和案件的正确及时审理，行政审判人员依法进行的各项准备工作。它是行政诉讼程序的重要组成部分，是法院审理案件的必经法定程序。

根据《行政诉讼法》和相关司法解释的规定，审理前的准备主要包括以下几方面的工作：

1. 组成合议庭。合议庭是人民法院行使行政审判权、审理行政案件的基本组织形式之一。《行政诉讼法》第 68 条规定："人民法院审理行政案件，由审判员组成合议庭，或者由审判员、陪审员组成合议庭。合议庭的成员，应当是 3 人以上的单数。"

由上可知行政诉讼合议庭的组成形式有两种：一是由审判员组成合议庭；二是由审判员与人民陪审员组成合议庭。合议庭在审判长领导下进行活动，陪审员参加审理案件的，具有与审判员同等的权利。合议庭全体成员集体审理、共同评议，按少数服从多数的原则表决。对少数人的不同意见应如实记录在评议记录中。

合议庭组成后应告知当事人合议庭组成人员情况，告知当事人依法享有的有关诉讼权利和义务，如申请回避等。

2. 发送诉讼文书及处理管辖异议。发送诉讼文书是指在立案之后的法定期限内，人民法院向当事人送达起诉状副本、答辩状副本等诉讼文书，并通知被告应诉。

《行政诉讼法》第 67 条规定："人民法院应当在立案之日起 5 日内，将起诉状副本发送被告。被告应当在收到起诉状副本之日起 15 日内向人民法院提交作出行政行为的证据和所依据的规范性文件，并提出答辩状。人民法院应当在收到答辩状之日起 5 日内，将答辩状副本发送原告。被告不提出答辩状的，不影响人民法院审理。"

起诉状副本送达被告后，原告无正当理由提出新的诉讼请求的，人民法院不予准许。有第三人参加诉讼的，参照上述规定发送诉状。

被告或者第三人提出管辖异议，应当在接到人民法院应诉通知书之日起 10 日内以书面形式提出，逾期不提出管辖异议的，视为无异议。对当事人提出的异议，人民法院经过审查，对异议成立的将案件移送有管辖权的人民法院，对不成立的异议则裁定驳回。

3. 审核诉讼材料和调查收集证据。法院通过审查原告、被告提供的起诉状、答辩状和各种证据材料，可以全面地了解案情，熟悉原告的诉讼请求和理由及被告的答辩理由，根据情况及时变更或追加当事人，决定或通知第三人参加诉讼，为开庭审理做好准备。

司法解释规定，原告起诉的被告不适格，人民法院应当告知原告变更被告；原告不同意变更的，裁定驳回起诉。应当追加被告而原告不同意追加的，人民法院应当通知其以第三人的身份参加诉讼。

人民法院通过审查证据材料，可以在合议庭认为案件证据不充分、不确实时，要求当事人补充证据，或者为了提高行政审判质量而视情况由人民法院自行组织调取证据。

4. 审查其他内容。主要是根据案件具体情况，决定诉的合并与分离，确定审理的形式，决定开庭审理的时间、地点，是否采取诉讼保全措施，审查行政行为是否具有停止执行的条件，审查是否有先予执行的情况存在等。包括以下几项内容：

（1）决定是否进行诉讼保全措施。人民法院对于因一方当事人的行为或者其他原因，可能使行政行为或者人民法院生效裁判不能或者难以执行的案件，可以根据对方当事人的申请作出保全措施的裁定；当事人没有提出申请的，人民法院在必要时也可以依法采取保全措施。

（2）决定是否裁定停止被诉行政行为的执行。根据《行政诉讼法》第56条的规定，诉讼期间，不停止行政行为的执行。但有下列情形之一的，裁定停止执行：被告认为需要停止执行的；原告或者利害关系人申请停止执行，人民法院认为该行政行为的执行会造成难以弥补的损失，并且停止执行不损害国家利益、社会公共利益的；人民法院认为该行政行为的执行会给国家利益、社会公共利益造成重大损害的；法律、法规规定停止执行的。当事人对停止执行或者不停止执行的裁定不服的，可以申请复议一次。

（3）决定是否先予执行。《行政诉讼法》第57条规定："人民法院对起诉行政机关没有依法支付抚恤金、最低生活保障金和工伤、医疗社会保险金的案件，权利义务关系明确、不先予执行将严重影响原告生活的，可以根据原告的申请，裁定先予执行。当事人对先予执行裁定不服的，可以申请复议一次。复议期间不停止裁定的执行。"

人民法院可以根据原告的申请，依法书面裁定先予执行。先予执行的措施只能根据原告的申请采取。

（二）开庭审理

开庭审理是指人民法院于确定的日期，在当事人和其他诉讼参与人的参加下，依照法定的程序和形式，合议庭在法庭上按一定程序主持审理行政案件，进行实体审理并依法作出裁判的诉讼活动。

庭审阶段是全部审理活动的中心环节，其主要任务是审查核实证据，查明案情，正确适用法律，确认当事人之间的权利义务关系，最后作出正确判决。开庭审理不仅确保了人民法院审判权的正确行使，还对审判活动进行了有效的监督，保证了案件处理的公正性，维护了当事人的合法权益。

1. 庭审原则。由于行政案件的案情相对较为复杂，审理难度较大，开庭审理易于查明案情，能够比较充分地保障当事人的合法权益，因此在行政诉讼的第一审程序应当一律实行开庭审理，不得进行书面审理，并且在开庭审理时应遵循以下原则：

（1）以公开审理为原则、不公开审理为例外。人民法院公开审理行政案件，但涉及国家秘密、个人隐私和法律另有规定的除外。涉及商业秘密的案件，当事人申请不公开审理的，可以不公开审理。

公开审理有两层含义：一是对当事人和其他诉讼参与人公开，审理须在当事人、其他诉讼参与人出席参加下进行；二是对社会公开，即开庭审理活动允许与案件无关社会各界人士旁听，允许新闻媒体采访报道。

公开审理与开庭审理并不是同一概念。开庭审理有公开进行和不公开进行的区别，而公开审理都是开庭审理。无论公开审理或不公开审理，在宣告判决、裁定时，都应公开进行。

（2）审理行政案件不适用调解。《行政诉讼法》第60条规定："人民法院审理行政案件，不适用调解。但是，行政赔偿、补偿以及行政机关行使法律、法规规定的自由裁量权的案件可以调解。调解应当遵循自愿、合法原则，不得损害国家利益、社会公共利益和他人合法权益。"

行政诉讼的被告是行政主体，其职权是人民通过法定程序赋予的。行政主体行使的法定职权同时也是其法定职责，权利义务是不能分割的，行政主体职能依法行使其职权但对其职责不享有实体处分权。而调解需要双方当事人对其权利享有实体处分权，因此行政诉讼不能依法进行调解。

另外，行政诉讼以审查行政行为的合法性为最终目的，其结果除却合法与违法外不存在其他可能，因此行政诉讼没有调解的必要。

2. 开庭审理的程序。庭审程序是人民法院在当事人、诉讼参加人及其他诉讼参与人的参加下，以法定程序审理行政案件的过程。第一审程序是整个行政审判案件的基础，是最完整的诉讼程序。它分以下六个阶段进行：

（1）开庭准备。人民法院应在开庭前3日传唤、通知当事人、诉讼参与人出庭参加诉讼，告知其开庭时间、地点等。案件公开审理的，应当在开庭前3日发布公告。

（2）宣布开庭。宣布开庭是法庭审理的一个初始性的阶段，由五个环节组成：开庭前由书记员查明当事人、诉讼参加人和其他诉讼参与人的到庭情况。被诉行政主体负责人应当出庭应诉。不能出庭的，应当委托行政主体相应的工作人员出庭。如果应到庭的当事人没有到庭，书记员应当向审判长报告，由审判长根据具体情况决定是否延期审理或再次传唤当事人。在查明当事人和诉讼参加人的到庭情况后，书记员宣布法庭纪律，并请合议庭成员入席就座。开庭审理时，首先由审判长宣布开庭，依法核对当事人和其他诉讼参加人的身份。随后宣布案由和合议庭组成人员、书记员以及本案的鉴定人、翻译人等名单，并告知当事人有关的诉讼权利和义务。最后，询问当事人对审判人员、书记员等是否申请回避。

回避可分为两种，依申请回避和主动回避。根据《行政诉讼法》第55条第1、2款规定："当事人认为审判人员与本案有利害关系或者有其他关系可能影响公正审判，有权申请审判人员回避。审判人员认为自己与本案有利害关系或者有其他关系，应当申请回避。"当事人申请回避，应当在本案开始审理时提出并说明理由，在案件开始审理后才得知回避事由的，应在法庭辩论终结前提出。被申请回避的人员，在人民法院作出是否回避的决定前，除非案件需要采取紧急措施，否则都应当暂停参与本案的各项工作。

根据《行政诉讼法》第 55 条第 3、4 款的规定，回避除适用于审判人员外，也适用于书记员、翻译人员、鉴定人、勘验人。院长担任审判长时的回避，由审判委员会决定；审判人员的回避，由院长决定；其他人员的回避，由审判长决定。当事人对决定不服的，可以申请复议一次。

对当事人提出的回避申请，人民法院应当在 3 日内以口头或者书面形式作出决定。对申请人的复议申请，人民法院在 3 日内作出复议决定并通知复议申请人。复议期间，被申请回避的人员可以继续参与本案的工作。

（3）法庭调查。法庭调查是案件审理的实质阶段，由审判人员在法庭上，全面调查案件事实，审查判断各项证据的诉讼活动。

法庭调查的主要任务是：通过当事人对案件事实全面陈述，将收集到的有关证据在法庭上进行质证、核对，以查清事实真相，为正确裁判奠定基础。包括以下五项内容：

第一，当事人陈述以及询问当事人。当事人可以就案件陈述相关的事实，陈述的顺序依次为原告、被告和第三人，当事人的诉讼代理人可以在被代理人陈述后根据需要作补充性陈述。审判人员可以就案件的事实对当事人进行询问。对于与案件事实无关的陈述，审判人员可以制止，但应当充分尊重各方当事人平等的陈述权。

第二，证人出庭作证，宣读未到庭证人的书面证言。对当庭作证的证人，审判人员应向其宣读如实作证的义务以及作伪证的法律责任。证人陈述完毕，审判人员可以向证人询问。当事人及其诉讼代理人经法庭许可，可以就证人作证的事实进行当庭质证。证人未到庭的，由法庭宣读书面证人证言，并允许当事人发表意见。

第三，宣读鉴定结论以及询问鉴定人。经法庭许可，当事人可以向鉴定人发问。如鉴定人未出庭的，在审判人员宣读鉴定结论后，应当询问当事人对鉴定意见的看法。如当事人对鉴定结论争执较大的，法庭可以决定是否重新鉴定。

第四，出示书证、物证和视听资料。对于作为证据的书证、物证和视听资料，应当庭出示以查明真伪。

第五，宣读勘验、现场笔录以及询问勘验人。对现场和物证进行勘验而制作的笔录，应当由勘验人员或审判人员宣读，如附有照片或图像的，应当一并出示。审判人员应当询问当事人对此类证据是否有意见。

（4）法庭辩论。法庭辩论是指在审判人员主持下，双方当事人及诉讼代理人就本案的事实、证据以及作出行政行为的法律依据，行使自身的辩论权利，阐述自己的主张和根据，针对对方提出的主张进行反驳，开展相互辩论的诉讼活动。

法庭辩论由审判长主持，按下列顺序进行，首先是原告及其诉讼代理人发言，其次是被告及其诉讼代理人发言，如果有第三人，则由第三人及其诉讼代理人发言，最后，按顺序进行相互辩论。任何人发言须经审判长许可。

在辩论中发现新的情况需要进一步调查时，审判长可以宣布停止辩论，恢复法庭调查或决定延期审理，待事实查清以后，再继续法庭辩论。经过辩论，审判人员认为当事人的观点已表达清楚，没有新观点时，可以终结法庭辩论，此时当事人还有权利作最后陈述。

（5）合议庭评议。合议庭评议是指合议庭全体成员通过对案件情况的分析研究，在确认案件事实和审查法律依据的基础上，对被诉行政行为是否合法和是否适当作出最终判断的诉讼活动。

合议庭评议以不公开方式进行，并实行少数服从多数原则。法庭辩论结束后，审判长宣布休庭，合议庭全体成员退庭并对案件进行评议。评议应当制作笔录，如实记录评议中的不同意见，由合议庭全体成员及书记员签名。对于复杂、疑难的案件，提请院长交审判委员会讨论决定，审判委员会的决定，合议庭必须执行。判决类型如下：

第一，驳回。行政行为证据确凿，适用法律、法规正确，符合法定程序的，或者原告申请被告履行法定职责或者给付义务理由不成立的，人民法院判决驳回原告的诉讼请求。

第二，撤销。行政行为有下列情形之一的，人民法院判决撤销或者部分撤销，并可以判决被告重新作出行政行为：主要证据不足的；适用法律、法规错误的；违反法定程序的；超越职权的；滥用职权的；明显不当的。人民法院判决被告重新作出行政行为的，被告不得以同一的事实和理由作出与原行政行为基本相同的行政行为。

第三，给付。人民法院经过审理，查明被告不履行法定职责的，判决被告在一定期限内履行。人民法院经过审理，查明被告依法负有给付义务的，判决被告履行给付义务。

第四，确认违法或无效。行政行为有下列情形之一的，人民法院判决确认违法，但不撤销行政行为：行政行为依法应当撤销，但撤销会给国家利益、社会公共利益造成重大损害的；行政行为程序轻微违法，但对原告权利不产生实际影响的。

行政行为的下列情形之一，不需要撤销或者判决履行的，人民法院判决确认违法：行政行为违法，但不具有可撤销内容的；被告改变原违法行政行为，原告仍要求确认原行政行为违法的；被告不履行或者拖延履行法定职责，判决履行没有意义的。

行政行为有实施主体不具有行政主体资格或者没有依据等重大且明显违法情形，原告申请确认行政行为无效的，人民法院判决确认无效。

人民法院判决确认违法或者无效的，可以同时判决责令被告采取补救措施；给原告造成损失的，依法判决被告承担赔偿责任。

第五，变更。行政处罚明显不当，或者其他行政行为涉及对款额的确定、认定确有错误的，人民法院可以判决变更。人民法院判决变更，不得加重原告的义务或者减损原告的权益。但利害关系人同为原告，且诉讼请求相反的除外。

第六，继续履行及救济。被告不依法履行、未按照约定履行或者违法变更、解除《行政诉讼法》第12条第1款第11项规定的协议的，人民法院判决被告承担继续履行、采取补救措施或者赔偿损失等责任。被告变更、解除《行政诉讼法》第12条第1

款第 11 项规定的协议合法，但未依法给予补偿的，人民法院判决给予补偿。

复议机关与作出原行政行为的行政主体为共同被告的案件，人民法院应当对复议决定和原行政行为一并作出裁判。

（6）宣判。宣判是人民法院将行政案件的判决结果向当事人和社会公开宣告的一种诉讼活动。无论公开审理或不公开审理的案件，一律公开宣判。宣告判决有当庭宣判和定期宣判两种形式。

当庭宣判的，人民法院应当在 10 日内送达判决书。定期宣判的，宣判后立即发给判决书。

根据《行政诉讼法》第 81 条规定："人民法院应当在立案之日起 6 个月内作出第一审判决。有特殊情况需要延长的，由高级人民法院批准，高级人民法院审理第一审案件需要延长的，由最高人民法院批准。"鉴定、处理管辖异议以及中止诉讼的时间不计算在内。

宣判标志着行政诉讼第一审程序的结束。

（三）简易程序

简易程序是相对普通程序而言的行政诉讼程序，其主要针对基本事实清楚、证据确凿、法律关系简单、权利义务关系明确、争议不大的案件，其目的在于保障和方便当事人依法行使诉讼权利，减轻当事人诉讼负担，保证人民法院公正、及时审理行政案件。

1. 简易程序的适用范畴。《行政诉讼法》第 82 条第 1 款规定："人民法院审理下列第一审行政案件，认为事实清楚、权利义务关系明确、争议不大的，可以适用简易程序：①被诉行政行为是依法当场作出的；②案件涉及款额 2000 元以下的；③属于政府信息公开案件的。"除了以上规定情形以外的第一审行政案件，当事人各方同意适用简易程序的，经人民法院审查同意可以适用简易程序。但发回重审、按照审判监督程序再审的案件不适用简易程序。

2. 简易程序的注意事项。适用简易程序审理的行政案件，由审判员一人独任审理，并应当在立案之日起 45 日内审结。

经人民法院合法传唤，原告无正当理由不出庭的即视为撤诉；原告无正当理由拒不出庭的可以缺席审判。

当事人就适用简易程序提出异议并且理由成立的，或者人民法院认为不适宜继续适用简易程序的，应当裁定转为普通程序审理。

三、行政诉讼第二审程序

行政诉讼第二审程序，是指当事人不服未生效的一审裁判，在法定期限内向一审法院的上一级法院提起上诉，请求上一级法院进行审判，上一级人民法院依法对该上诉案件进行审理所适用的程序。

第二审程序由当事人的上诉所引起，由于我国法律规定人民法院审理行政案件实行两审终审制度，因此第二审程序是行政诉讼的终审程序。行政诉讼当事人不服地方各级人民法院所作的第一审裁判，都有权依法向上一级人民法院提起上诉，从而引发第二审程序。

行政诉讼第二审程序的建立，为人民法院正确、及时审理上诉案件提供了法律依据和制度保障，并且有利于人民法院及时纠正一审裁判中的错误，避免损害当事人的合法权益以及社会公共利益，同时还有利于上一级人民法院对下一级人民法院进行审判业务上的监督。

（一）上诉的提起、受理

1. 上诉的提起。《行政诉讼法》第85条规定："当事人不服人民法院第一审判决的，有权在判决书送达之日起15日内向上一级人民法院提起上诉。当事人不服人民法院第一审裁定的，有权在裁定书送达之日起10日内向上一级人民法院提起上诉。逾期不提起上诉的，人民法院的第一审判决或者裁定发生法律效力。"

上诉是行政诉讼法赋予当事人的一项基本诉讼权利。当事人提起上诉，必须符合以下要件：

（1）上诉人、被上诉人都必须是第一审程序的当事人。只有第一审的当事人，包括原告、被告、第三人及其法定代理人，法人或其他组织的法定代表人，才有权利提起上诉。

（2）上诉对象必须针对未发生法律效力的第一审判决、裁定（只限于不予受理、驳回起诉和管辖异议，不予立案的裁定可以上诉）。已经生效的第一审裁判和法律规定不得上诉的裁定（如中止诉讼、准许撤诉、财产保全等裁定），当事人不得上诉。

（3）上诉必须在法定期限内提起。根据《行政诉讼法》第58条的规定，不服一审判决的上诉期限为15日，不服一审裁定的上诉期限为10日。当事人逾期不上诉的，人民法院的第一审判决、裁定发生法律效力，上诉人即丧失上诉权。在上诉期间，当事人因不可抗力或其他正当理由耽误期限的，在障碍消除后的10日内，可以申请顺延期限，是否准许由人民法院决定。

（4）上诉必须以书面形式提出。上诉人必须向人民法院提交上诉状，在行政诉讼中不允许口头上诉。上诉既可以通过原审人民法院提出，也可以直接向第二审人民法院提出。上诉人必须预交上诉费用。

2. 上诉的受理。上诉的受理是指第二审人民法院收到上诉状后，依法对其上诉要件进行审查，决定是否将其作为上诉案件立案、开始第二审程序的诉讼活动。

第一审人民法院作出判决和裁定后，行政诉讼的当事人均提出上诉的，上诉的各方均为上诉人。诉讼当事人中的一部分提出上诉，没有提出上诉的对方当事人为被上诉人，其他当事人维持原审诉讼中的身份地位。

第二审人民法院依照行政诉讼上诉的条件，对当事人提起的上诉进行审查。对于符合法定上诉条件的，应当依法予以受理；对于符合法定上诉条件但内容材料有所错漏的，应当告知上诉人，并且限期补充、更正，如果上诉人没有在规定期限内更正的，第二审人民法院可裁定不予受理；对于不符合法定条件的，应当依法裁定不予受理。

原审人民法院收到上诉状，应当在 5 日内将上诉状副本送达其他当事人，对方当事人应当在收到上诉状副本之日起 10 日内提出答辩状。原审人民法院应当在收到答辩状之日起 5 日内将副本送达当事人。原审人民法院收到上诉状、答辩状，应当在 5 日内连同全部案卷和证据，报送第二审人民法院。已经预收诉讼费用的，一并报送。

行政诉讼的上诉受理后，即标志着案件进入第二审程序。

（二）上诉的审理

第二审法院审理上诉案件，除《行政诉讼法》对第二审程序有特别规定外，均可适用第一审程序。

1. 审理原则。第二审人民法院应当贯彻全面审理的原则。《行政诉讼法》第 87 条规定："人民法院审理上诉案件，应当对原审人民法院的判决、裁定和被诉行政行为进行全面审查。"

行政诉讼二审的全面审查原则包括两个方面：①二审法院审理行政案件，既要对原审法院的判决或裁判是否合法进行审查，又要对被诉行政行为的合法性进行审查；②二审法院审理行政案件，对被诉行政行为的合法性进行全面审查，不受上诉范围和当事人争议的限制。

导入案例中，虽然某市公安局在上诉中没有涉及崔某是否构成犯罪的问题，但这并不影响二审法院对该问题的审查。本案被诉的公安机关处理意见将犯罪嫌疑人的行为认定为经济纠纷，属于定性错误，直接影响到其处理意见的合法性，二审法院对被诉处理决定的定性问题进行审查，未超出行政审判的法定职权。二审法院应撤销某市公安局违法越权的行政行为，将崔某的犯罪材料转送有关机关依法处理。一审法院判决认定事实错误，适用法律、法规不当，二审法院应同时对一审判决予以撤销。

2. 审理期限。人民法院审理上诉案件，应当在收到上诉状之日起 3 个月内作出终审判决。有特殊情况需要延长的，由高级人民法院批准，高级人民法院审理上诉案件需要延长的，由最高人民法院批准。

3. 审判方式。《行政诉讼法》第 86 条规定："人民法院对上诉案件，应当组成合议庭，开庭审理。经过阅卷、调查和询问当事人，对没有提出新的事实、证据或者理由，合议庭认为不需要开庭审理的，也可以不开庭审理。"这里涉及两个问题，一是审判组织，二是审理方式。

第二审人民法院审理上诉案件只能由审判员组成合议庭，合议庭的成员不包括人民陪审员。

二审案件的审理方式分为开庭审理和书面审理两种方式。

开庭审理是人民法院在当事人和其他诉讼参与人的参加下，对案件进行审理的诉讼活动。当事人对原审人民法院认定事实有争议的，或者第二审人民法院认为原审人民法院认定事实不清楚的，第二审人民法院应当开庭审理。导入案例中，某市公安局以一审认定事实错误、保护了万龙公司的非法利益为由，提起上诉，所以应当开庭审理。

不开庭审理是人民法院只就当事人的上诉状及其他书面材料进行审理，认为事实清楚的，不需要诉讼参加人当庭调查，也不向社会公开，对上诉案件作出判决、裁定的一种审理方式。不开庭审理适用各方当事人对事实问题不存在争议，而仅对法律适用问题意见相左的案件。

4. 处理方式。人民法院审理上诉案件，按照下列情形，分别处理：

（1）原判决、裁定认定事实清楚，适用法律、法规正确的，判决或者裁定驳回上诉，维持原判决、裁定。

（2）原判决、裁定认定事实错误或者适用法律、法规错误的，依法改判、撤销或者变更。

（3）原判决认定基本事实不清、证据不足的，发回原审人民法院重审，或者查清事实后改判。

（4）原判决遗漏当事人或者违法缺席判决等严重违反法定程序的，裁定撤销原判决，发回原审人民法院重审。

原审人民法院对发回重审的案件作出判决后，当事人提起上诉的，第二审人民法院不得再次发回重审。人民法院审理上诉案件，需要改变原审判决的，应当同时对被诉行政行为作出判决。

四、审判监督程序

审判监督程序又称再审程序，是指人民法院对已经发生法律效力的判决、裁定，发现其存在违反法律、法规的规定或认定事实不清的情况，依法重新审理的诉讼程序。"已经发生法律效力的判决、裁定"包括以下几种情况：①当事人超过法定期限没有上诉的判决、裁定；②人民法院终审的判决、裁定；③最高人民法院一审的判决、裁定。

行政诉讼实行二审终审制，审判监督程序是独立于第一审程序和第二审程序以外的一种监督程序。审判监督程序并不是每个行政诉讼案件的必经程序，而是为了对已经生效的确有错误的判决、裁定进行纠正而设置的一种特殊程序，其本身不具有审级性质，而是对两审终审制度的补充，是一种事后监督和纠错制度。

审判监督既包括上级人民法院对下级人民法院审判工作的监督，也包括人民检察院对人民法院的审判活动是否合法进行的监督。审判监督程序的启动可分为当事人申

请的再审、法院提起再审和检察院抗诉三种。但当事人申请再审并不必然启动审判监督程序。

（一）审判监督程序的启动

1. 启动审判监督程序的条件。启动审判监督程序必须具备一定的法定条件。启动审判监督程序的根本条件在于发现了已发生法律效力的判决、裁定违反法律、法规的规定，确有错误，否则，不能启动审判监督程序。

根据《行政诉讼法》第91条的规定，当事人的申请符合下列情形之一的，人民法院应当再审：①不予立案或者驳回起诉确有错误的；②有新的证据，足以推翻原判决、裁定的；③原判决、裁定认定事实的主要证据不足、未经质证或者系伪造的；④原判决、裁定适用法律、法规确有错误的；⑤违反法律规定的诉讼程序，可能影响公正审判的；⑥原判决、裁定遗漏诉讼请求的；⑦据以作出原判决、裁定的法律文书被撤销或者变更的；⑧审判人员在审理该案件时有贪污受贿、徇私舞弊、枉法裁判行为的。

2. 启动审判监督程序的主体。有权直接启动审判监督程序的主体必须是有审判监督权的组织或专职人员，启动审判监督程序的主体包括以下几种：

（1）最高人民法院对地方各级人民法院、上级人民法院对下级人民法院均有审判监督权，发现已经发生法律效力的判决、裁定有《行政诉讼法》第91条规定情形之一，或者发现调解违反自愿原则或者调解书内容违法的，均有权提审或者指令下级人民法院再审。

（2）各级人民法院院长，对本院已经发生法律效力的判决、裁定，发现有《行政诉讼法》第91条规定情形之一，或者发现调解违反自愿原则或者调解书内容违法的，认为需要再审的，应当提交审判委员会讨论决定。

（3）人民检察院作为国家的法律监督机关，有权对人民法院的审判活动进行监督，有权对确有错误的人民法院的已经发生法律效力的判决、裁定按照法定程序提起抗诉，对于检察院的抗诉，人民法院必须提审或指令下级人民法院再审。

除了以上几种能够直接启动审判监督程序的主体以外，还有几种主体虽然不能够直接启动审判监督程序，但它们也是人民法院发现判决、裁定错误的重要途径：

（1）由当事人及其法定代理人、近亲属提出的申诉。《行政诉讼法》第90条规定："当事人对已经发生法律效力的判决、裁定，认为确有错误的，可以向上一级人民法院申请再审，但判决、裁定不停止执行。"申诉是当事人认为人民法院已经发生法律效力的判决和裁定有错误，依法要求人民法院重新进行审理的行为，也是法律赋予当事人的一项重要的诉讼权利。

当事人向上一级人民法院申请再审，应当在判决、裁定或者调解书发生法律效力后6个月内提出。有下列情形之一的，自知道或者应当知道之日起6个月内提出：①有新的证据，足以推翻原判决、裁定的；②原判决、裁定认定事实的主要证据是伪造的；③据以作出原判决、裁定的法律文书被撤销或者变更的；④审判人员审理该案件时有贪污受贿、徇私舞弊、枉法裁判行为的。逾期不提出的，当事人丧失申诉权。

（2）机关、团体、企事业单位、新闻媒介、人民群众等的来信来访以及提供的信息、线索。

（3）各级人民代表大会提出的议案。对人民代表大会提出的议案，人民法院和人民检察院必须予以审查。

3. 启动审判监督程序的方式。

（1）原审人民法院院长提起审判监督程序，必须报经审判委员会决定。这里要注意的是，院长本人无权直接提起审判监督程序，是否再审由审判委员会最终讨论决定。

（2）上级人民法院提起审判监督程序，既可以自己再审，也可以指令下级人民法院再审。这里要明确的是"上级人民法院"包括最高人民法院。

（3）人民检察院提起抗诉。人民检察院对人民法院已经发生法律效力的判决和裁定，发现违反法律、法规规定的，应当提出抗诉。抗诉遵循"上一级抗诉"原则。最高人民检察院对各级人民法院已经发生效力的裁判向最高人民法院提出抗诉；上级人民检察院对下级人民法院已经发生效力的裁判，向同级人民法院提出抗诉。

《行政诉讼法》第93条第1款规定："最高人民检察院对各级人民法院已经发生法律效力的判决、裁定，上级人民检察院对下级人民法院已经发生法律效力的判决、裁定，发现有本法第91条规定情形之一，或者发现调解书损害国家利益、社会公共利益的，应当提出抗诉。"

地方各级人民检察院对同级人民法院已经发生法律效力的裁判，报请上级人民检察院，由上级人民检察院向同级人民法院提起抗诉，或者向同级人民法院提出检察建议。《行政诉讼法》第93条第2款规定："地方各级人民检察院对同级人民法院已经发生法律效力的判决、裁定，发现有本法第91条规定情形之一，或者发现调解书损害国家利益、社会公共利益的，可以向同级人民法院提出检察建议，并报上级人民检察院备案；也可以提请上级人民检察院向同级人民法院提出抗诉。"

对人民检察院按照审判监督程序提出抗诉的案件，人民法院应当再审。人民法院开庭审理抗诉案件时，应当通知人民检察院派员出庭。

（二）审判监督案件的审理

1. 裁定中止原裁判的执行。按照审判监督程序决定再审的案件，应当裁定中止原判决的执行。裁定由院长署名，加盖人民法院印章。上级人民法院决定提审或者指令再审的，应当作出裁定，裁定应当写明中止原判决的执行。在紧急情况下，可以将中止执行的裁定口头通知负责执行的人民法院或者作出判决、裁定的人民法院，但应当在口头通知后 10 日内发出裁定书。

2. 重新组成合议庭。为避免先入为主，影响案件的公正裁判，人民法院审理再审案件，应当另行组成合议庭，原审的合议庭成员应自行回避，不参与该案的审理。

3. 根据情况适用一、二审程序。人民法院按照审判监督程序再审的案件，按照发生法律效力的判决、裁定适用第一审程序或者第二审程序。

发生法律效力的裁判是由第一审人民法院作出的，按照第一审程序审理，所作的判决、裁定，当事人仍然可以上诉；发生法律效力的裁判是由第二审人民法院作出的，按照第二审程序审理，所作的判决、裁定是发生法律效力的判决裁定；上级人民法院按照审判监督程序提审的，按照第二审程序审理，所作的判决、裁定是发生法律效力的判决裁定，当事人不得上诉。

4. 再审的结果。人民法院审理再审案件，认为原生效判决、裁定确有错误，在撤销原生效判决或者裁定的同时，可以对生效判决、裁定的内容作出相应裁判，也可以裁定撤销生效判决或裁定，发回作出生效判决、裁定的人民法院重新审理。

（三）审判监督程序的意义

审判监督程序的设置目的是保证人民法院审判工作的公正、正确，体现审判工作实事求是、有错必纠的原则，这一程序具有重要意义。

1. 审判监督程序保证人民法院依法作出判决、裁定的权威性和稳定性。人民法院对有误的判决、裁定依照法律规定进行纠正，维护了法律的尊严与权威，落实了人民法院正确运用审判权，保证了司法公正与社会和谐稳定。

2. 审判监督程序有利于上级人民法院了解审判工作中存在的问题。上级人民法院通过审判监督程序纠正下级人民法院已生效判决、裁定的错误，指导下级人民法院总结经验、吸取教训，改进审判工作方法和作风，提高审判人员的素质以及行政审判工作的质量。

五、执行程序

行政主体拒绝履行判决、裁定、调解书的，人民法院可以采取下列措施：

1. 对应当归还的罚款或者应当给付的款额，通知银行从该行政主体的账户内划拨。

2. 在规定期限内不履行的，从期满之日起，对该行政主体负责人按日处 50 元～100 元罚款。

3. 将行政主体拒绝履行的情况予以公告。

4. 是向该行政主体的上一级行政主体或者监察、人事机关提出司法建议。接受司法建议的机关，根据有关规定进行处理，并将处理情况告知人民法院。

5. 拒不履行判决、裁定、调解书，社会影响恶劣的，可以对该行政主体直接负责的主管人员和其他直接责任人员予以拘留；情节严重，构成犯罪的，依法追究刑事责任。

任务三　行政诉讼法律适用

📝 导入案例

高某系 A 省甲县个体工商户，其持有的工商营业执照载明经营范围是林产品加工，经营方式是加工、收购、销售。高某向甲县工商局缴纳了松香运销管理费后，将自己加工的松香运往 A 省乙县出售。当高某进入乙县时，被乙县林业局执法人员拦截。乙县林业局以高某未办理运输证为由，依据 A 省地方性法规《林业行政处罚条例》以及授权省林业厅制定的《林产品目录》（该目录规定松香为林产品，应当办理运输证）的规定，将高某无证运输的松香认定为"非法财物"，予以没收。高某提起行政诉讼要求撤销没收决定，法院予以受理。

有关规定：《森林法》及行政法规《森林法实施条例》涉及运输证的规定如下：除国家统一调拨的木材外，从林区运出木材，必须持有运输证，否则由林业部门给予没收、罚款等处罚。A 省地方性法规《林业行政处罚条例》规定"对规定林产品无运输证的，予以没收"。

问题：1. 省林业厅制定的《林产品目录》的性质是什么？可否适用于本案？理由是什么？

2. 法院审理本案时应如何适用法律、法规？理由是什么？

3. 依《行政处罚法》，法律、行政法规对违法行为已经作出行政处罚规定，地方性法规需要作出具体规定的，应当符合什么要求？本案《林业行政处罚条例》关于没收的规定是否符合该要求？

📖 基本原理认知

一、行政诉讼法律适用概述

行政诉讼的法律适用，是指裁判被诉行政行为合法性时的判断过程、标准、方法。简单来说，即人民法院以何种标准、依据何种法律规范来审查被诉行政行为的合法性，进而作出裁判。

因此，行政诉讼的法律适用可以定义为：在行政诉讼中，人民法院按照法定程序，将法律、法规（包括决定参照的规章）具体运用于各种行政案件，从而对被诉行政主体行政行为的合法性进行审查的专门活动。

行政诉讼的法律适用具有五个特征：①适用的主体是人民法院；②是法律规范的第二次适用；③适用具有最终的法律效力；④适用原则上是为了解决被诉行政行为的合法性问题；⑤适用的是实体行政法和行政程序法。

二、行政诉讼的审理依据

行政诉讼的审理依据是人民法院审理行政案件，审查行政行为合法性和裁判的标准和尺度。《行政诉讼法》第 63 条规定："人民法院审理行政案件，以法律和行政法规、地方性法规为依据。地方性法规适用于本行政区域内发生的行政案件。人民法院审理民族自治地方的行政案件，并以该民族自治地方的自治条例和单行条例为依据。人民法院审理行政案件，参照规章。"这一规定明确了人民法院审理行政案件应当以法律、法规为依据，并参照适用规章。

（一）法律

法律是指由全国人民代表大会及其常务委员会根据《宪法》，依据法定立法程序制定的，在全国范围内具有普遍约束力的规范性文件，包括基本法律和一般法律。在法律适用的规范体系中，法律仅次于宪法，与之相抵触的下级规范性文件都归于无效。法律是我国人民法院审理行政案件必须作为审查依据的法律规范。

广义的法律包括宪法，宪法是国家的根本大法，是国家、民族、人民利益的集中体现，具有最高的法律效力，一切法律、行政法规、地方性法规、自治条例和单行条例、规章都不得同宪法相抵触。在观念上，一般认为宪法的规定应通过法律具体化，法律实践中直接适用相关法律规范，而不直接适用。因此在实际中，行政主体作出行政行为和人民法院审查行政行为，通常直接适用法律，宪法对具体行政行为的调整仅限于抽象的、原则的、间接的层面。

但是，在法律实践中直接适用宪法，实际上能够更好地强化宪法权威、落实宪法内容、巩固宪法地位。并且在某些行政案件，宪法也具有直接适用的可能性。因此在行政诉讼中，虽然行政诉讼法并没有对宪法在行政诉讼中的适用作出规定，但是这并不排除在没有法律规定的情况下，如果被诉行政行为违反宪法规定，人民法院可以直接适用宪法。

为了全面推进依法治国的实施，在行政诉讼中，人民法院审查行政行为的合法性应当以具有最高效力的法律为根本依据，与法律相冲突的行政行为，无论有多少规范性文件作为依据，都无法改变其违法的本质。

导入案例第 2 问的第（1）小问，《森林法》及《森林法实施条例》均未将木材以外的林产品的无证运输行为纳入行政处罚的范围，也未规定对无证运输其他林产品的行为给予没收处罚。A 省地方性法规《林业行政处罚条例》的有关规定，扩大了《森林法》及《森林法实施条例》关于应受行政处罚行为以及没收行为的范围，不符合上位法。依照《立法法》"上位法优于下位法"的规定，根据行政诉讼法律适用规则，下位法的规定不符合上位法的，人民法院原则上应当适用上位法。所以本案法院应当适用上位法《森林法》及《森林法实施条例》。

（二）行政法规

行政法规是指国务院根据宪法和法律的规定，为领导和管理国家各项行政工作，依照法定程序制定的规范性文件。行政法规有条例、规定和办法三种形式。行政法规在我国法律体系中的效力层级仅次于宪法和法律，高于地方性法规、自治条例和单行条例、规章等其他法律规范，在全国范围内具有普遍的约束力。

由于我国法制建设不少方面尚缺乏足够的经验，不可能立即制定出成熟的、完善的法律，因此往往先由全国人民代表大会授权国务院制定行政法规，使这些方面有法可依。

现行有效的行政法规有以下三种：①国务院制定并公布的行政法规。②《立法法》施行以前，按照当时有效的行政法规制定程序，经国务院批准、由国务院部门公布的行政法规。但在《立法法》施行以后，经国务院批准、由国务院部门公布的规范性文件，不再属于行政法规。③在清理行政法规时由国务院确认的其他行政规范。

行政法规是行政主体行使职权，作出各种行政行为的最主要法律依据之一，必然属于行政诉讼中人民法院审查被诉行政行为合法性的重要依据。

（三）地方性法规

地方性法规是指由省、自治区、直辖市和较大的市的人民代表大会及其常务委员会，在《宪法》和《立法法》的范围内，根据本行政区域的具体情况和实际需要制定的规范性文件。

我国地方性法规从其性质上分有两类：一类是法律在地方贯彻中的具体化；另一类是由中央将地方作为立法的试验基地，以地方性法规在地方先予试行的方式，为将来制定法律和行政法规作准备。地方性法规的效力具有地域性，只适用于本行政区域内发生的行政案件，超出地域范围，该地方性法规便失去了人民法院审理行政案件时的适用效力。

地方性法规是地方行政主体进行行政管理的重要依据，它也是人民法院对在其辖区内的行政争议进行审理、审查行政行为合法性的依据之一。《行政诉讼法》规定，人民法院审理行政案件，以地方性法规作为依据。

导入案例第2问的第（2）小问，法律、行政法规对违法行为已经作出行政处罚规定，地方性法规需要作出具体规定的，必须在法律、行政法规规定的给予行政处罚的行为、种类和幅度的范围内规定。本案《林业行政处罚条例》关于没收的规定超出了《森林法》及《森林法实施条例》规定的行政处罚行为、种类和幅度的范围，不符合有关要求。故本案乙县林业局根据《林业行政处罚条例》关于没收的规定所作出的行政行为应被撤销。

（四）自治条例和单行条例

自治条例是民族自治地方的人民代表大会根据宪法和法律的规定，依照本民族的政治、经济、文化的特点，并保证民族区域自治制度在本地区得以全面实施而制定的规范性文件。单行条例是民族自治地方的人民代表大会适应当地的民族特点，为解决某一方面的专门性问题而制定的条例。自治条例和单行条例分为自治区、自治州、自治县三个级别。从性质上说，自治条例和单行条例与地方性法规处于同一级别。但在宪法和法律的范围内，民族自治地方比一般的地方行政区域享有更多的权力。一般地方性法规的立法权最低须达到国务院批准的较大的市一级，而民族自治地方的自治条例和单行条例，可以到自治县一级，即自治县的人民法院在行政诉讼中，可以以本县人大制定的自治条例和单行条例为依据。

需要注意，按照《立法法》第75条第2款的规定，自治条例和单行条例可以依照当地民族的特点，对法律和行政法规的规定作出变通规定。人民法院在审理发生在民族自治地方的行政案件时应当特别注意允许变通规定和不允许变通规定的区别适用问题。

按照《行政诉讼法》的规定，人民法院审理民族自治地方的行政案件时，要以该民族自治地方的自治条例和单行条例为依据。

三、规章的参照适用

《行政诉讼法》第63条不仅明确了法律、法规以及民族自治地方的自治条例和单行条例在行政诉讼的法律适用中作为依据的合法地位，同时还规定"人民法院审理行政案件，参照规章"。"参照"在汉语语义中其确切含义并非简单地参考并依照，而是在参考、审视以后决定是否应该适用。这表明，行政规章总体上对人民法院审理行政案件没有必然的适用效力。"参照"不是无条件的适用，而是有条件的适用，即对符合法律、行政法规规定的规章予以适用，作为审查行政行为合法性的根据；对不符合或不完全符合法律、法规原则精神的规章，人民法院有灵活处理的余地，可以不予适用。

规章分为部门规章和地方政府规章。规章在人民法院审理行政案件时处于"参照"的特殊地位，意味着人民法院在审查行政行为合法性时既不能完全依据规章，同时又不得完全脱离规章。

"参照"规章是与"依据"法律、法规相对的，具有特定含义，"参照"是指人民法院审理行政案件，对规章进行斟酌和鉴定后，对符合法律、行政法规规定的规章予以适用，作为审查行政行为合法性的根据；对不符合或不完全符合法律、法规原则精神的规章，人民法院有权不予适用。

规章不能作为行政审判依据的理由有以下三点：

1. 有权制定规章的行政机关也有权作出行政行为，如果以规章作为审理依据，等于承认相应行政机关可以自己确立行政行为是否合法的标准，可以制定司法审查的标准，这将极不利于保护公民、法人或者其他组织的合法权益，也不符合行政机关依法行政的原则。

2. 有权制定规章的行政机关，由于法律对制定规章的权限范围、制定标准和制定程序无统一规范，许多规章的制定均从本部门利益出发，带有部门保护主义和地方保护主义倾向，导致职权交叉问题和各规章之间冲突与抵触的现象屡见不鲜，影响了规章的效力。

3. 规章的制定程序目前尚不完善、不严格，同时缺乏有效的监督机制，因此以规章作为行政审判依据不利于人民法院独立行使行政审判权。

在我国法律不完备的情况下，规章是我国法律体系的重要组成部分，是法律、法规的直接延伸和具体化，尤其是在行政管理领域，行政管理关系在很大程度上是依靠规章来调整的。并且在法律、法规对某一问题还没有规定的情况下，规章还能起到填补空白、及时提供规范的作用。

我国《行政诉讼法》对规章的这种特殊处理方式，一方面是受制于我国现行的宪政体制和立法体制，另一方面则是考虑到我国行政诉讼的特点和当前国家法制建设水平以及行政诉讼实践需要，因此是符合我国国情需要的。

导入案例第1问，省林业厅制定的《林产品目录》是根据地方性法规授权制定的规范性文件，在行政诉讼中不属于法院应当依据或者参照适用的法律、法规、规章。因此，省林业厅制定的《林产品目录》属于规章以下的其他规范性文件，不能作为审判的依据或参照。但是，《最高人民法院关于执行〈中华人民共和国行政诉讼法〉若干问题的解释》第62条规定："人民法院审理行政案件，适用最高人民法院司法解释的，应当在裁判文书中援引。人民法院审理行政案件，可以在裁判文书中引用合法有效的规章及其他规范性文件。"可见，它可以作为证明被诉行政行为合法的事实依据之一。

人民法院在审理行政案件中，经审查认为《行政诉讼法》第53条规定的规范性文件不合法的，人民法院不将其作为认定行政行为合法的依据，并在裁判理由中予以阐明。作出生效裁判的人民法院应当向规范性文件的制定机关提出处理建议，并可以抄送制定机关的同级人民政府或者上一级行政机关。

★ 拓展阅读

行政诉讼裁定种类

根据《行政诉讼法》和司法解释的规定，行政诉讼裁定适用下列范围：①不予受理；②驳回起诉；③管辖异议；④终结诉讼；⑤中止诉讼；⑥诉讼期间停止具体行政行为的执行或者驳回停止执行的申请；⑦财产保全；⑧先予执行；⑨准许或者不准许撤诉；⑩补正裁判文书中的笔误；⑪中止或者终结执行；⑫启动审判监督程序或者发回重审、提审；⑬不予立案；⑭其他需要裁定的事项。其他需要裁定的事项，如指定管辖、移送管辖或转移管辖权，案外人对执行标的提出异议及强制执行申请等。

 思考与练习

一、思考题

行政诉讼第一审程序和第二审程序有哪些区别？

二、选择题

1. 甲厂是某市建筑装潢公司下属的独立核算的集体企业，2007 年 1 月某市建筑装潢公司经批准与甲厂脱离隶属关系。2007 年 4 月，行政机关下达文件批准某市建筑装潢公司的申请，将甲厂并入另一家集体企业乙厂。对此行为，下列何者有权向法院起诉？（　　）

A. 甲厂　　　　B. 乙厂　　　　C. 甲厂法定代表人　　　　D. 乙厂法定代表人

2. 某县环保局与水利局在联合执法过程中，发现某化工厂排污口建在泄洪通道上。并对下游河水造成污染，遂联合作出责令该厂限期拆除其排污口的决定。某县水利局工作人员田某向该厂送达决定书时，遭到该厂职工围攻而受伤。该厂不服，以某县水利局为被告向法院提起行政诉讼。下列哪一选项是正确的？（　　）

A. 法院应当通知某化工厂变更被告

B. 某县水利局可以对田某被打一事提起反诉

C. 田某可以成为本案的第三人

D. 若法院追加且某化工厂同意，某县环保局为本案的被告

3. 某派出所民警以扰乱社会秩序为由扣押了洪某的拖拉机。洪某不服，以派出所为被告提起行政诉讼。诉讼过程中，法院认为被告应当是县公安局，要求变更被告，洪某拒不同意。法院应当如何处理？（　　）

A. 以派出所为被告继续审理　　　　B. 以县公安局为被告予以审理

C. 裁定驳回起诉　　　　　　　　　D. 裁定终结诉讼

4. A 公司与 B 公司素有业务往来，因看好某地土特产的市场前景便一同投资进行联合购销，由 A 公司组织货源，B 公司负责市场营销。后因其中一笔货物存在掺假情况，被工商局查处，货物也被没收了。B 公司不服，单独提起了行政诉讼。下列说法正确的是（　　）。

A. 由于 A 公司不愿起诉，只有征得该单位的同意，人民法院才能将其列为第三人参加诉讼

B. 由于 A 公司不愿起诉，人民法院可以视案件审理需要依职权通知 A 公司作为第三人参加诉讼

C. 既然 A 公司不是原告，而是作为第三人参加诉讼的，所以 A 公司在诉讼中无权主张撤销工商局的没收决定

D. 如果人民法院通知 A 公司作为第三人参加诉讼，而一审判决维持了工商局的处罚决定，即使 B 公司不上诉，A 公司也可以自行提起上诉

5. 某甲拥有一条渔船，某乙借得之后，在海上从事走私活动时被海关缉私人员查获。海关对某乙作出如下处罚决定：没收某乙用于走私的渔船及全部走私物品，并处罚款 2 万元。下列哪一说法正确？（　　　）

A. 某甲可作为原告起诉，因为某甲是海关作出的处罚行为的利害关系人

B. 某甲不可作为原告起诉，因为某甲并不是海关作出的处罚行政行为的直接利害关系人

C. 某甲不可作为原告起诉，只能以第三人身份参加诉讼

D. 某乙可作为原告起诉，诉诸海事法院

6. 规划部门批准工商局建一处办公楼，但该处办公楼附近的气象局认为规划部门批准建立的办公楼影响气象站的天气预报，诉诸法院，下面哪一种说法正确？（　　　）

A. 气象局不能提起行政诉讼，因其是行政机关

B. 气象局和工商局可以找其共同的上级机关市政府协调处理

C. 气象局因相邻权受损害可以以原告资格提起行政诉讼

D. 气象局因其职能受侵犯，可以以规划部门为被告提起行政诉讼

7. 某单位排污违反环保法的有关规定，市环境保护局经市政府批准对其作出署名为市环保局的行政处罚决定，该单位不服提起行政诉讼。下列哪个说法正确？（　　　）

A. 应当以批准的市政府为被告

B. 应当以市政府与环保局为共同被告

C. 应当以环保局为被告

D. 应当以市环保局作被告，市政府为第三人提起行政诉讼

8. 张某是一个体户，2015 年 4 月其所在县的工商所认为张某所开饭店的卫生条件不符合标准，撤销了该饭店的营业执照。张某不服，于 2015 年 5 月 10 日向县人民法院提起诉讼，县法院一直推辞，直到 5 月 20 日也没答复张某，也没作出裁定。张某于是向市法院起诉。以下说法错误的是（　　　）。

A. 张某可以向市法院起诉

B. 张某已超过了受理期限，不能再行起诉

C. 市法院认为符合受理条件，应该受理，可以自行审理

D. 市法院受理后可以移交或指定下级人民法院审理

9. 当事人不知道具体行政行为内容的，起诉期限应如何起算？（　　　）

A. 起诉期限从具体行政行为作出之日起起算，但应延长至 5 年

B. 起诉期限应从当事人知道或者应当知道具体行政行为内容之日起起算，但从具体行政行为作出之日起一般最长不超过 5 年

C. 起诉期限从当事人知道或者应当知道诉权或者起诉期限之日起起算，但从知道

具体行政行为内容之日起最长不得超过 5 年

D. 起诉期限从当事人知道或者应当知道诉权或者起诉期限之日起起算，但从知道具体行政行为内容之日起最长不得超过 2 年

10. 欧阳先生是一起行政诉讼案的原告，以一审判决认定事实不清为由依法提起了上诉。下列关于二审审理的说法正确的是（　　　）。

A. 二审人民法院可以书面审理

B. 二审人民法院应当书面审理

C. 二审人民法院应当开庭审理

D. 二审人民法院既可以开庭审理也可以书面审理

11. 某乡的交警对路过的三轮车车主许某实行行政处罚，认为其违反了交通管理法规，但他只罚了许某 300 元钱，并未作出处罚决定书。但许某当时有几个同伴都在场。许某能向法院起诉吗？（　　　）

A. 许某可以向法院起诉，法院也应当受理

B. 许某可以向法院起诉，法院不应当受理

C. 许某不可以向法院起诉

D. 许某当时就应该向交警索要处罚证据，否则因缺少书面依据，不符合起诉条件

12. 老李诉派出所行政不作为一案的行政判决已经生效，如该案确实存在错误，下列关于申诉及再审的说法正确的是（　　　）。

A. 老李认为该生效判决确有错误要进行申诉的，在判决生效后两年内可以向上级人民法院提出

B. 作出生效判决的人民法院的院长，如发现该案违反法律、法规规定认为需要再审的，有权决定再审

C. 作出生效判决的人民法院的审判委员会，如发现该案认定事实证据不足的，有权决定再审

D. 老李在法定期限内向作出生效判决的人民法院的上级法院申诉的，上级法院发现该案判决确实存在违反法律、法规规定的，有权决定再审或指令由下级人民法院再审

13. 关于行政诉讼二审程序，下列不正确的说法有（　　　）。

A. 当事人不服一审判决，有权在判决书送达之日起 15 日内向上一级法院起诉，若对裁定不服，有权在裁定书送达之日起 10 日内向上一级法院起诉

B. 法院对上诉案件，认为事实清楚的，可以实行书面审理，若当事人对原审法院认定的事实有争议，人民法院仍可实行书面审理

C. 第二审人民法院审理上诉案件，应当对原审法院的裁判和被诉具体行政行为是否合法进行全面审查

D. 一般情况下，法院审理上诉案件，应当在收到上诉状之日起 2 个月内作出终审

判决

14. 2015 年 6 月 1 日，李某因打架斗殴而被公安机关予以 500 元罚款和 7 日拘留，李某不服，释放后申请复议，但是复议决定维持原具体行政行为，李某于是到法院提起行政诉讼，一审判决依旧维持，李某说：我就不信这个邪，还没有说理的地方了！于是向上级法院上诉。则下列选项组合中说法正确的是（　　　）。

(1) 李某申请复议的最晚时间是释放后 2 个月

(2) 李某一审起诉应当在收到复议决定书 15 日内提出

(3) 一审人民法院应当在立案起 3 日内将起诉状副本发送被告，被告应当在 10 日之内提出答辩状，法院应当在收到答辩状之日起 3 日内将答辩状副本发送原告

(4) 李某应当在判决书送达之日起 15 日内提起上诉

(5) 上级法院应当在收到李某上诉状 3 个月内作出判决

(6) 李某若申请再审，应当在判决发生法律效力后 1 年内提出

A.（1）（2）（4）　　　　　　　B.（2）（4）（5）

C.（3）（4）（5）　　　　　　　D.（3）（5）（6）

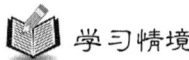 **学习情境**

行政诉讼程序的运用

【范例】

原告滨海蓝天汽车租赁有限公司，经工商注册登记，并经交通运输管理部门备案，从事汽车租赁经营。2008 年 11 月 25 日，上海某贸易公司的 4 名工作人员向原告公司租用小汽车一辆，并交纳租车费 800 元。12 月 31 日，被告滨海市交通执法总队对原告的行为作出了《行政处罚决定书》：责令原告停止违法经营，并罚款 6 万元整。在行政复议过程中，被告称，11 月 25 日被告的工作人员在本市烽火台长城停车场执法检查，发现该车辆承载 4 名乘客在此停车。经核实，4 人在滨海游玩烽火台长城、原始森林等地，由原告公司提供车辆并配备驾驶员，共收取费用 800 元。根据《滨海市汽车租赁管理办法》的规定，汽车租赁为在约定时间内将租赁汽车交付承租人，收取租赁费用，不提供驾驶劳务的经营方式。本案中被处罚的行为属于既提供出租车辆又配备驾驶员劳务经营的方式。原告则认为，其行为并不构成擅自从事客运经营的违法行为，被告的处罚决定认定事实不清，适用法律错误，程序违法，特提起诉讼，维护其合法权益。

【训练目的及要求】

结合范例和相关知识，通过训练，能熟悉行政诉讼程序的基本流程，掌握相关诉讼文书的写作。

【训练方法】

分组进行，以模拟法庭的形式进行演练。书写相关文书，包括行政处罚决定书、

起诉状、答辩状、判决书、上诉状等。

【训练步骤】

步骤1：分组；

步骤2：学生熟悉分析范例；

步骤3：模拟法庭脚本设置；

步骤4：相关文书写作；

步骤5：模拟法庭成果展示；

步骤6：老师评判。

参考书目

1. 王麟主编：《行政诉讼法学》，中国政法大学出版社2013年版。

2. 马怀德主编：《行政诉讼法学》，北京大学出版社2012年版。

3. 盛永彬、曹秀谦主编：《行政法与行政诉讼法教程》，暨南大学出版社2006年版。

项目十三　行政赔偿

 知识目标

1. 掌握行政赔偿的内涵；

2. 掌握行政赔偿的范围；

3. 了解行政赔偿的程序；

4. 了解行政赔偿的计算标准。

 能力目标

能够判断行政活动中相对人所遭受的损害是否引起行政赔偿并了解求偿程序以及赔偿金额的计算标准。

任务一　行政赔偿的一般原理

导入案例

王甲是开封市金属回收公司下岗工人，在中牟县东漳乡小店村开办一个养猪场。2011年9月27日上午，王甲借用小店村村民张甲、王乙、王丙的小四轮拖拉机，装载31头生猪，准备开到开封贸易实业公司所设的收猪点销售。路上，遇到中牟县交通局的工作人员查车，经检查，县交通局的工作人员以没有缴纳养路费为由，向张甲、王乙、王丙三人送达了《暂扣车辆凭证》，然后将装生猪的三辆两轮拖斗摘下放在仓寨乡黑窄村村南，驾驶三台小四轮主车离去。卸下的两轮拖斗车失去车头支撑后，成45度角倾斜。拖斗内的生猪站立不住，往一侧挤压，当场因挤压受热死亡两头。王甲通过仓寨乡党庄村马甲的帮助，才将剩下的29头生猪转移到收猪车上。29头生猪运抵开封时，又死亡13头。同年11月22日，王甲向县交通局申请赔偿，遭到拒绝，遂提起诉讼，请求法院判决县交通局赔偿生猪死亡损失10 500元，交通费损失1700元。

问题：1. 县交通局工作人员的暂扣车辆的行为是否合法、合理？

2. 王甲的经济损失与交通局工作人员暂扣车辆的行为是否有因果关系？

3. 县交通局工作人员的行为对王甲造成的损失是否应该由县交通局承担赔偿责任？

基本原理认知

行政赔偿是一种行政责任的承担方式，具体来说，是行政主体对其行政侵权行为依法承担的一种财产性的、补救性的行政法律责任。依法行政不但要求行政主体积极认真履行其行政职责，而且要求行政主体正确行使其行政权力。如果行政主体不履行其职责或者不正确合理使用其行政权力，由此造成公民、法人或其他组织合法权益受到损害的，需承担赔偿责任。导入案例中涉及行政赔偿的构成要件以及赔偿范围等问题。

一、行政赔偿的内涵

（一）行政赔偿的概念

行政赔偿是指国家行政主体及其工作人员在行使职权的过程中，存在法律规定的侵犯公民、法人或者其他组织的合法权益的情形，造成损害的，由赔偿义务机关给予受害人赔偿的制度。行政赔偿的概念包含以下内容：

1. 行政赔偿是一种行政责任的承担方式。行政赔偿与行使行政职权、履行行政职责紧密相连，是行政主体行使职权过程中依法应承担的其中一种法律后果。

2. 行政赔偿是一种国家赔偿。行政权是国家权力的一种，行政主体及其工作人员行使职权所实施的职务活动是代表国家进行的，其本质是一种国家活动。行政赔偿是一种国家赔偿，它与司法赔偿等组成了统一的国家赔偿责任制度。因此，行政赔偿费用来源于国家财政，最终的赔偿义务由国家承担。

3. 行政赔偿的法律责任主体是行政主体。一方面，虽然行政赔偿是国家赔偿，最终是由国家承担赔偿义务，但国家是个抽象主体，不能直接以法律主体身份参与行政法律关系和承担法律责任。因此，在行政法中，只能由具体享有行政职权的行政主体来承担具体的赔偿责任。另一方面，不管行政侵权行为是由行政主体直接作出还是由其工作人员或者是受委托组织代表行政主体执行职务时作出，均由行政主体对相对人承担赔偿责任。

导入案例中，县交通局工作人员作出的不当行政行为导致王甲经济损失，应由县交通局承担赔偿责任。

（二）行政赔偿的构成要件

行政赔偿的构成要件是指行政主体承担赔偿责任的全部必要条件，也就是说，只有满足了这些条件，国家才需要承担赔偿责任。我们认为，行政赔偿的构成要件有主体要件、行为要件、损害要件、因果要件四项，缺一不可。

1. 主体要件。行政赔偿不同于民事赔偿，它是特定主体引发的侵权责任。哪些主体的行为可以导致行政赔偿责任，这是行政赔偿首先要解决的问题。行政赔偿的主体要件解决的是哪些国家机关、组织或者个人的侵权行为应由国家向受害人赔偿的问题。根据我国《国家赔偿法》的规定，行政侵权行为主体除了国家行政机关和国家行政机关工作人员外，实际上还包括被授权组织及其工作人员。需要注意的是，受行政主体委托的组织和个人如在行使国家行政职权过程中造成相对人损害的，虽然侵权主体是受委托的组织和个人，但责任却应当归属于委托的行政主体。

2. 行为要件。行政赔偿的行为要件解决的是国家对行政主体及其工作人员实施的何种行为承担赔偿责任的问题。根据我国《国家赔偿法》的规定，国家对行政主体及其工作人员行使行政职权时，对相对人合法权益造成的损害负赔偿责任，与行使行政职权无关的行为所引起的损害，国家不负赔偿责任。因此，如何判断某一行为是否属于行使行政职权的行为具有十分重要的意义。实践中，一般遵循以下标准：

（1）职权标准。行政主体及其工作人员根据法律赋予的职责权限实施的行为认定为执行职务行为，无论该行为合法与否，即使是超越职权、滥用职权行为。

（2）时空标准。即行政主体及其工作人员在行使职权、履行职责的时间、空间范围内实施的行为通常都认定为执行职务行为。但某些特殊的主体，如警察，即使下班后在非工作地点实施的某些行为仍构成职务行为。

（3）名义标准。通常情况下，以行政主体及其工作人员身份和名义实施的行为都是执行职务行为。如公务人员着装、佩戴标志、出示证件、宣布代表的机关等。

（4）目的标准。行政主体及其工作人员为了实现法定职责和义务，维护公共利益而为的行为，通常认定为执行职务的行为。反之，行政主体工作人员为了个人目的而实施的行为，就不应认定为职务行为。

3. 损害要件。损害事实的存在，是国家承担侵权赔偿责任的前提。无损害则无赔偿，仅有行政主体侵权行为尚未造成损害后果的，国家不必承担赔偿责任。同时，有损害并非必然有赔偿，只有满足一定条件的损害才可能得到国家赔偿：

（1）损害应当是直接的、确定的。受害人须有充分证据证明利益的获得已经确定，或者将来的损害是可以立即估价的。国家对于可得利益损失不予赔偿。

（2）损害是特定的，是某特定具体行政行为相对人遭受的特殊侵害。如果是普遍的负担，国家不予赔偿。例如，战时封路、戒严等造成的损害因不具备特定性，国家不予赔偿。

（3）损害是指相对人合法利益遭受的损害。如果损害侵犯的是违法利益，哪怕是行政主体的违法行政行为导致的，国家对此亦不承担赔偿责任。

4. 因果要件。因果要件，指的是行政侵权行为与当事人所遭受的损害之间必须具有一定程度的因果关系，国家才对此承担赔偿责任。侵权行为与损害结果之间应当具有何种程度的因果关系，学术上争论较大。我们认为，满足因果关系应符合：①时间上先有侵权行为，后发生损害事实；②侵权行为是损害事实发生的直接原因，而非间接原因；③行政侵权行为引起并决定了损害事实的发生。

导入案例中，张军明、王老虎、王书田驾驶的小四轮拖拉机未缴养路费而在公路上行驶，县交通局的工作人员据此事实作出暂扣车辆的决定，这是合法的。但是，准备暂扣的小四轮拖拉机，正处在为王甲运送生猪的途中，县交通局的工作人员在作出暂扣车辆的决定时应当考虑到：在炎热的天气下，运输途中的生猪不宜受到挤压，更不宜在路上久留。不管这生猪归谁所有，只有及时妥善处置后再行扣车，才能保证不因扣车而使该财产遭受损失。然而，县交通局工作人员没有考虑到该财产的安全，其暂扣行为不符合合理、适当的要求。该案例符合行政赔偿主体要件、行为要件、损害要件、因果要件，构成行政赔偿，应由交通局承担赔偿责任。

二、行政赔偿的范围

行政赔偿的范围是指行政主体及其工作人员行使行政职权时给公民、法人或者其他组织的合法权益带来损害所承担赔偿责任的范围。

（一）侵犯人身权的违法行政行为

根据《国家赔偿法》第 3 条的规定，行政主体及其工作人员在行使职权时，有下列情形的，国家承担赔偿责任：

1. 违法拘留或者违法限制公民人身自由的行政强制措施。

（1）违法拘留。这里所说的拘留是指行政拘留，而不是司法拘留。行政拘留是公安机关对违反治安管理和安全管理的人，在短期内限制其人身自由的一种行政处罚。行政拘留的决定权只有县级以上的公安机关享有，其他任何行政主体都没有决定行政拘留的权力。行政主体违反法律规定的权限、程序，或在证据不足、事实不清的情况下拘留公民的，属于违法拘留。如行人违反交通规则，根据法律，只能对其处以罚款或者警告，如果对其作出行政拘留决定，就属于违法。因违法拘留造成公民损害的，国家予以赔偿。

（2）违法采取限制人身自由的行政强制措施。行政主体限制公民人身自由的行政强制措施有强制传唤、对涉嫌吸毒人员的强制检测，对吸毒成瘾人员的强制隔离戒毒，对非典病人的强制隔离治疗，等等。行政主体及其工作人员在采取限制公民人身自由的行政强制措施中若存在认定事实错误、适用法律错误、违反法定程序或者执行过程中违法的，国家应当依法予以赔偿。

2. 非法拘禁或者以其他方法剥夺公民人身自由。此种情形是指行政主体及其工作人员在行使职权过程中，不具有行政拘留或采取限制人身自由的行政强制措施的权力，超越法律授权，采取拘禁、禁闭、隔离、关押等方法剥夺公民人身自由。例如，工商行政管理机关在进行市场管理时，对违法行为人可以依法予以罚款、扣押财物、没收违法所得、吊销经营许可证等，但法律并没有赋予其行使限制人身自由的职权，如果工商行政管理机关对违反工商管理法律、法规、规章的行为人实施拘禁、关押等限制人身自由的措施，就是非法剥夺公民人身自由，须对此承担赔偿责任。

3. 以殴打、虐待等行为或者唆使、放纵他人以殴打、虐待等行为造成公民身体伤害或者死亡。此种情形是指行政主体及其工作人员在行使职权时，违法乱纪，适用殴打等暴力行为或者虐待等行为造成公民身体伤害、死亡，或者虽然不是由于行政主体工作人员直接实施的殴打、虐待行为，而是由于行政主体工作人员唆使、放纵他人殴打、虐待公民造成其身体伤害、死亡的，国家应当承担赔偿责任。譬如放纵治安联防队员在协助行政主体行使权力时造成他人损害的。虐待的表现形式很多，如罚站、罚跪、强迫吃不洁物品、长时间强光照射、热天火烤、冬天冰冻、不允许睡觉、车轮战等。

4. 违法使用武器、警械造成公民身体伤害或者死亡。武器、警械是指枪支、警棍、警笛、警绳和其他警械。对于实行武器和警械的范围和程序，《人民警察法》和《人民警察使用警械和武器条例》有明确的规定。一般来说，人民警察使用武器、警械，针对的都是严重的暴力犯罪分子，并且应严格遵守法律的规定，如果违反这些规定，造成公民身体伤害或死亡的，国家应当赔偿。

5. 造成公民身体伤害或者死亡的其他违法行为。其他违法行为是指上述四种情形以外的具体行政行为和与行政主体及其工作人员行使行政职权有关的，违反其行政职责的行为。

（二）侵犯财产权的违法行政行为

财产权包括公民个人财产所有权、继承权、土地使用权利承包经营权、采矿权、宅基地使用权、租赁权、专利权和著作权等。对法人而言，财产权包括企业经营自主权、不动产和动产所有权、土地使用权、采矿权、专利权、商标权、租赁权等。根据我国《国家赔偿法》第4条的规定，行政主体或其工作人员违法行使职权有下列侵犯财产权情形的，国家应当予以赔偿：

1. 违法实施罚款、吊销许可证和执照、责令停产停业、没收财物等行政处罚。行政处罚中涉及公民、法人或其他组织的财产权的处罚种类包括罚款、吊销许可证和执照、责令停产停业、没收财物等。根据《行政处罚法》的规定，行政处罚应当遵循处罚法定原则，即处罚的主体、依据、内容、程序等应当合法。行政主体作出处罚决定，违反上述任何一项法定原则要求，给公民、法人或者其他组织的财产权造成损害的，受害人有取得国家赔偿的权利。

2. 违法对财产采取查封、扣押、冻结等行政强制措施。涉及财产权的行政强制措施有查封、扣押、冻结等。违法对财产采取行政强制措施主要是指：①无权作出行政强制措施的机关对财产采取行政强制措施；②公民、法人或者其他组织依法履行了法定义务，不存在应对其采取强制措施的法定情形，行政主体采取了强制措施的；③采取对财产的强制措施缺乏法律依据的；④采取对财产的强制措施违反法定程序的。因此给公民、法人或其他组织财产损害的，国家应当给予赔偿。

3. 违法征收、征用财产。行政主体有权依法向公民、法人征收财物，如税务机关向纳税人征税，环保部门征收排污费，计划生育部门征收超生费等。国家也有权依法征用公民和法人的财物、占用土地等，征收、征用财产关系到公民、法人的财产权，一般均由法律、法规、规章明确规定征收、征用的数额、标的、方式、期限、对象等。行政主体违反法律规定向公民、法人征收、征用财产的，属于违法具体行政行为。国家对行政主体违反国家规定征收、征用财产造成的损害，应当负责赔偿。

4. 造成财产损害的其他违法行为。除上述行政处罚、行政强制措施及行政征收、征用行为外，其他违法行政行为如行政主体的不作为行为、行政检查行为、行政裁决行为、行政命令行为、侵犯企业经营自主权的行为等造成相对人财产损害的，国家承担赔偿责任。

（三）行政主体不承担赔偿责任的情形

根据《国家赔偿法》第 5 条的规定，属于以下情形之一的，国家不承担赔偿责任：

1. 行政主体工作人员与行使职权无关的个人行为。所谓个人行为，是指行政主体工作人员实施的与职权无关的涉及个人感情、利益等因素的行为。行政主体工作人员与行使职权无关的个人行为给公民、法人或者其他组织造成损害的，由该工作人员本人承担赔偿责任，国家不承担赔偿责任。

2. 因公民、法人或者其他组织自己的行为致使损害发生。行政主体及其工作人员在行使职权时造成公民、法人或其他组织损害的原因很多，如果该损害是因受害人自己的行为造成的，国家不予赔偿。受害人自己行为包括：①受害人的故意行为是导致行政主体实施侵权行为的主要或全部原因。例如，妻子违反交通规则导致事故发生，丈夫担心妻子受苦，谎称是自己驾驶汽车导致事故发生，致使公安机关将其拘留。对此，丈夫无权请求国家赔偿，还应承担伪造证据、扰乱行政执法的责任。②损害完全是受害人自己的故意行为所致。例如，公民在行政拘留期间自伤、自残的，也不能请求国家赔偿。如果部分损害是行政主体或工作人员所致，部分损害由受害人自己行为所致，应当根据受害人的过错的程度，认定行政主体侵权行为与损害结果之间的联系程度，确定因果关系及赔偿责任的大小。

3. 法律规定的其他情形。这里的"法律"仅指由全国人民代表大会及其常务委员会通过的法律，不包括行政法规、地方性法规和规章。法律规定国家不承担赔偿责任的其他情形主要有：①国防、外交等国家行为；②行政法规、规章或者行政主体制定、发布的具有普遍约束力的决定、命令；③行政主体对其工作人员的奖惩、任免等决定；④不可抗力、正当防卫等情形。

任务二　行政赔偿责任的追究

导入案例

1997 年 7 月，德令哈市公安局根据德令哈市人民政府 1997 年 3 月 20 日发布的关于"加强管理，合理保护和开发乃海湖卤虫资源"通告精神，会同市农牧、工商、公交及渔政等部门，联合对乃海湖及湖区周围乱捕卤虫的人员进行全面清理整顿。德令哈市公安局抽调杨某等两名干警负责该项工作。1997 年 7 月 27 日，杨某和渔政管理站人员陈某在湖区执行公务时，杨某因没收捕捞工具与非法捕捞卤虫的陈甲发生厮打，杨某用捞卤虫的刷子朝陈甲头部击打两下，致刷子柄打断，陈甲于当日死亡。1997 年 11 月 6 日，海西蒙古族藏族自治州中级人民法院以（1997）西中刑初字第 30 号刑事附带民事调解书，调解由杨甲赔偿刑事附带民事原告张某（陈甲之妻）经济损失 27 500 元。1998 年 8 月 21 日，青海省高级人民法院以（1998）青刑终字第 4 号刑事判决，确认杨某在执行公务中持械故意伤害他人身体，致人死亡，其行为构成故意伤害（致人死亡）罪，依法判处杨某有期徒刑三年，缓刑三年。1999 年 4 月 19 日，张某向德令哈市公安局、德令哈市渔政管理站提出行政赔偿请求，因二行政主体逾期不予赔偿，遂于同年 8 月 19 人向人民法院提起行政赔偿诉讼。

问题：该案例中如何追究行政主体的行政赔偿责任？

基本原理认知

行政赔偿责任的追究包括确定行政赔偿请求人、行政赔偿义务机关以及行政赔偿程序、赔偿方式和赔偿标准等事项的确定。导入案例中涉及行政赔偿申请人资格的转移、两个以上行政主体共同行使职权时赔偿义务人的确定、行政赔偿程序、赔偿标准的确定等问题。

一、行政赔偿请求人

行政赔偿请求人，是指其合法权益因行政主体及其工作人员的侵权行为而遭受损害，有权请求国家予以赔偿的人。赔偿请求人既可以是公民，也可以是法人或者其他组织。外国公民和无国籍人在中国境内受到行政主体及其工作人员行使职权行为侵害的，也可以成为赔偿请求人。

我国《国家赔偿法》第6条规定："受害的公民、法人和其他组织有权要求赔偿。受害的公民死亡，其继承人和其他有扶养关系的亲属有权要求赔偿。受害的法人或者其他组织终止的，其权利承受人有权要求赔偿。"据此，我国行政赔偿请求人可以分为两类：

（一）一般请求权人

受到行政侵权的公民、法人或者其他组织可以成为行政赔偿请求人。其中，未成年人及不能辨识自己行为的精神病人属于无民事行为能力人或限制民事行为能力人，当他们的权益受到行政主体或工作人员侵害时，他们的监护人（包括父母、兄弟、姐妹、成年子女、配偶、近亲属等）为法定代理人。但赔偿请求权人仍为受到侵害的未成年人和精神病人。

（二）特殊请求权人

特殊请求权人包括：

1. 公民因行政侵权行为造成死亡的，其继承人可以以死亡公民的名义提出赔偿请求。不是继承人，但与继承人有扶养关系的亲属也可以成为赔偿请求人。导入案例中，受害人陈甲死亡，其妻可以成为赔偿请求人。

2. 受害的法人或者其他组织终止，其权利承受者有权要求赔偿。法律赋予承受法人或其他组织权利的法人或其他组织、自然人（如公司出资不实，存在的公司实际控制人）赔偿请求权，是因为他们在经济上有继承关系，使之承受赔偿请求权，有利于保护他们的合法权益。例如，甲企业被工商行政管理局违法罚款，后甲企业被乙企业兼并，那么乙企业有权对工商行政管理局的处罚提出赔偿请求。

但是，以下情形不发生赔偿请求权的转移：

1. 法人或其他组织被行政主体吊销许可证或执照，该法人或组织仍有权以自己的名义提出赔偿请求。

2. 法人或其他组织破产，破产程序尚未终结时，破产企业仍有权就此前的行政侵权损害取得国家赔偿。

3. 法人或其他组织被行政主体撤销、变更、兼并、注销，认为其经营自主权受到侵害的，仍然作为行政赔偿请求人，不发生资格转移。这说明，被撤销、变更、兼并、注销的企业法人和其他组织只有符合法律规定的撤销、变更等情形下才发生资格转移。违法的（比如侵犯经营自主权）撤销、变更等行政职权行为，原企业法人和其他组织仍是适格的行政赔偿请求人。

二、行政赔偿义务机关

行政赔偿义务机关，是指依法履行赔偿义务、接受赔偿请求、支付赔偿费用、参加赔偿诉讼程序的行政主体。根据《国家赔偿法》的规定，我国行政赔偿义务机关包括以下几种：

1. 行政主体及其工作人员行使行政职权侵犯公民、法人或者其他组织的合法权益造成损害的，该行政主体为赔偿义务机关。例如，工商局违法处罚给甲公司造成损失的，作出处罚决定的工商局为赔偿义务机关。又如，公安机关一民警在执行任务时非法殴打一公民受伤的，该民警所在的公安局为赔偿义务机关。

2. 两个以上行政主体共同行使行政职权时侵犯公民、法人或者其他组织的合法权益造成损害的，共同行使行政职权的行政主体为共同赔偿义务机关。这种情形下，受害人可以向共同赔偿义务机关的任何一个提出赔偿请求，该机关必须单独或与其他赔偿义务机关共同支付赔偿费用，承担赔偿义务。

导入案例中，德令哈市公安局是该案的赔偿义务机关。行政主体在各自的职权范围内依法行使职权，各司其职，是联合执法过程中必须严格遵循的一项原则。德令哈市公安局、渔政管理站、工商局等部门根据市政府的通告精神，联合对乃海湖及湖区周围乱捕卤虫的人员进行全面清理整顿是完全正确的。德令哈市公安局抽派杨某等干警去执行公务，其职责就是维护治安，依照我国《渔业法实施细则》第39条的规定，对于拒绝、阻碍渔政检查人员依法执行职务的行为及偷窃、哄抢或者破坏渔具渔船、渔获物的行为，按照法律规定进行处罚。但德令哈市公安局干警杨某在执法过程中超越职权，对非法捕捞卤虫的陈甲作出没收渔具的行政强制措施，显然是一种越权行为。在与陈甲的厮打过程中，又使用暴力殴打受害人，致其死亡，构成犯罪。按照我国《国家赔偿法》的规定，德令哈市公安局是本案的赔偿义务机关，理应承担行政赔偿责任。而德令哈市渔政管理站及其工作人员是在法律、法规、规章授权的范围内依法行使职权，也未实施侵犯他人人身权的违法行为，不能成为本案的赔偿义务机关。

3. 法律、法规授权的组织及其工作人员在行使授予的行政权力时侵犯公民、法人或者其他组织的合法权益造成损害的，被授权的组织为赔偿义务机关。

4. 受行政主体委托的组织或者个人在行使受委托的行政权力时侵犯公民、法人或者其他组织的合法权益造成损害的，委托的行政主体为赔偿义务机关。行政主体出于工作需要，有时依照法律、法规和规章将自己的职权委托给其他行政主体或社会组织去行使。当行政主体委托其他组织行使职权引起赔偿责任时，应由委托的机关作为赔偿义务机关，即使受委托的组织超越了委托权限，违法滥用该委托权力，委托的机关仍然应当承担因此引起的各项法律责任。

5. 赔偿义务机关被撤销的，继续行使其职权的行政主体为赔偿义务机关；没有继续行使其职权的行政主体的，撤销该赔偿义务机关的行政主体为赔偿义务机关。

6. 经复议机关复议的，最初造成侵权行为的行政主体为赔偿义务机关，但复议机关的复议决定加重损害的，复议机关对加重的部分履行赔偿义务。例如，某人被区公安分局拘留 5 日，该公民不服处罚申诉至市公安局，市公安局作出改处 15 日行政拘留的处罚复议决定后，该公民认为行政行为违法，应以区公安分局为赔偿义务机关，但由于市公安局加重了原处罚决定，那么市公安局应就加重的部分承担赔偿义务。

三、行政赔偿程序

（一）行政赔偿程序概述

行政赔偿程序是指受害人提起赔偿请求、赔偿义务机关履行赔偿义务的步骤、方法、顺序和时效等要求的总称。行政赔偿程序对行政赔偿申请人和赔偿义务机关均具有重要意义。对赔偿请求人来说，这一程序是获得国家赔偿，实现其实体权利的途径和手段，保障了赔偿申请人依法取得及行使赔偿请求权；对赔偿义务机关来说，这一程序规范了赔偿义务机关受理、处理赔偿手续，履行赔偿义务。

《国家赔偿法》第 9 条第 2 款规定："赔偿请求人要求赔偿，应当先向赔偿义务机关提出，也可以在申请行政复议或者提起行政诉讼时一并提出。"据此，我国国家赔偿制度中的请求程序可划分为单独式和附带式两种方式。单独式，是指赔偿权利人单独就赔偿问题向行政赔偿义务机关提出赔偿请求。这种赔偿程序不涉及行政复议或者行政诉讼，行政赔偿义务机关在接受请求后，即对其具体行政行为涉及的赔偿问题进行处理。而附带式赔偿程序，是指在行政复议或者行政诉讼时一并提出赔偿请求，复议机关或人民法院在审查原行政行为的合法性的基础上一并解决赔偿问题。

（二）单独式行政赔偿的程序

如果受害人单独提出行政赔偿请求，必须由行政主体先行处理，只有受害人对行政主体处理决定不服或行政主体逾期未作出赔偿决定的情况下，才能提起行政赔偿诉讼。单独式赔偿程序一般包括申请、受理、处理三个步骤：

1. 行政赔偿申请。

（1）赔偿请求人提交申请书及其他证明材料，申请书应当载明下列事项：受害人的姓名、性别、年龄、工作单位和住所，法人或者其他组织的名称、住所和法定代表人或者主要负责人的姓名、职务；具体的要求、事实根据和理由；申请的年、月、日。

（2）赔偿请求人书写申请书确有困难的，可以委托他人代书；也可以口头申请，由赔偿义务机关记入笔录。赔偿请求人不是受害人本人的，应当说明与受害人的关系，并提供相应证明。

2. 赔偿义务机关受理申请材料。赔偿请求人当面递交申请书的，赔偿义务机关应当当场出具加盖本行政主体专用印章并注明收讫日期的书面凭证。申请材料不齐全的，赔偿义务机关应当当场或者在 5 日内一次性告知赔偿请求人需要补正的全部内容。

3. 行政赔偿处理。

（1）赔偿义务机关作出赔偿的决定。赔偿义务机关应当自收到申请之日起两个月内，作出是否赔偿的决定。赔偿义务机关作出赔偿决定，应当充分听取赔偿请求人的意见，并可以与赔偿请求人就赔偿方式、赔偿项目和赔偿数额进行协商。

（2）赔偿义务机关制作赔偿决定书。

（3）赔偿义务机关将赔偿决定书送达赔偿请求人。赔偿义务机关将赔偿决定书自作出决定之日起 10 日内送达赔偿请求人。赔偿义务机关决定不予赔偿的，应当自作出决定之日起 10 日内书面通知赔偿请求人，并说明不予赔偿的理由。

（三）附带式行政赔偿的程序

附带式行政赔偿的程序包括在提起行政复议时一并提起行政赔偿和在提起行政诉讼时一并提起行政赔偿这两种程序。

1. 行政赔偿复议程序。根据《国家赔偿法》以及《行政复议法》的规定，行政复议是解决行政赔偿争议的基本方式；相对人在申请行政复议时，可以一并提出行政赔偿的请求。但行政复议赔偿决定不具有终局性，相对人不服复议赔偿的，仍可寻找除行政以外的司法手段进行权利救济。就其内容而言，行政赔偿复议程序涉及三个问题：

（1）依申请作出赔偿决定。行政复议机关受理申请人在申请行政复议时一并提出的行政赔偿后，对符合国家赔偿法的有关规定应当给予赔偿的，在作出撤销、变更具体行政行为或者确认具体行政行为违法之决定时，应当同时作出依法给予被申请人赔偿之决定。

（2）依职权作出赔偿决定。申请人在申请行政复议时没有提出行政赔偿请求的，行政复议机关在依法决定撤销或者变更罚款，撤销违法集资、没收财物、征收财物、摊派费用以及对财产的查封、扣押、冻结等具体行政行为时，应当同时责令被申请人返还财产，解除对财产的查封、扣押、冻结措施，或者赔偿相应的价款。

（3）时效规定。根据《国家赔偿法》的规定，赔偿义务机关在法定期限内未作出是否赔偿决定的，赔偿请求人可以自期限届满之日起 30 日内向赔偿义务机关的上一级行政主体申请复议；赔偿请求人对赔偿的方式、项目、数额等事项有异议的，或者赔偿义务机关作出不予赔偿决定的，赔偿请求人也可自赔偿义务机关作出赔偿或者不予赔偿决定之日起 30 日内，向赔偿义务机关的上一级行政主体申请复议。复议机关应当在收到复议申请书之日起 2 个月内作出复议决定。赔偿请求人不服复议决定的，可以在收到复议决定之日起 30 日内向复议机关所在地的同级人民法院赔偿委员会申请作出赔偿决定；复议机关逾期不作决定的，赔偿请求人可以自期限届满之日起 30 日内向复议机关所在地的同级人民法院赔偿委员会申请作出赔偿决定。

2. 行政赔偿诉讼程序。在行政诉讼中提出赔偿请求的，适用行政诉讼程序解决赔偿问题。行政赔偿诉讼程序与一般行政诉讼程序相比，有其特殊性，具体表现在以下方面：

（1）单独提起行政赔偿诉讼要以行政主体先行处理赔偿争议为前提条件，而一般的行政诉讼没有这样的要求。

（2）赔偿诉讼的赔偿请求人请求国家赔偿的时效为 2 年，自其知道或者应当知道国家机关及其工作人员行使职权时的行为侵犯其人身权、财产权之日起计算；请求在 2 个月未予准许，则可在相继的 3 个月内提起赔偿诉讼。而在一般行政诉讼中，公民、法人或其他组织直接向人民法院提起诉讼的，应当在知道作出行政行为之日起 6 个月内提出，法律另有规定的除外。

（3）行政赔偿诉讼可以调解；调解应当遵循自愿、合法原则，不得损害国家利益、社会公共利益和他人合法权益。

（4）人民法院审理行政赔偿案件，赔偿请求人和赔偿义务机关对自己提出的主张，应当提供证据。赔偿义务机关采取行政拘留或者限制人身自由的强制措施期间，被限制人身自由的人死亡或者丧失行为能力的，赔偿义务机关的行为与被限制人身自由的人的死亡或者丧失行为能力是否存在因果关系，赔偿义务机关应当提供证据。

四、行政赔偿方式和标准

（一）行政赔偿的方式

行政赔偿方式，是指国家承担赔偿责任的各种形式。根据《国家赔偿法》的规定，行政赔偿以支付赔偿金为主要方式，能够返还财产或者恢复原状的，予以返还财产或者恢复原状。

1. 支付赔偿金。支付赔偿金是指以给付金钱的形式弥补所受伤害的赔偿责任。这种方式省时省力，可以使受害人的赔偿请求迅速得到满足，也便于行政主体正常开展工作。金钱赔偿方式的适用范围较广，无论是人身自由还是生命健康权的损害都可以通过计算或者估算进行适当的金钱赔偿。除特别情形以外，绝大部分赔偿应通过货币支付的方式进行，只有在返还财产、恢复原状更为适当时，才可以采取这两类方式。

2. 返还财产。返还财产是行政主体将违法占有或控制的受害人的财产返还给受害人的赔偿方式。例如，返还罚款，返还没收的财物，返还扣押、查封、冻结的财产等。返还财产的前提是原物存在且可以被返还，如果原物已经不存在，则无法适用这一方式，只能采取金钱赔偿；即使原物存在，但已被处理，如已被拍卖无法返还的，也无法适用这一方式。

3. 恢复原状。恢复原状是指赔偿义务机关按照受害人的愿望和要求恢复损害发生之前的原本状态。例如，将损害的财产重新修复，解除对财产的扣押和冻结等。如果被损坏的财物没有修复的可能，或者修复在经济效益上不合算，或者对所有人不再需要，则不适用这一方式。例如，行政主体违法强行拆迁房屋，原房屋所在地已经修建

其他建筑物，一般来说就无法恢复原状。

（二）行政赔偿的计算标准

1. 侵犯公民人身自由的赔偿标准。根据《国家赔偿法》规定，侵犯人身自由的赔偿金，可分两部分：一是对误工损失的赔偿，二是造成严重后果的精神损害抚慰金。误工损失的赔偿，每日赔偿金按照国家上年度日平均工资计算。这里所指的"上年度"，应为赔偿义务机关、复议机关或者人民法院赔偿委员会作出赔偿决定时的上年度；复议机关或者人民法院赔偿委员会决定维持原赔偿决定的，按作出原赔偿决定时的上年度执行。国家上年度职工日平均工资数额，应以职工年平均工资除以全年法定工作日数的方法计算，以国家统计局公布的数字为准。

2. 侵犯生命健康的赔偿标准。

（1）造成身体伤害，尚未造成残疾、未造成劳动能力受损的，应当支付医疗费、护理费，以及赔偿因误工减少的收入。每日减少的收入的赔偿金按照国家上年度职工日平均工资计算，最高额为国家上年度职工年平均工资的5倍。

（2）造成部分或者全部丧失劳动能力的，应当支付医疗费、护理费、残疾生活辅助具费、康复费等因残疾而增加的必要支出和继续治疗所必需的费用，以及残疾赔偿金。残疾赔偿金根据丧失劳动能力的程度，按照国家规定的伤残等级确定，最高不超过国家上年度职工年平均工资的20倍。造成全部丧失劳动能力的，对其扶养的无劳动能力的人，还应当支付生活费。

（3）造成死亡的，应当支付死亡赔偿金、丧葬费，总额为国家上年度职工年平均工资的20倍。对死者生前扶养的无劳动能力的人，还应当支付生活费。生活费的发放标准，参照当地最低生活保障标准执行。被扶养的人是未成年人的，生活费给付至18周岁止；其他无劳动能力的人，生活费给付至死亡时止。

3. 精神损害的国家赔偿标准。精神损害赔偿是指因侵害受害人的人身权而使得受害人受到精神损失的，对受害人给予的赔偿。我国《国家赔偿法》中关于应当给予精神损害赔偿的情形大体分为以下几类：

（1）受害人名誉权、荣誉权受到损害而请求精神损害赔偿。行政主体及其工作人员行使行政职权时违法侵犯公民人身权财产权致人名誉权、荣誉权受损时，应当在侵权行为影响的范围内，为受害人消除影响，恢复名誉，赔礼道歉。

（2）公民因生命健康权受侵害而受伤或者造成残疾的，应当认定精神受到损害，赔偿义务机关或法院可根据受害人受害以及残疾的程度，参照国家有关鉴定标准，综合考虑侵权人的过错程度，侵害的手段、场合与行为方式，当地平均生活水平等要素给予受害人相应的精神损害赔偿。

（3）受害人虽身体未受严重伤害，但其心理精神严重受损，出现了精神病、间歇性精神病或者抑郁症、失眠症等严重的精神障碍的症状。对于这种情形，只要有医疗诊断等相关证据证明受害人心理精神状况严重受损的，赔偿义务机关须对受害人给予精神损害赔偿。

案例演算： 乙某等人因发现甲某在县百货商店外左顾右盼，并时不时向营业室内张望而怀疑甲某有盗窃嫌疑，遂将其抓住带回公安局进行审讯。询问过程中，甲某矢口否认其有盗窃意图。乙某见甲某不肯承认，便用警棍连击甲某三下。后经审查，并未发现甲某有违法行为。次日便将甲某放回，但是甲某回家后，精神恍惚，有恐惧感，并日渐严重，无法上班。2010 年 2 月~9 月，甲某共花去医疗费 6871.27 元。经县劳动鉴定委员会鉴定，甲某为二级伤残、劳动力完全丧失。本案中，某县公安局执法人员乙某等人在询问甲某的过程中违法使用警械，致使甲某身体伤害，县公安局应当对此承担赔偿责任。

甲某的儿子刚满 12 周岁，且还有位 78 岁的母亲。当地民政部门公布的最低生活费标准为 6000 元/年。判决时上年度全国职工年平均工资为 36 539 元。按照《国家赔偿法》的规定，县公安局对甲某的赔偿包括：①医疗费 6871.27 元；②残疾赔偿金 36 539 × 20 = 730 780 元；③甲某儿子的生活费 6000 × （18 − 12） = 36 000 元；④甲某母亲的生活费以每年 6000 元的标准支付直至其死亡为止。

4. 侵犯公民、法人或者其他组织的财产权的赔偿标准。《国家赔偿法》规定的对侵犯公民、法人或其他组织的财产权的赔偿原则，是以赔偿直接损失为原则。所谓直接损失，是指由于侵权行为直接造成的已经发生的实际损失。侵犯财产权的具体赔偿标准为：①处罚款、追缴、没收财产或者违法征收、征用财产的，返还财产。②查封、扣押、冻结财产的，解除对财产的查封、扣押、冻结。造成财产损坏或者灭失的，能够恢复原状的恢复原状，不能恢复原状的，按照损害程度给付相应的赔偿金。③应当返还的财产损坏的，能够恢复原状的恢复原状，不能恢复原状的，按照损害程度给付相应的赔偿金。④应当返还的财产灭失的，给付相应的赔偿金。⑤财产已经拍卖或者变卖的，给付拍卖或者变卖所得的价款；变卖的价款明显低于财产价值的，应当支付相应的赔偿金。⑥吊销许可证和执照、责令停产停业的，赔偿停产停业期间必要的经常性费用开支。⑦返还执行的罚款、追缴或者没收的金钱，解除冻结的存款或者汇款的，应当支付银行同期存款利息。⑧对财产权造成其他损害的，按照直接损失给予赔偿。

根据司法解释的规定，这里所说的直接损失是指：保全、执行过程中造成财物灭失、毁损、霉变、腐烂等损坏的；违法使用保全、执行的财物造成损坏的；保全的财产系国家批准的金融机构贷款的，当事人应支付的该贷款借贷状态下的贷款利息；保全、执行造成停产停业的，停产停业期间的职工工资、税金、水电费等必要的经常性费用；法律规定的其他直接损失。

案例演算： A 公司位于甲市一个货场内的 10 箱海产品被乙区水务局违法采取税务保全措施，等到保全措施解除后，由于乙区水务局没有及时对海产品进行处理，造成 10 箱海产品全部腐烂，直接损失 1 万元（海产品的进货价为 1 万元），仓储费 300 元。

时值海产品行市大好时机，如果当时 A 公司能把这 10 箱海产品卖出去，净利润能达到 3000 元。此案中，国家只赔偿直接损失 1.03 万元（1 万元成本加 300 元仓储费），对预期可得利润 3000 元的损失，国家不予赔偿。

附表：国家赔偿项目公式

项目	公式
侵犯人身自由的赔偿金	侵犯公民人身自由的赔偿金额 = 受害人被限制人身自由的天数 × 国家上年度职工日平均工资
医疗费	医疗费 = 诊察费 + 治疗费 + 化验费 + 药费 + 住院费
误工费	误工费 = 国家上年度职工日平均工资 × 受害人的误工天数 ≤ 国家上年度职工平均工资 × 5
残疾赔偿金	残疾赔偿金 ≤ 国家上年度职工年平均工资 × 20
生活费赔偿金	1. 被抚养人为未满 18 岁子女的生活费赔偿金 = 当地最低生活保障标准 × (18 岁 − 子女的年龄)
	2. 其他无劳动能力的被抚养人生活费赔偿金 = 当地最低生活保障标准 × N 年（N 表示被抚养人的剩余寿命）
死亡赔偿金和丧葬费	死亡赔偿金和丧葬费 = 国家上年度职工年平均工资 × 20
违法罚款、追缴、没收财产或违法征收、征用财产的赔偿金	处罚款、追缴、没收财产或者违法征收、征用财产的赔偿金 = 与损坏程度相应的赔偿金或与灭失财产相应的赔偿金 + 银行同期存款利息
违法查封、扣押、冻结财产的赔偿金	赔偿金额 = 因违法查封、扣押财产而造成的直接经济损失 + 银行同期存款利息
拍卖赔偿金	拍卖赔偿金 = 应当返还的财产拍卖所得的价款（变卖的价款明显低于财产价值的，应当支付相应的赔偿金）
违法吊销许可证和执照、责令停产停业的损害赔偿金	违法吊销许可证和执照、责令停产停业的损害赔偿金 = 停产停业期间必要的经常性费用开支 = 水电费 + 仓储保管费 + 职工的基本工资等直接经济损失
其他财产权损害赔偿金	其他财产权损害赔偿金 = 直接损失
精神损害赔偿	精神损害抚慰金：在造成严重后果的前提下支付。可参照当地的经济水平、侵害的手段、场合与行为方式等因素作出

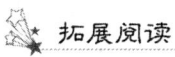 **拓展阅读**

行政追偿

追偿又称为求偿，指国家行政主体向请求人支付赔偿费用或履行赔偿义务后，依法责令有故意或重大过失的公务员或受委托的组织或个人，承担部分或者全部赔偿费用的制度。追偿制度既可以保证受害人及时得到赔偿，避免因公务员资力薄弱难以向受害人支付足额赔偿的情形，又可以监督公务人员依法行使职权，增加其责任心，免除公务人员行使职权时的后顾之忧，鼓励公务员竭职尽忠，同时还可以减轻国家财政负担。追偿制度与国家赔偿制度是直接相关的。《国家赔偿法》规定，赔偿义务机关赔偿损失后，应当责令有故意或者重大过失的工作人员或者受委托的组织或者个人承担部分或者全部赔偿费用。它包含以下内容：

1. 追偿的条件。根据《国家赔偿法》的规定，追偿的条件包括：①赔偿义务机关已经向受损失的公民、法人和其他社会组织履行了赔偿义务。只有在赔偿义务机关代表国家实际上已经履行了赔偿义务，使受害人的赔偿请求权归于消灭或部分消灭的前提下，才可以向公务员追偿。②直接行使职权的公务人员对致害行为有主观上的故意或重大过失。其中"故意"是指公务员执行职务、行使权力时，明知自己的行为会造成公民、法人或者其他组织的合法权益的损害，却仍然希望或放任这种结果发生的主观态度；"重大过失"是相对于一般过失的一个概念，指显然欠缺注意的状态，具体而言是指公务员执行职务、行使权力时未能达到普通公民应当注意并能够注意的标准人合法权益损害的主观心理状态。

2. 追偿之金额。鉴于实践中公务员的过错程度、致害行政行为的性质、行政主体的先前支付情况等存在较大差别，我国国家赔偿法未对追偿金额作明确的规定，但是依据基本法理和已有经验，可以得出以下几个规则：①追偿金额的范围，以赔偿义务机关支付的损害赔偿金额为限。②赔偿义务机关因为自己的过错支付了过多的赔偿金时，对超额部分无权追偿。③追偿金额应与公务人员的过错程度相适应，在其他条件相同的情况下，相对于重大过失的心理状态，公务人员故意的心理状态应承担更多的责任。④追偿金额应与公务人员的承受能力大体相适应。⑤追偿责任不可代替处分责任、刑事责任，根据《国家赔偿法》第16条第2款之规定："对有故意或者重大过失的责任人员，有关机关应当依法给予处分；构成犯罪的，应当依法追究刑事责任。"

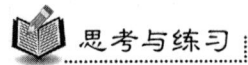 思考与练习

一、案例分析

1. 2012年8月，某区公安分局对辖区内常住人口进行摸底调查。由于警力有限，区公安分局将这项工作委托给各居民管理委员会和各单位。8月21日，某居民管理委员会工作人员刘某对张某家的情况进行调查，逐一核对张家人口，张妻左某不满，让刘某出去，两人发生争执。左某随口骂了刘某一句，刘大怒，猛推左某，左某站立不住，头部碰在墙上，当即昏了过去。经医院检查，左某为脑震荡，住院20余天。左某遂向法院提起诉讼，要求管理委员会赔偿住院期间的医疗费、误工费、交通费等。

问题：本案中适格的被告是谁？为什么？

2. 2013 年 4 月 15 日，某厂员工袁某与方某因琐事发生争吵，方某对袁某大打出手，造成袁某左臂骨折。方某的表叔张某是该厂的副厂长，所以派出所来人处理的时候，张某就找了方某的几个"哥们"来作证，说是袁某将方某打伤。派出所工作人员未认真调查核实，便对袁某处以罚款 50 元的行政处罚。袁某不服，于 2013 年 4 月 20 日向区公安分局提出复议申请。张某得知后，又大肆活动。2013 年 4 月 28 日，区公安分局作出复议决定，认为派出所认定事实清楚，但适用法律不正确，处罚偏轻，决定对袁某行政拘留 10 天。后袁某向法院提起诉讼。

问题：如果法院认定派出所和区公安分局的处罚违法，那么，赔偿问题应如何处理？

3. 张三因参与打架斗殴而于 2011 年 2 月 8 日被区公安局根据《中华人民共和国治安管理处罚法》的规定，处 15 日行政拘留。2 月 10 日公安局干警李四违法使用警棍殴打张三，造成张三手腕骨折。张三花去医疗费 1000 元，并因手伤误工 30 天。（2010 年国家统计局公布的职工日平均工资为 142.33 元）

问题：按照《国家赔偿法》，市公安局应赔偿张三的金额如何计算？

二、不定项选择题

1. 以下国家不承担行政赔偿责任的是（　　　）。

A. 交警甲拖走违例停放在道路中的车辆，不慎将其损坏

B. 警察乙与邻居丙发生争执，乙将丙打伤

C. 国务院因接待某外国领导人而暂时封闭某路段，致使丁公司的货物无法按时运抵目的地，造成较大的经济损失

D. 某公安局在一次突击检查中抓获卖淫女戊，依法对其处以行政拘留，戊感到无脸见人，服毒自杀

2. 甲企业经理柴某被公安机关工作人员在讯问中殴打致残，全部丧失劳动能力。按照《国家赔偿法》有关规定，国家对柴某应当支付（　　　）费用。

A. 医疗费

B. 残疾赔偿金

C. 受柴某扶养的无劳动能力人的生活费

D. 甲公司因经理丧失劳动能力停业期间的利润损失

3. A 县为加强治安需要，A 县公安局与 B 镇人民政府联合发文成立 B 镇治安联防队，现该镇联防队对刘某作出违法的治安拘留处罚，刘某可以要求（　　　）。

A. B 镇治安联队予以赔偿　　　　　　　B. A 县公安局予以赔偿

C. B 镇人民政府予以赔偿　　　　　　　D. A 县人民政府予以赔偿

4. 陈某与刘某在农贸市场发生争执，巡逻到此的民警杨某遂将二人带到派出所。陈某因态度不好，被杨某殴打致死。陈某的父母双亡，妻子因病逝世，生有一儿一女。

陈某有一个姐姐和弟弟，陈某的弟弟及其妻子因车祸双亡，遗有一儿，10 岁，由陈某抚养。下列哪些人可以依法要求行政赔偿？（　　）

　　A. 陈某的父母　　　　B. 陈某的子女　　　　C. 陈某的姐姐　　　　D. 陈某的侄儿

5. 胡某系某个体音像行老板，因为被怀疑出售淫秽光盘，而被县行政执法机关将其全部光盘没收。胡某不服，于是向市一级行政主管机关提起行政复议。复议机关经过复议后不仅没有撤销原具体行政行为，反而对胡某又处以 1000 元的罚款。后查明，胡某并没出售淫秽光盘。胡某认为行政主体的行为侵犯了其合法权益，胡某应当向何机关提出行政赔偿？（　　）

　　A. 应当由复议机关赔偿对其造成的全部损失

　　B. 应当由最初作出行政行为的行政主体承担赔偿责任

　　C. 县级行政主体应当对其没收行为承担赔偿责任，复议机关应当对其加重处罚的部分承担赔偿义务

　　D. 胡某可以向二者中任何一个行政主体要求赔偿损失

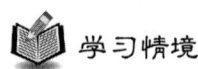 学习情境

行政赔偿程序的运用

【范例】

2012 年 6 月 27 日凌晨 3 时许，原告尹某位于卢氏县县城东门外的工艺礼花渔具门市部（以下简称门市部）发生盗窃。作案人的扇门声惊动了在街道对面劳动就业培训中心招待所住宿的旅客吴某、程某，他们又叫醒了该招待所负责人任某。当他们确认有人行窃后，即打电话 110 向警方报案，前后两次打通了被告卢氏县公安局 110 指挥中心并报告了案情，但卢氏县公安局始终没有派人出警。20 多分钟后，作案人将盗窃物品装上摩托车后驶离了现场。尹某被盗的物品为渔具、化妆品等货物，价值总计24 546 元。案发后，尹某向卢氏县公安局提交了申诉材料，要求卢氏县公安局惩处有关责任人，尽快破案，并赔偿其损失。卢氏县公安局一直没有作出答复。尹某随即以卢氏县公安局逾期不受理为由提起行政诉讼。

【训练目的及要求】

结合范例和相关知识，通过训练，能正确运用行政赔偿程序。

【训练方法】

分两组进行，一组学生运用行政赔偿程序原理对范例作出判断；另一组学生评价判断是否正确。

【训练步骤】

步骤 1：分组；

步骤 2：熟悉范例；

步骤 3：学生分析范例；

步骤 4：老师评判。

参考书目

1. 姜明安、毕雁英主编：《行政法与行政诉讼法教学案例》，北京大学出版社 2006 年版。

2. 赵景夏编著：《国家赔偿索赔指南与赔偿计算标准》，中国法制出版社 2012 年版。

3. 江国华编著：《中国行政法（总论）》，武汉大学出版社 2012 年版。